현대 정치학의 시각과 영역

인간과 정치

*

김웅진 김성수 김용민 김지희 김형철 박경미 손영우
안승국 이상환 이승원 조성대 조희정 홍재우 황영주

명지사

| 머리글 |

정치제도와 질서 속에서 전개되는 인간과 인간, 집단과 집단의 상호작용을 제대로 포착하기 위해서는 엄정한 분석의 틀이 필요하다. 이러한 엄정성이 요구되는 이유는 정치학 연구란 결국 본연적 존엄성을 지닌 인간의 행위와 가치에 관한 과학적이자 철학적 담론이기 때문이다. 바꾸어 말해서, 인간과 인간성이 소중하다면 그에 관한 이야기는 그만큼 조심스럽게 진행되어야 한다는 뜻이다.

물론 정치학 연구에 있어서 학문적 엄정성의 의미는 학자에 따라, 또 패러다임paradigm과 연구전통research tradition에 따라 서로 다르다. 그러나 입문서는 소개하려는 개념과 분석시각에 있어서 보편적 엄정성을 확보해야 하며, 그러한 측면에서 현대 정치학의 다양한 존재론적 · 인식론적, 그리고 이론적 · 방법론적 기반을 고르게 포섭해야 한다고 본다.

이 책은 2007년 출간된 『현대정치학강의』(명지사)를 기반으로 삼아 새롭게 만들어진 입문서이다. 원고를 작성함에 있어서 앞서 말한 엄정성을 최대한 반영하려 노력했으며, 이를 위해 필자를 대폭 보강하고 전반적인 체제를 재구성했다. 즉, 책을 총 5부로 나누어 우선 제1부에서 정치현상의 본질, 정치학의 연구정향과 연구방법을 규정한 후, 이를 바탕으로 정치권력과 정치체제(제2부), 정치과정(제3부) 등 정치현상의 역동political dynamics이 그 속에서 전개되는 기제와 경로를 논의했다. 이어 정치사상과 국제정치 연구에 적용되는 핵심개념과 분석시각을 검토하고(제4부), 마지막으로 새롭게 부상한 연구영역을 소개했다(제5부).

앞서 밝힌 바와 같이 7명의 필자가 추가되어 총 14명의 정치학자가 각 장章의 원고작성을 담당했다. 학문적 책임소재를 분명히 하기 위해 집필분담을 밝히면 아래와 같다.

- 김성수 (인제대학교) 제13장 환경정치학
- 김용민 (한국외국어대학교) 제11장 정치사상과 정치적 삶
- 김웅진 (한국외국어대학교) 제1장 정치와 정치학
- 김지희 (비교민주주의연구센터) 제2장 정치이론과 정치학연구방법론
제16장 게임이론과 정치적 선택
- 김형철 (비교민주주의연구센터) 제7장 정당과 정당체계
- 박경미 (서강대학교) 제6장 의회제도와 의사결정과정
- 손영우 (국립목포대학교) 제9장 이익집단과 이익대표체계
- 안승국 (비교민주주의연구센터) 제3장 정치체계와 국가
제10장 정치문화와 정치사회화
- 이상환 (한국외국어대학교) 제12장 국제관계의 시각과 쟁점
- 이승원 (성공회대학교) 제4장 민주주의와 정치변동
- 조성대 (한신대학교) 제5장 권력구조 연구의 현황과 쟁점
- 조희정 (국회 입법조사처) 제14장 네트워크 정치
- 홍재우 (인제대학교) 제8장 투표, 선거와 선거제도
- 황영주 (부산외국어대학교) 제15장 여성과 정치

출간원고를 완성하는 과정에서 인제대학교 정치외교학과 홍재우 교수가 까다롭고 힘든 교신과 편집을 담당해 주었다. 홍 교수에게 모든 필자를 대신해 감사를 표한다. 아울러 우리 사회과학의 발전을 위해 어려운 여건 속에서도 흔쾌히 출간을 맡아주신 명지사의 최병문 사장께도 깊은 사의를 표한다. 아무쪼록 이 책이 정치학 연구에 첫 발을 들여놓는 학생들, 그리고 정치현상을 보다 명확하게 이해하려 애쓰는 일반 독자들에게 믿음직한 안내자가 될 수 있기 바란다.

2011년 8월

대표저자 김웅진

| 차 례 |

제2부 권력과 체제

제3부 정치과정론—제도와 행위

제5부 새로운 정치학의 지평

〈그림〉 및 〈표〉 차례

제1부

정치와 정치학

제1장 정치와 정치학

김웅진 (한국외국어대학교)

제1절 정치

정치政治, politics란 어떤 현상을 지칭하는가? 정치는 다른 사회현상과 어떻게 다른가? 정치학 연구는 이러한 질문으로부터 시작되어야 한다. 왜냐하면 모든 과학적 연구scientific research는 무엇보다도 먼저 대상을 명확히 밝힐 것을 요구하기 때문이다.

지금까지 수많은 학자들이 정치의 본질에 대해 나름대로의 견해를 제시해 왔다. 그런데 이처럼 다양한 견해들 가운데 어느 것이 옳은가를 판단하기란 쉽지 않다. 왜냐하면 정치현상은 국가와 사회에 따라 색다르게 나타나며, 또 역사의 흐름과 함께 그 모습이 계속 변하기 때문이다. 결국 어떤 눈으로, 그리고 어떤 상황 속에서 바라보느냐에 따라 정치의 본질은 얼마든지 달리 규정될 수 있다. 예를 들어 조선시대에 우리 조상들이 생각한 정치와 오늘날 현대 민주주의 사회에서 우리가 생각하는 정치, 그리고 일본 사람들과 미국 사람들이 그리는 정치의 모습은 서로 다를 수 있다.

그럼에도 불구하고 정치는 역사적 · 공간적 조건을 뛰어넘는 두 가지 특성을 갖고 있다.

첫째, 정치는 사회를 구성하고 있는 개인이나 집단이 자신의 고유한 목적을 달성하기 위해 상호작용함으로써 나타나는 현상이다. 임금을 올리려는 근로자들과 동결하려는 기업주 간의 밀고 당기는 협상, 외국과의 자유무역협정FTA을 추진하려는 정부와 이를 막으려는 농민의 갈등, 국회의원 선거에서 보다 많은 의원을 당선시키려는 정당들의 경쟁은 모두 정치의 영역에 속한다.

둘째, 정치는 위에서 말한 것과 같은 상호작용들이 반드시 지켜야 할 절차와 규범을 권력power이라는 강한 힘을 통해 만들어 낸다. 예로서 헌법憲法, constitutional law, constitution을 포함한 모든 법률은 정치의 소산이며, 이러한 규범들을 지키지 않을 경우 엄격한 제재가 뒤따른다. 그렇다면 권력이란 과연 무엇인가? 정치가 어떻게 모든 사회적 행동을 규제할 수 있는가?

이것이 가능한 이유는 정치가 인간 또는 인간사회의 핵심적 본성에 뿌리를 두고 있기 때문이다. 인간의 삶이 추구하는 바는 여러 가지가 있겠으나, 무엇보다도 인간은 자신의 정체성正體性, identity을 확고히 세우려는 욕구를 갖고 있다. 이러한 욕구는 인간의 삶 속에서 다양한 형태로 드러난다. 비단 정치뿐 아니라 경제 · 문화 · 예술 등은 모두 인간의 정체성이 구체적으로 표출된 모습이라고 말할 수 있다.

인간의 정체성은 과연 어떻게 확보될 수 있는가? 마르크스Karl Marx, 1818~1883와 같은 서구의 선구적 사회과학자들에 따르면, 인간의 정체성은 각 사람이 지닌 창조성[1]이 최대한 밖으로 드러날 때 확보된다. 왜냐하면 인간은 바로 창조성으로 인해 다른 생명체와 구별될 수 있는 유적 존재類的 存在, species being이기 때문이다(Tucker 1978, 75). 그런

1) 혹은 창조적 자아自我.

데 사회 속에서 개인의 창조성을 마음껏 표출하기란 결코 쉽지 않을 뿐만 아니라, 극심한 긴장과 대립을 피할 수 없다는 사실로 부터 정치의 의미를 찾을 수 있다. 즉 정치는 창조성을 구현함으로써 정체성을 확보하려는 인간의 본연적 욕구에서 비롯된 갈등의 소산인 것이다. 이러한 갈등이 왜 나타날 수밖에 없는가?

어떤 사람이든 창조성을 발휘하려면 수많은 자원資源, resource을 확보해야 한다. 예로서 화가는 자신의 예술혼을 담은 작품을 만들기 위해 물감, 캔버스 등 재료와 아울러 붓과 같은 여러 가지 도구를 필요로 한다. 또 작품을 편안히 만들 수 있는 공간과 완성된 작품을 전시할 수 있는 화랑도 마련해야 한다. 바로 여기에서 화가들 사이에 대립과 경쟁이 시작된다. 왜냐하면 원한다고 해서 언제든 화랑을 빌릴 수 없기 때문이다. 그러한 자원은 무한정 존재하는 것이 아니기 때문에 화가들은 이처럼 한정된 양의 자원, 보다 좋은 자원을 보다 많이 얻기 위해 서로 경쟁할 수밖에 없다. 게다가 작품을 아무리 열심히 만들어 보았자 남에게 보여주거나 팔지 못한다면 작품행위 자체가 무의미해진다. 창조성의 구현은 반드시 타자他者를 필요로 한다는 뜻이다. 사람들은 타자에게 비추어진 자신의 창조성을 확인할 때 비로소 정체성을 얻게 된다. 화가는 다른 이들이 자신이 만든 작품을 보고 감동을 얻고, 또 그러한 작품에 쏟아 부은 의미와 뜻에 공감해줄 때 비로소 자신의 정체성을 확인할 수 있는 것이다.

이처럼 사람들은 삶의 의미를 찾기 위해 창조적 정체성을 드러내려 하지만, 그 과정에서 요구되는 자원을 얻기 위해 갈등에 빠져들게 마련이다. 치열한 경쟁을 거쳐 대학에 들어가려 애쓰는 것도 창조성을 구현하는데 필요한 자원을 남보다 많이, 또 쉽게 얻기 위해서이다. 그런데 이러한 갈등과 대립이 전혀 통제되지 않고 무한정 지속되어 삶 자체가 심각한 위협을 받게 된다면, 인간사회는 영국의 정치사상가

홉스Thomas Hobbes, 1588~1679가 지적한 바와 같이 단지 "힘과 기만force and fraud"에 따라 움직이는 "외롭고 가난하며 비열하면서도 잔인한solitary, poor, nasty, brutish" 사회, 곧 "만인의 만인에 대한 투쟁warre of every man against every man"이 계속되는 사회가 될 것이다(Hobbes 1972, 186~188).

바로 여기서 사회적 삶의 딜레마가 나타난다. 즉 인간은 자신의 창조적 자아를 비추어 보기 위한 대상으로서 다른 사람들을 필요로 하지만, 타자와의 공존은 보다 많은 자원을 얻기 위한 투쟁과 갈등을 야기함으로써 삶 자체를 위협하게 된다.

그렇다면 차라리 홀로 사는 것이 낫지 않겠는가? 그러나 인간은 누구나 생물학적 존재이기보다는 '사회적 존재'로서의 삶을 선택하게 되며, 이로부터 인간실존의 딜레마는 극대화된다. 프랑스의 소설가 생떽쥐베리A. de Saint-Exupéry, 1900~1944의 동화 『어린 왕자*Le Petit Prince*』 속에 들어 있는 왕자와 어느 별에 홀로 사는 왕과의 만남 이야기는 바로 사회적 존재로서의 의미를 찾으려는 인간의 본성을 잘 보여주고 있다(Saint-Exupéry, 1946). 왕의 정체성은 그가 지닌 창조성을 절대적인 힘, 즉 왕권王權을 통해 드러낼 때 비로소 확인된다. 그러나 제아무리 강한 왕권을 갖고 있더라도 아무 것도 할 수 없다면 그런 힘은 왕에게 있어서 무의미한 것이 되고 만다. 따라서 왕은 어린 왕자에게 떠나지 말고 자신의 왕권에 복종하는 신하가 되어 줄 것을 간청할 수밖에 없었던 것이다.

정치는 바로 이러한 인간실존의 비극적 드라마로부터 시작된다. 정체성을 얻기 위해서는 타자와 공존할 수밖에 없다는 인간조건과 공존이 필연적으로 야기하는 존재 자체에 대한 위협 사이에서 비롯된 딜레마는 결국 '투쟁이 통제된 공존'을 통해서만 해소될 수 있다. 그리고 이처럼 통제된 공존은 대부분의 사회구성원이 타당한 것으로 받아들일 수 있는 자원의 배분resource allocation을 통해서만 가능하다. 그러나 사회구성원 모두가 받아들일 수 있는 자원의 배분방식이란 있을 수 없다는 데 문제가 있다. 누구든 파이의 더 큰 조각, 혹은 가능하다면 전부를 차지하려는 상황 하에서 모두를 만족시키는 파이의 배분방식을 찾는다는 것은 애당초 불가능하다. 따라서 자원배분방식은 사회구성원 전부가 아니라 '대부분'을 충족시킨다는 맥락에서 강구될 수밖에 없으며, 이렇게 하기 위해서는 특정한 배분방식에 반대하는 사람들을 강한 힘, 즉 사회구성원들이 정당한 것으로 인정하는 권력을 통해 억누를 필요가 있다.

미국의 정치학자 이스턴D. Easton은 이러한 "사회적 가치의 권위적 배분authoritative allocation of values for a society"을 정치의 핵심으로 규정하고 있다(Easton 1971, 129). 즉 정치는 사회구성원들이 획득하려는 자원의 배분방식을 '정당한 힘'을 통해 결정하는 과정을 지칭한다. 이처럼 정치의 필요성은 바로 갈등의 제어를 통한 공존의 보장에 놓여 있다. 쉽게 말해서 사람들은 생존 자체를 위협받지 않고 공존할 수 있는 수단으로서 스스로를 제어하는 힘을 만들어 사회의 관리집단에게 부여한다. 그리고 관리집단은 위임받은 권력을 이용해 모두가 추구하는 자원을 일부의 반대를 억누르며 나누는 과정, 곧 정치과정political process을 주도하게 된다. 우리는 이렇게 창출된 힘을 일컬어 정치권력political power이라 부르며, 또 정치권력을 위임받아 사회구성원 간의 갈등을 통제하고 자원배분방식을 결정하는 집단을 정치지도층political elite, political leadership이라 칭한다. 요컨대 정치란 라스웰H. Lasswell이 규정한 바와 같이 '누가 무엇을 언제 어떻게 얻느냐who gets what, when, and how'를 결정하는 매우 역동적인 사회과정이다(Lasswell 1936).

제2절 정치학: 과학적 연구와 규범적 연구

정치가 앞서 살펴본 것처럼 "사회적 가치의 권위적 배분"을 뜻하는 것이라면 정치학이 과연 어떤 학문인가를 쉽게 규정할 수 있다. 즉 정치학은 사회구성원 모두가 추구하는 가치(자원)를 정치권력을 통해 나누는 과정을 분석하는 학문이며, 따라서 이와 관련된 인간과 집단의 상호작용, 그리고 그러한 상호작용을 통제하는 협약協約, convention과 질서, 제도와 규범을 연구대상으로 한다.

보다 구체적으로, 정치학은 사회적 가치의 배분과정이 어떻게 전개되어 나가는가를 경험적으로 탐색하여 그 기본원리를 규명하려는 목적을 지니고 있으며, 이러한 목적을 지닌 정치학 연구를 '과학으로서의 정치학political science'이라 부른다. 여기에서 '경험적經驗的, empirical' 연구란 우리의 감각경험感覺經驗, sensory experience을 통해 얻은 정보와 자료에 근거해서 객관적인 지식을 생산하는 작업을 뜻한다. 바꾸어 말해서, 과학으로서의 정치학은 정치현상이 표출되는 모습을 가능한 한 있는 그대로 추적하여 그 원리를 밝혀내는 데 목적을 두고 있다. 즉 물리학이 당구대 위에서 움직이는 당구공의 모습을 분석하여 운동원리를 밝혀내려는 것과 마찬가지로, 과학으로서의 정치학은 다양한 정치현상이 발생하는 경로에 대한 법칙law이나 통칙通則, generalizations[2]을 찾아냄으로써 그러한 현상이 어떠한 원인과 조건으로 인해 나타났는가를 밝혀낼 뿐만 아니라(설명), 이처럼 도출된 법칙을 이용해 장래 어떠한 정치현상이 도래할 것인가를 예측하려 한다.

---

2) 통칙이란 경험적으로 검증된 가설hypothesis로서, 단정적 법칙과 달리 일정한 조건 아래에서만 설명능력을 갖는 확률적 법칙을 지칭한다. 대부분의 사회과학이론은 이와 같은 통칙들이다. (김웅진, 김지희, 2005, 36~50) 참조.

그렇다면 설명과 예측은 어떤 의미를 갖는가? 정치학이 단순히 정치현상의 발생경로를 과학적으로 설명하는 데 머문다면 사회적 효용성을 가질 수 없을 것이다. 물론 모든 과학의 핵심적 목표가 연구대상 현상의 체계적인 설명과 예측에 놓여 있지만, 정치학 · 경제학 · 사회학 · 인류학 등 사회과학social sciences은 궁극적 목표를 가장 이상적인 사회를 만드는 데 두고 있다. 다시 말해서 정치학 연구를 통해 얻어지는 과학적 지식들은 바람직한 정치, 이상적인 정치, 인간의 창조성이 극대화된 정치를 구현함에 있어서 반드시 요구되는 실천적 지식으로서의 의미와 가치를 지녀야 한다.

지난 역사를 살펴보면 사람들이 자신이 처해 있는 사회적 · 자연적 조건에 대해 명확히 알지 못함으로 인해 인간성을 스스로 말살해 버린 사례들을 쉽게 발견할 수 있다. 예로서 천체의 움직임에 관한 과학적 지식을 갖고 있지 못했던 중세 암흑기의 사람들은 일식日蝕이나 월식月蝕이 그들 가운데 악한 사람이 있기 때문에 나타났다는 조작에 넘어감으로써 죄 없는 이들을 마녀사냥witch hunting의 희생자로 만들었다. 그런데 희생된 마녀의 대부분이 당시 정치권력의 정당성을 뒷받침 해주던 왕권신수설王權神授說, Divine Rights of Kings에 저항한 사람들이었음은 무엇을 말해 주는가? 비뚤어진 권력집단이 자연현상이나 사회현상에 대한 무지를 악용해 무고한 저항자들을 처단했다는 역사적 사실은 정치현상에 대한 과학적 지식이 정치학자의 전유물이 아니라 사회구성원 모두가 인간다운 삶을 살아가는데 반드시 필요한 도구라는 점을 명백히 보여준다.

그러나 현실정치에 관한 과학적 지식만으로는 정치학의 실천성을 완벽하게 확보할 수 없다. 왜냐하면 과학적 지식은 단지 정치적 현실의 모습을 체계적으로 보여줄 따름이며, 그 자체로서는 과연 현실이 바람직한 것인가를 평가해 주지 못할 뿐만 아니라 더 나아가 이상적인 정치사회를 구현하기 위해서는 무엇이 필요한가를 제시해 줄 수 없기 때문이다. 따라서 정치학이 강한 실천성을 얻기 위해서는 과학적 지식을 통해 비추어진 정치적 현실을 평가하기 위한 잣대가 따로 마련되어야 한다. 다시 말해서 현실정치를 진단하고 그 문제점을 해결하기 위한 대안을 찾기 위해서는 과학적 지식과 함께 정치사회가 마땅히 지향해야 할 가치와 규범이 정립되어야 한다. 정치학은 이처럼 바람직한 정치, 선한 정치, 올바른 정치의 모습을 규정하고 제시하려는 또 하나의 목표를 지니고 있으며, 이러한 맥락에서 이루어지는 연구를 '규범적規範的, normative 정치학' 또는 정치철학political philosophy이라 부른다.[3] 결국 정치학은 정치현상의 발생경로에 대한 객관적 지식을 생산하려는 과학으로서의 위상을 지니고 있을 뿐 아니라, 현존하는 정치현상이 과연 바람직한 것인가를 평가하고 더 나아가 모든 정치사회가 지향해야 할 보편적 가치를 모색하려는 철학으로서의 위상을 동시에 지닌 학문이다. 요컨대 정치적 실존과 당위, 이 두 가지를 정치학의 연구영역으로 규정할 수 있다.

제3절 정치학의 영역과 대상

1. 정치학의 연구영역

정치학의 연구영역은 당연히 정치의 영역과 일치한다. 즉 정치현상이 표출되는 제도적制度的, institutional · 행태적行態的, behavioral[4] 영역은 모두

3) 혹은 정치사상political thought.

정치학의 영역에 속한다. 그렇다면 정치의 영역과 다른 사회현상의 영역을 어떻게 구별할 수 있는가? 이러한 질문에 답하기란 쉽지 않다. 왜냐하면 우리의 일상생활 가운데 정치의 영향을 받지 않는 부분은 거의 없으며, 따라서 우리는 의식하든 의식하지 못하든 항상 정치생활political life을 영위하고 있기 때문이다. 물론 대부분의 사람들은 정치의 중요성을 인정하면서도 정치와 자신의 생활이 맺고 있는 깊은 관계를 명확히 깨닫지 못한다. 또 자신을 정치적 인간political man으로 규정하기를 거부하고, 자신과 정치의 필연적 관계를 애써 부정하려는 사람들이 적지 않다.

그러나 정치는 앞서 살펴본 바와 같이 결코 피할 수 없는 인간조건의 산물이며, 따라서 창조성의 극대화라는 인간의 본성을 포기하지 않는 한 모든 사회구성원은 정치에 관여할 수밖에 없다. 돈과 같은 경제적 자원이든 사회적 신분이든, 자신의 창조적 자아를 구현하기 위해 필요한 자원을 보다 많이 확보하려 노력하는 사람은 이미 정치에 참여하고 있는 것이다. 여성차별을 없애려는 여성단체의 시민운동이나 농산물 가격하락으로 인해 고통 받는 농부의 시위와 같은 현상들은 법안통과를 둘러싼 정당 간의 갈등 또는 야당과 대통령의 마찰과 마찬가지로 정치현상들임에 틀림없다. 왜냐하면 이러한 현상들은 본질적으로 보다 많은, 보다 나은 유형적 · 무형적 자원을 얻으려는 사회구성원 사이의 갈등으로 인해 나타나며, 따라서 정치권력에 입각한 통제의 대상이 되기 때문이다. 예를 들어 여성차별을 없애려는 여권운동女權運動은 정부政府, govern ment라는 최고의 권력집단에게 여성차별을 금지하는 정책을 채택하도록 압력을 행사하려는 목적을 지니고 있다. 즉 여권운동은 임금이나 복지혜택과 같이 각기 남성, 여성에게 사회

4) 행태란 반복적이자 지속적인 행위, 즉 특정한 조건이 주어질 경우 거의 대부분 같은 양상으로 나타나는 안정적 행위를 지칭하는 용어이다.

적으로 배분되는 자원의 질과 양을 둘러싼 갈등과 경쟁의 소산이고, 자원배분의 형평성을 권력행사를 통해 강제적으로 확보하려는 목적을 지닌다는 측면에서 분명 정치적인 것이다. 이처럼 정치는 알게 모르게 우리의 일상생활과 관련되어 있기 때문에 정치학의 영역은 사회생활의 모든 영역을 포괄한다고 보아야 한다.

그러나 정치학의 영역을 무한정 확장한다면 정치학의 연구대상은 대단히 모호해진다. 바꾸어 말해서 '모든 사회연구는 곧 정치학 연구'라고 말할 수 있다. 따라서 정치학이 하나의 독립된 학문으로 정립되기 위해서는 여타 학문과의 영역구분이 어떠한 방식으로든 내려져야 한다. 이와 같은 정치학의 영역획정은 여러 가지 이유에서 필요하다. 무엇보다도 사회현상은 다양한 동기와 목적을 지닌 사람들의 복잡한 상호작용으로 인해 나타나기 때문에, 그 총체적인 모습을 한 가지 시각만으로는 완벽하게 파악할 수 없다. 따라서 가장 효율적인 방식은 사회현상의 여러 면모들을 그에 맞는 적절한 시각을 통해 '잘라서 살펴보는' 것이며, 이처럼 서로 다른 시각을 얻어진 지식들을 체계적으로 연결할 때 역동적인 사회현상을 보다 포괄적으로 이해할 수 있다. 이러한 맥락에서 사회과학은 몇 가지의 분과학문分科學問, subdiscipline으로 나누어지는데, 정치학은 경제학, 사회학, 인류학 등과 함께 그 가운데 하나라고 말할 수 있다.

그렇다면 사회과학, 더 나아가 과학은 어떤 기준에 따라 분과학문으로 나누어지는가? 가장 보편적인 기준은 연구문제research problem가 무엇인가이다. 20세기를 대표하는 과학철학자 가운데한 사람인 쿤Thomas Kuhn에 따르면 과학이란 "수수께끼 풀이작업puzzle-solving activity"이며(Kuhn 1970, 35~42), 정치학은 나름대로의 수수께끼, 곧 연구문제들을 갖고 있다는 측면에서 고유성과 독자성을 갖는다. 즉 정치학은 정치권력의 행사와 관련된 개인과 집단의 상호작용, 그리고 그러한 상호작용의 틀과 범주를 정하는 제도적 장치와 절차를 다룬다는 측면에서 다른 분과학문과 구별된다. 바꾸어 말해서, 정치학의 연구영역은 곧 '정치권력의 행사'와 관련된 영역이다.

2. 정치학의 연구대상

(1) 국정관리와 정치참여

그렇다면 정치권력의 행사에 관련된 연구문제들로서는 과연 어떤 것들이 있는가? 만약 정치권력의 행사과정을 아주 좁게 본다면 그 과정은 곧 통치統治, governing의 과정이라고 말할 수 있다. 보다 구체적으로, 정치지도층이나 그들로 구성된 정부 또는 의회와 같은 공식적 정치조직들이 정치권력에 입각해 사회적 가치(자원)[5]를 배분하는 방식을 결정하고 적용하는 과정, 즉 정책결정policy-making 또는 국정관리國政管理가 곧 정치학 연구의 핵심적 대상이 된다.

그러나 사회적 가치의 배분은 사회구성원들의 요구와 이해관계를 반영해야 한다는 측면에서 정치학의 연구문제를 국정관리에 제한할 수는 없다. 자신이 지닌 요구를 정치지도층에게 전달하거나 정책결정과정에 압력을 행사하려는 사회구성원들의 개인적 · 집단적 행위 역시 정치학의 주요한 연구문제가 된다. 이와 아울러 정치지도층에게 대표성代表性과 정당성正當性, legitimacy을 부여하기 위한 국민의 선택과 동의, 즉 선거와 같은 정치참여政治參與, political participation 역시 연구문제의 범주에 포함되어야 한다. 결국 정치학의 연구대상은 크게 ① 사회구성원

5) 제1절에서 소개한 정치에 관한 이스턴의 정의를 다시 볼 것.

들의 정치참여, ② 참여를 통해 전달된 다양한 이해관계에 입각해 자원배분방식을 선택하는 정치지도층의 정책결정, 그리고 ③ 결정된 정책에 따라 정치사회를 실제로 운영하는 국정관리 등 세 가지의 범주로 나누어질 수 있다.

(2) 정치행태 · 정치제도 · 정치과정

한편 이러한 연구문제들은 무엇에 초점을 맞추느냐에 따라 다시 ① 행위의 문제, ② 제도의 문제, ③ 과정의 문제 등 세 가지로 나누어질 수 있다.

정치학 연구는 우선 일정한 유형의 정치적 행위, 즉 정치행태政治行態, political behavior가 어떤 조건 아래에서 어떤 원인과 경로를 통해 발생하는가를 탐색하려 한다. 예로서 국회의원 선거에 있어서 투표자들은 무엇에 따라 특정한 후보자에게 표를 던지는가? 쿠데타coup d état나 혁명革命, revolution과 같이 폭력적인 정권전복 행위는 어떤 정치 · 경제 · 사회적 상황 속에서 발생하는가? 정부예산의 심의나 FTA 비준을 둘러싼 정당 간의 협상은 어떻게 이루어지는가? 이처럼 다양한 정치행태를 초래하는 원인과 조건을 찾아냄으로써 그러한 행태의 인과적 생성경로causal path를 탐색하려는 연구문제들은 모두 '행위의 문제'에 포함된다.

두 번째로, 개인적인 것이든 집단적인 것이든 정치행태는 공식적 제도와 절차, 곧 정치질서political order의 테두리 속에서 나타나게 마련이다. 다시 말해서 정치행태의 레퍼토리는 대부분 제도적으로 결정된다. 예를 들어 개인적 요구를 정치지도층에게 전달하려는 참여행태는 각 국가가 지닌 헌정질서憲政秩序를 벗어날 수 없고, 바로 그러한 헌정질서는 각종 정치제도로서 구체화되고 있다. 즉 국가적 주요사안에 대한 국민의 견해는 국민투표referendum와 같은 제도적 장치를 통해 표명되며, 공공정책의 결정 역시 정부와 의회제도 내에서 규정된 절차에 따라 이루어진다. 따라서 정치제도와 절차는 정치행태의 표출양상을 결정하는 기본적 장치가 된다는 측면에서 그 유형과 특징, 생성과 변화는 정치학 연구의 중요한 대상이 된다.

물론 정치행태 가운데에는 제도적 틀을 벗어나는 것들도 있다. 쿠데타는 가장 대표적인 탈제도적脫制度的 정치참여, 다시 말해서 공식적 정치질서를 따르지 않고 물리적 폭력을 사용해 정권을 바꾸려는 참여행위이다. 그러나 이러한 탈제도적 정치행태가 발생한다 해서 정치제도에 관한 연구의 중요성이 없어지는 것은 결코 아니다. 왜냐하면 탈제도적 행태는 바로 제도의 문제점과 한계를 보여주기 때문이다. 혁명이나 쿠데타는 국민의 이익을 정책결정과정에 효율적으로 전달할 수 있는 제도적 장치가 충분히 마련되어 있지 못할 때 발생하며, 따라서 어떻게 정치참여제도를 개선하거나 보완할 수 있는가라는 연구문제를 제공해 준다.

세 번째로, 행태와 제도를 따로 떼어 보아서는 정치현상을 포괄적·총체적으로 이해할 수 없다. 아무리 좋은 정치제도가 마련되어 있다 하더라도 정치행태가 그러한 절차를 따르지 않거나, 반대로 정치행태와 의식에 맞지 않은 정치제도가 존재한다면 정치는 안정성을 잃게 되기 때문이다. 따라서 정치행태와 정치제도의 상호작용에 관한 연구는 전반적인 정치의 흐름, 특히 정치적 안정과 불안정을 이해함에 있어서 반드시 필요하고, 이러한 행태와 제도 간의 상호작용이 전개되는 과정을 정치과정이라 부른다. 즉 정치과정의 연구는 개인과 집단의 정치행태가 주어진 제도적 질서에 맞추어 전개되는 역동dynamics에 관한 연구이며, 그러한 연구를 통해 정치사회의 거시적巨視的 전개양상을 파악할 수 있다.

(3) 정치의식과 정치문화

정치학이 지닌 또 하나의 중요한 연구대상은 사회구성원들이 갖고 있는 정치적 가치와 신념, 견해와 태도를 포함한 정치의식이라고 말할 수 있다. 흔히 정치적 정향政治的 定向, political orientation이라 불리는 정치의식은 그 양상에 따라 개인과 집단의 정치행태가 결정된다는 점에서 큰 중요성을 갖는다. 또 이와 같은 정치적 정향이 사회 속에 분포되어 있는 모습(Almond, Powell, and Mundt 1996, 43), 곧 정치문화政治文化, political culture는 정치과정에 큰 영향을 미치는 것으로 밝혀졌다.

정치문화란 간단히 말해서 사회구성원들 사이에 가장 널리 퍼져 있는 정치적 정향을 뜻하는데, 한 사회의 정치적 안정은 정치문화와 정치제도가 어느 정도 합치되느냐에 따라 결정된다고 볼 수 있다. 민주적 정치제도를 갖고 있는 한국에서 민주정치가 제대로 이루어지지 않는 이유는 무엇인가? 한국 민주정치의 어려움은 국민이나 정치지도층의 정치행태가 민주적 제도가 규정하고 있는 절차를 따르지 않기 때문에 나타난다고 볼 수 있는데, 그렇다면 1948년 민주정부가 수립된 이후 60여년이라는 긴 시간이 흘렀음에도 불구하고 왜 아직 민주적 정치행태가 확립되지 못하고 있는가? 우리 국민들이 성숙한 민주적 정향을 지니고 있지 못해서일 것이다. 또 이란의 경제사회적 근대화를 모색한 팔레비 왕Shah Mohammed Reza-Phalevi은 엄청난 업적을 달성했음에도 불구하고 왜 이슬람 혁명(1977~1979)을 통해 쫓겨났는가? 팔레비 왕정이 만든 서구식 정치사회제도와 반서구적 이슬람 근본주의Islamic fundamentalism 정치문화가 지속적으로 충돌했기 때문이다. 이처럼 정치적 정향과 정치문화는 정치행태의 양상, 더 나아가 정치과정의 흐름을 결정한다는 측면에서 결코 빠져서는 안 될 정치학의 연구대상이다.

제2장 정치이론과 정치학 연구방법론

김지희 (비교민주주의연구센터)

제1절 정치이론

제1장에서 말한 바와 같이 과학적 정치학 연구는 정치현상의 설명과 예측을 목표로 삼고 있다. 설명과 예측은 비단 정치학뿐만 아니라 모든 과학의 공통목표로서, 이론theory이라 불리는 과학적 도구를 통해 이루어진다. 그렇다면 이론이란 무엇인가?

이론은 어떤 현상의 인과적 발생경로causal path에 관한 진술, 곧 명제proposition[1]와 그러한 명제가 성립되도록 하는 선행조건initial conditions을 포함하고 있다. 그렇다면 이론은 어떻게 만들어지는가? ① 연구자의 추측과 기대를 담은 가설hypothesis을 검증하거나, ② 이미 존재하는 이론들로부터 논리적으로 도출된다(아래 〈그림 2-1〉 참조).

여기에서 이론과 현실은 분명 다르다는 것을 밝혀 둘 필요가 있다. 이론은 어디까지나 현실을 이해하기 위한 '도구instrument'이지 현실의 정확한 복제품複製品, replica이 아니다. 또 어떤 현상의 모습과 발생경로는 보는 사람에 따라 얼마든지 다양하게 그려질 수 있기 때문에 같은

---

1) 법칙law이나 통칙generalization.

현상에 관한 서로 다른 이론이 있을 수 있다.[2)]

〈그림 2-1〉 이론의 모습과 도출경로

가설		이론 (검증된 가설)
○ 기대: X_1, X_2, X_3 (원인) ⇢ Y (결과)	⇨검증 ⇨	● 명제: X_1, X_2, X_3 (원인) → Y (결과)
○ 검증조건: C_1, C_2, C_3		● 선행조건 : C_1, C_2, C_3
기존 이론		**새 이론**
○ T_1: X ⇢ Y, under C_1, C_2, C_3	⇨논리적 도출 ⇨	● 명제: P → X → Y
○ T_2: P ⇢ X, under C_1, C_2, C_3		● 선행조건 : C_1, C_2, C_3

그렇다면 어떻게 이론을 평가할 수 있는가? 가장 널리 사용되는 평가기준은 이론이 얼마나 강력한 예측능력을 발휘하느냐이다. 다시 말해서 다른 이론에 비해 더 정확하게, 또 지속적으로 예측을 할 수 있도록 해주는 이론이 보다 좋은 이론이다. 그런데 이론의 예측능력은 논리적으로 설명능력에 기반을 두고 있으며, 따라서 좋은 이론은 설명력과 예측력을 고루 갖추고 있다고 말할 수 있다. 이제 이론이 어떤 구조를 갖고 있고 또 어떻게 설명과 예측의 도구가 되는지 살펴보기로 한다.

1. 이론의 기본구조

이론은 바로 위에서 말한 것처럼 어떤 현상과 그러한 현상을 불러일으킨 원인 사이의 인과관계를 보여주는 명제와 선행조건으로 이루어

2) 이러한 측면에서 이론은 연구자의 고유한 시각을 반영하는 상징적 구성체象徵的 構成體, symbolic construction라고 말할 수 있다.(김웅진, 김지희 2005, 34) 참조.

진다. 그리고 명제에 포함된 원인을 독립변인獨立變因, independent variable, 독립변인의 변화가 가져오는 결과를 종속변인從屬變因, dependent variable이라 부른다.[3] 즉, 명제는 Y =a+bX 라는 함수방정식과 같아 원인 X(독립변인)의 모습이 변함에 따라 결과 Y(종속변인)가 일정하게 바뀐다(아래 〈그림 2-2〉 참조).

〈그림 2-2〉 독립변인과 종속변인의 예

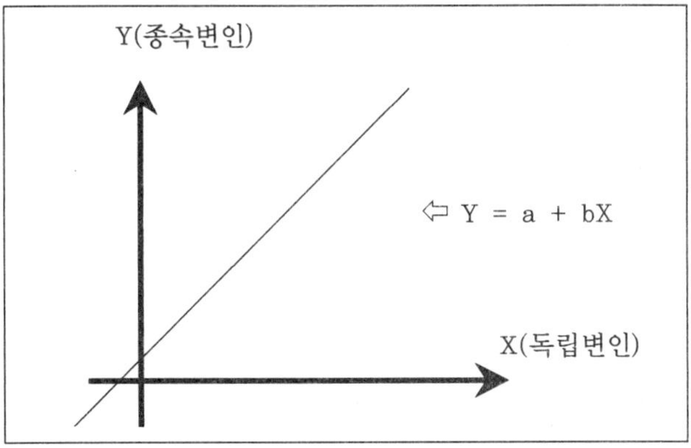

또 독립변인과 종속변인 사이의 관계에 끼어들어 그 모습을 변화시키는 인자들을 간섭변인干涉變因, intervening variable이라 칭한다. 이러한 변인들은 본래 모두 개념概念, concepts이며, 각 개념은 이론 속에서 차지하는 위치에 따라 특정한 변인의 명칭을 얻게 된다. 바꾸어 말해서 이론은 독립변인 · 간섭변인 · 종속변인처럼 일정한 역할을 수행하는 개념들로 구성된다.

---

3) 흔히 '변수'라는 용어가 사용되나 수량으로 측정될 수 있는 절대심도absolute magnitude를 전달하는 것이 아닌 것들, 예컨대 어떤 속성의 존재 여부나 상대적 심도를 표현하는 것들도 있기 때문에 '변인'이 보다 명확한 용어이다. 즉, 인구는 수량을 표현하기 때문에 변수가 될 수 있지만 어떤 정책에 대한 찬성/반대, 혹은 보수/진보와 같은 정치적 태도는 수량으로 정확히 측정될 수 없는 상대적 심도이다.

개념이란 어떤 종류의 현상이나 사물이 지닌 보편적 속성을 지칭하는 용어이며, 그러한 속성의 존재여부 혹은 존재하는 정도(존재심도)에 관한 정보를 담을 수 있는 그릇의 역할을 한다(김웅진, 김지희 1995, 117~120). 명제(이론)는 위에서 말한 것처럼 이러한 그릇(개념)들로 만들어져 있고, 그릇에 담기는 속성의 정도가 연구상황에 따라 변하기 때문에 명제 속의 개념을 '변인'이라 부른다. 예를 들어 '정치적 신뢰도political trust'라는 개념은 정부나 정치인의 국정관리능력을 각 국민이 얼마나 신뢰하는가를 보여주며, 따라서 사람에 따라 그 정도가 바뀌는 변인의 역할을 수행할 수 있다. 또 '정치참여의지'는 선거참여처럼 정치에 참여하려는 의지의 수준에 관한 정보를 담을 수 있는 그릇으로서, 이 역시 사람에 따라 변하기 때문에 변인의 역할을 수행할 수 있다. 이 두 가지 개념(변인)을 엮어 아래 〈그림 2-3〉과 같은 명제를 만들 수 있다.

〈그림 2-3〉 정치적 신뢰도와 정치참여의지의 관계

Y = a + bX
Y: 정치참여 의지 (개념 → 종속변인)
X: 정치적 신뢰도 (개념 → 독립변인)

⇨ 국민의 정치적 신뢰도가 높을수록 정치참여의지가 일정하게 커진다.

이제 독립변인 · 간섭변인 · 종속변인을 모두 포함한 이론의 예를 들어보도록 하자. 국가에 따라 정치안정의 수준이 왜 다른가를 보여주는 이론은 정치안정(종속변인)의 원인으로 경제성장도와 정치문화와 정치제도 간의 상응성 등 두 가지 독립변인을, 그리고 간섭변인으로 국민의 요구를 정부에게 전달하는 정치참여장치(예로서 선거제도)의 효율성을 상정할 수 있다(아래 〈그림 2-4〉 참조).

아래 〈그림 2-4〉에 따르면, 정치안정의 수준(Y)은 경제성장도(X_1)와 정치문화–정치제도의 상응성(X_2)에 따라 일정하게 변한다(명제). 즉, 경제성장을 지속적으로 달성하는 가운데 정치문화–정치제도 사이에 높은 수준의 상응성을 보이는 국가일수록 정치가 안정되며, 반대의 경우에는 불안정해진다. 그러나 이러한 원인과 결과 사이의 인과관계는 항상 유지되는 것이 아니라 개입변인(정치참여장치의 효율성, I)에 따라 양상이 바뀔 수 있다. 즉, 국민의 요구를 정부에 전달하는 정치참여장치의 효율성이 일정 수준(P)을 넘는 경우에 한해(if $I > P$) 두 독립변인이 종속변인(정치안정)의 수준에 정방향(+)의 영향을 미치며, 그렇지 않은 경우에는 X_1, X_2, Y 사이의 인과관계가 무너질 수 있다. 간섭변인의 수준이 변화함에 따라 인과관계의 모습도 달라진다는 뜻이다.

〈그림 2-4〉 정치안정 이론의 예

독립변인	→	**개입변인**	→	**종속변인**
• 경제성장도(X_1) • 정치문화–정치 제도의 상응성(X_2)		• 정치참여장치의 효율성(I)		• 정치안정의 수준(Y)

$$Y = a + b_1X_1 + b_2X_2, \text{ if } I > P$$

[성립선행조건]

▷ 공간적 · 지역적 조건 S_1 : 동남아시아 민주주의 국가

▷ 시간적 · 역사적 조건 T_1 : 경제사회근대화의 초기단계

그렇다면 이와 같은 명제는 '언제 어디에서든' 성립되는가? 그렇지 않다. 이들 간의 인과관계는 주어진 고정적 조건 아래에서만 성립된

다. 위의 예에 따르면 독립변인과 간섭변인들은 경제사회근대화socio-economic modernization의 초기 단계에 놓여 있는 동남아시아 민주주의 국가들에 한해 정치안정의 수준을 결정할 뿐이며, 다른 조건 아래에서는 아무런 영향력을 발휘하지 않을 수 있다. 모든 이론은 이처럼 변인들 간의 관계를 성립시키거나 붕괴시키는 선행조건을 반드시 포함하고 있으며, 그러한 조건들은 시간적 조건(역사적 조건, temporal-historical conditions)과 공간적 조건(지역적 조건, spatial conditions)으로 나누어진다.[4)]

2. 이론의 역할: 설명과 예측

(1) 설명

과학적 설명이란 어떤 현상이 '왜 나타났는가'라는 수수께끼를 풀기 위한 연역적 논증演繹的, deductive reasoning이다. 현상 E는 왜 발생했는가? 이에 대한 답을 찾으려면 적절한 이론 T를 전제로 세운 다음, E가 T로부터 당연히 도출되는 결론이라는 점을 논증해야 한다. 이때 E를 피설명항explanandum, T를 설명항explanan이라 부른다(아래 〈그림 2-5〉 참조).

바꾸어 말해서 설명은 피설명항이 설명항의 필연적 사례 가운데 하나라는 것을 논리적으로 밝히는 작업이며,[5)] 따라서 설명항(이론)이 참truth일 경우, 즉 '항상 옳을 때'에만 가능하다.

---

4) 이론의 구조에 관해서는 (김웅진, 김지희 2005, 36~44)에 상세히 언급되어 있음.

5) "무엇을 설명한다는 것은 그것이 보편적으로 알려진 것의 한 구체적인 표출 양식이라는 사실을 밝혀내는 작업이다To explain something is to exhibit it as a special case of what is generally known"(Kaplan 1998, 339).

〈그림 2-5〉 과학적 설명의 기본논리

◉ 피설명항 (E)
- 내가 기르던 토끼 토순이가 죽었다.

◉ 설명항 (T)
- 모든 생명체는 죽는다.

◉ 논증
☞ 모든 생명체는 죽는다(T). 토순이는 생명체의 하나이다. 따라서 T에 따르면 토순이가 죽은 것(E)은 필연적 결과이다.

이러한 유형의 설명을 연역법칙적 설명演繹法則的 說明, deductive-nomological explanation이라 부른다. 모든 과학적 연구의 궁극적 목적은 강한 설명력과 예측력을 가진 이론을 만들어 내는데 놓여 있다. 이론을 도출하는 과정에 대해서는 제2절 '정치학 연구방법론'에서 보다 상세히 소개하기로 한다.

이제 정치학적 사례를 들어 이론이 연역법칙적 설명의 논증구조 속에서 어떤 역할을 하는가를 다시 한 번 살펴보자(〈그림 2-6〉).

〈그림 2-6〉의 예에서 'A가 지방선거에서 투표한 사건'은 '높은 정치적 신뢰도를 지닌 서울 사람 C가 지난 국회의원 총선거에서 여당후보의 선거운동에 자원봉사자로 참여한 사건'과 마찬가지로 'IMF 사태 이후 실업률이 급격히 증가된 상태에서 서울에 거주하는 사람이라면 정치적 신뢰도가 높을 경우 적극적으로 정치에 참여한다'는 이론, 곧 설명항에 비추어 볼 때 당연히 발생할 수밖에 없는 현상이다.

그런데 정치학 연구를 포함한 대부분의 과학적 연구에 있어서 '항상 옳은' 이론을 만들기란 대단히 어렵다. 왜냐하면 어느 누구도 어떤 현상이 서로 다른 시간적 · 공간적 조건 속에서 나타나는 모습을 빠짐없이, 그리고 완벽하게 파악할 수 없기 때문이다.

〈그림 2-6〉 연역법칙적 설명의 예

◉ **피설명항 (E: 구체적 사건)**

– 내 친구 A는 지난 2010년 6월 지방선거에서 투표하지 않았지만 B는 투표했다. 왜?

◉ **설명항 (T: 이론 - 단정적 법칙)**

▶ 명제: 정치적 신뢰도의 수준에 따라 정치참여의 수준이 변한다. 즉, 정치적 신뢰도가 높은 사람은 적극적으로 정치에 참여하며, 낮은 사람은 참여하지 않는다.

▶ 성립선행조건: ① 실업률이 급격히 증가된 1997년 IMF 사태 이후
② 서울에 거주하는 경우

◉ **논증**

- A와 B는 모두 서울에 산다.
- 2010년 지방선거는 IMF 사태 이후 실업률이 급격히 증가된 상황 속에서 치러졌다.
- 투표는 정치참여의 가장 구체적인 사례이다.
- A는 정부의 정책이 자신의 이익을 잘 반영하고 있다고 생각하는 반면 B는 전혀 그렇지 않다. 즉, A와 B는 각각 정치적 신뢰도가 높은 사람과 낮은 사람의 구체적 사례에 해당된다.

☞ T가 참이라면 IMF 사태 이후 치러진 2010 지방선거에서 서울에 거주하며 높은 정치적 신뢰도를 갖고 있는 A가 투표에 참여한 것은 당연한 결과이고, 역시 서울에 거주하지만 낮은 정치적 신뢰도를 지닌 B가 투표하지 않은 것 또한 필연적 결과이다. [전제의 단정적 귀결].

이에 따라 이론은 대개 어떤 조건이 주어질 때 맞을 가능성이 있는 통칙generalizations[6]의 성격을 갖고 있으며, 설명 역시 연역법칙적 설명의 논증구조를 지키되 결론의 도출에 있어서 유연성을 갖는 귀납확률적 설명歸納確率的 說明, inductive-statistical explanation의 형태를 취한다.

귀납확률적 설명은 연역법칙적 설명과 같은 논증구조를 갖고 있지만 설명항의 성격은 다르다. 즉, 연역법칙적 설명의 설명항은 항상 옳은 이론(단정적 법칙)을 포함하고 있으나 귀납확률적 설명의 설명항은 개연적蓋然的[7] 통칙으로 이루어져 있다. 이 때문에 귀납확률적 설명에 있어서는 피설명항이 설명항의 논리적 · 필연적 귀결이 되지 않을 수도 있다. 바꾸어 말해 피설명항이 설명항으로 설명되지 않을 가능성을 인정하고 있는 것이다. 이러한 귀납확률적 설명의 논증과정을 또 다른 예를 들어 살펴보자. 귀납확률적 설명은 설명항에 포함된 확률적 통칙과 선행조건을 각기 G과 C로 나타내었을 때, 이러한 전제의 귀결로서 E라는 사건이 발생할 가능성에 초점을 맞춘다. 즉 설명항 속에 포함된 통칙은 '만일 P라면 Q가 나타날 가능성이 있다'라는 형태를 갖는다(〈그림 2-7〉 참조).[8]

예에서 볼 수 있듯이 귀납확률적 설명의 설명항은 '교육수준에 따라 현 정권에 대한 지지도가 변한다'라는 단정적 법칙이 아니라 '변할 가능성이 크다'라는 개연적 통칙을 담고 있다. 이는 교육수준이 낮은 사람 가운데 현 정권을 지지하지 않는 이들이 있을 수 있다는 의미뿐 아니라, 현 정권을 지지하게 만드는 데에는 교육수준 이외에 다른 요인

---

6) 통칙이란 단정적 성격을 갖고 있지 않은, 즉 가능성(확률)을 진술하고 있는 이론을 지칭하는 용어이다. 다시 말해 단정적 법칙은 'X는 Y를 초래한다'는 형식을 취하고 있는 반면 통칙은 'X는 Y를 초래할 가능성이 매우 높다'는 진술을 담고 있다.

7) 맞을 가능성이 높은.

8) 귀납확률적 설명의 상세한 논증구조에 대해서는 (김웅진, 김지희 2005, 58~63) 참조.

들도 있을 수 있다는 의미 역시 내포하고 있다. 결국 귀납확률적 설명에 있어서는 전제가 참이라 하더라도 결론이 반드시 참인 것은 아니다.

〈그림 2-7〉 귀납확률적 설명의 예

◉ **피설명항 (E: 구체적 사건)**

– 우리 형은 왜 지난 16대 총선에서 여당 후보에게 표를 던졌는가?

◉ **설명항 (G: 확률적 통칙)**

▶ 명제: 교육수준에 따라 현 정권에 대한 지지도가 변할 가능성이 크다. 즉, 교육수준이 높을수록 지지도가 떨어지고, 낮을수록 지지도가 높아질 가능성이 크다.

▶ 성립선행조건: ① 실업률이 급격히 증가된 1997년 IMF 사태 이후
② 소도시에 사는 경우

◉ **논증**

- 우리 형은 초등학교밖에 나오지 못했다. 따라서 그는 교육수준이 낮은 집단에 속한다.
- 우리 형은 남원시에 산다. 따라서 소도시 거주민의 범주에 속한다.
- 여당후보에게 표를 찍는 행위는 현 정권에 대한 지지를 표명하는 행위에 속한다.

☞ 결국 남원시에 살면서 최종학력이 초등학교 졸업인 우리 형은 1997년 IMF 사태 이후 치러진 16대 총선에서 여당 후보에게 표를 던질 가능성이 높았고 실제로 그렇게 했다. 왜냐하면 교육수준이 낮을수록 정권에 대한 지지도가 높아질 가능성이 크기 때문이다 [전제의 잠정적 귀결].

따라서 연역법칙적 설명에 있어서는 피설명항이 설명항의 논리적 귀결이 되지 않는 사례, 곧 예외가 단 한 개만 있어도 설명항이 무너지고 설명은 실패로 끝나지만, 귀납확률적 설명의 설명항을 무너뜨리기 위해서는 수많은 '맞지 않는 사례'들을 제시해야 한다. 그러나 불가피한 관측의 한계 때문에 '맞는 사례'보다 더 많은 '맞지 않는 사례'가 존재한다는 명백한 근거를 제시하기란 매우 어렵다. 바로 이 때문에 이론은 쉽게 무너지지 않을 뿐만 아니라 급격하게 변화하지도 않는다. 즉 과학적 연구에 있어서는 서로 부딪히는 이론들이 병존하며, 하나의 이론이 다른 이론을 완전히 대체하지도 않는다.

이처럼 이론은 설명과정에서 전제의 역할을 담당한다. 따라서 '이론은 실제와 다르기 때문에 쓸모없다'는 말은 잘못된 것이다. 애당초 이론과 실제는 다른 것이기 때문이다. 즉, 앞서 말한 바와 같이 이론은 실제현상 그 자체가 아니라 실제현상을 설명하기 위한 도구이다. 그렇다고 해서 이론과 실제가 전혀 별개의 것은 아니다. 이론은 실제현상의 모습을 일반화한 추상적 진술로서, 대개 어떤 현상이 다양한 상황(사례) 속에서 표출되는 모습을 귀납적으로 추적하여 그 보편적 성격을 도출함으로써 만들어진다. 이러한 작업을 귀납적 일반화inductive generalization 또는 가설검증hypothesis testing을 통한 이론화라 부른다. 그런데 현재 지구상에 있는, 또 과거에 존재했거나 앞으로 존재할 모든 백조의 색을 일일이 확인하기 전까지는 '백조는 희다'라고 단정할 수 없는 것과 마찬가지로, 모든 사례를 대상으로 한 귀납적 일반화란 불가능하다. 따라서 귀납적 일반화를 통해 도출된 이론은 일정한 조건, 곧 대상이 된 사례들이 갖고 있는 한정된 조건 아래에서만 맞는 통칙의 성격을 갖는다. 또 이미 지적한 것처럼 일단 만들어진 이론들을 서로 연결하여 새로운 이론을 도출하기도 한다(아래 〈그림 2-8〉 참조).

〈그림 2-8〉 귀납적 일반화의 논리

가설	귀납적 일반화 (가설검증)	이론
X → Y	[사례-1] X′ → Y′ [사례-2] X″ → Y″ [사례-3] X‴→ Y‴ • X′, Y′ : 사례-1에서 X와 Y의 모습 • X″, Y″ : 사례-2에서 X와 Y의 모습 • X‴, Y‴ : 사례-3에서 X와 Y의 모습	**X → Y(명제) [선행조건: 사례-1,2,3의 경우]**

(2) 예측

정치학자(과학자)들이 이미 나타난 현상을 설명하려는 것은 더 나아가 같은 종류의 현상이 다시 발생할 것인가를 예측하기 위해서이다. 예로서 과거에 발생한 구체적 사건인 쿠데타 E′가 [X_1, X_2, X_3 → E (정치불안정) under S_1, T_1]이라는 이론을 통해 설명되었다면, X_1, X_2, X_3, 그리고 S_1, T_1과 동일하거나 유사한 조건들이 관측되었을 때 쿠데타(E′), 혁명(E″), 폭동(E‴)처럼 정치불안정 E의 범주에 속하는 현상이 다시 발생하리라 예측할 수 있을 것이다(E‘, E″, E‴는 모두 E의 구체적 사례). 이처럼 예측과 설명은 이론을 필요로 한다는 측면에서 같은 작업이며, 설명은 결과를 발생시킨 전제를 찾는 작업임에 반해 예측은 주어진 전제를 통해 결과를 기대한다는 점에서 서로 다를 뿐이다.

그런데 정치학 연구에 있어서는 앞서 말한 바와 같이 ‘항상 옳은’ 설명항이 없기 때문에 연역법칙적 설명이 불가능한 것처럼 예측 역시 확정적일 수 없다. 즉, 예측에 사용되는 전제는 귀납확률적 설명의 경우와 같이 확률적 통칙을 가진 설명항이며, 따라서 우리는 어떤 현상이 발생할 가능성을 제시할 수 있을 뿐이지 결코 그러한 현상이 도래하리라 단언할 수는 없다. 요컨대 사회과학 연구에 있어서는 이론의 확률적 성격으로 인해 불완전한 설명과 불완전한 예측만을 할 수 있을 뿐이다. 그렇다고 해서 설명과 예측을 포기할 수는 없다. 왜냐하면 설명과 예측의 포기는 정치현상에 관한 과학적 지식이 차지해야 할 자리에 무지無知, 더 나아가 왜곡된 이데올로기적 조작이 자리 잡게 만들 것이며, 그렇게 될 경우 우리가 지닌 창조적 자아의 구현이라는 정치사회의 궁극적 목표는 결코 달성될 수 없을 것이기 때문이다.

제2절 정치학 연구방법론

자연과학이든 사회과학이든 모든 과학은 이론을 도출하는 데 필요한 분석논리分析論理, analytic logic[9]와 방법method of analysis을 갖고 있으며, 이들을 포괄적으로 연구방법론research methodology이라 부른다. 과학적 이론은 엄정하고도 치밀한 절차를 통해 만들어져야 하는데, 연구방법론은 바로 이러한 절차를 규정해 준다는 측면에서 과학의 핵심적 구성요소가 된다. 바꾸어 말해서 연구방법론을 얼마나 잘 준수하느냐에 따라 도출된 이론의 설명력과 예측력이 결정된다고 볼 수 있다.

정치학을 포함한 현대 사회과학의 연구방법론은 크게 ① 경험과학적 방법론positivist/empiricist methodology, ② 실재론적 방법론realist methodology과 ③ 의미론적 방법론idealist methodology으로 나누어진다. 이들은 각기 고유

---

9) 혹은 분석규준分析規準, analytic cannons.

한 존재론적ontological · 인식론적epistemological 입장을 갖고 있고, 그에 따라 이론을 도출하기 위한 구체적 분석논리와 방법을 제시하고 있다. 여기에서 존재론이란 연구대상의 본질에 관한 논의를, 그리고 인식론이란 그러한 본질에 다가갈 수 있는 길에 관한 논의를 뜻한다.

1. 경험과학적 방법론

앞서 소개한 과학적 이론이나 설명의 논리는 모두 경험과학적 입장을 반영하고 있다. 경험과학은 연구대상을 감각경험sensory experience을 통해 관측할 수 있는 현상에 제한하고 있으며, 이러한 현상들은 우연히 발생하는 것이 아니라 일정한 질서나 법칙에 따라 나타난다고 본다. 따라서 경험과학 연구는 겉으로 드러난 현상들 사이의 인과관계를 객관화된 경험적 자료, 곧 투표참여율(%)이나 정부예산(×××달러)과 같은 계량자료10)들을 통해 일반화함으로써 법칙이나 통칙을 끌어내려 한다. 다시 말해서 눈에 보이는 현상들 사이의 인과관계에 관한 가설을 세운 후, 가설과 실제세계가 어느 정도 일치하는지를 경험적 자료에 입각해 확인함으로써 이론을 만든다. 예로서 정치불안정을 설명하기 위한 이론을 도출하려 한다면 아래와 같은 단계를 밟는다.

(1) 가설 설정

독립변인, 간섭변인, 종속변인과 같은 작동변인operating variables을 정

10) 계량화된 자료를 사용하는 이유는 수數야 말로 감각경험을 객관적으로 표현할 수 있는 가장 좋은 수단이기 때문이다.

하고 이들 사이에 일정한 인과관계가 있으리라는 가설을 설정한다. 예컨대 경제상황(독립변인)이 변화함에 따라 정치불안정(종속변인)의 수준이 변한다는 가설을 세운다. 대개 가설은 관련된 기존 이론으로부터 도출되지만 도움을 받을 수 있는 이론이 없을 때에는 연구자의 고유한 인식, 경험이나 판단에 따라 만들어진다.

(2) 연구대상 및 검증사례의 선택과 검증조건 설정

두 번째로 연구대상(서유럽 국가, 서울시민 등)을 정한 후 가설을 연구대상에 포함된 어떤 사례(영국과 프랑스, 종로구와 중구의 유권자 등)를 대상으로, 그리고 어떤 시간적 · 역사적 조건 속에서 검증할 것인가를 결정한다. 이 경우 하나의 사례만을 택할 수도 있고(단일사례분석, case study), 여러 사례들을 택하여 가설이 모든 사례 속에서 맞는지 혹은 어떤 사례 속에서만 맞는지를 확인할 수도 있다(교차사례분석 또는 비교분석, cross-cases study/ comparative analysis).[11] 또 일정한 시점에서 발생한 현상들만을 대상으로 할 수도 있고(동시적 분석, diachronic analysis), 1990년~2000년이나 '유신시대'와 같이 연속적인 시간적(역사적) 구간을 대상으로 할 수도 있다(통시적 분석, longitudinal analysis).[12]

검증사례의 선정에 있어서는 특히 대표성을 확보해야 한다는 점에 유의해야 한다. 즉, 약 3,900만 명에 달하는 '대한민국 유권자'처럼 연구대상 전체, 곧 모집단母集團, population이 너무 클 경우에는 모집단의 성격을 왜곡 없이 잘 대표하는 소규모 표본sample을 대상으로 가설을 검증할 수밖에 없다. 경험과학 연구는 무작위 추출random sampling, 집락

11) 또는 비교분석comparative analysis.
12) 시계열 분석time-series analysis이라 부르기도 한다.

추출cluster sampling 등 표본의 대표성을 확보하기 위한 여러 가지 기법을 사용한다.[13)]

(3) 개념정의와 조작정의

다음으로 정치불안정과 경제상황이라는 개념이 각기 어떤 이론적 의미를 갖는지를 규정한 후(개념정의, conceptual definition), 다시 선택된 사례들 속에서 구체적으로 무엇을 지칭하는지를 분명히 밝혀야 한다(조작정의, operational definition).[14)] 예로서 정치불안정을 '정권의 정당성이 위협받고 있는 상황'으로 규정하여 이를 1년간 발생한 반정부 시위反政府 示威, anti-government protest의 회수 · 규모(참여자 총수) · 폭력성(부상자 수) 등의 계량지표(정량척도, quantitative measure)[15)]로 재구성한다. 경제상황 역시 '경제체제의 성과'로 개념정의한 후 다시 국내총생산(GDP) · 실업률 · 소비자 물가지수 등의 정량척도로 조작정의한다. 그러나 반정부 시위가 발생했다는 사실을 알 수는 있지만 몇 번이나 발생했고 몇 명이 참여했는지 확인할 수 없을 때에는 정량척도를 사용하기 어렵다. 이럴 경우에는 어떤 현상의 발생 여부 혹은 존재 여부만을 측정하는 명목척도nominal measure[16)]나 폭력성이 어느 정도인지를 상대적으로 표현해 주는 비교척도(순위척도, com parative measure)를 사용한다(김웅진, 김지희 20

---

13) 여러 가지 표본추출법의 논리와 적용절차에 관해서는 (김웅진, 김지희 2005, 194~204; Babbie, 2004, 178~217) 참조.

14) 조작정의는 추상적 개념을 실증지표로 재구성하는 작업으로서, 개념정의를 통해 구축된 이론적 속성의 범주와 현실세계를 연결시키려는 목적을 갖고 있다. 김웅진 · 김지희(2005), pp.125~129 참조.

15) 정량척도에는 절대 0을 가진 비율척도ratio measure와 절대 0이 없는 등간 척도interval measure가 있다(김웅진, 김지희 2005, pp.135~137).

16) 분류척도classificatory measure라 부르기도 함(김웅진, 김지희 2005, 131~132).

05, 135~137).

(4) 관측과 측정

네 번째 단계는 각 지표에 해당되는 자료들을 모아(관측) 그 양과 심도를 측정하는 작업이다. GDP나 실업률을 측정할 때에는 각종 통계집의 데이터베이스를 이용할 수 있고, 반정부 시위에 관한 자료는 신문과 같은 매스 미디어가 제공하는 보도자료를 추적하여 얻을 수 있다. 또 연구대상이 정치불안정처럼 국가나 정치체제의 움직임과 관련된 거시적macro 현상이 아니라 개인(서울소재 대학의 학생 등)의 정치적 성향과 같은 미시적micro 현상일 때에는 설문조사survey research를 통해 대상자들에게 직접 접근하여 자료를 모은다.[17]

(5) 가설검증

관측과 측정을 통해 각 변인의 정량자료를 확보하게 되면 이들 사이에 함수관계와 같은 수리적 공변관계correlation가 나타나는가를 회귀분석regression[18] 등의 통계분석방법을 통해 확인함으로써 인과관계를 추론한다. 또 변인들이 명목척도나 비교척도로 조작정의 되었을 때에는 이들 간의 상호관계association[19]를 교차분석표crosstabulation[20]로 만들

---

17) 설문조사의 자세한 절차에 관해서는 김웅진 외(2001, 163~201) 참조.

18) 회귀분석은 정량척도들 간의 함수적 공변관계를 추적하여 인과관계를 추론하는 데 가장 널리 사용되는 통계분석방법이다. 자세한 논리와 절차에 관해서는 김홍규(2002, 229~264) 참조.

19) 상호관계란 인과성을 명확히 확인할 수 없는 관계, 즉 무엇이 원인이고 무엇이 결과인지를 확정하기 어려운 관계를 뜻한다.

20) 교차분석표는 두 개의 명목척도나 순위척도가 갖고 있는 카테고리, 예로서

어 살펴본 후, 그 깊이와 방향을 감마(ϒ), 람다(λ), 카이자승 검정법(χ^2) 등의 통계분석방법[21]을 통해 측정한다. 물론 통계분석방법만이 사용되는 것은 아니다. 순위지표나 명목지표를 사용할 때에는 일치법method of agreement · 차이법method of difference · 혼합법joint method of agreement and difference이나 부울 대수Boolean algorithms와 같은 정성적定性的, qualitative 비교분석전략[22]을 사용하여 변인들 사이의 인과관계를 논리적으로 추적해 본다.

(6) 검증결과의 해석과 새로운 연구문제의 제시

마지막으로 검증결과를 해석하여 가설을 받아들일 것인가 기각棄却, reject할 것인가를 최종적으로 판단한다. 만약 받아들인다면 가설은 설명과 예측의 도구, 즉 통칙이나 이론이 된다.

그러나 가설을 받아들일 수 없을 때에는 왜 가설이 기각되었는지를 면밀히 검토하여 새로운 가설을 설정하여 검증한다. 이러한 과정에서 새로운 연구문제들이 제시된다. 예로서 가설이 기각된다면 종속변인에 영향을 주는 다른 독립변인이나 간섭변인들이 있다는 증거가 되기 때문에 그것들이 어떠한 것인지를 탐색하게 된다. 이제 위와 같은 모든 과정을 흐름도로 표현하면 〈그림 2-9〉와 같다.

남자-여자와 보수-진보의 카테고리들을 서로 교차시킨 구간(cell)을 만들고 각 구간에 들어가는 빈도수를 제시함으로써 카테고리 간의 결합양상을 표현한 표이다.(김홍규 2002, 121~143) 참조.

21) 감마는 순위척도로 이루어진 가설을, 그리고 람다와 카이자승 검정법은 명목척도로 이루어진 가설을 검증하는 데 사용되는 통계분석방법이다(Lewis-Beck, et. al. 2004, 414~415). 참조.

22) 이와 같은 비교분석전략의 논리와 적용방법은(김웅진, 김지희 2000, 26~69)에 상세히 소개되어 있음.

〈그림 2-9〉 경험과학연구의 방법론적 흐름

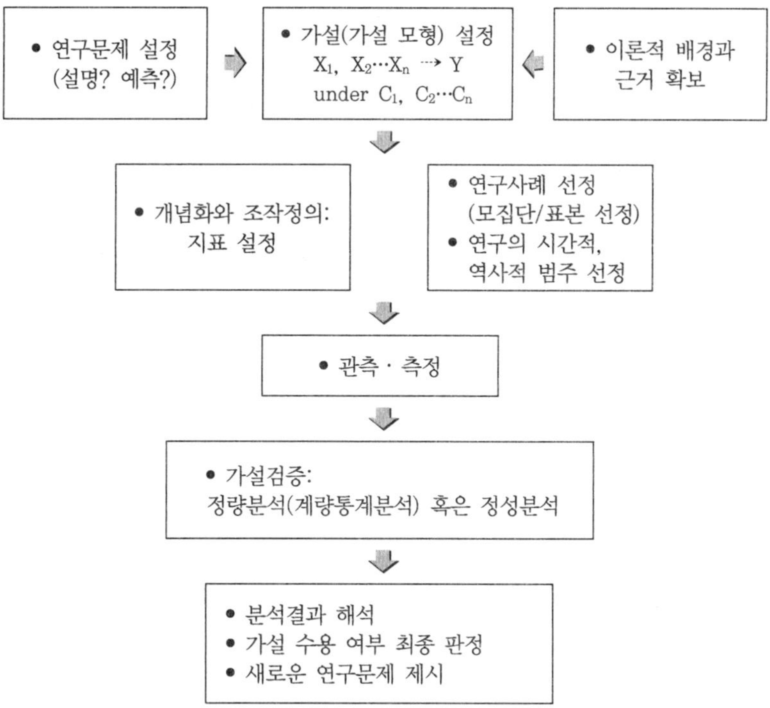

2. 실재론적 방법론과 의미론적 방법론

(1) 실재론

실재론자들은 모든 현상은 외피外皮, appearance의 세계와 그 아래에 숨어 있는 본질의 세계, 곧 구조structure의 세계[23] 등 두 개의 층으로 이루어져 있다고 본다. 그리고 마치 얼굴의 윤곽이 피부 밑에 감추어진 두개골의 모습에 따라 달라지는 것처럼 사회현상의 외피, 곧 겉으로 드러난 사회구성원들의 관계와 의식은 본연적 '관계의 체계system of relationship', 곧 구조에 따라 결정된다고 주장한다(Keat and Urry 1982, 121).

실재론적 방법론을 정치학 연구에 적용하고 있는 사람들은 주로 구조주의적 마르크시즘structural Marxism을 견지하고 있는 학자들이다. 이들에 따르면 자본주의 체제에서 나타나는 여러 가지 행위, 제도, 규범, 관습 등은 모두 자본주의 사회의 본연적 구조, 즉 자본주의 경제구조가 지닌 본질이 바깥으로 드러난 것이다. 즉 정경유착政經癒着이나 저임금 노동자들의 비참한 생활과 같은 정치경제적 현상뿐만 아니라 가족제도, 교육제도, 정치제도 등 모든 사회제도는 자본주의 경제구조의 본질적 성격을 반영하는 외피라는 것이다. 따라서 본질적 구조를 파악하지 않고 경험적 관측이 가능한 외피에만 연구의 초점을 맞추는 것은 겉핥기에 불과하다.

그렇다면 감추어져 있기 때문에 직접 볼 수는 없으나 분명 존재하는 구조를 어떻게 파악할 수 있는가? 이는 실재론적 방법론이 견지하고 있는 추상화의 방법method of abstraction을 통해서만이 가능하다(Wilson 1983, 173). 추상화의 방법을 요약해보면,

① 어떤 본질적 구조가 틀림없이 존재한다는 이론적 전제를 세운다.
② 만약 전제가 맞는다면 그에 해당되는 외피가 분명 나타날 것이라고 예측한다(전제와 외피 간의 논리적 인과관계 설정).
③ 예측된 외피가 실제로 나타난다면 구조가 존재할 수밖에 없다는 결

23) 혹은 핵심적 관계relation의 세계. 이러한 관계들이 유기적·체계적으로 연결된 망網을 구조라 칭한다.

론에 도달하게 된다. 다시 말해서 전제를 참truth으로 받아들인다.

(2) 의미론

한편 상징적 상호작용symbolic interactionism이나 현상학적 입장phenomenological perspective을 견지하고 있는 의미론자들은 사회적 행위는 자연의 움직임과 달리 의미meaning를 담고 있다고 본다. 즉 우리는 어떤 사람이 특정한 행위를 통해 무엇을 의도하는가를 '해석'함으로써 행위의 정체를 파악한다. 식당에서 손님 하나가 팔을 높이 들어 흔들 때 종업원이 그에게 다가가는 이유는 무엇인가? 그러한 행위가 자신을 부르려는 의도에 따라 나타난 것이라고 해석했기 때문일 것이다. 따라서 의도와 행위는 서로를 함축하고 있다는 것이 의미론자들의 주장이다. 그런데 의도와 행위를 놓고 무엇이 원인이고 무엇이 결과인지를 따질 수 없다. 왜냐하면 의도를 파악하지 않고서는 행위의 정체를 알 수 없고, 행위를 보지 않고서는 의도를 추측할 수 없기 때문이다. 의도와 행위는 마치 동전의 양면과 같다(Moon 1975, 175).

이러한 맥락에서 의미론자들은 행위자의 의도를 '실질적으로 추론practical inference'함으로써 어떤 사회적 행위를 설명하려 한다. 이러한 추론은 일정한 전제(의도)로부터 결과(행위)를 논리적으로 연역하는 방식을 취하며, 행위는 행위자가 자신의 의도를 실현하는 데 필요한 수단means, 곧 주어진 상황(외부세계, outer world)에 따라 행위자가 선택할 수 있는 대안으로 간주된다(Wilson 1983, 115). 위의 예에서 식당에서 팔을 높이 들어 흔드는 행위는 왜 나타났는가? 의도를 실현하기 위한 수단의 한 가지일 것이다. 그렇다면 이는 어떤 의도를 실현하기 위한 수단인가? 식당이라는 상황에서 종업원의 눈을 끌려는 의도일 것이다. 따라서 팔을 흔드는 이유는 종업원을 부르기 위해서라고 논리적으로 해석할 수 있다. 이처럼 의미론적 입장에서 본 인과관계는 독립적이자 객관적 상황 사이의 관계가 아니며, 의도와 의도실현 수단의 논리적 관계이다. 즉 행위에는 이미 의도가 함축되어 있고 의도는 그에 따른 행위를 함축한다. 이러한 함축성을 파악하는 것이 바로 사회과학 연구의 목표가 된다. 왜냐하면 인간은 본래 목적지향적이자 창조적인 존재이며(Wilson 1983, 112), 따라서 자신의 의도를 구현하기 위한 수단을 주어진 상황 속에서 자유롭게 모색하기 때문이다.

제2부

권력과 체제

제3장 정치체계와 국가

안승국 (비교민주주의연구센터)

고대 그리스의 도시국가에 대한 관심 이래로 국가는 정치학의 주요 연구대상들 중 하나였다. 현대 정치학에서도 국가권력과 국가정책 또는 국가간 관계 등은 주요한 연구주제가 되고 있다. 지금까지 국가에 관한 연구는 제도주의, 구조기능주의, 마르크스주의 등과 같은 다양한 관점에서 논의되어 왔다. 국가와 관련된 연구는 20세기 초 정치학의 과학화를 계기로 정치체계론이나 구조기능론의 맥락에 놓이게 하였으며 이에 따라 전통적인 접근법에 의한 국가연구는 쇠퇴하게 되었다(Nettle 1968, 560~563). 이러한 연구경향은 1960년대 후반까지 지속되었다가 그 이후부터 국가가 정치학의 새로운 연구주제로 다시 부상되었다. 이 시기의 연구경향은 주로 정책의 결정이나 집행과 관련되는 국가의 역할과 능력에 초점을 두게 되었다.

제1절 정치체계란 무엇인가?

1. 이스턴의 정치체계론

정치를 국민의 다양한 요구를 반영하여 정책을 결정하는 것으로 정의한다면 그 과정은 크게 두 개로 나누어 볼 수 있을 것이다. 첫번째 과정은 국민의 요구가 정책결정기구로 유입되는 과정이고 두 번째 과정은 특정한 정책이 결정되어 다시 국민에게 영향을 미치는 과정이다. 이와 같은 두 개의 과정은 넓은 의미에서의 정치과정이라고 할 수 있으며 이 과정의 중심에 있는 것이 정치체계라고 할 수 있다.

이러한 정치체계를 경험과학적인 측면에서 이론적으로 정리한 사람이 이스턴D. Easton이다. 그는 자신의 대표논저인 「정치체계의 분석에 대한 접근An Approach to the Analysis of Policial System」과 『정치분석의 틀A Framework for Political Analysis』에서 정치체계란 개념을 현실정치에 적용하려고 했다. 즉, 그는 정치체계에 대한 요구와 지지가 어떻게 형성되고 정책이 어떻게 결정되는가를 분석함으로써 정치를 경험적으로 개념화하고자 했던 것이다. 따라서 그의 분석은 정치체계에 미치는 환경의 영향을 고려해서 정책을 형성하고 집행하는 과정에 대한 논의와 관련된다. 정치체계와 구분되는 사회의 다른 부분은 환경이며 경계에 의해 구분된다.

정치체계와 환경은 지속적인 상호작용에 놓여 있으며 이것은 투입-전환-산출-환류의 과정을 통해 반복된다. 즉, 정치체계는 국내외적 환경으로부터의 요구와 지지(투입)를 받아 전환과정을 거쳐 산출을 발생시키게 되는 것이다. 또한 이러한 산출은 수정이나 보완이 필요한 경우 다시 정치체계의 투입으로 환류되어 동일한 과정을 거치게 된다. 즉, 이스턴에 따르면 환경으로부터의 투입은 정책으로 전환되며 정책의 성과는 환경과의 상응여부에 따라 다시 정치체계에 환류된다는 것이다.

하나의 정치체계는 구속력있는 결정과 연관되어 있는 행위에 의해 규정되며 정치체계의 기본단위는 정치적 행위이다. 따라서 요구와 지지와 같은 정치적 행위는 정치체계에 대한 투입input을 구성한다. 요구는 환경이나 정치체계 내부에서 발생되는 것으로 정책형성에 있어서 주요한 쟁점이 된다. 지지는 사회구성원들의 요구를 실질적인 정책으로 형성시키기 위한 행위이다. 따라서 정치체계에서 다양한 정책이 결정되기 위해서는 투입과 관련된 행위가 활성화되어야 한다. 산출output은 정치체계에 있어서 정책결정의 결과이며 사회구성원들의 요구를 충족시킴으로써 정치체계에 대한 지지를 형성하거나 사회구성원들의 불만을 야기시켜 새로운 요구를 촉발시킨다. 따라서 산출은 사회구성원들이 정치체계의 능력을 인식할 수 있도록 해주는 것이다.

또한 요구와 지지를 통해 수립된 하나의 정책쟁점도 정치체계의 전환과정을 통과하는 동안 처음의 요구와 상이하게 변화될 수가 있다. 따라서 요구와 정책의 내용을 비교하고 검토하는 환류feedback가 이루어진다. 이러한 환류는 선거와 시민단체의 정책비판 등에 의해 이루어질 수 있다. 환경은 정치체계의 외부에 존재하는 것으로 사회적·경제적·문화적 조건이다. 이러한 조건들은 투입과 산출에 영향을 미치게 된다. 즉, 정치체계는 외부적 환경에 반응하면서 요구와 지지를 투입으로 받아들여 정책을 산출하는 것이다. 따라서 정치체계는 정책결정을 둘러싼 행위들간의 상호작용이며 이를 통해서 가치의 권위적 배분이 이루어지는 것이다. 정치체계론에서 정책은 가치를 배분하는 결정들과 행위들간의 망network으로 구성된다(Easton 1953). 정치체계는 환경으로부터 압력과 영향을 받는 일종의 개방체계이지만 외부의 압력에도 불구하고 유지되려는 경향이 있다. 따라서 체계이론의 주요 관심사는 외부의 압력과 내부의 위기에도 불구하고 어떻게 정치체계가 유지되는가를 설명하는 것이다.

이스턴의 체계이론은 정치행위의 복합적인 상호작용을 분석함으로써 경험적인 연구의 토대를 마련해 주었다. 즉, 이스턴은 과학적 정치학 또는 정치과학의 관점에서 국가나 정부와 같은 전통적 개념을 거부하고 투입, 전환, 산출, 환류와 같은 개념을 구축함으로써 경험이론의 생산을 강조하고자 했던 것이다. 따라서 체계이론의 공헌은 제도적 접근법에 비해 경험적으로 관찰될 수 있는 정치적 행위의 측면으로서 정치를 파악하고자 했다는 점이다. 즉, 인간의 행태를 중심으로 정치현상을 분석할 것을 강조한 것이다. 이스턴의 체계이론은 정치체계와 환경과의 상호작용을 쉽게 파악할 수 있는 장점이 있으며 또한 특정 국가나 지역을 넘어 보편적으로 적용이 가능하다.

〈그림 3-1〉 이스턴의 정치체계 모형

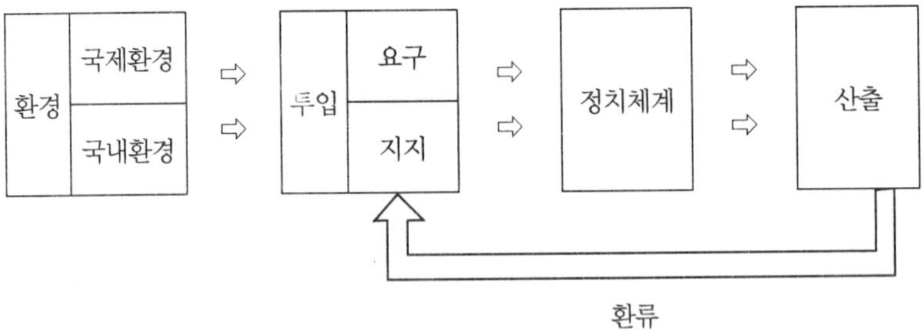

출처: Easton 1965, 112.

그러나 이스턴의 정치체계론에는 다음과 같은 문제가 제기되었다. 첫째, 정치체계론은 정치체계의 지속과 유지를 설명하는 데는 유용하지만 정치체계의 변동은 적절하게 설명하지 못했다. 즉, 체계이론은 정치체계의 변동이 발생되는 원인을 규명하는 데는 적합하지 못했다고 볼 수 있는 것이다. 둘째, 정치체계의 개념이 너무 추상적이기 때문에 구체성이 없으며 실증적인 분석이 불가능하다는 한계가 있다.

2. 알먼드의 정치체계론

알먼드G. A. Almond는 『비교정치체계Comparative Political System』라는 논문에서 이스턴의 논의를 토대로 역할과 구조라는 개념을 통해 정치체계를 분석하였다. 그의 이론에서 역할이란 정치체계의 상호작용에 있어서의 기본단위이며 구조는 상호작용의 유형을 의미한다. 알먼드도 이스턴과 같이 경험과학의 관점에서 정치학의 개념을 재구성하려고 했다. 따라서 그는 기존의 국가개념을 정치체계라는 개념으로 대체하였고 제도대신에 구조라는 용어를 사용하였다. 알먼드는 정치체계가 보편적 성격을 갖고 있다는 것을 전제하였다. 즉, 모든 정치체계에는 체계유지를 위한 역할과 구조가 존재하며 구조는 동일한 기능을 수행한다는 것이다. 바로 이러한 기능이 정치체계를 유지하고 환경에 적응하도록 해준다는 것이다. 알먼드는 이스턴이 제시한 투입, 전환, 산출, 환류에 구체적인 기능적 범주를 추가하였다. 따라서 투입에는 정치사회화political socialization와 정치적 충원political recruitment, 이익표출interest articulation, 이익집약interest aggregation, 정치적 의사소통political communication이라는 네 개의 기능이 포함되고 산출에는 규칙제정rule-making, 규칙적용ruleapplication, 규칙판정rule-adjudication이라는 세 개의 기능이 포함된다(Almond and Coleman 1960, 17).

〈그림 3-2〉 알먼드의 정치체계 모형

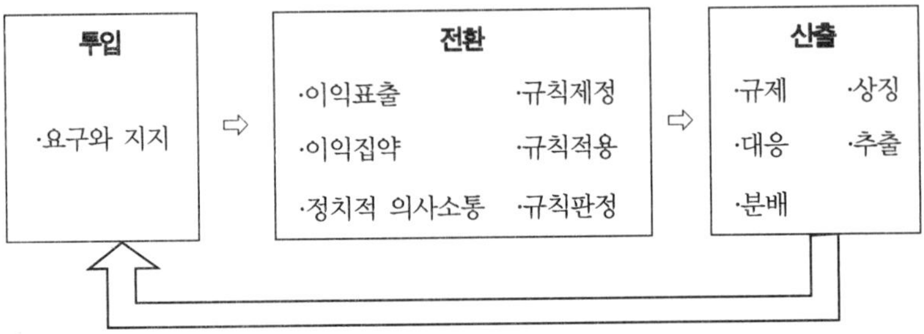

출처: Almond and Powell (1978), 285.

투입에 있어서 정치사회화와 정치적 의사소통은 사회구성원들의 정치행위를 고취하고 이익표출은 사회구성원들의 이해관계와 요구를 표현하는 것이다. 정치사회화는 정치체계가 유지되기 위해 필요한 것으로 동일한 정치행위의 유형을 재생산한다. 이와 같이 동일한 정치행위에 의해 정치체계의 유지에 필요한 역할이 수행될 수 있는 것이다. 정치적 충원은 정치사회화를 통해 일정한 정치행위의 유형을 습득한 사람들 중에서 정치체계 내의 역할을 수행할 수 있도록 충원하는 기능이다. 즉, 규칙제정(입법), 규칙적용(행정), 규칙판정(사법)을 담당할 수 있는 전문가를 충원하는 것이다. 또한 이익표출은 다양한 이익을 명확하게 표현하는 기능으로 이익집단이나 계층, 지역집단에 의해 이루어지며 이익집약은 다양한 요구와 이익들이 정당에 의해 통합되는 것이다. 정치적 의사소통은 정치적 정보의 전달과 교환기능이다. 정치체계의 기능은 의사소통을 통해 이루어진다. 즉, 투입에 있어서

요구와 지지도 의사소통에 의해 정치체계로 전달되며 산출에 대한 정보도 의사소통을 통해 국민에게 전달되는 것이다. 따라서 정치적 의사소통은 정치체계의 유지에 매우 중요한 기능을 수행한다고 볼 수 있다. 산출은 세 개의 분리된 권력 다시 말해서 삼권분립의 원칙에 따른 입법부, 사법부, 행정부의 기능에 상응하는 것이다.

이러한 정치체계의 도식은 알먼드와 포웰G. A. Almond and G. B. Powell Jr.의 공동저작에서 재구성되었다. 즉, 투입과 산출의 기능이었던 이익표출, 이익집약, 정치적 의사소통, 규칙제정, 규칙적용, 규칙판정은 전환과정의 기능으로 바뀌었다. 따라서 투입에 있어서 요구와 지지가 전환과정을 통해서 변화되어 규제regulation, 대응response, 분배distribution, 상징symbol, 추출extraction이라는 산출을 결과하게 된다(Armond and Powell, 1978, 190~212). 이러한 도식의 특징은 각 기능들 간의 상호의존이다. 즉, 알먼드와 포웰은 체계의 유지가 기능의 존재로 보장되는 것이 아니라 각 기능들간의 유기적 상호의존을 통해서 보장된다는 것을 보여주고자 하였다. 다시 말해서 알먼드와 포웰은 정치체계의 능력을 여섯 개의 기능으로 파악하고 각 기능적 능력을 정치체계의 성과라는 측면에서 정의하고 있는 것이다.

알먼드는 거시적이고 전체적인 이론을 수립하고자 했다. 그러나 그의 거시적 구조기능주의의 관점은 비판에 직면했다. 첫째, 기능적인 정치체계의 균형을 강조하는 것이 문제점으로 지적되었다. 즉, 정치체계는 기능들 간의 결속을 가정하기 때문에 체계의 기능적 통합은 각 기능의 경계를 모호하게 함으로써 분석틀로서의 의미를 상실하였다는 것이다. 둘째, 이스턴과 마찬가지로 정치체계의 유지를 강조함으로써 보수주의와 현상유지에 편향되었다는 것이다. 셋째, 알몬드는 이스턴의 추상성을 탈피하고자 했지만 결과적으로는 구체성을 확보하는데 성공하지 못했다고 평가할 수 있다.

제2절 국가란 무엇인가?

1960년대 초부터 1960대 말까지 정치학에 있어서 국가라는 용어는 거의 사용되지 않았다. 정부나 정치발전, 선거를 포함한 거의 모든 연구에서 국가라는 용어는 제외되었던 것이다. 특히, 과학적 정치학을 추구하는 연구경향은 모호한 국가개념을 정치체계로 대체하였다. 즉, 국가는 하나의 제도로서 다른 제도들과 마찬가지로 정치체계라는 개념 속에 융합될 수 있다는 것이다(Almond 1988, 82) 그러나 1960년대 말부터 국가라는 용어는 다시 등장했다. 마르크스주의 학자들은 자본주의 국가론을 전개하는 과정에서 국가라는 용어를 사용하기 시작했으며 비마르크스주의 학자들도 베버주의의 관점에서 합법적 강제력과 구속력을 가진 제도로서의 국가에 주목하게 되었다. 또한 1960년대와 1970년대 이른바 남부유럽과 제3세계 권위주의 국가의 수립에 대한 비교연구도 국가를 주요 관심영역으로 끌어들인 계기가 되었다.

국가라는 개념은 크게 두 가지 의미로 정의될 수 있다. 첫째, 국가는 정책결정권을 가진 공직자로 구성되는 조직 및 제도의 총체로 정부와 동일한 의미를 갖는다(Krasner 1984, 224). 즉, 국가는 결속되고 제도화된 조직으로서 관료기구 또는 행정기구로 정의되어 법을 제정하고 집행한다. 이러한 의미에서 국가의 개입이나 국가의 개혁은 통치조직이나 통치자집단의 행위로 간주되는 것이다. 따라서 국가도 인간으로 구성되었다는 점에서 사회집단과 유사하지만 국가는 사회집단에 비해 결속력이 강하고 사회집단과 달리 합법적인 강제력을 보유하고 있다. 통치조직으로서 국가는 국민의 복종을 획득할 수 있는 물리력을 보유하고 있는 것이다. 즉, 국가는 경찰력과 군사력을 독점함으로써 어떠한 사회집단보다도 우월한 위치에 놓여 있다. 둘째, 국가는 주권을 가지고 영토를 확보하여 국민을 통치하는 조직체로 첫 번째 국가개념보다 더 포괄적이라고 할 수 있다. 이러한 측면에서 정부는 국가의 일부분이며 통치를 위한 도구적 조직이라고 할 수 있을 것이다. 즉, 정부는 집권세력과 관료를 중심으로 하는 정책결정자의 집합체이다. 다시 말해서 정부는 권위적인 결정을 담당하는 공직자와 공공기관의 집합체를 의미하는 것이다(Benjamin and Duvall 1985, 28). 따라서 통치의 도구로서 또한 정치조직으로서 정부는 구성이나 성격이 변화되지만 국가는 지속성을 가질 수 있는 것이다.

국가는 사회에서 상호경쟁에 놓여 있는 개인과 집단들의 요구와 이해관계를 조정하는 역할을 수행한다. 즉, 국가는 중립적이고 객관적 위치에서 집단들 간의 갈등과 경쟁을 조정하는 것이다. 국가는 권력의 기반에 놓여 있으며 이와 같은 점은 국가와 사회집단간의 관계를 규정한다. 또한 국가는 정책결정의 선택범위를 규정하는 제도의 총체이다. 이러한 맥락에서는 정책결정을 개인적 선택의 결과가 아니라 제도로서 국가의 영향력이 작용된 것으로 본다.

이러한 논의의 핵심은 국가가 독자적인 정책결정을 할 수 있는지의 문제로 국가 자율성State autonomy과 관련된다. 국가 자율성은 다양한 관점에서 논의될 수 있지만 크게 자유주의와 마르크스주의로 나누어 볼 수 있다. 따라서 이 장에서는 사회중심적인 마르크스주의와 국가중심적인 베버주의에서의 국가에 대한 논의를 정리할 필요가 있다. 각 접근법은 각기 주제에 대한 일방적인 초점을 제시하고 있으며 논의의 핵심은 국가와 시민사회 간의 관계규명과 관련된다.

1. 국가 중심적 접근법

현대에 있어서 국가는 중앙집권화되고 관료화된 국민국가라는 특징을 갖고 있다. 국가는 행정적·군사적·정치적 조직체로 영토와 국민을 통제하는 실체적 조직이다. 국가란 일면으로는 다양한 계층으로 구성된 사회경제적 구조와 다른 일면으로는 다양한 국가들로 구성된 국제체계에 존재하는 이중적 위치에 놓여 있다. 따라서 국가는 사회 내의 우월한 집단이나 계층의 직접적 통제로부터 자율성을 지니며 대내적인 질서를 유지하고 대외적으로는 다른 국가들과 경쟁을 하기 위해 자원의 동원과 배분에 있어서 사회계층의 이익과 상이할 수 있다. 즉, 국가는 특정 계층의 이익에 치우치지 않는 독자적 이익을 갖는 것이다. 바로 이러한 측면에서 사회집단이나 계층의 이익과 요구를 단순히 반영하는 것이 아니라 자신의 목표와 이익을 추구하는 행위자로서 국가의 자율성 개념이 등장했다(Krasner 1978). 다시 말해서 국가가 사회(집단이나 계층)에 대해 자율성을 가지면 특정 계층의 이익에 상관없이 정책을 추진할 수 있다는 것이다. 국가 자율성을 결정하는 변인으로서는 국제체계에 있어서 국가의 위치, 국가에 의한 질서유지의 필요성, 국가관료가 동원할 수 있는 자원을 들 수 있다.

따라서 국가의 자율성은 대외적으로는 국제사회에 있어서의 위치와 대내적으로는 스스로의 목표를 달성할 수 있는 능력에 의해 결정된다. 즉, 대외적으로는 국가가 국제사회로부터 받는 압력이나 국제적인 조건이 국가의 행위를 규정한다는 것이다. 또한 대내적으로는 주권과 행정적·군사적 통제, 관료제, 경제적 자원 등에 영향을 받는다.

국가중심적 접근법은 국가가 자신의 이익을 가졌다는 점을 부인하는 사회중심적 접근법과는 달리 국가가 특정 이익을 추구하는 행위자라는 점을 강조한다. 또한 국가는 자체의 이익을 가질 뿐만 아니라 이러한 이익이 사회집단의 이익과 상이할 수 있다는 것이다(Skocpol 1985). 이러한 관점에서 국가는 관료조직에 의해 우월한 사회집단의 영향력을 차단함으로써 독자적인 이익을 추구하기 때문에 정치는 관료의 정책형성과 결정으로 구성되는 관료정치이며 정당이나 이익집단의 정책에 대한 영향력은 무시된다.

이러한 점은 사회중심적 접근에서 제시하고 있는 인과관계의 방향을 역전시키는 강력한 국가 자율성을 의미하는 것이다. 다시 말해서 사회중심적 접근은 사회적 영향력을 독립변인으로 국가의 행위를 종속변인으로 간주한 반면 국가중심적 접근은 국가의 행위를 독립변인으로 간주하는 것이다. 그러나 국가중심적 접근에서는 국가와 사회와의 관계를 적절하게 설명하지 못했다. 국가중심적 접근은 단지 관료에 의해 결정되는 국가 자율성 개념을 정의했다. 따라서 국가에 미치는 사회계층이나 집단의 영향력은 간과되었던 것이다. 이러한 문제점을 고려하여 수정된 국가중심적 접근은 행위자로서의 국가로부터 제도로서의 국가로 초점이 옮겨졌다.

국가의 목적 수행능력은 강제력의 독점, 관료, 재정과 같은 도구와 자원에 의존한다. 따라서 이러한 도구와 자원은 국가의 정책목적 형성과 집행 간의 매개변인으로 간주될 수 있다. 이와 같은 능력의 도구를 기준으로 하여 강성국가strong state와 약성국가weak state가 구분된다(Skocpol 1985, 15~17). 강성국가는 사회집단의 압력에도 불구하고 자원을 기반으로 국가의 이익을 관철시킬 수 있는 국가이고 약성국가는 자원의 부족과 사회집단의 저항 때문에 이익을 실현시키지 못하는 국가이다. 요컨대, 국가가 동원할 수 있는 자원은 목적을 수행할 수 있는 능력을 결정하는 것이다.

그러나 이러한 논의 역시 국가와 사회간의 관계가 이론화되지 않은 채로 남게 된다는 점을 의미한다. 왜냐하면 이러한 논의는 국가에 내적으로 창출된 국가 자율성을 상정하고 있기 때문이다. 이러한 관점은 국가와 사회와의 관계를 분석하는 것이 결여되어 있고 국가를 사회적 진공 속에 위치지우는 것이다. 따라서 국가에 대한 사회집단의 압력을 완전히 제거하는 것이 강성국가의 기준이 되며 관료조직의 응집성이 전제되기 때문에 관료조직 간 경쟁은 제대로 설명되지 못한다. 결론적으로 국가중심적 접근은 강성국가의 정책결정과정을 규명하는데 적합하다고 할 수 있지만 현실은 국가와 사회가 분리되어 있지 않기 때문에 양자간의 관계가 분석되어야 할 것이다.

2. 국가와 사회계급

마르크스주의의 관점에서는 국가를 사회계급과 연계하여 논의하고 있다. 국가에 대한 마르크스주의의 관점은 기본적으로 사회중심적 접근이다. 즉, 국가정책을 국가 외부에 존재하는 요인으로 설명하고 있다. 따라서 이러한 관점은 국가와 사회(계급) 간의 연계를 함축하고 있으며 국가를 종속변인으로 사회적 요인을 독립변인으로 간주하고 있는 것이다. 마르크스주의 국가론은 자본주의 사회에서 국가가 자본계급의 지배에 어떻게 기여하는가를 중심으로 전개되었다.

마르크스는 자본주의 국가의 정부를 자본가의 공동문제를 처리하는 집행위원회로 규정한 바 있다. 즉, 자본주의 국가는 국민 전체의 이익이나 공공의 이익보다는 자본가의 이익에 봉사하며 자율성을 갖지 못하는 자본가의 지배도구에 불과하다는 것이다. 마르크스주의 국가론에서 가장 주목을 받았던 것은 밀리반드R. Miliband와 풀란차스N. Poulanzas

간의 논쟁이었다. 밀리반드는 「자본주의 사회에서의 국가」라는 저작에서 영국의 사례를 중심으로 자본계급의 지배에 놓여 있는 국가의 성격을 규명했다.

그에 따르면 영국의 국가는 관료에 의해 운영되고 있으며 관료의 계급적 성격을 분석해 보면 대부분 자본계급에 속한다는 것이다. 따라서 자본주의 사회에 놓여 있는 국가는 자본계급의 이익을 반영하며 이것은 동일한 출신성분을 가진 관료들에 의해 추구된다는 것이다. 따라서 국가관료에 의해 결정된 정책은 자본의 이익을 유지하는 것을 목적으로 하고 있으며 정책이 부분적으로 노동계급의 이익을 추구하는 경우도 있지만 궁극적으로는 자본계급의 이익에 기여한다는 것이다.

이러한 주장에 비판을 제기한 것이 풀란차스였다. 그에 따르면 자본주의 사회에 놓여 있는 국가라고 할지라도 자본의 이익만을 추구하는 도구는 아니며 국가 자체의 독자적인 영역과 권력의 행사가 가능한 자율성을 갖고 있다. 따라서 국가나 관료는 자본계급의 이익까지 제약할 수 있는 권한을 보유하고 있다는 것이다. 이러한 주장의 핵심은 국가가 자율성을 가진 기관이며 복합적인 구조에 놓여 있다는 것이다.

도구주의는 국가에 대한 계급의 영향력을 강조하는 계급이론의 시각에 놓여 있다. 도구주의는 국가를 모든 사회집단이 동등하게 접근할 수 있고 어떠한 정치적 목적도 추구하기에 적합한 중립적인 도구로 인식한다. 이러한 관점에서 국가정책과 국가개입은 도구로서의 국가에 대한 통제력을 보유하고 있는 계급이나 집단의 이익과 가치에 입각해 설명되는 것이다. 그러므로 국가제도와 조직은 특정 사회집단의 이익에 기여하는 것으로 간주되어 국가의 제도적 형태가 국가정책이나 국가개입을 수정하거나 변화시키지 못한다는 것이다. 즉, 국가의 제도적 형태는 사회계급들의 권력관계의 균형이 변화될 때마다 재형성된다. 도구주의는 국가의 제도적 형태와 사회계급 간의 일대일 대응을 전제하기 때문에 사회집단이나 계급의 영향력을 제어할 수 있는 제도적 실체로서의 국가를 간과하는 약점을 갖고 있다.

밀리반드에 따르면 국가체계state system를 구성하는 것은 정부, 행정조직, 강제기구 등이며 국가체계는 정당과 이익집단을 포함하는 정치체계와는 구별된다(Miliband 1969, 54) 경제에 대한 국가개입이 증대됨에 따라 자본계급은 국가와 직접적으로 연계되었기 때문에 국가정책에 이익을 반영시키고 국가개입의 성격을 결정하기까지 한다는 것이다(Miliband 1969, 58).

국가는 사회계급의 다양한 이익을 반영하여 정책을 추진하고 정책쟁점에 대해 자유로운 토론을 허용되고 있지만 관료들이나 정치인들 간 근본적인 견해차이는 없다. 즉, 자본주의체제의 유지에 대한 기본적 합의가 존재하기 때문에 이러한 조건에서 국가는 재분배와 같은 획기적인 개혁조치를 취하기가 어렵다는 것이다(Miliband 1969, 80).

도구주의의 관점에서 국가는 잠정적으로 자본주의적the state in capitalist society이지만 구조주의의 관점에서 국가는 자본의 이익에 상치될 수 없기 때문에 필연적으로 자본주의국가capitalist state이다. 즉, 구조주의는 자본주의의 존속을 위한 조건을 유지하기 위해 수행해야 하는 국가의 기능에 초점을 맞추고 있다. 국가라는 제도적 구조는 경제에 있어서의 권력관계와 정치적으로 접합되어 있기 때문에 자본주의의 계급관계를 재생산한다는 것이다. 풀란차스에 따르면 자본주의국가는 자본주의 생산양식에 특수한 것으로 이러한 기능을 효과적으로 수행하기 위해서는 상대적 자율성relative autonomy을 가져야 한다고 주장했다.

풀란차스의 주장은 국가가 독자적으로 정책을 결정하고 집행한다는 점을 부인하지 않으면서도 장기적이고 근본적으로는 자본계급의 이익에 기여한다는 것이다. 즉, 국가정책의 핵심은 자본주의 생산양식을 유지하고 자본계급이 우위를 점하고 있는 계급구조를 존속시키는 것이 된다. 풀란차스에 따르면 자율성을 가진 국가에 의한 정책이 자본계급보다도 더 합리적이고 거시적인 안목을 가지고 있기 때문에 자본주의의 유지에 더욱 효과적이다.

즉, 자본주의 국가는 다음과 같은 세 가지 기능을 수행한다는 것이다. 첫째, 경제적 갈등 또는 분열을 정치적으로 통합하여 계급관계를 은폐한다. 즉, 국가는 경쟁적이고 상이한 이익들에 대해 일반적 이익을 표방함으로써 계급적 성격을 위장한다. 둘째, 자본계급에 대해서는 경제적 고립을 해소할 수 있는 정치적 조직화를 보장하고 노동계급에 대해서는 정치적 조직화를 금지한다. 셋째, 국가의 물적 토대를 구축하기 위해 자본주의 기제를 유지한다(Poulantzas 1975, 25~33).

도구주의나 구조주의는 기본적으로 마르크스주의의 관점에서 국가의 기능에 계급관계가 반영된다고 보기 때문에 국가의 수동성을 전제하고 있다는 점이 문제로 지적될 수 있다. 특히, 국가의 정책결정과 집행에 있어서의 자율성을 간과했다는 점에서 도구주의는 단순화의 문제에 직면할 수밖에 없다. 그러나 마르크스주의 국가론은 자본주의 국가의 인식에 새로운 지평을 제시해 주었고 국가를 주요한 연구대상으로 재등장하는데 크게 기여했다는 점은 인정될 수 있을 것이다.

결론적으로 기본적인 정치단위체로서 국가를 정확히 분석하기 위해서는 사회에서의 영향력이 국가의 정책결정에 반영되는 과정을 고려해야 한다. 이러한 연구에서 핵심적인 과제는 지배적 사회계급 또는 집단들의 경제적 권력이 정치권력으로 전환되는 기제를 규명하는 것이다. 또한 사회와 국가 간에 놓여 있는 제도화된 관계가 분석되어야 할 것이다. 이러한 관계의 내용에는 국가의 사회 유지기능이 포함될 수 있다. 요컨대, 어떠한 경우에든 국가의 행위는 사회에서 부과하는 구조적 제약에서 완전히 자유로울 수는 없을 것이다.

제3절 국가-사회 관계

국가-사회 관계를 규명하기 위해서는 우선 국가와 사회의 개념을 명백히 규정할 필요가 있다.[1] 사회의 성장은 자본주의 발전과 맥을 같이 했다고 볼 수 있다. 근대 초기 경제적 부를 바탕으로 새롭게 부상한 신흥 부르주아들은 시민혁명을 통해 자유주의 사회를 창출했다. 원리적으로 자유주의 사회는 자유롭고 평등한 개인들이 활동하는 영역으로 그 안에서 사회구성원들은 천부적으로 동등한 권리를 가지고 있기 때문에 타인의 행위를 억압하거나 강제할 수 없다. 그러나 사회구성원들은 각자의 사적인 이익을 추구하기 때문에 이익의 충돌은 불가피하게 되지만 사회 내에는 갈등과 대립을 해소시켜줄 수 있는 법·권위·심판관이 존재하지 않는다.

이러한 상황으로 인해 국가의 필요성이 요청되는 것이다. 국가는 사회의 안정과 평화를 보장하고 개인의 권리를 실현하기 위한 공적 권위체가 되는 것이다. 권위적 공공영역으로서의 국가는 사적 영역의 외부에 존재하면서 개인과 집단으로 구성되는 사적 영역을 보호한다.(Habermas 1989, 30). 따라서 자유주의 정치이론에서 국가-사회 관계는 다음과 같이 규정된다. 첫째, 국가와 사회는 엄격히 분리된다. 둘째, 국가는 사회를 보호하고 갈등을 조정한다. 셋째, 사회는 자유롭고 평등한 개인으로 구성된다. 자유주의 정치이론가들은 이러한 전제

1) 국가-사회관계에 대한 전반적 논의는 (안승국 1997) 참조.

를 공유하고 있었지만 각기 관점에 따라 국가-사회 관계를 다양하게 개념화했다.

홉스T. Hobbes와 루소J. J. Rousseau에 따르면 자연상태로서의 사회는 극복해야할 영역이다(Hobbes 1968; Rousseau 1950). 따라서 국가는 자연상태를 극복하는 존재로 상정된다. 반면에 로크J. Locke는 자연상태로서의 사회가 불완전하기 때문에 국가에 의해 관리되어야 하지만 또한 보존될 필요가 있다고 주장했다(Locke 1960). 헤겔G. W. Hegel은 사회를 욕구의 체계로 파악했다. 즉, 사회는 사적 이익의 각축장으로서 지속적인 대립상태가 유지된다는 것이다. 이러한 대립은 노동분화와 상품교환이라는 상호의존 구조 속에서 사적 이익과 사회전체 이익의 조화를 통해서 잠정적으로 완화될 수 있는 것이다(Hegel 1952, 126~128, 126~131).

그러나 헤겔에 따르면 이러한 해결책은 근본적인 것이 아니었다. 왜냐하면 이러한 타협은 자발적인 것이 아니라 필요에 따른 것이기 때문이었다. 결국 사적 이익과 전체이익의 융합은 인륜적 생활이 도구적 합리성에 종속되는 것이며 사적 이익의 극단적인 추구는 시민사회를 파멸시키게 된다는 것이다. 헤겔은 이러한 위험을 극복하기 위해서 국가가 사회를 유지시키는 동시에 지양할 것을 주장했다. 이에 따라 국가는 인륜을 구현하는 존재로서 사회의 상위에 위치하게 된다(Hegel 1952, 155~161). 결국 헤겔의 대안은 사회에서 표출되는 대립을 국가제도를 통해서 해결하는 것이었다.

마르크스K. Marx는 헤겔의 사회개념을 수용했다. 이러한 개념은 자유주의의 전형적인 국가-사회 분리에 입각한 것이다. 마르크스에 따르면 프랑스혁명을 통해 완결된 부르주아혁명은 공공영역으로서의 국가를 수립시켰고 사회를 완전히 탈정치화시켰다. 이러한 결과에 따라 사회에서 개인은 공동체구성원으로서의 지위를 상실하여 극단적으로 이기적인 존재가 되었다는 것이다.

마르크스는 이러한 상황을 극복하기 위해 사회의 주도하에 국가와 사회를 통합시켜야 한다고 주장했다(Marx, 1975) 왜냐하면 국가는 이미 계급지배의 도구로 전락했으나 사회에는 역사의 주체로서 프롤레타리아가 존재하고 있기 때문이라는 것이다. 마르크스와는 달리 자유주의 정치이론가들은 국가와 사회를 각기 구별되는 절차와 규범을 갖고 있는 것으로 파악했다. 그러나 국가와 사회는 분리되어 있지만 긴밀한 관계를 유지하게 되므로 두 영역을 연계시킬 수 있는 조직원리가 요청되었다. 이러한 조직원리는 강조점에 따라 상이한 형태로 나타나지만 공통적으로 타협과 합의의 원리에 기초해 있다.

1. 다원주의의 국가-사회 관계

다원주의는 상대적으로 자율적인 다수집단을 상정하며, 이러한 집단들은 대체로 정치과정에 어느 정도 균등한 영향력을 행사할 수 있는 것으로 간주된다(Dahl 1982, 26). 즉, 사회 내의 집단들은 자신들의 이익을 실현시킬 수 있는 권력과 자원을 보유하고 있다는 것이다. 이러한 맥락에서 정치는 모든 집단이익에 실질적으로 동등한 기회를 부여할 수 있는 집단협상의 절차가 된다. 따라서 다원주의에서는 집단 간의 협상이 가장 중시되며 협상의 공정성을 침해하는 어떠한 요인도 거부된다.

다원주의는 정치과정에 경쟁과 협상이라는 시장원리를 적용한 것이다. 이러한 원리에 따라 다원주의는 최소한 절차상으로는 모든 집단들이 참여할 수 있는 집단기제를 제시했다. 그러나 다원주의의 한계는 이와 같은 절차상의 공정성이 보장된다고 해도, 실질적으로는 광범위한 정치적 불평등이 산출된다는 점이다.[2] 즉, 다원주의체제에서는 우월한 자원을 보유한 집단들이 정치과정을 장악하게 되어 정치의 왜곡이 초래될 수 있는 것이다(Dahl 1982, 45~47). 이에 따라 자원이 빈약한 소수집단들의 이익은 제대로 반영되지 못하게 될 수 있다.

다원주의체제에서는 자원의 불평등이 존속하는 한 이러한 정치적 불평등을 해소할 수 없으며, 실제로 대부분의 다원주의자들은 어느 정도 이러한 점을 인정하고 있다. 이에 대한 다원주의자들의 해결책은 우월한 집단의 특권적 권리를 인정하든지, 아니면 소유권제도를 전면적으로 재편하는 것이다(Lindblom 1977, 175; Dahl 1985,〈안승국 역〉 141~164).

다원주의의 협상기제는 국가와 사회집단간의 분산적인 과정이다. 따라서 동일한 쟁점에 대한 동일한 협상과정이 여러 번 반복되므로 많은 비용이 소요된다. 이와 같은 기제는 비효율적일 뿐만 아니라 집단 간의 이익이 첨예하게 대립되는 경우에는 기본적인 타협조차 이루어지지 않기 때문에 심각한 무질서가 초래될 수 있다. 결국 다원주의가 제시하는 기제는 이익을 표출하는 데는 유용하지만 이익을 조정하는 데는 취약점을 노출하게 되는 것이다.

다원주의자들은 이익의 다원성이라는 전제에서 출발하기 때문에 실체로서의 공동선을 거부한다. 다원주의자들의 주장에 따르면 국가는 일반이익을 대표할 수 없으며 정치과정에는 오직 대립하는 집단들 간의 경쟁과 타협만이 존재할 따름이다(Bentley 1967, 208). 따라서 공동선은 사적 이익들 간의 타협의 산물로 규정된다. 결과적으로 다원

2) 달은 집단의 영향력 또는 권력에 따른 불평등은 다른 자원에 의한 불평등 이상의 의미가 있다고 주장했다. 그는 이와 같은 정치적 불평등의 고착화를 다원주의의 네 가지 문제점 중의 하나로 지적했다(Dahl 1982, 40~43).

주의자들은 국가와 사회를 연계시키고 있지만 정치를 사적 이익의 타협과정으로 간주하고 있는 것이다.[3)]

2. 조합주의의 국가-사회 관계

다원주의와는 달리 조합주의에서는 이익대표체계에 국가의 개입이 포괄적으로 인정된다. 다원주의에서 국가는 집단 간의 대립을 중재하는 공정한 조정자의 역할을 수행한다. 따라서 국가의 역할은 정치과정에 적극적으로 개입하는 것이기 보다는 최소한의 범위에 국한되며 공공정책은 집단 간 타협의 산물이 된다.

그러나 앞에서도 지적했듯이 다원주의의 협상기제는 항상 불완전한 것이다. 왜냐하면 다원적인 이익을 조정할 수 있는 기제, 즉 사회집단들을 통제할 수 있는 기제가 부재하기 때문이다. 따라서 다원주의에서는 사회집단들 간의 갈등이 심화되기 쉽다. 조합주의에서는 이러한 문제점을 국가의 개입과 사회집단의 조직화를 통해 해결한다.

슈미터P. Schmitter에 따르면 조합주의는 사회집단들을 강제적이고 비경쟁적인 단일한 구성단위에 놓이게 하는 것이다. 조합주의의 구성단위는 계서적으로 조직되기 때문에 정상집단peak association은 여타 사회집단들을 통제하는 것이 가능하다. 각 구성단위는 지도자선임과 이익표출에 있어서 국가의 통제를 수용하는 대가로 특정범주의 이익대표

3) 정치를 사적 이익간의 합리적 타협으로 보는 것은 자유주의의 전형적인 관점이다. 자유주의 사상가인 롤즈는 정치제도나 사회제도의 공정함에 상관없이 시민들의 협상에 의해 공적으로 인정될 수 있고 논쟁의 여지없이 정의의 문제에 대한 합리적인 해결책의 수립이 가능하다고 주장했다. 이에 관해서는 롤즈(Rawls 1985) 참조.

권을 독점한다(Schmitter 1979, 13). 또한 코슨A Cawson에 따르면 조합주의는 독점적이고 기능적인 이익을 대표하는 조직들이 정책산출에 대해 국가기관과 정치적 교환에 관여하는 특정한 사회적·정치적 과정이다(Cawson 1986, 38).

조합주의는 정치과정에 투입되는 비용을 줄이고 안정적인 기제를 수립할 수 있다는 장점이 있다. 또한 조합주의는 정치과정에서 노동조합의 역할과 참여를 제도화함으로써 최소한의 합의를 도출하기 위한 기제를 제시했다. 그러나 조합주의는 몇 가지 문제점을 갖고 있다. 첫 번째 문제점은 구성상의 비민주성이다. 즉, 안정적인 정치과정을 구축하기 위해서 구성단위 내 사회집단들의 개별의사는 무시되며 모든 결정은 구성단위 수준에서 이루어진다. 두 번째 문제점은 이익대표권의 독점으로 인한 배타성의 확산이다. 국가의 선호나 정치적 교환에 의해 부여된 이익대표권은 특정 구성단위에 속하지 않는 사회집단들을 배제시키게 된다. 따라서 이익대표권의 독점은 다원주의체제와 마찬가지로 사회의 특정분파가 정치과정을 장악하는 결과가 초래된다. 세 번째 문제점은 조합주의체제는 공동선을 추구하는 공공영역을 축소시킨다. 다원주의체제와 마찬가지로 조합주의체제도 사적 이익을 정치과정에 투입하기 위한 기제이다. 따라서 조합주의에서도 정치적인 것은 타협과 협상의 문제로 간주된다. 네 번째 문제점은 자본과 노동을 중재하는 것은 국가이므로 합의여부는 국가의 중재능력에 의존한다. 따라서 국가가 능력을 충분히 보유하고 있지 못한 경우에는 정치과정에 혼란이 초래될 수 있다.

몇 가지 문제점이 존재함에도 불구하고 다원주의와 조합주의는 국가와 사회를 연계시킴으로써 사회집단을 정치적으로 활성화시키는데 긍정적인 영향을 미쳤다고 할 수 있다. 또한 이익집단정치의 기틀을 마련하였고 국가의 과부화를 방지하는 데도 어느 정도 기여했다고 평가할 수 있을 것이다.

제4장 민주주의와 정치변동

이승원 (성공회대학교)

제1절 민주주의의 사상적 흐름

현대 세계에서 민주주의는 더 이상 부정할 수 없는 가장 강력한 정치 원리이자 도덕적 가치로 받아들여지고 있다. 그러나 모든 정치 세력들이 유일한 정치 질서의 모델로 민주주의만을 받아들이는 것은 아니다. 그럼에도 불구하고 지배 정권이든 저항 집단이든 모든 현대 정치 세력들은 자신들이 추구하는 정치 공동체가 민주주의와 얼마나 조화가능한가를 국제 사회에 답해야 한다. 특정한 공동체의 정치적 권위(국가 단위에서 '정권')가 민주주의와의 조화가능성을 국제 사회에서 제대로 인정받지 못한다면 그 정치적 권위는 국내외적으로 새로운 정치적 도전에 직면하게 된다. 현대 세계에서 수많은 정치 공동체들이 자신들의 고유한 특징과 차이들을 국제 사회에서 보장받는 것은 중요하지만, 그 고유한 특징과 차이들이 민주주의와 충돌할 경우 이 정치 공동체의 전통적이고, 근대적인 체제는 위기에 처할 수밖에 없다. 이 위기는 새로운 정치변동을 둘러싼 다양한 정치적 갈등을 불러일으킨다. 이 위기에 처하지 않기 위한 기존의 지배 정권과 지배 세력에 대항하는 저항 집단 모두는 자신들의 정치적 목표, 전술, 이데올로기 등을 민주주의와 동일화identification시키기 위해 때로는 민주주의의 개념을 새롭게 구성하고, 때로는 정치 전술과 목표를 수정하기도 한다. 여러 정치 세력들은 스스로를 민주주의와 동일화시키기 위해 민주주의 가치와 제도를 아직 자신들의 삶의 양식으로 받아들이지 않은 '군중masses, 또는 multitudes'을 민주주의 가치와 제도 속에 탄생한 '시민citizen'으로 탈바꿈시키려 하며, 이를 위해 다양한 정치 전략과 전술을 만들어 낸다.[1)] 하지만 사회적으로 특정 정치 세력의 이미지가 민주주의와 동일하게 받아들여진다 해도 이 동일화 과정이 정치권력의 획득과 지배의 항구적인 유지를 완전히 보장하지는 않는다.

역사적으로 서구 근대에서 발생한 부르주아 민주주의 혁명은 이전까지 신의 대리인으로서 불변하며 도전불가능한 것으로 여겨졌던 봉건 군주의 절대왕권을 무너뜨렸다. 이 과정에서 전근대적인 봉건적 억압관계에 묶여있던 군중, 즉 대부분의 농노들은 근대적 시민으로 재탄생하였다. 서구 근대 부르주아 민주주의 혁명은 이후 민주주의의 이름으로 전개된 수많은 정치 변동들에 정치·사상적으로 강력한 영향을 끼쳤다. 또한 혁명의 사상적 도화선이자 도착점이었던 '자유와 평등' 가치와 민주주의 사상은 현대에서도 여전히 세계 전역에서 민주화를 이끄는 거대한 물결을 만들고 있다. 전 세계 민주화 역사에서 나타났다 사라진 수많은 정치 세력들은 공동체를 지배하기 위해 비민주적이고 억압적인 수단을 적극적으로 사용하지 않는 한 스스로의 이미지를 민주주의와 동일하게 만들고 자신의 권위에 보다 많은 인민들이 지지할 수 있도록 다양한 방법들을 동원해왔다. 그러나 민주화 과정

1) 맥퍼슨C. B. Macpherson은 냉전체제 질서에서 작동하고 있는 민주주의의 세 가지 형태(자유민주주의, 소비에트 민주주의, 제3세계 민주주의)를 주목하면서, 민주주의가 그것과 공간적으로 얽혀있는 '자유주의', '노동자계급독재', 그리고 '반反식민주의/민족주의'의 상이한 이데올로기 속에서 불균등하고, 불안정하게 나타났음을 보여주고 있다(Macpherson 1960).

을 통해 권력을 획득하고 공동체 내 정치적 권위를 인정받은 정치 세력이라 할지라도 이후 민주주의에 따른 사회적, 절차적 합의를 부정할 경우, 어떤 정치 세력도 자신의 정치적 권위가 심각한 정당성의 위기에 부딪히는 것을 피하지 못하였다. 이러한 관점에서 볼 때, 현대 세계에서 민주주의는 특정한 정치 공동체의 구성은 물론 정치 공동체의 정부의 형태를 결정하고, 유지하는 가장 지배적인 가치이자 원칙이라고 할 수 있다. 뿐만 아니라, 현대 세계는 민주주의를 일상 생활의 모든 삶의 행동양식들의 사회·윤리적 가치들을 판단하는 핵심원리로 받아드리고 있다(Dunn 1992, 2005; Dahl 1989, 1998; Potter & et al. 1997; Held 1996, 1992; Beetham 1999).

고대 그리스 시대로부터 그 역사적 기원을 찾을 수 있는 민주주의는 원래 그리스어 δῆμος demos 인민와 κράτος krátos 통치의 합성어로서 '인민에 의한 통치'라는 지배방식을 의미하였다. 그러나 당시 '인민'은 노예, 여성, 아동은 제외된 채 도시 국가인 아테네 내에서 세금을 내는 성인 남성으로 제한되었다. 고대 그리스 시대 이후 인민이 어떻게 정의되고, 누가 인민(또는 시민)의 자격을 얻을 수 있는가에 따라 역사적으로 상이한 형태의 민주주의 정치가 나타났다. 또한 공동체 내에서 누가 인민이 되고자하는가, 또는 누구를 인민으로부터 배제하려고 하는가에 따라 전쟁과 혁명을 포함한 수많은 정치 갈등들이 발생했으며, 어떤 정치체제가 '인민에 의한 통치'에 기반한 현실적 유토피아에 보다 가까운가에 대한 정치사상가들의 논쟁은 끊임없이 이어져 왔다. '민주주의를 어떻게 정의할 것인가'의 질문은 현대 사회가 빠르게 변하고 새로운 계급과 계층이 생겨나면서 더욱 첨예하고 복잡한 답을 요구하고 있다. 17세기와 18세기를 거치면서 영국, 미국, 프랑스 등 서구 유럽 국가에서 민주주의는 도시 국가 내에서 특권 계층을 중심으로 전개된 고대 그리스식 민주주의를 근대 민족국가라는 보다 확장된 공간에서 자유주의 사상과 결합된 대의제, 입헌제, 관료적 책임성 등을 중심으로 변화했다.

프랑스의 정치철학자 끌로드 르뽀르C. Lefort 근대 민주주의의 특징을 민주주의 사상과 가치에 기반한 근대 부르주아 민주주의 혁명이 만들어낸 핵심적인 정치적 결과에서 찾고 있다(Lefort 1988). 르뽀르는 구체제와 구별되는 근대 민주주의의 특징을 '누가 지배하는가' 혹은 '어떠한 절차를 통해서 권력이 정당화되는가'라는 전통적 문제의식과 달리, '어떤 권력인가?'라는 권력의 성격에 주목한다. 그는 서구 유럽 부르주아 혁명이 근대 민주주의의 기원일 수 있었던 것은 부르주아 혁명이 권력 그 자체였던 봉건 시대 군주로부터 권력을 분리시켜 더 이상 군주라는 특권적인 주체가 권력을 절대적으로 소유할 수 없도록 했기 때문이라고 설명한다. 따라서 부르주아 혁명 이후 형성된 근대 이후 민주주의 정치 체제의 가장 중요한 특징은 절대 군주 권력과 달리 민주주의 권력이란 어떤 개인이나 집단에 의해 절대적으로 소유될 수 없으며, 민주주의 제도란 바로 모든 정치사회적 세력들이 민주주의 권력을 쟁취하기 위해 자유롭고 평등하게 경쟁할 수 있는 규칙이라고 할 수 있다. 여기에서 근대 이후 오늘날에 이르기까지 민주주의가 정치변동의 중요한 사상이자 특정한 정치체제를 제도화하는 핵심적인 원칙이 될 수 있음을 알 수 있다. 민주주의는 어느 누구나 정치권력의 자리를 차지할 수 있도록 자격을 부여할 뿐만 아니라, 특정한 정치 집단이 권력을 항구적으로 유지하면서 여타의 견제와 비판을 수용하지 않는 권위주의로 회귀할 경우 이에 도전하고 바꿀 수 있는 정치적 가능성을 제공한다. 만일 민주주의가 오히려 권위주의를 제도적으로 정당화하면서 이에 도전하는 정치적 가능성을 차단하는 수단으로 전락할 경우 민주주의는 권위주의적 폭력을 승인하고 사회를 전체주의화시키는 '민주주의에 반하는 민주주의'가 될 것이다.

민주주의의 근대적 정신과 구별되는 현대 민주주의의 이론적 특징은 20세기 초 오스트리아의 경제학자 요제프 슘페터Joseph Schumpeter의 민주주의에 대한 정의로부터 시작한다고 볼 수 있다. '지도자를 선출하는 기재로서의 민주주의'라는 슘페터식 민주주의 정의를 시작으로 현대 민주주의 연구에서 민주주의는 권력을 둘러싼 경쟁의 제도화 과정이라는 절차적 의미로 축소되기 시작했다(Schumpeter 1975). 정당 지도자의 자질, 정치 엘리트 집단의 국가로부터의 자율성, 독립된 관료제, 규칙에 순응하는 야당과 시민사회, 관용과 타협에 기반한 정치문화 등을 강조하는 슘페터식 절차적 민주주의는 비록 의사결정과정에서 인민의 참여기회를 제한하는 한계를 가지고 있지만, 그럼에도 불구하고 어떤 사회와 정권이 민주주의에 보다 가까운가를 판단하는 객관적인 지표로서 슘페터식 민주주의 정의는 오늘날까지 강력하게 받아들여지고 있다(Sartori 1987).

그러나 슘페터식 민주주의는 고대에서 시작해서 근대 유럽에서 정치적 현실로 다가선 이전의 민주주의 사상과는 커다란 단절을 가지고 있었다. 민주주의가 적용되는 규모가 커지고 관련된 의제가 훨씬 복잡해진 현대 세계에서 고대 직접민주주의와 근대 자유 민주주의를 그대로 적용시키기에는 분명히 현실적인 한계가 있다. 그러나 슘페터식 민주주의는 이전까지 진행되어온 민주주의 역사와 단절되는 경향이 있다. 이에 대해 미국의 정치학자 로버트 달Robert Dahl은 이상적 민주주의와 현실적 민주주의 사이의 간격과 현실적 민주주의의 한계를 인정하면서, 권위주의로부터 벗어나 보다 나은 민주주의를 향해 가는 정치 형태로서 폴리아키Polyarchy 개념의 사용을 제시하였다(Dahl 1989). 달의 폴리아키는 선출된 정부와 시민 사회가 협력해서 사회 내 다양한 집단들이 의사결정의 정치적 과정에 보다 더 접근할 수 있도록 보장하는 것이다. 이를 위해 달은 '선거를 통한 정부관료의 선출', '자유

공정 선거', '포괄적 참정권', '공직 선거 출마권', '표현의 자유', '시민의 정보접근권', '결사적 자율권' 등의 제도화를 강조한다.

그러나 슘페터나 달의 민주주의에 대한 정의는 너무도 현실적이기 때문에 오히려 현실의 문제를 제대로 드러내지 못하는 한계를 가지고 있다. 현대 자본주의 사회가 비록 시민의 자유와 평등을 제도적으로 보장하고 있지만, 다양한 의사결정과정에 존재하는 권력관계들과 이러한 권력관계들을 재생산하는 교육, 관습, 문화적 제도들은 사회 구성원 각각의 자율적이고 합리적인 판단을 어렵게 한다(Foucalt 1979; Lukes 1975). 또한 현대 세계에서 민주주의의 확장, 즉 민주화의 다양한 정치과정에 참여하고 기존의 정부와 제도를 보다 민주적으로 개혁하는 집단들은 단지 정치 엘리트 집단이나 관료만이 아니며, 그 공간 또한 정부나 의회에 제한되어 있지 않다. 일상의 평범한 시민들이 스스로 결사체를 조직하고 광범위하고 영향력있는 정치적 압력을 동원하고 기존의 엘리트 집단과 관료들을 의사결정의 공간에서 추방하는 경우는 결코 어렵지 않게 목격되고 있다.

특히 산업 사회에서 노동계급은 정치 엘리트 집단 이상으로 민주화에서 중요한 역할을 해왔으며, 교육 수준의 향상과 부의 분배가 확장되면서 1960년대 이후 폭발적인 신사회운동을 주도해 온 중산계급 또한 그 중요성이 부각되고 있다. 이러한 사실들 속에서 민주주의를 정치 영역에서 사회경제 영역으로 확장시키면서 일상 공간으로의 참여 확대를 통해 사회적 불평등을 해결하고자 하는 '참여 민주주의'가 제기되었다(Macpherson 1977; Pateman 1970). 또한 자본주의 사회가 점차 발전하면서 부정적으로 동반된 경제사회적 양극화 현상 속에서 인민의 보호라는 국가의 역할이 점차 약해지고 공공성의 가치가 평가절하되면서 현실을 극복하기 위해 정치적 권위의 사회적 분산과 사회적 결사체의 자발성과 자율성에 기반한 '결사체 민주주의associational

-)associative democracy'가 부상되고 있다(Hirst 1997; Hirst & Bader 2001).

이렇듯 현대 민주주의는 하나의 개념이나 정의로 표현될 수 없으며 다양한 이해집단들 간의 대립과 갈등 속에서 여러 형태들의 민주주의적 가치와 제도가 충돌하고 결합되어 나타나고 있다. 사실, 이차대전 이후 민주주의는 '제도적 절차로서의 민주주의 대 규범적 이상으로서의 민주주의', '직접 민주주의 대 대의 민주주의', '엘리트 민주주의 대 참여 민주주의', '자유 민주주의 대 민중·급진 민주주의', '성찰적 민주주의 대 대중 민주주의', '정치 민주주의 대 사회 민주주의', '다수적majoritarian 민주주의 대 합의적consensual 민주주의', '개인적 권리로서의 민주주의 또는 집합적 선으로서의 민주주의', '평등의 실현으로서의 민주주의 또는 차이의 협상으로서의 민주주의' 등과 같은 대립의 형태를 띠는 양상을 보여왔다. 따라서 민주주의가 무엇인가에 대한 정의는 특정한 역사적, 그리고 정치, 사회적 문맥 속에서 충분히 고려되어야 하며, 그것을 정의하는 것 자체가 이미 이론의 영역을 넘어선 것이라 할 수 있겠다(Barber 1984; Benhabib 1996; Dahl 1971; Duncan 1983; Held 1996; Lijphart 1984; Macpherson 1960; Pateman 1970; Beetham 1999).

제2절 현대 민주화의 역사

민주주의를 중심으로 한 정치변동의 역사는 근대 유럽에서 시작되었다. 영국에서 시작된 근대 민주화는 이후 미국, 프랑스를 비롯 이탈리아, 독일, 스페인 등 유럽 국가들과 유럽 주변부로 확산되었으며, 자본주의 산업화를 동반하는 근대화 과정으로 이어졌다. 그러나 근대 민주화는 파시즘의 출현과 처참한 양차 세계대전을 겪으면서 그 흐름이 변화되었다. 미국의 정치학자 새뮤얼 헌팅턴S. Hntington은 특히 19세기 초반부터 전 세계적으로 전개된 다양한 정치변동의 흐름들을 거대한 '민주화 물결democratization wave'로 묘사하면서 민주주의와 정치변동의 현대적 특징을 설명하고 있다. 헌팅턴에 따르면, 민주화 물결이란 '특정한 시기에 발생하는 비민주적 체제로부터 민주적 체제로의 일련의 이행'이자 '동시대에 발생하는 반민주적 체제로의 역행의 흐름을 넘어서는' 광범위한 정치현상을 의미한다(Huntington 1991: 15~16). 그 특성상 3단계로 나눠지는 민주화 물결의 첫 번째 물결은 19세기부터 제1차 세계대전 종전까지인 1930년대 중반까지 산업혁명의 결과로 발생한 자본주의 발전의 힘을 통해 서유럽과 미국 등에서 점진적으로 이뤄진 자유 민주주의 정권들의 연속적인 출현이었다.

그러나 첫 번째 물결은 1930년대 유럽 전역에서 파시즘이 출현하고 독일과 이탈리아에서 파시스트 정권이 들어서면서 역류하기 시작했다. 적어도 1942년까지 독일과 이탈리아는 물론 스페인, 포르투갈, 아르헨티나를 비롯한 동유럽의 자유 민주주의 정권들이 붕괴하였고, 이들 중 몇몇 국가들은 1970년대까지 독재정권이 유지되었다. 그 다음으로 나타난 두 번째 민주화 물결은 제2차 세계대전이 끝난 1945년부터 시작되었다. 연합국 세력에 의해 패배한 제2차 세계대전의 동맹국은 독일, 일본, 오스트리아의 영토를 점령하면서 연합국 민주주의의 제도화에 착수했다. 같은 시기 라틴 아메리카의 여러 국가들도 부의 축적, 노동계급의 증가, 아래로부터의 정치참여 공간의 확장 등의 조건 속에서 자유민주주의적 정치체제가 자리잡히기 시작했다.

그러나 제2의 민주화 물결은 1960년대 라틴아메리카에서 출현한 포퓰리즘식 군사독재와 관료적 권위주의, 아프리카 지역의 정치적 혼란, 인종, 언어, 종교, 식민주의 등이 얽힌 아시아의 독특한 혼종성hybridity의 역사적 장벽을 넘지 못하면서 그 흐름이 끊기게 된다. 헌팅턴은 새롭게 시작한 제3의 민주화 물결의 시작을 1974년에 시작한 포르투갈에서 찾고 있다. 이후 새로운 민주화 물결은 그리스와 스페인으로 확산되었으며, 1980년대 라틴아메리카 국가들의 탈권위주의적 정치변동으로 이어졌다. 1980년대 후반 소련의 해체가 안겨준 정치적 격변은 체코, 헝가리, 루마니아 등 동유럽 민주화를 탄생시켰다. 이와 함께 튀니지, 수단, 알제리, 남아프리카 공화국, 나이지리아 등 일부 아프리카 국가들에서도 민주화의 물결이 일어났다. 필리핀, 대만, 한국에서의 장기적인 권위주의 정권의 해체와 선거를 통한 민주적 체제로의 이행 또한 이 시기 민주화 물결의 중요한 현상이었다.

19세기부터 시작된 일련의 민주화 물결은 일국적 수준이 아닌 국제적 요인의 결합에 따른 지역적, 지구적 현상으로 확산된다는 공통점을 가지고 있다. 또한 각각의 민주화 물결은 독자적인 독특한 원인을 통해 구분된다. 제1의 민주화 물결은 자본주의와 자유와 평등 가치에 기반한 민주주의 정신의 확장을 주요 원인으로, 제2의 민주화 물결은 세계 대전 이후 파시즘의 몰락과 연합국의 지구적 패권의 형성, 탈식민화, 냉전 시대 자유 민주주의 이데올로기의 확산이 주요 동력이 되었다. 또한 제3의 민주화 물결은 전 세계 경제침체와 권위주의의 정당성의 위기, 시민사회의 성장에 따른 중간 계급의 부상, 시대적 요청에 적극 결합하는 제2차 바티칸 공의회의 '현대화', 소련의 해체, 커뮤니케이션 네트워크의 지구화 등 복합적인 요인들의 작동에 따른 결과라고 할 수 있다. 민주화 물결 이론은 여러 국가들에서 발생하는 민주화 과정의 공통점을 지구적 차원에서 파악하면서 비민주적 권위주의 사회가 민주화 과정을 시작할 수 있는 현실적 과제를 효과적으로 찾을 수 있도록 한다.

그러나 민주화가 단기 국면에서 나타나는 폭발적인 현상임에도 불구하고 그 동력의 집중을 위한 장기간의 시간이 필요하기 때문에 각국의 민주화 현상을 특정 시기 속으로 제한하는 것은 민주화의 역사적 동학과 각 국가별 특수성을 이해하는데 어려움을 제공한다. 또한 헌팅턴이 사용하는 민주주의의 개념이 사실상 슘페터적 최소 민주주의에 국한되면서 일련의 민주화 물결 속에서 여러 사회들이 민주화된 상황에서도 시민·정치적 자유의 제약이 존재하는 '제한적 민주주의democradura'나 여전히 권위주의적 체제이지만 어느 정도의 자유화가 추진된 '완화된 독재dictablanda'와 같은 변종 민주주의를 경험하는 현상들을 분석하지 못하는 한계가 있다.

특히 아시아 여러 국가들의 민주화 과정은 헌팅턴이 서술하는 민주화의 모든 물결을 거치고 있다. 제2차 세계대전 이후 탈식민화 과정 속에서 아시아 국가들은 연합국 패권에 의해 적국과 아국 중 어느 쪽에 속해지는가에 따라 새로운 정치변동을 겪을 수밖에 없었다. 또한 비록 전후 민주주의가 제도적으로 이식되었지만, 제국주의에 의한 피지배 경험, 식민주의 청산의 한계, 전쟁에 대한 집단적 기억과 공포, 여전히 불균등한 국제 관계 등의 역사사회적 특수성 속에서 민주화의 경로는 단선적일 수 없었다. 이는 라틴 아메리카와 아프리카 국가들의 경우도 대부분 유사하다. 뿐만 아니라 아시아의 경우 힌두교, 이슬람교, 불교, 카톨릭교, 프로테스탄트교, 토속 신앙 등이 정치, 경제, 사회, 문화 지평에서 복잡한 함수관계를 형성하고 있으며, 인종과 언어의 수많은 대립적 층위들은 특정한 민주주의가 공통으로 작동하는 단일한 국민국가를 유지하는데 많은 어려움을 가지고 있다. 아체, 카슈미르, 동티모르, 티베트, 네팔 등에서 벌어지는 오랜 분쟁의 사실들은 이를 잘 확인하고 있으며, 취약한 금융자본 시스템에 따른 지구화

과정에서 돌출하는 경제위기관리 능력의 한계 및 세계 자본질서 하에서의 저임금 노동시장으로서의 문제(빈곤화, 양극화, 범죄화), 아시아 가치와 민주주의 가치가 충돌하는 일상의 문제, 여기에 중국이라는 현실 사회주의 강대국의 문제 등은 서구 민주주의 이론으로는 설명하기 어려운 아시아의 '혼종성hybridity'을 더욱 깊게 만들고 있다.

라틴 아메리카의 정치 또한 아시아만큼 민주화 물결 이론은 물론 서구 민주주의 이론으로는 설명하기 어려운 현상들을 보여준다. 근대 식민지적 갈등이 여전히 백인사회와 원주민 집단들 사회에서 드러나고 있는 라틴 아메리카의 경우, 미국의 영향력에 근접하면서 민주화 동학을 자국 스스로 형성하기에 많은 한계를 가지고 있었다. 이러한 한계는 오히려 오늘날 라틴 아메리카 국가들의 독자적인 민주화와 지역 자원에 기반한 자체 경제협력을 추동했다. 브라질, 베네수엘라, 아르헨티나, 칠레 등 라틴 아메리카 국가들이 민주주주의의 제도화를 성공적으로 실현하면서, 사회 내 소수자들의 정치참여 기회가 확대되고, 이에 따라 평등화가 민주화의 과정과 함께 확산되는 듯하나, 오늘날 라틴 아메리카 국가들이 처한 민주주의의 문제는 제도가 아니라 권위주의 시기보다 후퇴해버린 '생존'과 '삶의 질'이다. 취약한 금융구조 속에서 해외 금융자본의 탈규제적 활동은 라틴 아메리카 국가들의 경제 불안정성을 높였고, 국가 규제능력의 역화는 공적 자원의 민영화로 이어지면서 사회경제적 불평등과 빈곤문제를 심화시켰다(레이가다스 2008). 이러한 현상은 오히려 1980년대부터 증가했으며, 양적 경제 성장의 침체 뿐만 아니라, 사회적 위기와 삶의 피폐화로 이어지는 것이었다(다미안 & 볼트비닉 2008). 결국 라틴 아메리카 민주화는 자본의 탈규제와 공적 영역의 민영화를 추진하는 특정 권력을 선거와 정당 등 대의 민주주의를 통해 정당화하게 되었고, 피폐화된 삶의 질을 회복하는 것이 라틴 아메리카 민주화의 가장 중요한 과제가 되고 있다.

21세기 민주화 현상의 대표적인 사례로 거론되는 아프리카 대륙의 민주화 또한 서구 민주주의적 경험을 통해서 설명하기 어려운 경향이 있다. 중요한 것은 새로운 정치변동의 현상이 기존의 서구 민주화 이론을 통해 설명 불가능하다고 해서 그러한 현상이 부족한 민주주의를 말하거나 변종 민주화로 간주되는 것이 아니라, 오히려 서구적 패러다임에 따른 민주주의와 민주화 이론을 근본적으로 재구성하도록 하는 중요한 정치 현상이라는 것이다. 튀니지에서 시작한 장기적 권위주의 통치에 대한 아래로부터의 폭발적인 민주화 시위는 이집트의 무바라크 정권의 퇴진과 리비아의 내전으로까지 이어졌다. 또한 그 영향이 이슬람 국가 중심의 중동지역으로까지 번지면서 예멘, 알제리, 요르단 등에서도 다양한 민주화 현상들이 새롭게 나타나고 있다. 야당세력과 시민사회의 미흡한 조직력에도 불구하고 아프리카 대륙의 민주화가 폭발할 수 있었던 이유를 분석가들은 21세기 집단적 소통기술에 기반한 분노와 조직화의 빠른 확산에서 찾고 있다.

그러나 아프리카 민주화에 대한 보다 정확한 이해는 19세기부터 시작된 유럽 제국주의의 식민통치와 지역분할의 시점부터 출발해야 할 것이다. 일부 국가들을 제외하고 대부분의 아프리카 국가들의 민주화 정체 현상은 19세기 이후 진행된 지역분할과 탈식민화 독립과정에서 국제관계적으로 조성된 장기적 내전에서 기인한다. 뿐만 아니라 선진국과의 불균형적인 경제관계에서 만들어진 심각한 국가부채 상황은 아프리카 국가들이 민주화에 필요한 물적 동력을 가질 수 없도록 만들었다. 탈식민화가 정상적으로 진행되지 못한 상황에서 아프리카 지역의 민주화는 타 지역에 비해 상대적으로 정체될 수밖에 없었으며, 결과적으로 장기적 권위주의 통치 혹은 내전이 반복될 수밖에 없었다. 따라서 21세기 아프리카 민주화의 과제는 내전의 종식, 권위주의의 해체 뿐만 아니라 유럽 열강에 의한 식민통치로부터 구조화된 절대 빈곤에 대한 국제사회의 책임있는 대응을 포함한다.

이와 같이 현대 민주화의 특징은 한편으로 서구 민주주의의 역사와 이론의 반성을 촉구하고, 다른 한편으로 현대 세계에서 민주주의가 가장 강력한 정치 원리로 받아들여지는 이유가 다른 무엇보다 자유와 평등이라는 인간의 보편적 자유와 함께 삶의 질의 향상이라는 현실적인 요구 때문이라는 것을 보여주고 있다.

제3절 민주화론과 그 비판들

민주화는 현대 정치변동의 핵심이며 이에 대한 설명으로 여러 민주화론이 제기되고 있다. 크게는 근대화론, 역사사회적 분석, 이행론이라는 세 가지 형태로 구분되며 그 핵심은 구조와 행위자 사이의 관계에 대한 상이한 해석이다. 각각의 민주화론은 특정한 정치변동을 설명할 뿐만 아니라, 특정 사회에서 요구되는 민주화의 조건들이 무엇인지에 대한 지표를 설정하면서 현대 민주화의 방향이 결정되는데 커다란 영향을 끼치고 있다. 세 가지 민주화론을 비판적으로 살펴보면서 현대 정치변동으로서의 민주화의 의미와 과제에 대해 살펴보도록 한다.

1. 근대화론

근대화론은 문화심리학적인 베버주의적 전통과 파슨스T. Parsons의 사회구조적 전통이라는 두 개의 전통 이론에 기반을 두고 있으며, 보편적 진보라는 계몽주의 사상에 따른 콩트주의 진화론적 낙관주의에 민주주의를 연결시키고 있다(Huntington 1971). 이러한 낙관론적이고 계몽주의적인 관념에 따라 근대화론은 기본적으로 '전통', 특히 제3세계 국가들의 전통들을 근대화의 장애로서 반드시 제거되어할 것으로 여기고 있다(Deutsch 1961; Lerner 1964; Lipset 1963; Cutright 1963). 이러한 관점에서 근대화론은 전근대적 봉건제와 전통적으로 주어진 잔재들로부터 19세기와 21세기 사이에 나타난 자본주의와 여타의 근대적 성취들로 사회가 이행되는 과정을 설명하고 있으며, 민주화와 정치발전이란 사회적, 경제적, 문화적 근대화의 정치적 결과물로 여겨지고 있다(Huntington 1965).

전통 사회에서 근대사회로의 이행에 대한 사회정치적 변화들을 설명하는 기본원리인 로스토우W. W. Rostow가 설정한 자본주의 경제성장의 직선적인 5단계 구상-전통사회, 도약준비단계 사회, 도약, 성숙단계, 대중소비 사회-은 근대화론의 중심을 차지하고 있다(Rowtow 1960). 립셋Seymour Martin Lipset은 의해 이러한 사회학적 근대화론을 민주주의 연구에 결합시키면서 자본주의 경제발전을 중심으로 하는 근대화가 민주화를 이끌 것이라 주장했다(Lipset 1963). 립셋의 비교연구에 따르면, 경제적 측면에서의 자본주의 발전은 높은 수준의 대중소비, 교육받은 중산층의 확산, 그리고 민주주의를 선호하는 문화적 변화를 수반하기 때문에 자본주의 경제성장이 민주화에 결정적인 역할을 한다고 보고 있다.

이러한 현대적 전통을 기반으로 최근의 민주주의 근대화론은 경제발전과 민주화 사이의 인과적 관계를 넘어서 '지속가능한 민주주의'의 '공고화'에 주목하고 있다(Diamond 1996, 1999; Gunther et al. 1995; Leftwich 1996). 근대화론이 주목하는 민주주의의 공고화는 특정한 국가와 사회라는 구체적인 맥락에서 발생하는 다양한 민주적 제도화의 장애물들을 극복하고 개인의 일상공간에서 민주적 규칙들이 습관화되는 것을 의미한다. 그러나, 1990년대 이후 발전된 민주주의 근대화론은 전지구적 자본주의 질서와 제3세계에 대한 미국의 헤게모니를 경향적으로 유지하고 있으며, 구체적인 맥락에서 발생하는 참여민주주의, 대의제, 급진적 사회 개혁 등과 관련된 민감하고 복잡한 쟁점들을 다루지 않고 있다.

근대화론은 민주주의가 경제발전에 의해 배양되는 것으로 양 관계를 이해하고 있지만, 사회적, 정치적 변동에 대한 유토피아적이고 진화론적 패러다임으로서의 근대화론은 이론과 현실 양 측면으로부터 적지 않은 한계를 가지고 있다. 근대화론에 대한 대부분의 비판들은 라틴 아메리카와 아시아 일부 국가에서 나타난 여러 독재 정권들이 경제 발전과 국가적 부를 창출해왔으며, 그 결과 오히려 독재 정권의 유지와 대중적 지지를 가능하게 했다는 사실로부터 출발한다(O'Donnell 1973; Przeworski and Limongi 1997).

이러한 비정상적 권위주의 정권에 대한 경험분석에 기반한 비판자들은 비서구 사회의 전통적 특징에 대한 어떠한 고려도 없이 서구 민주화의 근대적 과정이 곧 비서구 사회의 바람직한 모델이라는 근대화론의 주장을 비역사적인 것이라고 지적하고 있다. 헌팅턴의 민주화론이 역설적으로 보여주고 있듯이, 이러한 비역사적 관점은 민족주의와 파시즘의 부상, 억압적인 관료적 권위주의의 출현, 중심부-주변부 자본주의의 문제, 지구적 자본주의 질서 속에서의 불균등하고 복합적인 경제발전, 신자유주의적 시장경제에 따른 일상생활의 악화 등과 같은 역사적인 사실에 의해 부정되고 있다(Frank 1971; Cardoso and Faletto 1979; O'Donnell 1973; Cox 1987; Gill 1995; Beetham 1997).

근대화론의 비판자들에 따르면 자본주의적 선진국가들이 비록 민주적인 제도를 보다 민주적으로 운영하고 있지만, 경제발전이 반드시 권위주의의 해체와 민주화로 연결되는 것은 아니라는 것이다. 근대화와 민주주의의 낙관주의적 관계에 대한 대부분의 비판자들은 민주주의란 자본주의 발전에 기반한 근대화의 부수적 결과도 아니고, 자본주의 질서와 언제나 공존가능한 것도 아니라고 말한다. 오히려 많은 비판자들은 민주주의의 바람직한 형태는 오로지 신자유주의 시장 경쟁 메커니즘 속에서 지구적 질서로 확장되는 자본주의에 대항하는 사회적 개혁을 통해 실현될 수 있다고 보고 있다(Gills, Rocamora and Wilson 1993). 따라서, 중산층과 정치 엘리트들의 역할을 강조하는 근대화론과는 달리, 비판자들은 민주화는 부르주아 엘리트 집단이나 중산층에 의해서가 아니라, 노동계급과 정치적, 경제적으로 차별받는 주변부 집단들의 협력을 통해 주도된다고 주장한다. 그들은 입헌적, 대의제 정부의 구성을 강력히 지지하는 부르주아와 중산층이 오히려 하층 계급들의 정치적 참여가 확장되는 것을 막고 있기 때문에 노동계급과 주변부 집단들의 정치적 지도력에 의해서만 사회 개혁과 민주적 시민권의 확장의 측면에서 민주주의를 실현할 수 있다고 본다(Rueschmeyer, Stephens and Stephens 1992, 8).

근대화론에 대한 비판은 연구방법론 차원에서도 나타난다. 주요한 비판은 근대화론이 민주화를 이해하는 방식이 구조결정론적이고 기능주의적인 수준에 머물고 있다는 것이다(Rustow 1970; Przeworski 1986; Im 1989). 즉 근대화론의 구조-자본주의-에 대한 과도한 강조가 민주화 과정에서 정치를 실종시키면서 행위자의 행동을 평가절하했다는 것이다. 즉, 정치적 행위자의 전략적 선택이 고려되지 않은 상태에서 객관적인 사회경제적, 문화적 조건들에 의해서만 정치 체제가 결정된다면, 행위자들은 자신들의 역사 속에서 정치적으로 무력해진다는 것이다. 따라서 이러한 방법론적 비판은 경제발전이란 민주주의의 선행조건이라기 보다는 성숙한 민주주의 상태의 한 특징일 뿐이며, 민주주의란 '선택의 구조' 속에서 '장기적으로 비확정적인 정치투쟁'의 발생론적 결과임을 주장한다(Im 1989, 1990; Rustow 1970, 352).

또한 근대화론에서 나타나는 자본주의적 경제발전의 특징에 대한 분석은 보다 본질적인 비판 지점을 드러낸다. 또한 역사적인 경험을 통해 볼 때 근대화론이 전체주의적 사회질서를 정당화하고, 특히 제3세계 여러 국가들에서 자본주의와 상충되는 사회적 불만족들을 희석화시키는 정치적 이데올로기로 동원되었던 사실은 근대화론이 또 다른 비판에 직면하도록 한다. 사실 근대화론은 여러 저발전 국가들의 비민주적인(권위주의적인) 정치 현상들을 이론적으로 정당화시킬 수 있다. 근대화가 경제발전을 우선적으로 고려하게 되면서 사실상 공정한 경쟁, 참여의 확대, 정치적 자유, 사회적 평등, 분배적 정의, 시민권과 입헌제와 같은 민주적 의제들을 현실 정치에서 유예시키기 때문이다. 일부 비판자들은 근대화론이 지구적 차원에서의 반공주의적 자본주의 블록을 구성하고자 하는 미국주도 발전전략과 연관되어 있다고 보고 있다(Cumings 1989; Gills et al. 1993). 정치사회적 변화에 대한 근대화론의 낙관주의적 전망이 미국의 정치경제적 개입에 기반한 권위주의 정권의 폭력적이고 착취적인 특성을 가리면서 민주화 이전의 상태를 민주적 사회로 발전시키는 긍정적인 중재자로 묘사할 수 있기 때문이다.

결국 근대화론의 정치적 귀결은 권위주의 정권의 이해와 미국주도

자본주의 발전전략을 일치시키는 이데올로기적 효과를 창출하게 된다. 즉, 계급투쟁과 자본주의 발전 관계에 대한 마르크스주의적 해석과는 달리, 근대화론은 대량생산과 대량소비가 현대 자본주의 사회에서 교육의 기회, 삶의 질, 민주적 양심 등을 향상시킬 수 있다는 희망 속에서 자본주의와 민주주의의 결합에 의한 '다가오는 민주주의democracy-to-come'라는 세속화된 유토피아적 이데올로기로 발전했다고 볼 수 있다. 또한 근대화론은 비역사적 프리즘을 통해 여과된 서구 근대화 모델을 일반화하면서 자본의 본원적 축적, 봉기와 학살 등과 같은 역사의 어두운 면에 대해 민주주의가 침묵하도록 했다는 비판으로부터 자유로울 수가 없게 되었다. 이러한 가운데 근대화론은 경제발전의 대안적 패러다임, 스스로 진화하는 단일한 구조로서의 자본주의를 제외한 민주주의를 향한 경로는 존재하지 않다고 보고 있다.

민주화론에 대한 거시 비교연구적 차원에서 볼 때 근대화론은 역사적으로 식민지배를 경험한 제3세계의 특징들을 일반화된 서구 민주화 모델로 환원시키면서, 불균등하고 복합적인 자본주의 발전과 같은 제3세계 근대화의 부정적인 측면을 분석에서 제외시키는 경향이 있다. 또한 사회에 확산된 '근대성'과 '발전'이라는 낙관론적 관념들이 서구 사회로부터 그려지는 '풍부함'과 '행복'의 이미지를 지구적 자본주의 시장질서의 메커니즘과 일치시키면서 현실의 갈등들이 드러나지 못하게 된다는 비판이 대두되기도 한다(H. Lefebver 1971; Harvey 1990). 계급 투쟁, 경제적 종속, 금융 위기 등과 같은 문제들은 근대화론의 측면에서 볼 때 자본주의 구조에 유기적인 것이 아니라, 장기적 발전의 부수현상일 뿐이다. 결과적으로 근대화론을 통해 대량생산과 대량소비로 상징화되는 서구 현대 문화와 자본주의 가치는 비서구적이고 비민주적인 사회들이 자신들의 근대화를 위해 도달해야할 유토피아적이고 보편적인 모델로 고려되기 시작했다. 뿐만 아니라, 근대화론은 대중적으로 서구 자유민주주의 정치체제가 대량소비 사회의 풍부함, 행복, 자유를 전체주의와 권위주의의 반격으로부터 보호하고 냉전시대 적대적 긴장 속에서 문명화된 자본주의를 사회주의적 도전으로부터 방어하는 유일하고 최상의 수단으로 받아들여지도록 했다는 것이다.

그러나 1970년대와 1980년대 세계 곳곳에서 나타난 다양한 사회적 외상들은 서구 대량소비 사회와 자본주의적 자유민주주의의 낙관론적, 유토피아적 패러다임의 상을 흔들기 시작했다. 일례로 자본주의적 물신성에 기반한 시장경쟁 원리는 주로 제3세계를 중심으로 인간적 삶의 조건을 악화시킨 1973년과 1978년 두 차례의 석유파동 이후 장기적 국제경제 침체와 인플레이션으로 이어졌다. 이러한 상황에서 작업장은 물론 일상공간 전역을 '엄격성rigidity'이라는 훈육적 규범으로 지배하는 포드주의적 생산방식에 따른 국제노동분업질서가 문제가 되기 시작했다(Harvey 1990, 141~172).

이러한 국제적 맥락에서, 종속dependencia은 제3세계 국가에서 인민들의 삶의 특징이 되었으며, 이후 세계 여러 지역에서 사회주의 혁명들이 연쇄적으로 발생하고 신좌파운동, 반전, 반핵과 같은 반체제적 운동들이 여러 사회에서 전개되었다(Harvery 1990; Hoogvelt 1997; Hirst 1997; Cox 1992; 1994; Gills et al. 1993; Arrighi & Wallerstein 1989; Katsiaficas 1987; 1997). 이러한 지구적 현상들은 대량소비사회 속에서 파편화된 개인의 표준화되고 상업화된 정체성들에 대한 다양한 인민적 저항들의 표현이었다. 한편으로 이 현상들은 근대화론은 물론 현존하는 정치권력과 사회질서에 결합된 유토피아적 패러다임의 환상을 깨뜨리기 시작했다. 그러나 다른 한편으로 이 현상들은 유연적 축적구조에 기반한 신노동분업질서와 제3세계에 대한 미국의 민주화 프로그램의 운영에 기반한 새로운 지구적 질서로의 전환을 촉발시키면서 보다 세련된 근대화론을 발전시켰다(Arrigi & Wallerstain 1989; Harvey 1990; Gills et al. 1993)

2. 역사사회적 분석

민주화의 측면에서 정치변동을 이해하는 또 다른 방식은 역사사회학적 분석이다. 역사사회학적 분석이 정치변동 분석에서 시도된 결정적인 이유는 '1960년대 행동주의에 내재된 정치변동에 대한 과도한 사회기반적 해석에 대한 반작용이 필요해서였다(Grugel 2002, 51). 또한 역사사회적 분석은 민주주의에 대한 설명으로서의 근대화론이 가진 단기주의short-termism와 인과관계의 단순성을 비판한다(Rueschmeyer, Stephens and Stephens 1992). 이러한 비판과 함께 역사사회적 분석은 근대화의 상이한 궤도들이 나타났던 역사적 맥락 속에서 구조와 국가의 중요성에 주목하기 때문에 '역사구조주의historical structuralism' 또는 '구조주의'라 불리기도 한다(Grugle 2002, 51).

1970년대와 1980년대에 역사사회적 분석은 민주화와 관련된 사회적, 경제적, 정치적 발전을 설명하는 강력한 이론적 틀이었다. 이 시기는 제2의 민주화 물결로 묘사될 수 있는 2차 세계대전 이후 탈식민화의 과정을 시작한 아프리카와 라틴 아메리카 여러 국가들이 정치사회적 위기를 맞으며 민주주의의 후퇴를 경험하고 있었다. 제2의 민주화 물결의 실패는 심각한 국가 내 경제 위기로부터 기원했다(Huntington 1991). 이러한 경제 위기는 주요하게는 다국적 기업multinational corporations, 세계은행World Bank, 국제통화기금International Monetary Fund 등 외부 요인의 개입과 관련된 부채위기와 초인플레이션hyperinflation에 의해 발생했다. 제2의 민주화 물결의 실패가 가져온 정치적 결과는 아프리카와 라틴 아메리카에서는 민주주의의 붕괴와 함께 관료적 권위주의 Bureaucratic Authoritarianism, 포퓰리즘적 군사독재 등 비민주적 혼종hybrid 정치 체제의 출현이었다. '종속'은 이러한 국가들의 경제적 상태를 표현한 대표적인 개념이라 할 수 있다

역사사회적 분석은 새롭게 출현한 비민주적 혼종 정치체제에 주목하면서 이에 대한 설명을 위해 마르크스주의, 종속이론, 관료적 권위주의론, 세계체제론 등의 비판적 분석틀을 사용한다(Laclau 1979; Frank 1969; 1971; Cardos and Falleto 1979; O'Donnell 1973; Amin 1974; Evans 1979; Alavi 1972; Poulantzas 1987). 일반적으로 이러한 비판적 분석틀들은 위의 지역에서 민주주의가 실패한 원인을 일국적인 정치 차원만이 아니라 국제정치경제와 지구적 정치 헤게모니의 차원으로 확장해서 보다 포괄적으로 설명한다. 이에 기반한 역사사회적 분석은 계급 구조, 국가, 세계 체제의 복합적 동학을 다루는 거시역사적 관점에서 민주화를 해석한다(Moore 1966; Therborn 1977; Skocpol 1985; Rueschmeyer Stephens and Stephens 1992).

베링턴 무어는 민주화에 대한 역사사회적 해석의 주요한 틀을 형성했다(Moore 1966). 그는 영국, 프랑스, 미국, 독일, 러시아, 일본, 중국, 인도 등 19세기와 20세기에 역사적으로 상이한 민주화(또는 민주주의 혁명)의 궤도를 지나온 8개 국가들을 비교하면서 구조와 사회계급의 동학을 중심으로 자본주의 발전과 민주화 사이의 독특한 관계를 분석했다. 무어에 따르면, 민주주의, 파시즘, 공산주의와 같은 정치체제는 사회 갈등과 투쟁들의 상이한 형태에 따라 구성되었으며, 이 갈등과 투쟁은 국가 내에서 여러 사회 계급들, 특히 농민, 상류지주계급 그리고 부르주아지들 사이의 상호관계를 둘러싸고 전개되었다. 무어와 조금은 달리, 테르본은 서구 민주화 과정에서 무어가 의회 민주

주의 경로에서 중요하게 고려하지 않은 노동계급의 역할을 강조했다(Therborn 1977). 테르본은 서구 자유 민주주의는 아래로부터 분출된 노동계급 투쟁과 계급 투쟁을 체제 내에서 수용할 수 있었던 자본주의의 탄력성이 결합되어 만들어진 결과물이었다고 주장한다. 루시마이어와 스테픈스 부부는 무어로부터 시작된 역사사회적 분석을 자신들의 '새로운 비교 정치경제학'을 통해 발전시켰다. 그들은 마르크스주의를 비판적으로 수용하면서 민주주의의 발흥과 쇠락은 사회 계급, 계급투쟁과 같이 자본주의의 발전단계마다 다르게 나타난 구조적 변수들과 밀접하게 연관되어있다고 말한다. '부르주아지 없이는 민주주의도 없다no bourgeoisie, no democracy'라는 무어의 테제를 비판하면서(Moore 1966, 418), 그들은 민주화의 역사적 과정에서 부르주아지란 '일반적으로 입헌적 대의 민주주의 정부를 지지하지만, 이러한 민주주의 체제가 하위 계급들을 정치적으로 인정하는 것에 대해서는 반대'해왔으며, 역사적으로 중간 계급은 '자신들의 정치적 인정을 위해서는 강력히 싸우지만, 하위 계급들에 대한 중간 계급의 태도는 노동계급과의 동맹이 필요하고 가능한 상황에 따라 달라지는 모호함'을 보이고 있다고 설명한다(Rueschemeyer et al. 1992, 7~8, 77). 이러한 측면에서 그들은 민주화 과정에서 노동 계급의 역할을 중요하게 고려한다.

> "조직화된 노동계급은 모든 곳에서 완전한 민주주의의 발전을 위한 중요 행위자로 나타났다… 뿐만 아니라 대부분의 경우 조직화된 노동자들은 제한된 민주주의 발전과정에서도 중요한 역할을 해왔다. 그러나 모든 지역에서, 조직화된 노동계급의 압력만으로 민주주의를 도입하는 것은 충분하지 않았다. 노동계급은 동맹세력이 필요했다"(Rueschemeyer et al. 1992, 270).

노동계급에 대한 강조는 자본주의 발전과정이 무어가 제시한 3대 계급 도식을 넘어서, 상류 지주계급과 농민 사이의 전통적 계급 구조를 자본가, 중간 계급, 노동 계급이라는 근대적 계급 구조로 바꾸었다는 사실에 따른다. 그들은 민주화란 독점적인 부르주아 정치 체제를 뛰어 넘어 권리증진의 사회 개혁과 노동 계급과 하위 집단들subaltern에 대한 대표성을 보장해야한다고 주장한다. 그들은 또한 자본주의 국가에서의 사회 개혁과 민주화, 그리고 이를 위한 정치전략을 주도하는 사회 계급의 특징에 따라 민주주의의 수준과 민주화의 방향이 결정된다고 설명한다. 따라서 이들이 중요하게 고려하는 민주화 요소들은 국가, 국가 체제, 사회 계급이다. 그들은 또한 민주주의를 권력의 시각에서 바라보면서, 민주화 과정에서 계급들 사이, 또는 계급과 국가 사이의 힘의 균형equilibrium에 외부에서 강력한 영향을 형성하는 초국적 권력구조의 문제를 다룬다(ibid., 69~75).

'세계체제론'이라는 민주화 과정을 국내적 상황과 국제적 요소들의 효과적인 접합을 통해 파악하려는 또 다른 역사사회적 분석이다. 세계체제론은 국제관계와 국내 정치, 그리고 국제노동분업질서에 대한 초국적 기업Transnational Corporation과 미국 헤게모니의 정치적 영향력과 같은 국제적 요소들에 보다 많이 주목하고 있다. 세계체제론은 임마누엘 월러스틴Immanuel M. Wallerstein의 일련의 저작들을 통해 발전되었으며, 사미르 아민Samir Amin과 같은 종속이론가는 국제 정치경제 질서를 '중심-주변부 관계'로 파악하는 세계체제론에서 한발 더 나아가 '불균등 발전' 개념을 중심으로 제3세계의 종속성을 세계체제적 시각에서 분석했다(Wallerstein 1974, 1979; Amin 1976, 1977). 로버트 콕스Robert W. Cox는 그람시의 헤게모니 개념을 도입하여 세계체제론을 보다 정치적인 측면에서 발전시키면서, 국제자본주의 질서와 일국의 정치경제 구조에 전술적으로 개입하는 미국 헤게모니의 성격분석에 보다 집중했다(Cox 1981, 1987).

이와 같은 이론적 발전 속에서 민주화에 대한 세계체제론적 분석은 주변부 국가들의 생산양식과 국제적 차원과 일국적 차원에서의 정치적, 군사적 긴장의 특수성들을 고려하면서 각국의 민주화 현상들을 분석했다(Cumings 1989, 2000; Gills, Rocamore and Wilson 1993). 세계체제론적 분석은 서구 민주주의 역사에서 슘페터의 절차 민주주의와 달의 폴리아키를 개념적 기반으로 전개된 '이행론'에 대한 비판과 함께 시작했다. 그 비판의 핵심은 이행론이 주목하는 민주화의 '단기적이고 각각이 특이한 사건들은 사회구조적, 세계구조적 관점을 잃게될 경우 이해될 수 없다'는 것이다(Cumings 1989, 19). '정치적 협약'의 측면에서 제3세계 민주화 과정들을 설명하는 이행론과 달리, 세계체제론적 분석은 종속, 지구적 자본주의, 미국 헤게모니, 초국적 자본의 이해관계 등의 구조적 맥락을 통해 사실상 제3세계 민주화 과정은 세계 경제 위기에 대한 미국의 '저강도 민주주의low intensity democracy' 전략 속에서 억압국가의 구조적 과정이 없는 '유산된 개방화abortive abertura'에 머물렀다고 본다(Gills et al. 1993; Cumings 1989). 저강도 민주주의란 '보다 확장된 자본의 초국적화transnationalization'에 대한 정치적 장벽을 제거하려는 미국의 제3세계 민주화 전략 속에 함의된 현대 민주화의 특징을 설명하는 개념이다(Gills et al. 1993: 11). 또한 저강도 민주주의는 새로운 민주주의 사회에서 '좌파'가 너무 많은 사회적 권력을 장악할 정도로 미국 헤게모니를 약화시킨 '민주적 통치불가능성democratic ungovernability'을 통제하기 위해 설정된 개념이다(Gills & at al. 1993, 8). 저강도 민주주의는 진보적 개혁이나 혁명적 변화를 선제적으로 방어하고 현 상태status quo를 정당화하기 위해 반공주의, 인도주의, '신세계 질서' 등과 같은 보수 정치 이데올로기들을 동원해 미국의 정치적 개입과 결합되면서 만들어진 민주주의의 변형된 형태인 것이다(ibid., 8~23). 세계체제론적 분석은 미국 헤게모니 중심의 세계체제를 유지하는 저강도 민주주의를 비판하면서 사회 내에서 경제적 불평등과 권력의 불균형적 분배를 해체하기 위한 '사회개혁'을 위한 아래로부터의 저항과 초국가적 연대를 강조하고 있다(Gills et al. 5~7).

3. 이행론과 전략적 선택론

이행론은 '민주적 이행'을 '권위주의 정권이 해체되는 과정이 시작되고 특정한 민주주의 형식을 설정하는 상황에서 하나의 정권을 결정하는 현실적 계기'로 이해한다(O'Donnell and Schmitter 1986, 8). 이행이란 대부분 권위주의적 정권이 정당성의 위기에 처한 상황에서 대항 헤게모니 세력과 부딪히면서 시작된다. 이를 통해 주요 정치세력들 간에 경쟁이 심화되고 그 경쟁의 결과 권위주의적 정권이 해체되고 민주세력에 의해 새로운 민주적 정권이 민주적 신헌법에 근거한 자유선거를 통해 수립되는 과정이 진행된다. 이행론은 민주화에 대한 복합적인 구조주의적 분석보다는 탈권위주의적 정치변동이 본격적으로 진행되는 이행의 단기적 국면을 주요 연구 대상으로 삼으며, 제3의 물결이 확산된 제3세계 민주화 과정에서 탈권위주의적 이행을 촉진하거나 저해하는 사회정치적 요소들을 탐구한다(O'Donnell and Schmitter 1986; Selcher 1986; Baloylar 1987; Ethier 1990; Huntington 1991; Mainwaring, O'Donnell, Valenzuela 1992; Diamond and Plattner 1993).

제3세계를 중심으로 발생한 제3의 민주화 물결과 같은 정치변동의 동학을 설명하는 과정에서, '이행' 개념은 낙관론적 근대화론(정치 발전주의)와 역사사회적 분석이 가지는 구조 결정론과 기능주의에 대안으로 발전해왔다. 이러한 측면에서, 이행론은 러스토우D. Rustow의 근대화론 비판을 중심으로 형성된 발생론적 방법론에 기반한다. 러스토우의 근대화론 비판의 핵심은 '상관관계correlation', '단선적 설명방법', '개연성probability', '필연성' 등과 같은 구조 결정론적 특징에 대한 부정하고 '인과성', '비단선적 설명방법', '가능성', '관련한 정치행위자들의 선택'에 대한 강조이다(Im 1990, 54~55). 이행론은 세 가지 측면에서 구조 결정론을 비판하고 있다. 첫째, 구조결정론이 강조하는 민주주의의 성취를 위한 대부분의 선결조건들은 사실상 민주주의의 결과라는 것이다. 둘째, 구조적 조건을 강조하는 기능주의는 상이한 정권들이 동일한 사회경제적 조건을 배경으로 출현해왔다는 현상을 설명하지 못한다는 것이다. 셋째, 기능주의는 역사 속에서 정치 행위자들을 정치적으로 무능력하게 만든다는 것이다(ibid., 54). 이러한 비판과 함께 이행론은 구조를 행위자의 선택에 개입할 뿐, 결코 선택 그 자체를 결정하지 않는 '선택의 구조'로 제한한다(ibid., 57). 오직 구조적 조건의 한계 속에서 서로 갈등하는 행위자들의 전략적 선택의 동학만이 민주화의 특징을 결정하며, 이행은 현재의 정권에 맞서서 '보다 좋은 대안들'이 제시될 때 발생할 수 있다(Przeworski 1986, 52).

이행론의 기준점과 핵심적 준거는 오도넬, 슈미터, 화이트헤드가 편집한 「권위주의 통치로부터의 이행Transitions from Authoritarian Rule 1986」 시리즈에서 마련되었다. 이 학술적 작업의 주요 목적은 협약에 기반한 민주화 방식을 제3세계 정치지도자들에게 제안하기 위해서였다(Lowenthal, 1986). 그들은 행위자의 역할과 엘리트 주도 협약을 강조하면서 민주화의 전체 과정은 자유화(개방화), 민주화(절차의 회복과 제도화), 그리고 사회화 또는 공고화(민주적 절차를 통한 사회적 이익의 분배)라는 세 단계를 통해 완성된다고 설명하고 있다(O'Donnell and Schmitter 1986, 6~14). 그들은 권위주의적 통치에서 민주주의로 바뀌는 이행과정에서, 정치 엘리트 집단들의 타협compromising에 의한 구체적인 정치적 협상(대화, 약속, 협상)은 경제 구조로부터 상대적으로 자유롭다고 본다. 또한 그들은 국가의 생산과 분배 체제에 대한 개혁을 위해서는 우선적으로 전국적 정치 제도의 재구성이 선행되어야 한다고 주장하면서, 경제적 관계에 대한 정치 행위자의 선택에 우선권을 부여한다(Schmitter 1995, 33). 이행론은 1980년대 후반 비계급적 방식으로 권위주의 정권들이 해체되는 제3의 민주화물결의 동학을 설명하는 강력한 분석틀로 받아들여졌으나, 세 가지 측면에서 비판을 받아왔다.

(1) 협약과 의지에 기반한 관점
(2) 반역사적 경향
(3) 형식 민주주의적 접근

첫째, 이행론의 협약에 의한 민주화 개념은 엘리트주의와 의지주의에 갇혀있으면서, 특수한 정치적 상황에 내재한 역사적 특수성과 사실들을 간과하는 경향이 있다는 비판이다. 예를 들어, 쉐보르스키Adam Przeworski는 협약과 민주화가 진행되는 모체matrix를 통해 이행을 설명하고 있지만, 그의 모체는 정치 엘리트 집단들에 의해 진행되는 민주적 이행 과정에서 어떻게 정치적 대의성representation의 범위가 제한되고 현 지배 블록의 이익이 유지되는지를 분명히 드러내고 있다(Przeworski 1986). 쉐보르스키의 모체는 또한 이행 과정에서 인민과 노동계급의 역할, 그리고 사회적 투쟁의 영향력에 상대적으로 덜 주목하면서 정치 현실의 상황에서 민주주의의 실질적(급진적) 요구들을 배제하는 경향을 보이고 있다. 쉐보르스키의 이행 모체는 이행 과정에 참여하는 정치 행위자들을 대립하는 두 진영 내에서 각각 상충된 두 세력으로 분열된 총 네 집단으로 구분한다. 권위주의 진영에서는 강경 지배분파Hardliners와 개혁 지배분파Reformers로 분열되며, 저항 진영에서는 온건 저항분파Moderates와 급진 저항분파Radicals로 분열되어 진영 내부에서 정치 전술의 차이를 중심으로 서로 대립한다(Przworski 1991, 67). 이 모체에서는 이행(또는 탈출extrication)이란 오로지 대립하는 두 진영이 각각 분열되고 개혁 지배분파파와 온건 저항분파 사이에서 협약을 가능하게 하는 선호적 대안이 제시될 때만 발생할 수 있다(ibid., 68). 쉐보르스키는 (탈출)이란 '오로지 개혁 지배분파와 온건 저항분파 사이의 상호이해로부터만 결과할 수 있고' 그들의 합의는 대의 민주주의 체제로 이어지게 된다는 주장을 펴면서 엘리트주의에 깊이 빠지게 된다(ibid., 68). 심지어 그는 권위주의 진영 내에서의 분열이 강경 지배분파와 개혁 지배분파의 분명한 전략·전술적 차이가 아닌, 단지 국가와 비국가 기구에서의 상이한 정치적 위치와 역할에 따른 것이라고 주장한다(ibid., 67~8).

전략적 선택이론이라 불리는 쉐보르스키의 이행논리transitology는 '위로부터의 이행 논리' 또는 그람시A. Gramsci의 수동혁명Passive Revolution의 변형된 형태로도 이해될 수 있다. 그는 급진 저항분파가 부상할 경우 오히려 급진 저항분파는 군사 쿠데타에 의한 권위주의의 회복과 같은 강경 지배분파의 반격에 책임을 질 수밖에 없는데 그 이유는 저항 진영에서 온건 저항분파와 급진 저항분파의 분열이 양자 사이의 전략·전술적 차이가 아니라 위험에 대한 민감도 수준risk-sensibility과 서로에 대한 반감aversion에 있기 때문이라고 본다. 결국 이행론은 온건 저항분파를 급진 저항분파가 제거된 저항 진영의 유일한 민주적 주체로 고려하면서, 민주주의의 실질적 내용들과 함께 아래로부터 진행되는 민주화를 이끌어갈 주요한 세력으로서의 급진 저항분파를 민주화 과정에서 배제하고, '어떤 혁명적 방식도 민주화를 이끌어 낼 수 없다'고 주장한다. 그 이유는 혁명적 방식이란 일방적 해결책을 의미하며 따라서 민주주의와는 대립되는 '승자승독식'의 원칙만이 실현될 뿐이기 때문이다(임혁백 1991, 180~181). 따라서 가능한 이행은 오로지 강경 지배분파의 동의에 따른 '위로부터의 이행'일 뿐이며, 개혁 지배분파와 온건 저항분파 사이의 동의는 개혁 지배분파가 강경 지배분파의 동의를 끌어내거나 중립화시키고 온건 저항분파가 급진 저항분파를 통제할 수 있을 때 성공할 수 있다는 것이다(Przworski 1991, 68). 이러한 주장을 분석해보면 그들의 합의는 이행 이후 민주적 체제가 현 권위주의 진영의 이익과 함께할 수 있도록 한다는 판단을 내리게 된다. 여기서 바로 이행론이 '완화된 독재'와 '제한적 민주주의'와 같은 혼종 민주주의 형태가 출현하는 역사적 사실 속에서 이론적 한계를 가지게 되고 민주적 공고화의 과제를 제기하게 되는 부분이다(Schmitter 1995, 15~16; Przwworski 1991; Gunther, Puhle and Diamoandouros 1995; Schmitter 1992, 1995). 정치 변동의 동학을 자본주의 구조 변화와 분리시키면서, 이행론은 자본주의 생산관계와 축적 구조에 의해 발생한 다양한 문제들을 민주화의 중요한 요인으로 고려하지 않고 있다. 이러한 경향은 자본주의 패러다임으로 급진적이고 혁명적인 이론들이 흡수되면서 자본주의와 민주주의가 양립가능하다고 보는 관점과 분명 크게 다르지 않다.

두 번째 비판은 이행론이 남유럽과 라틴 아메리카 국가들에서 나타난 탈권위주의화 과정에 대한 경험 분석을 통해 이행의 정치적 원형을 이론화한 후 이를 동유럽, 중부 유럽, 아프리카, 중앙 아시아 및 동북아시아과 같이 문화적, 역사적, 사회적으로 상이한 정치적 맥락에 적용하려 한다는 것이다(Grugel 2002, 60). 단기적 묘책과 의지주의적으로 진행되는 정치변동의 미시적 과정에 집중하는 이행론은 한 국가의 독특한 정치 변동과 사회 투쟁의 역사적 맥락들을 고려하는데 실패하게 된다. 사실 이행론은 민족주의, 종교적 근본주의, 원주민 문제, 종속과 제국주의의 관계, 국제노동분업질서가 포드주의에서 포스트 포드주의로 전환된 신자유주의적 지구화의 맥락과 같은 경험적 요소들을 생략하는 경향이 있다.

이행론을 향한 세 번째 비판은 이행론이 사용하는 민주주의와 민주화의 의미이다. 일반적으로 민주주의는 '절차적(정치적 혹은 형식적) 민주주의'와 '실질적(급진적) 민주주의'라는 경쟁적인 두 용어들을 중심으로 범주화된다. 절차적 민주주의는 민주적 정치 제도를 가능하게 만드는 민주적 제도화이자 '대의제와 법의 규칙'을 통해 '무력의 사용을 차단한 가운데 정치 관료를 선출하기 위해 정기적으로 진행되는 경쟁'을 의미한다(David Potter 1993, 356). 이와 달리 실질적 민주주의는 '불평등한 권력의 분배를 감소시키고, 선거, 대의제 그리고 사회에 대한 집단적인 정치적 관심과 참여를 통해 종속적인 계급·계층의 역능empowerment을 향상시키는 진보적 수준에 도달하기 위한 시민 다수의 통치에 진정한 참여가 이루어지는 것'을 의미한다(ibid., 356). 실질적 민주주의는 '역사적 의제에 민주주의를 부여하고 그 전망을 결정하는 통치권에 대한 지배 계급과 종속 계급 사이의 투쟁을 통해' 성취될 수 있을 것이다(Rueschemeyer et al. 1993, 356~7). 실질적 민주주의가 고대 그리스 사회에서 사용된 민주주의의 원래 의미에 보다 가까운 반면, 절차적 민주주의는 18세기 근대 유럽 사회에서부터 개념화되기 시작했으며, 슘페터적 '절차적 최소procedural minimum' 개념을 통해 구체적으로 묘사된다(Williams 1988; Hanson 1995; O'Donnell and Schmitter 1987).

이행론에서 절차적 민주주의는 그 자체가 '심지어 사회화socialization의 측면에서 보다 즉각적인 수익을 약속하는 대안적 경로를 포기하더라도 성취할 가치가 있는 목적'인 반면, 실질적 민주주의의 내용들은 '사회화'라는 이행론적 용어 속에서 모호하게 서술된다(O'Donnell and Schmitter 1986, 12~4). 여기서 사회화는 민주화를 통해 자동적으로도 최종적으로도 산출되는 결과가 아니다. 그것은 이행 이후 불확실한 결과이자 전망일 뿐이다. 이행의 과정에 참여하는 '행위자들은 무엇이 발생할 수 있는지에 대해서 알지 못하거나, 무엇이 가능한지는 알아도 무엇이 적절한지를 모르거나, 무엇이 가능한지도 적절한지도 알지만 무엇이 발생할 것인가에 대해서는 모른다'(Przeworski 1991, 12; Schmitter and Karl 1993). 절차적 민주주의에서는 모든 민주적 결과들이 제도적 틀에 의해 수반되기 때문에 불확실성이란 정치적 행위자들이 어떻게 승리하거나 패배할 것으로 예상되는가에 대한 불확실이 아니라, 제도적 틀 안에서 민주적 경쟁을 통해 누가 승리하거나 패배할 것인지에 대한 불확실이다(Przeworkski 1991, 12~3). 따라서 이행론은 제도화된 불확실성이 만들어내는 결과 안에서 슘페터적인 '절차적 최소'를 안정시키고 확장시키는 것을 강조한다(Linz 1990; Przeworski 1991).

그러나, 절차적 민주주의가 그 절차적 틀에서 실질적 민주주의의 어떠한 내용도 전혀 포함하고 있지 않다면, 민주주의에서 중요한 위치를 차지하는 '민주 시민' 또는 '민주적 주체'와 같은 개념은 민주주의의 절차적 틀에 갇힐 수밖에 없다. 역사적, 사회적 특수성과 경험들이 고려되지 않는 절차적 민주주의는 특정한 국가와 사회에 얽혀있는 특수한 맥락들로부터 형성된 권력관계에 의한 억압과 차별들을 인식하지 못한다. 이러한 권력관계적 억압과 차별의 생략은 절차 민주주의를 통해 구성되는 '민주 시민' 개념이 현실의 함정에 빠지도록 한다. 사회 내 다양한 사람들을 인종, 성, 종교, 부, 사회적 지위 등 복합적이고 차별적인 차이와 조건들을 전혀 고려하지 않는 절차 민주적 '시민' 관념은 구체적인 역사사회적 맥락 속에서 작동하는 권력관계의 효과들을 고려대상에서 제외시킨다. 따라서 이성과 합리성의 지배를 받는 것으로 기술되는 모든 민주 시민은 사실상 '어떤 차이와 조건에 대한 고려도 없어야 한다'는 형식 민주주의적 추상성으로 인해 자신들의 고유한 정체성, 차이, 불평등한 관계의 본질을 민주정치 공간에서 드러내지 못하도록 강요당한다. 결국 절차적 민주주의 측면에서 민주적 시민은 구체적이고 현실적인 공동체 관계를 형성하는 인간적인 내용들이 없는 그저 사회를 구성하는 기계론적인 하나의 생명체 그 이상도 이하도 아니게 된다(Žižek 1991, 162~163).

4. 신자유주의 지구화 시대의 민주화 과제

현대 세계에서 나타나는 민주화는 신자유주의 지구화를 배경으로 하고 있다. 21세기의 시작과 함께 나타난 세계 각국의 민주화 현상들은 1970년대 이후 전 세계적으로 확산되면서 '지구적 표준화global standard'가 되어버린 신자유주의의 부정적 효과에 대한 대응과 저항의 형태로 발생하고 있다. 유럽, 아시아, 라틴 아메리카, 북아메리카, 아프리카 등 세계 도처에서 신자유주의 지구화 과정에서 발생한 경제사회적 양극화, 빈곤화, 원주민 생활터전의 붕괴, 생태계의 파괴, 복지정책의 후퇴, 공공성의 가치폄하, 사회적 범죄율의 증가 등은 보다 민주적 요구와 함께 새로운 정치 체제를 위한 저항을 자극하고 있다. 제2차 세계대전 이후 반 세기 동안 수많은 권위주의 정권들이 해체되고 신흥 민주주의 정권들이 세계 곳곳에 수립되었다.

그러나, 1970년대 대량생산과 대량소비에 기반한 자본주의 체제가 연이은 오일쇼크와 초인플레이션 등 구조적 위기에 직면하면서 국민복지를 추구하는 케인즈식 경제정책이 선진국을 중심으로 철회되자 민주화의 경제적 토대를 상실한 세계 각국의 민주국가들은 민주주의의 새로운 위기를 경험하게 되었다. 1980년대 초반 영국과 미국이 각각 새로운 자유시장경제 체제인 신자유주의적 대처리즘Thatcherism과 레이거노믹스Reaganomics를 주요한 경제 노선으로 채택한 이후 신자유주의는 새로운 지구화의 형태로 발전했다. 이 과정에서 국제노동분업질서의 변화와 탈국가적 신자유주의적 시장경쟁 체제, 새로운 소비문화의 확산 등은 일국차원의 국가통치성의 위기를 초래했을 뿐만 아니라 민주주의의 문제를 일국 차원의 정치 체제를 넘어서 전 지구적인 사회적, 경제적, 문화적 영역으로까지 확대시켰다. 이러한 변화는 각국의 정치세력들을 새롭게 재편했으며, 민주주의를 둘러싼 전통적인 좌우의 대립에서 '신좌파', '신보수', '제3의 길' 등과 같은 새로운 정치세력의 등장을 촉발시켰다. 특히 신자유주의적 지구화를 둘러싸고 나타나는 새로운 저항들에 대응하기 위해 각국의 권력집단들은 국가적 이해관계를 넘어서 세계무역기구World Trade Organization, 세계은행World Bank, 세계경제포럼World Economy Forum 또는 Davos Forum, G-20 정상회의 등 초국적 협력기구를 구성해서 전 지구적 대안질서를 모색하고 있다.

신자유주의 지구화가 민주주의와 충돌하는 지점은 자유시장, 규제완화, 재산권을 중시하는 신자유주의 사상으로부터 출발한다. 완전고용을 지향한 케인즈주의와 달리 노동시장의 유연화와 공공부분의 민영화를 추진하는 신자유주의는 정부의 경제 개입에 따른 비능률을 해소하고 경쟁시장의 효율성, 국가 경쟁력을 강화시킨다는 긍정적인 효과에도 불구하고, 불황과 실업, 그로 인한 빈부격차 확대 및 급격한 시장개방에 따른 선진국과 후진국 간의 갈등 초래라는 부정적인 면을 확산시키고 있다. 또한 신자유주의를 표방하면서 새로운 지구화를 추진하는 영국의 대처리즘과 미국의 레이거노믹스는 복지를 위한 공공지출의 삭감과 세금인하, 국영기업의 민영화, 노동조합의 활동규제, 금융시장 자율화, 정부의 기업규제 완화 등을 정책적으로 추진하면서 민주주의의 중심을 인간의 보편적 자유와 평등이라는 보편적 가치에서 시장경쟁의 극대화라는 자본의 이해관계로 변화시켰다. 뿐만 아니라 이러한 신자유주의 지구화는 자유지상주의libertarianism과 미국 패권주의를 주장하는 미국의 신보수주의와 결합되면서 경제사회적 양극화뿐만 아니라 제3세계 국가들과의 새로운 갈등을 야기하고 있다. 민주주의가 신자유주의 지구화 시대에 새로운 위기와 직면하게 되는 이유는 바로 민주주의를 둘러싼 갈등이 더 이상 일국 차원에서 진행되는 의사결정 과정과 참여의 문제에 국한되는 것이 아니라 이러한 지구적인 정치경제의 패러다임 속에서 복합적으로 나타나기 때문이다.

무엇보다 신자유주의 지구화의 핵심적인 특징은 국가의 통제를 넘어서 지구화를 주도하는 초국적 기업의 활동과 영향력의 분석을 통해 이해될 수 있다.[2)] 초국적 기업의 활동은 이미 2차 세계대전 이전부터 확대되었으며, 1970년대 이후 본격적으로 그 수가 크게 증가해 생산, 무역, 투자, 금융 등 모든 경제영역에서 지구화를 주도해왔다. 초국적 기업의 급속한 성장과 영향력의 확대는 일국차원에서 진행된 케인즈식 경제 정책을 흔들기 시작했으며, 기업의 자율성과 시장경쟁을 중

---

2) 일반적으로 현재의 지구화를 바라보는 시선은 크게 '보수적(현실주의적 혹은 신현실주의적) 시선', '자유주의적 시선' 그리고 '(맑스주의와 탈구조주의로부터 나타나는)비판적 시선'으로 나눌 수 있다(Scholte 1996; Tooze 1992; J-one 1995; Wolf 2001). 물론 지구화가 역사적으로 20세기를 들어서면서 나타나는 새로운 현상은 아니다. 지구화는 인류가 자신과 다른 부족, 종족, 국가들과 만나기 시작한 그 순간부터 진행된 과정이라 할 수 있다(Zevin 1992; Broad 1995; Shaw 1997; Hirst and Thompson 1996; Hoogvelt 1997).

시하는 신자유주의가 각국에서 빠르게 받아들여지도록 했다. 끊임없는 자본주의적 이윤창출을 목적으로 하는 초국적 기업들은 이 목적을 위해 세계전역에서 생산최저가와 최저임금의 지역들을 찾아다니며, 이윤창출의 모든 정치경제적 장벽을 제거하는데에 집중한다(Agnew and Corbridge 1995; Tabb 1997; Hoogvelt 1997; UNCTD 1993; Hirst and Thompson 1996). 대처리즘과 레이거노믹스의 핵심 내용에서 알 수 있듯이, 초국적 기업들은 비용절감, 감세, 환경규제의 완화, 노동통제 및 정치적 안정성의 보장을 극대화하기 위해 모든 수단을 동원하면서, 포스트-포드주의적 노동유연화 정책에 기반한 새로운 국제노동분업질서를 수립했다(Cox 1987, 1992, 1994; Gill 1995a, 1995b; Harvey 1990). 이러한 변화는 자본의 흐름이 국경을 넘어서 자유롭게 진행될 수 있도록 세계 금융구조 또한 변화시켰으며, 이 흐름 속에서 금융자본의 특정국가로의 집중은 사회 내 양극화뿐만 아니라, 국가 간 양극화 또한 심각하게 악화시켜왔다(Cox 1994). 이러한 변화는 경제영역뿐만 아니라, 각각의 국가 내에서 유지되어온 정치, 문화, 이데올로기적 특징들에까지 커다란 영향을 끼치고 있다(Gill 1995b).

초국적 기업을 중심으로 진행되는 신자유주의 지구화가 초래하는 민주주의의 문제는 서구 근대 민주화 과정의 산물인 근대 국민국가의 성격을 변화시키면서 시작한다. 신자유주의 지구화 과정 속에서 변화된 새로운 국가의 성격은 '국가의 국제화the internationalisation of the state'로 설명될 수 있다. '국가의 국제화'란 일국차원에서 주요한 정책이 결정되고 집행되는 과정에서 정부가 국내 상황을 우선적으로 고려하기보다 초국적 기업 위주의 신자유주의 지구화적 표준에 국가의 정책과 집행 형태를 조정하는 것을 의미한다(Cox 1987, 253). 한국의 경우처럼, 많은 국가들이 여러 형태의 금융위기를 극복하기 위해 신자유주의적 산업구조조정 프로그램을 도입한 이후 본격적으로 WTO와 FTA

중심의 대외경제 정책 및 노동시장 유연화 정책을 채택했을 당시, 각국의 정부는 고용 문제, 민영화 문제, 탈규제 문제, 복지예산 삭감의 문제 등 국내 상황을 지구적 표준화에 맞춰 해결하려고 하면서 사회정치적 갈등을 촉발시켰다. 이러한 정부의 태도는 국내 경제 시스템을 지구화를 위한 신국제노동분업 및 지구적 표준화에 기반한 다양한 국제협약과 표준들에 맞춰지도록 하는 '전달 벨트transmission belt'로서의 국가 역할로부터 규정된다고 할 수 있다(Hoogvelt 1997, 134).

이에 따라 국가는 국내외 영역에 걸쳐 신자유주의 지구적 표준화가 극대화되도록 경제는 물론 입법 및 사회정치적 혁신전략을 추진해 나간다. 여기서 문제는 개발도상국일수록 IMF와 세계은행 등의 강력한 구조조정 요구 및 경제자유화·환경·인권 등의 새로운 신자유주의적 국제 규범과 표준도입에 대한 압박 때문에 자국의 정책결정에 대한 자율성을 점점 상실한다는 것이다(Agnew and Corbridge 1995). 이러한 상황에서 각각의 국가들이 국내 정책결정을 위해 자율적으로 변경할 수 없는 국제 규범과 표준들을 제도적으로 적용하면 할수록, 이 국가들은 지구적 경쟁과 신국제분업질서에 더욱 종속될 뿐만 아니라, 이에 대한 국내 정치경제적 질서의 대응력은 점점 더 취약해질 수밖에 없다. 이로 인해 국가의 국제화는 국가 간 수직적 불평등뿐만 아니라, 구조조정으로 인해 불이익을 받게 되는 자국 내 사회집단의 강력한 저항을 촉발하게 되며 결국 민주주의를 둘러싼 새로운 갈등을 형성하게 된다(Cox 1987, 253). 이 과정이 심화될수록 신자유주의적 지구화의 원칙의 편향적 도입에 반대하는 국내 정치적 유권자들의 대정부 저항이 증가하게 된다(Hurrell and Woods 1995, 456). 결국 일국 차원에서 정부는 지구적 표준화에 기반한 새로운 신자유주의적 민주주의 원칙과 자유와 평등에 기반한 전통적 민주주의 가치 사이에서 정치적 위기에 처하게 된다.

'국가의 국제화'가 전통적인 국민국가의 범주를 해체하고 국가의 기본역할까지 폐기시키는 것은 아니다. 그러나 지구적 표준화를 자국의 사회 전역에 걸쳐 확대시키는 과정에서 국가의 역할은 더욱 근대 국민국가와는 다른 모습을 띠게 되었다(Cox 1987, 105). 서구 근대 민주주의는 최소한 시민의 정치사회적 권리를 보장하고 있으며, 이에 대한 공적 합의의 제도적 틀로서 근대 국민국가가 탄생했다. 따라서 국가는 일상에서 대중의 정치경제적 삶을 유지하면서 그 권위와 존재이유를 인정받을 수 있었다(Balibar 1993). 따라서 국가는 자국의 역사적 특수성에 따른 대중의 일상적 삶의 형태를 유지하기 위해 이와 관련한 법, 제도, 관습, 그리고 정책을 운영해왔다. 비록 근대 국민국가가 자본주의 발전을 촉진하면서 사회 내 정치경제적 차별을 유지해왔다는 비판을 피할 수는 없지만, 적어도 근대 이후 국민국가는 자국민의 삶의 질을 향상시키는 것을 목적으로 표명해 왔으며, 이를 통해 정치적 권위를 민주적으로 승인받아 왔다. 그러나 신자유주의 지구화의 영향 속에서 국가는 초국적 자본이 주도하는 경제성장 정책을 추진하는 과정에서 삶의 질의 향상과 정치사회적 권리를 주장하는 자국민들과 새로운 갈등에 부딪히게 되었다(Cox 1987, 106). 비록 신자유주의적 국가는 제도적으로 민주화되어 '권위주의 대 민주주의'라는 기존의 정치적 갈등은 극복했지만, 신자유주의 지구화가 초국적 기업의 활동을 기본 축으로 국가의 주권적 권위에 도전하는 상황에서, 국가는 그 역할을 새롭게 변화시키고 있으며 이 변화는 민주주의의 새로운 문제를 동반하고 있다.

민주주의의 새로운 문제에 직면한 현대 국가가 이에 대응하는 통치의 특성은 '신입헌주의new constitutionalism'라는 개념을 통해 설명될 수 있다. '신입헌주의'란 주로 OECD 국가들을 중심으로 각 국의 공적 영역에서 추구하는 본질과 목적이 지구적 표준화의 원칙에 따라 보다 민영화되고 상업화되는 방식으로 다시 정의되는 정치적 과정을 의미한다(Gill 1995b, 412). 즉 신입헌주의는 국가가 지배집단과 자본의 특권을 보호하기 위해, 민주적 절차를 제한하고 사회적 공공선의 확대를 위한 자신의 의무를 축소해 나가는 것을 의미한다. 나아가 신입법주의는 신자유주의 지구화로 인해 발생하는 삶의 악화와 민주주의의 위기에 대한 정치사회적 저항으로부터 특권집단의 민영화 과정을 보호하기 위해 공공 제도를 통제하기 위한 제반 입법, 행정적 정책추진을 포함한다(Gill 1995a, 78~81, 1995b, 413). 즉 신입헌주의는 신자유주의가 국가로부터의 시장의 자유화와 탈규제를 원칙으로 하고 있지만 이 과정에서 발생하는 사회적 저항과 민주주의의 위기를 관리하기 위해 요청하는 국가의 새로운 통치방식이라고 할 수 있다(Woods 1997, 5).

국가의 국제화와 신입헌주의란 사실상 '시민'에서 '자본'으로 그 중심이 이동해버린 신자유주의 시대 민주주의에 대한 비판적 시각을 나타낸다. '신자유주의적 민주주의'로 묘사되는 민주주의의 성격전환은 인간의 보편적 자유와 평등권에 기반한 근대 민주주의적 가치가 더 이상 '시민적 가치'가 아니라, 초국적 기업과 자본주의 국가 사이의 협력을 통해 '자본의 이윤'에 기여하도록 변형되었음을 의미한다. 즉, 지구적 표준화의 다양한 조건들(비용절감, 감세, 환경규제완화, 노동통제와 이를 보장하는 정치적 안정성)의 창출을 위해 일국 차원의 정부는 민주주의의 가치를 재구성해서 복지정책의 철회와 노동권의 후퇴, 나아가 원주민들의 전통적 삶의 방식의 해체와 같은 문제를 초래하고 있다. 또한 민주주의의 성격전환은 '자유와 평등'에 따른 근대 민주주의 가치의 붕괴와 공동체적 가치관의 혼란을 만들면서 극우주의, 인종차별주의, 비인도주의적 군사개입 등을 가능하게 한다. 국가가 주도하는 민주적 제도라는 것이 더 이상 '시민적 가치'를 위해 기능하지 않는 상황에서, 현대 세계의 민주화는 비단 권위주의적 정권에 대한 비판과 도전뿐만 아니라, 성, 인종, 종교, 생태, 평화 등 여러 형태의 가치를 표방하면서 절차적 민주주의의 틀을 넘어선 급진적 형태의 저항들로 나타나고 있다.

이러한 관점에서 볼 때, '국가의 국제화'와 '신입헌주의'라는 국가의 새로운 역할변화는 대단히 중요한 민주주의의 딜레마를 초래했다. 그 딜레마의 한 축에서 국가는 공동체 유지를 위한 근대 민주주의적 질서와 가치를 유지하는 기존 역할을 스스로 제약해야 하는 상태에 처해졌다. 즉 지구적 표준화의 압력 속에서 국가는 기존 제도와 가치를 전면적으로 수정하고, 이 수정과정에서 근대적 민주주의 가치에 따른 '시민'들의 도전에 더 이상 합의된 수단과 민주적 절차를 통해 대응할 수 없다는 것이다. 딜레마의 다른 한 축은 민주주의를 제도적으로 수용하는 한 여전히 국가의 정치적 권위는 일국 차원에서 선거제라는 절차 민주주의를 통해서 승인된다는 사실이다. 즉, 국가 혹은 정권은 자신의 정치적 권위의 재생산을 위해 적어도 그 권위의 효력이 인정받는 공동체의 영역을 유지시켜야 한다는 것이다. 이는 역설적으로 국가가 신자유주의 지구화 과정에서 그 역할을 변화시킨다 해도 근대 민주주의적 가치와 제도를 전면적으로 포기할 수 없다는 것이다. 결국 신자유주의 지구화는 민주주의 가치와 국가의 역할을 변화시키면서 현대 세계의 새로운 민주화의 과제를 제기하고 있다고 말할 수 있다.

물론 21세기 아프리카 지역에서 연쇄적으로 발생한 탈권위주의 민주화 과정은 오늘날 민주화 과정을 단순히 신자유주의 지구화의 영향 속에서 정형화시킬 수 없음을 보여주고 있다. 또한 이 지역에서의 민주화 과정은 민주화 물결이 역사적 단계와 차이를 통해 구분되는 것이 아니라 과거와 현재 사이에서 반복되고 얽혀있음을 알려주고 있다.

따라서 정치변동으로서의 민주화는 특정한 국가를 모델로 삼아 어느 한 시점에서 정지되는 것이 아니라, 이상적인 수준에서의 민주주의를 향한 인간이성의 끊임없는 실천으로 이해되어야 할 것이다.

제3부

정치과정론-제도와 행위

제5장 권력구조 연구의 현황과 쟁점

조성대 (한신대학교)

제1절 왜 그리고 무엇을 공부할 것인가?

정치를 "가치value의 권위적인 분배"이라고 정의했던 이스턴D. Easton의 말을 빌려 표현하면, 권력구조는 한 사회의 가치가 권위적으로 분배되는 양식을 나타낸다. 한 사회의 가치가 분배되기 위해선 어떤 가치를 어떻게 분배해야하는가를 결정하는 기관과 그 결정을 집행하는 기관이 필요하다. 권력구조는 첫째, 두 기관의 권한을 하나로 융합할 것인가 혹은 따로 독립적으로 둘 것인가를 결정한다. 둘째, 각 기관에 얼마만큼의 권한을 위임할 것인가를 결정한다. 셋째, 각 기관의 운영 방식을 결정한다. 넷째, 각 기관 간의 상호관계를 결정한다. 이 밖에 각 기관을 운영할 사람들을 어떻게 선출하는가도 아주 중요하다.

권력구조가 왜 중요할까? 이에 대한 해답을 찾아나가기에 앞서 우리는 '제도'의 가치에 주목할 필요가 있다. 왜냐하면, 제도가 달라지면 결과output가 달라질 수 있기 때문이다. 예를 들어, 1987년 대통령선거에서 민주정의당의 노태우 후보는 국민투표의 36.6%를 득표해 당선되었다. 반면 민주화운동의 양 지도자였던 통일민주당의 김영삼 후보와 평화민주당의 김대중 후보는 후보단일화에 실패하고 각자 출마해 각각 28.0%와 27.1%를 획득해 낙선했다. 노태우 후보가 당선될 수 있었던 가장 큰 이유는 한국의 대통령 선거제도가 단순다수제plurality rule였기 때문이다. 만약 과반majority이라는 최소 민주주의minimum democracy의 정신을 살리기 위해 결선투표제run-off가 채택되었다면 김대중 후보의 지지자들이 결선투표에 오른 김영삼 후보를 지지해 김영삼 후보가 당선되었을지도 모를 일이다. 또 다른 예를 들어보자. 민주화 이후 한국의 정치사회엔 대통령의 소속정당과 의회 다수당이 다른 분점정부divided government가 빈번하게 발생해왔다. 그러나 만약 한국이 의회의 다수당이 행정부를 책임지는 의회제(혹은 내각제)를 채택했다면 이러한 분점정부는 발생하지 않았을 것이다. 의회 다수당의 대표가 수상이 되었거나 소수당 간의 연합정부가 구성되는 단점정부가 출현했을 것이기 때문이다. 그랬다면, 우리는 잦은 대통령과 의회 간의 교착상태를 경험하지 않았을 수 있었을 것이다.

이처럼 정치제도는 정치게임의 결과를 바꿀 수 있기에 어떤 정치제도를 갖느냐는 것은 중요하다. 그렇다면, 우리는 권력구조와 관련해서 무엇을 공부해야할까? 무엇보다 대통령제, 의회제, 준대통령제(이원정부제) 등 각각의 통치형태 혹은 레짐regime들이 의도한 정치적 효과를 이해하는 일이 급선무일 것이다. 이글은 이를 집행부executive branch[1]와 의회의 기원origin과 생존survival을 기준으로 살펴볼 것이다. 기원이라 함은 각각의 기관들이 행사하는 권한이 어디로부터 나오는가를 의미한다. 예를 들어, 대통령제 국가에서 대통령은 국민의 직접선거로 선출되지만, 의회제 국가에서 총리는 의회 다수당에서 선출된다. 따라서 기원을 달리한다고 볼 수 있다. 생존은 임기를 누가 결정하는가의 문제로 대통령은 고정된 임기를 가지지만 총리는 의회 다수당이

1) 대통령제 국가에선 흔히 대통령과 행정부로 부르고 의회제 국가에선 총리와 내각으로 부르지만 이 글에선 이를 통칭해서 집행부라고 칭하기로 한다.

불신임하면 교체되기 때문에 역시 구분된다. 즉 기원과 생존의 차이는 각 통치형태에 독특한 특성을 부여하며 이는 2절에서 서술될 것이다.

그러나 기원과 생존에 관한 기술만으로 그 사회의 권력구조가 가져오는 정치적 효과를 살펴보는 것은 한계가 있다. 왜냐하면, 같은 대통령(의회)제 국가라도 대통령(총리)에게 부여된 권한이 차이가 있고, 이는 다른 정치적 효과를 낳을 수 있기 때문이다. 아울러 의회를 구성하는 다양한 선거제도도 집행부와 의회사이의 관계에 상당한 영향을 미칠 수 있기 때문에 이 또한 권력구조의 정치적 효과를 살펴봄에 있어서 빠뜨려서는 안 될 요소이기도 하다. 따라서 우리는 전자를 "집행부의 단독권한"으로 후자를 집행부와 의회 사이의 "선호의 일치/불일치"로 구분하여 살펴보고자 한다. 다시 말해, 권력구조는 제도의 기원과 생존이라는 차원에서 바라보는 통치형태를 넘어 집행부와 의회 사이의 관계를 규정하는 제반 하위제도들과 그들 간의 상호작용을 포함하는 의미를 갖게 된다. 이 글에서는 권력구조를 규정하는 두 가지 축을 집행부의 단독권한이 의회로부터 독립적으로 존재하는 대통령제를 중심으로 3절에서 고찰할 것이다.

이는 무엇보다 그 동안의 권력구조 논쟁이 의회제보다 대통령제가 허약하다는 주장으로부터 출발했기 때문이다. 권력구조 논쟁의 시초라고 볼 수 있는 린쯔Juan Linz는 그의 논문에서 대통령제는 집행부와 의회가 각각 독립적으로 존재하는 이중적 정통성dual legitimacy, 대통령의 공정된 임기가 가져오는 레짐의 경직성rigidity, 그리고 승자독식winner-take-all의 제도가 가져오는 권력의 사사화persoanlization of powers 등으로 인해 신생 민주주의 국가들의 정치제도로는 적절치 않다고 주장했다. 린쯔의 주장은 민주화를 1980년대 이후 민주주의 이행기를 경험하고 있던 '제3의 물결' 국가들의 상황과 함께 큰 반향을 불러일으켰고 이후 일련의 논쟁을 낳았다. 그러나 린쯔의 이론틀은 통치형태의 순수형만이 고려되었을 뿐, 집행부의 권한 정도, 정당체계, 혹은 선거제도 등의 다른 정치제도들의 영향력이 종합적으로 고려되지 못했다는 한계가 있다. 따라서 이 글에서는 권력구조를 위에서 제시한 두 가지 축의 상호작용 속에서 대통령제가 과연 허약한 것인가 혹은 그러한 허약성을 극복하기 위한 제도적 장치는 없는가를 4절에서 고찰하기로 한다.

권력구조의 초기논쟁은 주로 권력구조가 민주주의의 생존과 공고화에 어떤 상이한 효과가 있는가를 중심으로 전개되었다. 그러나 권력구조의 효과는 비단 민주주의라는 영역에만 국한되지 않는다. 오히려 다양한 정책이나 거버넌스governance에 어떤 상이한 효과를 지니는지 연구되기 시작했다. 이는 민주주의적 이행에 성공한 신생 민주주의 국가들이 초기 정치적 위기상황을 극복하고 민주주의 공고화에 성공했다는 시대의 흐름을 반영한 것이기도 하다. 물론, 이 부분에 있어서도 대부분의 연구는 의회제의 우위성을 강조하고 있다. 그럼에도 불구하고 대통령제에서 성과를 높이기 위한 일련의 시도들이 없었던 것은 아니다. 아울러 정책효율성, 이익집단정치, 그리고 관료들에 대한 통제라는 영역에 있어 각 권력구조가 어떤 장단점을 지니는지에 대한 연구도 제시되고 있다. 이를 5절에서 고찰해보기로 한다.

마지막으로 이 글은 권력구조에 대한 비교정치적 논쟁과 이론들을 국내로 들여와 한국 대통령제를 진단하고자 한다. 그동안 제왕적 대통령제로 불려온 한국 대통령제의 권력구조의 특징을 파악하고 그동안 잦은 교착, 거수기, 날치기 등의 정치파행의 원인들을 제도적으로 파악하고 대안을 제시해보고자 한다. 이는 마지막 6절에서 다루어질 것이다.

제2절 통치형태를 구분하는 기준들[2)]

민주주의 국가들의 권력구조를 어떻게 나눌 수 있을까? 약 150년 전 미국과 영국이 각각 대통령제와 의회제를 정착시키고 있을 때, 영국의 정치경제학자 월터 배조트Walter Bagehot는 그의 명저『영국의 헌법The English Constitution』에서 두 국가 간 헌정디자인Constitutional design의 차이를 다음과 같이 구분했다.

"...대통령은 국민에 의해 하나의 과정에서 선출되고, 하원the House of Representatives은 또 다른 과정에서 선출된다. 의회와 집행부 권한의 독립성은 대통령제 정부Presidential Government의 특징이다. 마찬가지로 양자 간의 융합은 내각정부Cabinet Government의 정확한 원리이다"(Bagehot 1867/1963, 14).

이를 하나씩 살펴보자. 먼저, 대통령제presidentialism는 다음의 세 가지 기본적 특징을 지닌다(Shugart and Carey 1992; Sartori 1994).

(1) 집행부는 의회와 독립적으로 국민에 의해 선출된popularly elected 대통령이 "수반head" 역할을 담당한다.
(2) 집행부의 수반과 의회의 임기는 고정되어 있으며 상호간 신임의 대상이 되지 않는다.
(3) 대통령은 내각을 임명하고 지시하며, 헌법에 의해 보장된 입법권을 일정하게 갖는다.

---

2) 이 절에서 대통령제, 의회제, 그리고 준대통령제의 운영방식에 대한 기술은 강원택(2006)의 단행본에 많이 의존했음을 밝혀둔다.

대통령제는 집행부와 의회의 기원과 생존이 분리되어 있는 특징을 지닌다. 의회제 국가에서 정부수반인 총리가 의회에서 선출되는데 반해, 대통령제에서는 집행부 수반인 대통령이 일반적으로 의회선거와 구분되는 독립적인 선거에서 국민에 의해 직접 선출된다. 아울러 대통령은 고정된 임기를 보장받고 탄핵과 같은 예외적인 사안을 제외하고 의회의 불신임의 대상이 되지 않는다. 물론 대통령도 의회를 해산할 권한이 없는 것이 일반적이다. 다시 말해, 양 기관이 생존에 있어 상호 독립적이다. 더불어 집행부의 수반인 대통령은 헌법이 보장하는 내각의 각료들을 임명하고 지시할 권한을 지닌다.

대통령제는 미국이 원형이다. 미국의 국부들Founding Fathers은 통치형태를 설계함에 있어 법과 질서를 유지하기에 충분히 강력한 권력을 지니면서도 한 사람이나 다수majority에 의한 독재로 변질될 가능성을 피할 수 있는 제도를 모색했다. 『연방주의자 논고Federalist Paper』에서 매디슨James Madison은 "한 사람이든, 소수이든, 혹은 다수이든, 그리고 세습되었든, 자천되었든self-appointed, 혹은 선출되었든, 입법, 집행executive, 사법의 모든 권력이 똑같은 손에 집중된다는 것은 독재tyranny 바로 그 자체"이며 "이러한 중요한 문제에 대한 바른 사고를 위해서는 자유의 보전이 요구하는 바대로 세 개의 위대한 권력 부서가 분리되고 구분되어야 한다는 생각을 검토해야"한다고 주장했다(Madison 1788, 244). 사실 매디슨이 우려했던 권력집중의 대상은 집행부가 아니라 입법부(하원)였다. 인구비례로 선출된 대표기관인 하원에서 다수의 독재가 펼쳐질까 우려했던 것이다. 결국 그의 처방은 "야망은 야망으로 대처되어야 한다"는 명제 아래 권력을 엄격하게 분립하는 것이었다(Madison 1788, 262). 즉 국민투표에 선출된 하원을 주의회에서 선출된 상원(1910년대부터 직접선거로 선출됨)으로 입법 영역에서 견제하는 한편, 집행부를 책임지는 대통령을 독립적으로 선출하며 그(녀)에게 의회의 법률안에 대한 거부권, 행정부의 주요 직책에 대한 임명권, 대통령령executive orders 및 그 밖의 의제설정권을 부여하며, 위헌심사권을 지닌 사법부로 의회의 입법활동을 견제할 수 있도록 권력을 분산시키는 것이었다. 환언하면, 미국의 대통령제는 권력기관들이 상호 '견제와 균형check and balance'을 이룰 수 있도록 권력을 분립한다는 원리에 근거해있다 하겠다. 아울러 국가수반 및 정부수반을 직접 국민들의 손으로 선출한다는 장점도 지니고 있다.

이에 반해 '순수'한 의회제parliamentarism, 내각제로도 명명됨는 다음의 두 가지 기본적 특징을 지닌 레짐이다(Shugart and Carey 1992; Sartori 1994).

(1) 총리와 내각으로 구성된 집행부의 권위는 의회로부터 나온다.
(2) 집행부는 의회의 과반majority의 "불신임" 투표를 통해 언제든지 해산될 수 있다.

의회제는 대통령제와 달리 집행부의 기원과 생존이 분리되어 있지 않다. 의회제의 경우 집행부(내각)의 권한이 의회로부터 나오며 의회에 대해 책임을 지는 통치형태이다. 다시 말해 의회가 유일한 민주적 정통성을 지니고 있으며 이러한 측면에서 배조트가 말했듯이 권력이 분산되어 있는 대통령제와 대조적으로 권력이 융합된 형태를 띤다. 집행부 구성은 의회선거를 통해 과반정당majority party이 탄생할 경우 과반정당의 당대표가 집행부 수반인 총리직을 맡으며 내각을 구성하게 된다. 만약 과반정당이 존재하지 않을 경우 다수당이 인접한 소수당과 연합하여 연합내각coalition cabinet을 구성한다. 일단 구성된 내각은 의회의 과반으로부터 신임을 받는 한 계속 유지된다. 불신임을 결정하는 규칙들은 국가들마다 다를지라도 의회가 적법한 절차에 따라 불신임을 가결했을 경우는 총리는 사퇴하고 내각은 해산되며 의회선거를 다시 치르게 된다. 이 때문에 총리와 내각의 각료들은 의원직을 유지하면서 집행부의 직책을 맡는 것이 일반적이다.

무엇보다도 의회제는 책임정치의 구현이라는 목적에 상대적으로 더 잘 어울린다. 대통령제가 권력의 견제와 균형이라는 목적에 적합하다면, 의회제는 내부적으로 일체감과 결속을 유지하는 정당을 기반으로 집권당의 정책이 총리와 내각을 통해 실현되는 책임정당정부responsible party government 모형에 기초해 있기 때문이다. 총리가 이끄는 내각은 의회의 집권당과 일체감을 지니며 정책을 집행하게 되고, 집권당은 의회의 입법과정에서 내각을 지원하는 역할을 하게 된다. 결국 의회제에서는 집행부의 권력이 의회 내 다수의석에 기초해 있기에 다수당의 분열만 없다면 집행부에서 제출할 법률안은 큰 어려움 없이 통과되며 일사불란하게 집행된다. 아울러 임기가 고정되어 있는 대통령제가 경직성을 띠는 반면, 의회제는 국민들의 요구에 민첩하고 유연하게 대응할 수 있다는 장점을 지니고 있다. 정치실패에 따른 책임으로 다수당의 요구에 의해 내각이 언제든지 교체될 수 있기 때문이다. 그럼에도 불구하고 정치체제가 불안정하고 변화가 심한 국가에서 의회제는 취약한 면을 지니고 있다. 내각의 잦은 교체로 인해 정국 불안정을 증가시킬 수 있기 때문이다.

한편, 배조트가 의회제와 대통령제의 차이점을 예리하게 통찰한 지 약 150년이 지난 현재 전 세계 민주주의 국가들의 통치형태에는 미국이나 영국의 순수형에서 벗어나 다양한 혼성들hybrids을 보이고 있다. 이 중 대표적인 통치형태는 프랑스에서 살펴볼 수 있는 준대통령제semi-presidentialism로 정의되는 레짐이다. 듀베르제(Duverger 1980)가 정의한 준대통령제는 다음의 세 가지 특징을 지닌다.

(1) 대통령은 국민에 의해 선출된다.
(2) 대통령은 상당한considerable 헌법적 권한을 지닌다.
(3) 의회의 신임에 의존하는 총리와 내각 또한 존재한다.

집행부가 대통령과 총리로 이원적으로 구성이 된다는 측면에서 이원정부제(Blondel 1984)로 불리는 이 통치형태는 선출된 대통령이 국가수반으로 존재하나 순수한 대통령제에서만큼 강한 권한을 지니지 못한다. 아울러 의회제 국가에서 볼 수 있는 의회에 책임을 지며 내각을 구성할 권한을 지닌 총리가 존재하기에 대통령은 정부수반이 아니다. 독일의 바이마르 공화국 당시 사회과학자 프로이스Hugo Preuss에 의해 고안된 이 레짐은 대통령제의 특징인 권력분립separation of powers의 성격을 유지하면서도 의회에 책임을 지는 정부를 구성하기 위해 대통령제와 의회제의 특징을 혼합한 것이었다. 그리고 바이마르 공화국의 붕괴 이후 평가절하 되어오다가 드골 대통령의 프랑스에서 재현되었다.

일반적으로 준대통령제는 의회가 내각을 불신임할 수 있다는 점에서 대통령제와 구분된다. 아울러 대통령이 총리 임명권을 포함해 실질적이고 강력한 권한을 갖는다는 점에서 의회제와 구분된다. 아울러 대통령과 총리가 국정 권한을 나누어 갖는다는 특징을 지니고 있다. 프랑스의 경우 대통령은 국가안보와 외교문제에 책임을 지며, 총리는 일반적으로 내정을 책임지는 분권형 대통령제의 특징을 보인다. 그러나 준대통령제는 대통령과 의회의 다수당의 구성에 따라 상당히 다른 운영체계를 보인다. 예를 들어, 대통령과 의회의 다수당이 같은 정당인 단점정부unified government일 경우 대통령은 총리와 각료들의 임명이나 해임에 상당한 영향력을 행사하고 국무회의도 주재하는 정치적 실권을 행사한다. 아울러 대통령의 거부권이나 비상대권, 의회해산권 등은 상당한 힘을 지니게 된다. 이에 반해 의회의 다수당이 다른 정당인 분점정부divided government일 경우 대통령은 현실적으로 총리를 임명할 권한을 상실한다. 대통령이 자신의 정치적 취향에 맞는 총리를 임명하려할 경우 의회가 내각을 불신임할 가능성이 높기 때문이다. 분점정부 아래 "대통령은 정책에 관한 결정권을 갖지 않았으며, 독자적인 입법을 발의할 수도 없었으며 정부 예산을 배정할 수도 없는 위치에 있었다"(Suleiman 1995, 310; 강원택 2006, 190에서 재인용)는 관찰은 소위 동거정부cohabitation 아래 준대통령제가 대통령제의 특성에서 벗어나 총리와 내각이 국정운영의 책임을 맡는 의회제적 특성을 지님을 보여준다. 즉 준대통령제는 대통령제와 의회제가 때때로 교대로 발생할 수 있다는 것이다.

그러나 준대통령제는 대통령과 총리(및 내각)의 관계를 설정하는 헌법적 권한이 국가마다 상당한 차이를 보이기 때문에 레짐의 개념적 범위를 정확하게 설정하기 힘들다는 문제점을 지니고 있다. 이는 대통령의 "상당한" 권한에 대한 해석이 지니는 주관적인 요소로 인해 발생한다. 그리하여 듀베르제의 세 가지 정의 중 주관적 판단의 여지가 있는 두 번째 정의를 배제하고 첫 번째 개념과 세 번째 개념만을 이용해 준대통령제를 정의해야 한다는 주장이 제기되기도 했다(Elgie 2004). 혹은 듀베르제의 정의를 그대로 사용하되, 내각에 대한 대통령의 권한을 두 가지 유형 즉, i) 대통령과 의회 모두 내각을 해산할 권한이 있는 경우와 ii) 내각이 의회에만 책임을 지니는 경우로 구분하여 준대통령제를 각각 대통령-의회제president-parliamentary system와 총리-대통령제premier-presidential system로 구분하는 연구도 있다(Shugart and Carey 1992, 23~24).[3)]

---

3) 통치형태에 대한 보다 일반적인 개념적 접근을 시도하는 연구도 있다. 시아로프(Siaroff 2003)는 첫째, 국가수반이 동시에 유일한 정부수반인가(혹은

왜 한국은 대통령제 국가라고 할까?

한국의 경우 대통령과 총리가 있어 외관상으로 보면 준대통령제 국가라고 생각하기 쉽다. 한국의 총리는 대통령이 임명하나 국회의 인준절차를 거친다는 측면에서 프랑스의 사례와 유사하다.

그러나 한국의 국회는 총리와 내각을 불신임할 권한을 갖고 있지 않아 준대통령제와 다르다. 이 밖에도 듀베르제의 정의에 엄격히 해당되지 않는 혼성이 존재하는데, 의회가 장관들을 해임할 권한을 지니고 있지만 총리가 없다든지(콜롬비아), 의회가 총리를 해임할 수 있지만 다른 장관들을 해임할 권리를 지니지 못하는 경우(아르헨티나)에도 한국과 마찬가지로 준대통령제 국가라고 보기 어렵다.

제3절 권력구조에의 접근

통치형태를 구분하는 기준만으로 우리는 권력구조가 서로 다른 정치적 결과들을 산출한다는 문제의식에 접근하기 힘들다. 왜냐하면, 실질적인 정치적 결과는 위에서 기술한 통치형태들이 정당체제나 선거제도 등의 다양한 하위제도들과 결합되어 산출되기 때문이다. 따라서 통치형태와 하위제도들의 상호작용 속에서 우리는 권력구조가 지닌 정치적 효과들을 살펴보아야 한다. 이에 대해 널리 알려진 준거는 집행부와 의회의 관계에서 "집행부의 단독권한executives' unilateral powers"과

정부수반이 따로 존재하는가), 둘째, 국가수반이 국민에 의해(popularly) 선출되는가, 셋째, 정부수반(혹은 동시에 국가수반일 수 있음)이 의회에 책임을 지며 불신임안에 의해 해임될 수 있는가라는 세 가지 질문을 가지고 8개 종류의 통치형태를 구분하고 있다.

"선호의 불일치separation of purposes"라는 두 개념이다(Cox and McCubbbins 2001; Shugart and Haggard 2001; Samuels and Shugart 2003; Samuels 2007).

'집행부의 단독 권한'은 거부권, 예산, 법령decree, 의제, 혹은 기타의 헌법적인 권한의 할당을 둘러싼 집행부와 의회사이의 권한의 상대적인 불균형 정도를 의미한다. 집행부가 의회의 지지 없이는 실질적으로 아무것도 할 수 없다면 집행부의 단독권한은 없다고 볼 수 있다. 반면, 집행부가 법률안 제출권, 강력한 거부권, 예산권, 법령포고권 등을 독립적으로 행사할 수 있다면 강력한 단독권한을 지녔다고 볼 수 있다. 이에 반해, '선호의 불일치'는 집행부와 의회의 다수(당)가 유사한 정치적 선호를 지니고 사회적 압력과 요구에 함께 반응하며 함께 책임을 지는 정도를 의미한다. 예를 들어, 집행부와 의회의 다수(당)가 같은 정치적 선호를 지니고 사회적 요구에 동일하게 반응하는 정책을 결정하고 집행한다면, 선호가 일치unity of purpose한다고 볼 있다. 그러나 분점정부에서 흔히 볼 수 있듯이, 집행부와 의회의 다수가 사회적 요구에 이해관계를 달리한다거나 혹은 유권자가 집행부의 수반은 국가정책에 그리고 의회 의원들은 지역구 사업에 집중하길 요구한다면, 양 기관 사이에 선호의 불일치separation of purpose가 증가할 것이다. 이 두 개념을 가지고 권력구조를 대통령제를 중심으로 살펴보자.

1. 집행부의 단독권한

집행부의 권력은 의회제보다는 대통령제가 상대적으로 크다. 물론, 몇몇 의회제의 총리는 상당한 권한을 지니고 있는 경우도 있지만 대통령보다 권한의 행사가 제한적일 수밖에 없다. 예를 들어 법령포고권을 지닌 대통령과 총리를 가정해보면, 대통령은 의회에 책임을 지지 않은 채로 법령을 포고할 수도 있지만 총리의 경우 법령포고 전에 의회의 불신임을 고려해야 하기 때문에 권한 사용이 제한적일 수밖에 없다. 그 밖의 의제형성권, 예산권 등 집행부의 단독권한에 있어서도 총리가 누릴 수 있는 권한은 마찬가지로 제한적이다. 한마디로 의회제 내에서 집행부의 단독권한은 집행부의 기원과 생존이 의회로부터 기인된다는 점 때문에 의회로부터 독립적인 대통령제에서 대통령이 누리는 단독권한을 능가하지 못한다.

그렇다면, 대통령의 권한은 어떻게 측정할 수 있을까? 물론, 대통령의 권력은 국가별로 헌법이라는 공식적인 문헌에 명문화 되어 있다. 그러나 같은 대통령제 국가라고 해도 대통령이 지닌 단독권한은 차이가 많은데, 문제는 어떤 대통령이 더 강한 권한을 지니고 있는가를 헌법적인 조항만으로 판단하기가 쉽지 않다는 데 있다. 예를 들어, 〈표 5-1〉은 대통령제에 관한 대표적인 세 연구에서 제시된 대통령의 권한을 나타낸 것이다.

먼저 왼쪽 열에서 프라이(Frye 1997)는 각 국가들에 나타난 대통령의 헌법적인 권한을 27가지로 제시하고 있다. 권한의 유무를 기준으로 모든 권한을 소유한 대통령은 27점으로 가장 강한 권력을 지니게 되고 점수가 아래로 내려갈수록 약한 권력의 대통령이 된다. 그러나 이러한 체크리스트식의 방법은 비록 대통령의 권한에 대해 포괄적인 항목을 제시하고 있다는 장점이 있으나 각 항목의 상대적인 영향력이 무시되고 있다는 문제가 치명적이다(Metcalf 2000). 예를 들어, 리스트의 5번 항부터 14번 항까지 대통령의 임명권이 무려 10개나 제시되어 있는데, '정말 대통령의 임명권이 우리가 일상에서 느끼는 대통령 권력의 37%(10/27)를 차지하고 있을까?' 하는 의문이 제기될 수 있다. 아울러 '단 1개 밖에 제시되어 있지 않은 대통령의 의회해산권보다 더 큰 권력일까?' 하는 의문도 전혀 비합리적이지만 않다.

〈표 5-1〉 대통령의 권한의 분류의 예

프라이(Frye 1997)의 분류	슈가트·캐리(Shugart and Carey 1992)와 슈가트(Shugart 1999)의 분류
1. 의회 해산 2. 국민투표 회부 3. 선거 회부 4. 총리 임명 5. 내각(장관) 임명 6. 헌법재판관 임명 7. 대법관 임명 8. 판사임명권 9. 검찰총장 임명 10. 중앙은행장 임명 11. 국가안전보장회의 임명 12. 고위 관료 임명 13. 군사령관 임명 14. 군통수권 15. 군가안전보장회의 의장 16. 법률안 재검토 요구(의회송환) 17. 법률안 헌법소원 18. 입법 발의 19. 비상시 외 법령포고 20. 헌법 개정 발의 21. 의회의 특별회기 요청 22. 의회가 개원되지 않을 경우 특별권 23. 비상조치권 24. 의회 회의에 참여 25. 의회에 메시지 발언 및 전달 26. 내각회의 소집 27. 내각 회의 참가	○ **슈가트·캐리의 분류** 4) I. 의회적 권한 1. 패키지 거부권/무효 2. 부분 거부권/무효 3. 법령 포고 4. 법률안의 독자적 발의 5. 예산권 6. 국민투표 회부 II. 비의회적 권한 1. 내각구성 (조각권) 2. 내각해산 3. 견책(불신임) 4. 의회 해산 ○ **슈가트의 분류** 5) I. 의회적 권한 1. 패키지 거부권 2. 아이템 거부권 3. 법령포고 4. 법률안의 독자적 발의 II. 선호의 일치/불일치 관련 제도 1. 선거주기 2. 의회선거 시차 3. 의석배분공식 4. 대통령과 의회의 지역구 일치정도

4) 슈가트·캐리의 분류법은 각 하부 항목에 대해 0점에서 4점까지 5점 척도의 점수를 부여했다. 예를 들어, 의회 해산권의 경우 0. 권한 없음, 1. 의회의

상대적으로 진보한 대통령 권력의 측정 방법은 〈표 5-1〉의 우측편의 슈가트·캐리(Shugart and Carey 1992)의 측정방법이다. 이들은 대통령의 권한을 헌법에 명시된 입법과정에 대한 권한(의회적 권한)과 내각과 입법부에 대한 권한(비의회적 권한)으로 구분하고 전자의 경우 패키지 거부권, 부분 거부권, 포고권decree power, 법률안의 독자적 발의, 예산권, 국민투표 회부권의 6개 항목을, 그리고 후자의 경우 내각구성(조각권), 내각해산, 견책(불신임), 의회해산의 4개 항목을 제시하며 각 항목 당 0점에서 4점까지 5점 척도로 대통령의 권한을 구분해 제시하고 있다. 이러한 접근은 프라이의 체크리스트 방법보다 대통령의 권한을 더 풍부하게 구분하고 있다는 장점이 있다(Metcalf 2000). 예를 들어, 법률안 거부권의 경우 프라이의 체크리스트에서 루마니아와 폴란드 대통령은 각 1점으로 측정된다. 그러나 슈가트·캐리의 측정에 의하면, 루마니아는 0점, 그리고 폴란드는 2점을 부여받는다. 그러나 이 방법 또한 어떤 권한이 포함되고 어떤 권한은 빠질 수 있는가에 대한 논쟁의 여지는 여전히 남아있다.

마지막으로 슈가트(Shugart 1999)의 측정방법은 슈가트·캐리의 분류방법에서 비의회적 권한대신 앞서 제시된 통치형태의 구분 기준 중 하나인 '선호의 일치/불일치'를 사용하여 대통령제를 분류하는 방법으로 활용하고 있다. 먼저, 대통령의 의회적 권한인 패키지 거부권이나 부분 거부권, 포고권, 그리고 입법발의권한 등은 높은 점수를 부여받을수록 대통령의 권한이 강함을 쉽게 알 수 있다. 둘째, 집행부와 의

견책에 대해서만 해산권이 있음, 2. 새로운 대통령선거를 요구, 3. 임기 내 횟수와 시점을 지정 받음, 4. 제한이 없음 등으로 권한의 정도를 구분했다. 자세한 내용은 Shugart and Carey(1992, 150) 참조.

5) 슈가트의 분류법은 각 하부 항목에 대해 0점에서 2점까지 3점 척도의 점수를 부여했다. 예를 들어, 선거주기의 경우 대통령선거와 의회선거의 시기를 0. 동시선거, 1. 혼합, 2. 분리선거로 구분하고 있다.

회 사이의 "선호의 일치/불일치"를 위해 네 개의 선거제도, 즉 선거주기electoral cycle, 의회선거 시차staggering of assembly elections, 의석배분방식electoral formula, 그리고 대통령과 의회의 지역구의 일치정도legislative congruence with president's constituency를 사용하고 있다. 예를 들어, 선거주기의 경우 동시선거(0), 혼합(1), 분리선거(2)로 나누고 선호의 불일치 정도를 측정하고 있다. 이와 유사한 방식으로 네 개의 각 항목 당 0점에서 2점까지의 3점 척도로 선호의 일치/불일치성을 측정하고 있다.

2. 대통령제 통치구조에 영향을 미치는 하위제도들

집행부의 단독권한과 함께 집행부와 의회 사이의 선호의 일치/불일치는 레짐의 성과에 큰 영향을 미친다. 의회제의 경우 일반적으로 선호의 불일치 정도가 낮다. 왜냐하면, 총리를 비롯한 내각의 기원과 생존이 의회 내 다수에 의해 결정되기 때문에 내각의 정책적 선호는 의회 다수의 선호를 직접적으로 반영한다. 물론, 의회제도 의회에 대한 총리와 내각의 권한과 정당기율에 따라 내각 우위형cabinet system, 의회 우위형assembly system, 정당 우위형party-controlled parliament으로 구분되기도 한다(Sartori 19 94). 그럼에도 불구하고 의회제의 권력융합적 성격은 총리의 운명을 의회 다수당의 운명과 동일하게 구성하고 있기 때문에 총리와 의회 다수의 선호는 강한 일치성을 띠게 만든다. 이에 반해, 집행부와 의회의 기원과 생존이 상호 분리되어 있는 대통령제의 경우 대통령과 의회의 선호의 불일치 정도가 상대적으로 높다.

선거제도는 대통령과 의회의 선호 분포에 특히 강한 영향을 미친다(Shugart and Carey 1992; Shugart 1999; Jones 1995). 첫째, 선거주기electoral cycle이다. 대통령과 의회 선거가 동시에 실시된다면, 대통령 당선자의 후광표과coattail effect로 인해 집권당이 의회의 다수의석을 차지할 가능성이 높다. 아울러 유권자들 또한 지역구의 이해관계보다는 국가 전체를 고려한 정책에 따라 투표권을 행사할 가능성이 높고, 따라서 대통령과 집권당은 보다 효율적으로 국가 정책에 집중할 수 있어 선호의 일치성이 증가된다. 이에 반해, 분리선거가 실시될 경우 국가 전체의 정책보다는 지역구사업에 대한 이해관계가 의회선거에 대한 유권자들의 투표선택에 영향을 미칠 가능성이 증가한다. 이 경우 대통령과 의회 사이의 선호의 불일치성이 증가된다. 특히, 의회선거가 대통령의 임기 중반에 실시되는 중간선거일 경우 대통령에 대한 중간평가 심리로 인해 집권당은 의석을 상실하게 되는데, 이 경우 의회 다수의 변화로 인해 대통령은 자신의 정책적 선호를 일부 수정할 수밖에 없다.

둘째, 의석배분방식electoral formula이다. 비례대표제와 같이 정당이 중심이 되는 의석배분방식을 채택하는 경우 대통령과 의회 내의 집권당 의원들의 선호가 정당의 노선을 중심으로 일치하는 경향이 강한 반면, 후보자가 중심이 되는 단순다수소선거구제의 경우 의원들이 지역구의 이해에 집중할 수밖에 없기에 전국적인 정책에 관심을 두는 대통령과 선호가 일치하기 쉽지 않다. 아울러 단순다수소선거구제의 경우 양당제를 구조화할 가능성이 높은 반면, 비례대표제의 경우 다당제를 양산하는 경향이 높기에(Duverger 1954), 대통령과 의회의 관계에 상당히 다른 영향을 미칠 수 있다.

셋째, 대통령과 의회의 선거구의 규모congruence of constituency이다. 대통령의 선거구는 일반적으로 국가 전체이다. 그러나 의회의 선거구는 국가별로 다양하다. 정당이 중심이 되는 비례대표제 선거제도의 경우도 전국을 하나의 선거구로 실시할 수도 혹은 전국을 몇 개의 권역으로 나누어 실시할 수도 있다. 아울러 단순다수소선거구제의 경우도 전체 의석수에 따라 선거구의 규모가 정해진다. 일반적으로 대통령과 의회의 선거구가 일치하는 정도가 높을수록-예를 들어, 전국을 하나의 선거구로 정해 비례대표제를 이용해 의회를 구성할 경우-양 기관의 선호가 일치할 가능성이 높다. 이에 반해 의회의 선거구가 많으면 많을수록 양 기관 사이의 선호의 불일치성이 증가하는 경향이 있다.

종합하면, 대통령제의 권력구조가 지니는 정치적 효과는 대통령의 단독권한과 대통령과 의회의 선호의 불일치정도에 의해 결정된다. 그렇다면, 이 두 요인들의 상호결합은 어떤 유형의 대통령제 권력구조를 생산해낼까? 각 국가들은 어떤 유형에 속할까? 슈가트(Shugart 1999)의 분석에 나타난 24개의 레짐들의 분포는 다음의 〈그림 5-1〉와 같다. 얼핏 보면, 국가별로 선호의 불일치 정도가 강할수록 대통령의 입법적 권력이 강함을 알 수 있다. 즉 선거제도들이 이질적인 사회적 이해관계들이 대표되도록 설계되어진 경우 그것이 발생시킬지도 모를 무결정indecision, 교착deadlock, 특수주의particularism 등을 상쇄시킬 수 있는 권한을 대통령에게 부여한다는 것이다. 지역적, 계층적으로 깊이 분열되어 있어 복잡한 갈등구조를 지닌 사회의 경우 의회는 국가 전체의 이해관계보다는 협소한 지역적인 이해관계를 대표하는 디자인을 채택할 수밖에 없다. 그리고 이러한 환경은 국민 전체의 이해관계를 충족시킬 수 있는 공공재public goods의 집행을 어렵게 만든다. 따라서 공공재의 효율적인 집행을 위해서는 실질적인 집행부의 수장인 대통령의 입법적 권한을 강화시키게끔 권력구조를 디자인한다는 것이다. 그럼에도 불구하고, 이 연구는 집행부의 단독권한과 선호의 일치/불일치라는 두 축의 상호작용을 통해 권력구조를 분류하고 있다는 장점을 지니고 있다. 그렇다면, 이러한 통치형태와 하위제도들의 결합이 과연 어떻게 다른 정치적 결과들을 가져오는가, 어떤 분야에서 다른 결과들을 가져오는가, 그리고 그것이 함의하는 바는 무엇인가를 대표적인 두 가지 주제를 통해 살펴보도록 하자.

〈그림 5-1〉 대통령제 국가들의 대통령의 입법적 권한과 선호의 일치/불일치 비교

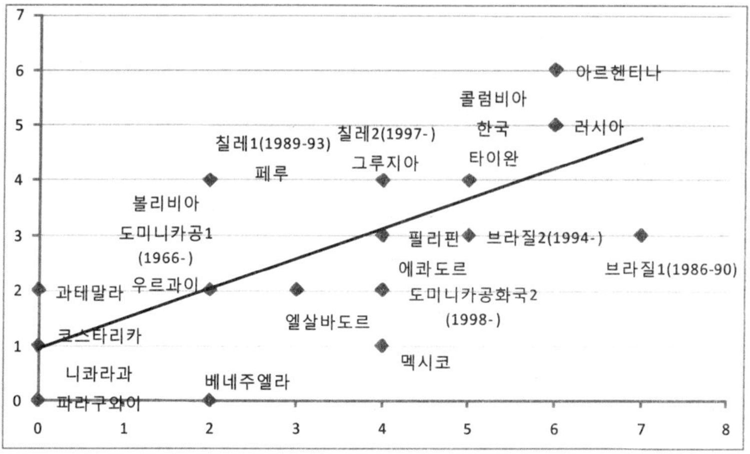

X축: 선호의 일치-불일치 정도, **Y축**: 대통령의 입법적 권한.
출처: Shugart(1999), 68, 74, 76에서 재구성.

제4절 권력구조와 정치적 안정성

권력구조에 대한 초기 논쟁은 대통령제가 의회제보다 허약해 민주주의적 공고화에 적절하지 못한 제도라고 주장한 린쯔(Linz 1990a; 1990b)로부터 시작되었다. 린쯔는 크게 다섯 가지 측면에서 대통령제의 허약성을 지적한다. 먼저, 대통령과 의회가 각기 국민들로부터 선

출되기에 생겨나는 이원적 정통성dual legitimacy은 양 기간의 충돌 가능성을 증가시킨다는 점이다. 이는 특히 대통령의 소속당과 의회의 다수당이 다른 분점정부에서 자주 그리고 심하게 발생한다. 둘째, 탄핵이나 사임과 같은 예외적 경우를 제외하면 교체되기 힘든 고정된 임기는 정치적 실패나 무능에도 불구하고 대통령을 교체할 수 없게 만드는데, 이러한 레짐의 경직성rigidity은 권력의 책임성을 떨어뜨린다는 점이다. 셋째, 다수제적majoritarianism 승자독식winner-take-all의 권력구조로 인해 정치가 제로섬 게임화된다는 것이다. 예를 들어, 다수제 선거는 간신히 50%를 넘겨 당선되었지만 모든 내각의 각료들을 임명하고 정책집행을 독점하는 대통령을 생산해낸다. 넷째, 대통령은 자신이 전체 국민의 위임을 받았다고 생각하기에 때때로 권력을 사사화시켜 의회의 다수당이 자신이 속한 정당일지라도 자신의 의제를 일방적unilateral으로 밀고 나갈 수 있으며 이는 의회와의 갈등을 유발시킬 수 있다는 점이다. 다섯째, 정치적 국외자outlier의 집권가능성으로 정당체계를 약화시킨다는 것이다. 대통령제는 대통령후보가 되기 위해 굳이 의회제처럼 정당에서 훈련을 받을 필요가 없다. 오히려 일반국민에게 인기 높은 사람이 유리한 경우가 더 많다. 이러한 제도의 성격은 결국 정당이외의 영역에서 후보가 출현하는 경우를 발생시켜 정당정치를 약화시킨다는 것이다.

그러나 대통령제 또한 유권자들에게 선택의 기회를 준다는 점, 선거에 대한 책임성을 확인하기 쉽다는 점, 그리고 입법과정에서 의회의 독립성이 보장된다는 점 등의 장점이 있다는 주장도 있다(Mainwaring and Shugart 1997). 심지어, 대통령제의 이원적 정통성과 고정된 임기의 경직성, 그리고 권력의 사사화 등이 대통령제의 불안정성을 증가시키긴 하지만, 이것이 곧 “모든 대통령제는 불안정하며, 결국 위기를 발생시킨다”는 명제에 대한 필요하고도 충분한 증거는 되지 못한다(Horowitz 1990). 예를 들어, 린쯔나 그 외 학자들이 대통령제 레짐 붕괴의 제일차적 징후로 삼고 있는 교착deadlock은 대통령의 의제를 의회의 다수가 지지하지 않거나 혹은 의회의 다수가 통과시킨 법률안에 대통령이 거부권을 행사했을 때 발생한다. 그러나 모든 대통령이 교착상태에 직면하는 것은 아니다. 따라서 교착상태를 발생시키는 다양한 조건들이 모색될 필요가 있다.

특히, 선호의 일치 및 불일치를 가져오는 하위제도들의 효과에 대한 탐구는 린쯔의 주장이 불러일으킨 논쟁을 풍부하게 하고 있다. 우선 몇몇 연구들은 다당제 국가가 대통령제를 채택할 경우 레짐의 불안정성이 더욱 증대된다고 주장한다(Mainwaring 1993; Jones 1995). 다당제 아래서는 대통령과 의회의 다수당이 각각 다른 정당 소속인 분점정부의 출현 가능성을 증가시킨다. 그러나 대통령은 임기가 고정되어 있고 기본적으로 의회의 불신임으로부터 자유롭기 때문에 자신의 정책의제를 두고 의회의 다수와 협상을 벌이거나 타협하지 않아도 된다. 오히려 대통령은 자신의 의제를 일방적으로 밀어붙이려할 공산이 높다. 이 경우 소수파 대통령과 의회의 다수 간의 정치적 대결은 불가피하고 교착의 가능성은 자연스럽게 증가한다. 물론, 소수 정부는 의회제 내에서도 발생하지만, 총리의 임기가 의회의 다수파에 달려있기에 총리는 연정을 모색할 수밖에 없고 따라서 의회제 아래 소수 정부는 상대적으로 유연할 수밖에 없다. 의회의 분열정도fractionalization와 대통령제의 붕괴 사이의 관계를 보다 면밀하게 고찰한 연구 또한 다당제 국가에서 과반정당의 부재가 대통령제의 위기와 연결되어 있음을 보여준다(Przeworski et al. 2000).

그러나 지금까지 대부분의 대통령제 국가들이 분점정부의 잦은 발생에도 불구하고 심각한 레짐 붕괴를 경험하지 않았다는 점을 고려한다면, 어느 상황에서 소수파 대통령이 이끄는 정부가 정치적 위기에 봉착하게 되는지에 대해 면밀하게 살펴볼 필요가 있다. 몇몇 연구들은 대통령이 의회의 과반정당의 지지를 받지 못하는 분점정부일지라도 연합정치coalition politics의 성립과 지속정도에 따라 대통령과 의회 간의 교착상태와 위기의 정도가 달라질 수 있음에 주목한다(Mainwaring and Shugart 1997; Cheibub 2002; Cheibub and Limongi 2002; Cheibub, Przeworski and Saiegh 2004; Colomer and Negretto 2005; Negreetto 2006).

의회제 국가든 대통령제 국가든 소수 정부로 인한 교착상태는 발생할 수 있다. 물론, 의회제에서 교착상태가 발생할 확률은 대통령제에서보다 낮은 것이 사실이다. 왜냐하면, 의회제에서 소수 정부가 교착상태를 일으킬 경우에는 총리 및 내각이 의회의 다수당에 의해 교체되거나 혹은 의회가 해산되고 새로운 의회선거를 치러 내각을 새로 구성하기에 교착상태가 자연스럽게 해소되기 때문이다.[6] 그리고 의회제에서 선거를 통해 과반정당이 나오지 않을 경우 다수당이 이념과 정책이 유사한 소수당과 연합하여 연합정부를 구성하여 교착상태를 피하는 것이 일반적이다. 연합정부의 구성은 다수당이 내각의 각료지분을 일정하게 양보하고 연합 대상이 되는 정당은 자신의 정책을 일정하게 양보하는 타협을 통해 이루어진다. 다시 말해, 자리office와 정책policy 사이의 맞교환이 연합정부 구성의 핵심이다(Strom 1990).

연합정치는 비록 의회제에서 더욱 활발하지만 대통령제 국가들에서도 불가능한 것은 아니다. 그러나 대통령제에서의 연합정치는 대통령에게 부여된 "집행부의 단독권한"과 하위제도(특히 선거제도)의 "선호의 일치/불일치" 정도에 따라 상당한 차이가 발생한다. 먼저, "집행부의 단독권한"이라는 측면에서 대통령제 아래의 연합정치는 다음 세

6) 물론 의회제 또한 안정적인 다수가 형성되지 않거나 새로운 정부 구성에 난항을 겪을 수 있다. 홍재우(2010)를 참조하라.

가지 점에서 의회제의 연합정치와 구별된다. 첫째, 대통령제에서 집행부를 구성할 권한(예, 장관의 임명)이 대통령에게 집중되어 있다는 점이다. 둘째, 집행부 수반(대통령)과 각료(장관)들의 관계가 의회제보다 더욱 위계적이라는 점이다. 셋째, 의회제와 달리 연합내각을 구성하게 하는 그 어떠한 공식적인 법절차가 없다는 점이다(Samuels 2007). 집행부 각료의 유일한 임명권자가 대통령이고 집행부내에서 대통령과 각료 사이의 관계가 위계적이라는 사실은 결국 정책결정에 있어서 대통령이 최후의 발언권자임을 의미하는 것이고, 따라서 연합정부의 대상이 되는 정당들의 입장에서 볼 때, 그들의 참여가 정책에 실질적인 영향을 미칠 수 있을지 염려하지 않을 수 없다. 따라서 정당들의 연합정부 참여의 효용은 감소하고 연합의 안정성은 떨어질 수밖에 없다. 특히, 대통령의 임기 종료가 가까울수록 연합정부가 형성될 가능성은 감소하며, 반대로 연합이 붕괴될 가능성은 증가한다. 대통령의 다양한 입법권한도 연합정치에 영향을 미친다. 대통령이 의회의 입법권한을 제한할 수 있는 단독권한이 강할수록, 예를 들어, 법률안 발의권 및 거부권, 긴급발의권urgency bills 혹은 긴급포고권urgency decrees 등을 지니고 있는 경우, 비록 소수 정부를 이끌고 있다 하더라도, 대통령은 의회 다수의 지지를 확보하기 위해 연합정부를 구성할 유인을 느끼지 않을 수 있다(Cheibub and Limongi 2002). 이와는 정반대로 대통령의 입법권한이 약하거나 의회로 하여금 대통령의 내각 임명과 해임권을 일정하게 공유하게 한다면, 소수파 대통령은 정책결정과 집행과정에서 의회의 다수와 협력할 수밖에 없어 연합정치의 가능성은 상대적으로 증가한다(Colomer and Negretto 2005).

둘째, "선호의 일치/불일치"라는 측면에서 다양한 선거제도 또한 대통령제의 연합정치에 영향을 미친다. 먼저, 대통령과 의회의 선거가 동시선거로 이루어질 경우 대통령과 의회의 다수당이 같은 단점정부가 생산될 확률이 높다. 단점정부가 수립될 경우 대통령은 연합정부를 구성할 필요가 없다. 그러나 대통령 선거와 의회 선거가 분리되어 치러질 경우, 특히 의회선거가 중간선거로 치러질 경우 분점정부가 출현할 가능성이 높은데, 이 경우 대통령은 의회와의 교착상태를 무릅쓰고 자신의 정책의제를 추진하거나 혹은 의회와의 타협을 통해 정책을 수정하게 된다. 이 경우 의회가 다당제 구조인 경우 대통령은 연합정치를 추진할 것인가를 결정해야 한다. 둘째, 의석배분방식도 대통령의 연합정치에 영향을 미친다. 의회제의 경우–단순다수소선거구제를 채택하고 있는 영국을 제외하고–대부분의 국가들이 비례대표제를 채택해 다수 유권자들의 정치적 선호가 비례적으로 대표될 수 있게 한다. 아울러 과반정당이 없는 경우 연합정부를 구성하여 유권자 다수의 선호가 정부에 대표될 수 있도록 한다.

이와 유사하게 비례대표제나 결선투표제와 같은 선거제도는 대통령제에서도 유권자 다수의 선호가 공정하게 집적되고 대표되게 만들 뿐 아니라 연합의 구성도 촉진시키는 효과가 있다. 예를 들어, 의회선거에서 비례대표제를 채택할 경우 과반정당이 없는 다당제 구도를 만들어 내는 효과가 있는데, 이 경우 대통령은 의회 다수의 지지를 확보하기 위해 연합정부를 구성할 유인을 갖게 된다. 아울러 결선투표제도 1차 선거와 2차 선거시이에 연합정부를 구성할 유인을 촉진시킨다. 특히 대통령선거에서 결선투표제를 채택할 경우 1차 선거에서 유권자의 과반을 지지를 받지 못하고 결선투표에 오른 후보와 정당은 당선가능성을 증대시키기 위해 이념과 정책이 인접한 정당과 연합을 모색할 수밖에 없고, 이 경우 대통령이 제공할 수 있는 각료지분과 소수당이 양보할 수 있는 정책 간의 거래가 이루어져 연합정부가 구성될 수 있다(Colomer and Negretto 2005).

결론적으로 다당제 구도 아래 대통령제가 원활하게 작동하기 위해서는 대통령으로 하여금 의회와 협력할 수 있게끔 하는 제도적 유인구조가 필요하다. 이러한 관점에서 대통령의 입법권한을 제한하고, 의회 내 적절한 기율을 갖춘 정당의 형성을 촉진시키며, 정당체계의 극단적 분절을 방지하면서도 유권자의 선호가 공정하게 대표될 수 있도록 하는 선거제도는 대통령제의 생명력을 향상시키는 처방일 수 있을 것이다(Mainwaring and Shugart 1997).

제5절 권력구조와 정책과정

앞서 살펴본 대통령제와 의회제 사이의 헌법적 차이가 정책영역에서는 어떤 다른 효과를 생산해낼까? 린쯔로부터 시작된 초기 권력구조 논쟁이 권력구조가 민주주의의 생존과 공고화에 갖는 효과를 탐색했다면, 또 다른 논쟁은 권력구조가 좋은 거버넌스good governance에 어떤 효과를 지니는가를 중심으로 진행되었다(Elgie 2005).

몇몇 연구들은 "정부 효율성governmental effectiveness"을 중심으로 권력구조의 효과를 고찰했다. 정부효율성의 관점에서 연구자들은 대체로 다음의 세 가지 측면에서 의회제의 우위성을 강조해왔다(Stepan and Skach 1993; Jones 1995).

첫째, 과반 불가피성majoritarian imperative이다. 의회제의 경우 의회 다수의 지지를 기반으로 내각이 구성되는 반면, 대통령제는 과반의 지지가 반드시 필요하지는 않다. 이 경우 의회제는 내각이 주도하는 정책을 의회 다수가 지지함으로 정책의 효율적인 집행이 가능하나, 대통령제는 특히 분점정부의 경우 의회와의 타협을 모색해야 하기 때문에 보다 많은 정책결정 비용을 지불하게 된다는 것이다.

둘째, 협력의 유인incentive for cooperation이다. 의회제에서 집권당은 당론으로 정부정책을 지지하는 유인을 강하게 지니는데 반해 대통령제는 대통령과 의회가 각자의 선거를 통해 따로 선출되기에 협력에 대한 유인이 낮다는 점이다. 의회제에서 집권당이 정부정책을 지지하지 않을 경우 의원들은 정부의 실패와 의회 해산 및 조기 선거에 직면할 수 있다. 아울러 당론에 반하는 표결로 내각해산에 책임을 져야하는 상황은 의원들의 재선가도에도 실패의 위협을 증가시킨다. 따라서 의회제는 강한 정당의 기율 아래 의회 내 다수와 내각 간의 협력이 효율적으로 진행될 수 있다.

이에 반해 대통령제는 의회가 대통령과 별개의 선거로 구성되기에 집행부의 정치실패가 의원들의 재선에 절대적인 위협이 되지 않을 수도 있다. 오히려 의원들은 자신의 지역구사업이나 그 밖의 의정활동을 통해 대중의 신임에 호소할 수 있고(Mayhew 1974), 이 경우 "인물투표personal vote"(Cain, Ferejhon, and Fiorina 1987)의 기반을 강하게 지닌 의원들의 경우 대통령과 협력할 필요성을 덜 느낄 수도 있다. 특히 임기후반 대통령이 레임덕에 빠졌을 경우 집권당 의원들의 대통령과의 차별화와 갈라서기는 일반적인 현상이다.

셋째, 정책결정의 중앙집중화centralization of decision-making이다. 일반적으로 의회제의 경우 정부가 법률안을 제출할 권리를 지니고 있기 때문에 입법의제는 총리와 내각에 의해 완벽하게 통제된다. 심지어 정부가 제출한 예산안에 대해 의회가 수정하는 일은 드물다. 아울러 내각이 의회 다수의 신임에 기초해 있기에 정부가 제출한 법률안의 의회 통과율도 상당히 높다. 이에 반해 대통령제는 정책결정 권한이 의회의 입법권과 대통령의 거부권으로 분산되어 있다. 아울러 양원제를 채택하고 있는 국가들의 경우 입법권이 하원과 상원으로 분산되어 있다. 아울러 약한 정당 기율로 인해 의회 내 의원들의 정책 자율성이 상대적으로 높다. 결국 이러한 정책결정권한의 분산은 효율성을 떨어뜨린다는 것이다.

그러나 같은 카테고리로 의회제의 우위성을 반박하는 시도도 있다(Cheibub and Limongi 2002). 먼저, 의회제가 항상 과반정부를 구성하는 것은 아니라는 점이다. 오히려 1946년부터 1999년까지 의회제 레짐의 22%는 소수 정부였다. 물론 비슷한 시기 대통령제 레짐의 40%가 소수 정부였음을 놓치지 않는다. 아울러 소수 정부라고 하더라도 이것이 바로 교착으로 연결되거나 혹은 레짐의 위기로 이어지는 것은 아니라는 점을 든다.

둘째, 대통령제에서도 만약 대통령과 의회 선거를 동시에 치를 경우 정당은 이들을 연결시키는 기제로 작동할 수 있고, 대통령 당선자의 후광효과는 집행부와 의회 사이를 강하게 연결시켜줄 수 있다는. 아울러 비록 소수 정부라고 할지라도 대통령은 연합정부를 구성해 집행부와 의회 간의 협력을 증진시킬 수 있다고 강조한다.

셋째, 대통령제의 권력분산은 오히려 법안발의권이 없고, 예산안에 대해 패키지 거부권만을 가진 미국이 예외적인 사례이며, 다른 대통령제 국가들의 경우 법안발의권, 의제설정권, 포고권 등을 이용해 반대당과의 갈등뿐만 아니라 집권당과의 차이를 조정하고 있다는 점을 든다. 강한 권한의 대통령이 체제위기를 가져올 가능성에 대해서도 대통령이 의회 내에서 반대당과 갈등을 일으키지 않고 다수연합을 조직할 가능성을 고려하지 않는다고 반박한다. 대통령이 의회 다수와 교집합적 선호를 갖는다면 대통령의 강력한 입법권한이 레짐의 마비, 위기, 붕괴를 의미할 필요는 없다는 것이다.

오히려 사회경제적으로 균열이 깊은 국가에서 강력한 입법권한을 지닌 대통령의 존재가 공공재를 제공하는 데 유리할 수 있다는 연구도 있다(Shugart 1999). 특히, 아프리카와 남아메리카 지역의 국가들처럼 정당과 의회가 저발전된 국가들에서 경제발전에 의한 지역적 불균형과 소득불평등이 심한 경우 입법권한이 강력한 대통령은 지역적 이해로 분열되어 특수이익을 추구하는 의회에 비해 국가전체를 고려하는 공공재를 제공함으로써 적절한 균형을 제공할 수도 있다는 것이다.

이어진 연구는 집행부 의제가 의회에서 법률안으로 통과되는 의회 성공률legislative success rate이라는 측면에서 대통령제가 의회제를 비교하고 있다(Cheibub, Przeworski, Saeigh 2004). 이 연구는 1946년부터 1999년까지 모든 민주주의 국가 사례들을 의회제와 대통령제로 구분하고 집행부와 의회의 관계를 단일정당과반정부single party majority government, 과반연합정부majority coalition government, 소수연합정부minority coalition government, 단일정당소수 정부single party minority government로 구분해 의회 성공률을 비교한다. 결과를 보면, 단일정당과반정부의 경우 의회 성공률이 89.1% 대 71.57%, 과반연합정부가 76.1% 대 51.3%, 소수연합정부가 78.3% 대 53.0%, 그리고 단일정당소수 정부가 79.3% 대 61.3%로 나타났다. 물론 집행부 의제의 의회성공률에서 의회제의 성과가 훨씬 높게 나타난 것이 사실이다. 그러나 의회제의 경우 집행부 의제가 의회에서 실패할 경우 내각은 불신임투표를 감내해야하고, 따라서 법률안 제출시 보다 주의를 기울여야 하는 반면, 대통령은 의제의 성공과 실패에 따라 임기에 영향을 받지 않기에 다소 무모할 수 있다는 점을 감안한다면 대통령제의 의회성공률도 그렇게 나쁘지 않다고 주장한다.

정부효율성이라는 관점을 넘어 정보, 이익집단, 관료에 대한 정치적 통제 등 다양한 시선으로 대통령제와 의회제의 정책과정을 비교하려는 시도도 있다.

먼저, 대통령제는 정책결정 과정을 상대적으로 더욱 투명하게 만들어 국민들이 관찰하기 쉽고 정책에 대한 신뢰성이 높다는 점이다(Cowhey and McCubbins 1995; Eaton 2000). 의회의 다수당이 집행부를 구성하는 내각제와 달리 대통령제는 생존이 분리되어 있기에 정책선호가 다를 수 있고, 따라서 정책을 두고 집행부와 의회 사이의 경쟁관계를 조성한다. 누가 먼저 정책제안을 하든 간에 이해관계의 경쟁은 대통령제에서 빈번하게 발생하는데, 상호작용의 빈도가 증가함에 따라 정책과정에 대한 정보의 양은 증가하게 되고 대중들은 보다 쉽게 정보에 접근할 수 있다는 것이다. 이에 반해 의회제의 경우 정책이 의회에 제출되기 전 집행부 내에서 정책에 대한 논쟁과 타협이 이루어져 실제 집행부와 의회사이의 정책대화는 정보를 전달하는 수준에 그치기 쉽다. 예를 들어, 의회의 다수가 지지하지 않는 정책의 경우 의회제에서는 '햇빛을 보지 못하는' 반면, 대통령제에서는 일단 의회의 입법과정에 들어가서 실패한다. 물론 의회제에서 소수 정부의 경우 자신의 소수파 지위를 극복하기 위해 경쟁하는 정책에 대해 의도적으로 정보를 흘릴 수도 있지만, 대통령제의 줄다리기tug-of-war식 경쟁은 정치경쟁에 대해 보다 많은 정보를 생산해낸다.

둘째, 이익집단의 정치와 관련해서도 대통령제의 경우 이익집단이 접촉해야할 기관이 기본적으로 상호 거부권을 지닌 두 개의 기관이어서 정책변화를 꾀하기가 상대적으로 어렵지만 보다 성공적일 수 있다는 점이 지적될 수 있다(Cowhey and McCubbins 1995). 의회제의 권력융합적 성격은 이익집단으로 하여금 개별 의원들에 대한 로비의 필요성을 감소시킨다. 집권당 의원의 경우 총리와 내각의 이해관계에 반하는 이익집단의 요구에 대해 적극적으로 반응할 수 없기 때문이다. 반면, 반대당의 경우 정책결과에 미칠 수 있는 영향력이 작기에 이익집단이 접근할 유인이 감소한다. 이에 반해 대통령제의 경우 집행부와 의회가 분리되어 있고 서로 신임관계에 있지 않기에 의회 의원들은 지역구의 이해관계나 혹은 자신의 의정활동과 관련된 이익집단의 로비에 상대적으로 적극적으로 반응할 수 있다(Cox and Morgenstern 2001). 심지어 대통령의 권한이 강한 국가에서조차 의원들의 입법권은 이익집단의 요구에 반응하여 일정한 정책 조정을 꾀하기 쉽다(Eaton 2000). 그럼에도 불구하고, 대통령제는 기본적으로 의회 다수의 지지를 획득하기 위해 지불해야 하는 비용이 의회제보다는 높은 것이 사실이다. 따라서 정치부패의 위험성이 의회제보다 높게 나타난다. 실제 정치부패나 스캔들이 남미 대통령제 레짐의 붕괴를 유의미하게 설명하기도 했다(Hochstetler and Edwards 2009).

셋째, 행정부의 관료에 대한 정치적 통제에 있어서도 대통령제와 의회제 사이엔 상당한 차이가 있다. 특히 정책집행에 있어 관료들이 정치인들의 정책의도에 반하는 재량권을 행사하는 경우 이에 대한 정치적 통제가 대통령제에서 보다 어렵다. 왜냐하면, 의회제의 경우 의회다수를 대표하는 내각이 관료들을 직접적으로 통제하고 의회에 책임을 지는 형태이지만, 대통령제의 경우 내각이 의회에 책임을 지지 않는 자율성을 누리고 있기에 관료들은 의회 다수의 정책적 선호에 즉각적으로 반응할 유인을 덜 갖기 때문이다(Riggs 1997). 따라서 주인-대리인principa-agent 모형에 입각해서 대통령제는 권력분립의 원칙 아래 보다 정교한 국정감사 기제를 개발할 필요가 있다(Eaton 2000; Elgie 2005). 특히 의회제의 총리와는 달리 대통령은 각료 구성에 있어 집권당에 전적으로 의존할 필요가 없기에 의회는 행정부 관료를 통제하는 규칙을 제정할 유인을 강하게 갖는다(Amorim Neto 2002). 의회제의 경우 소수 정부일 경우 의회는 집행부 관료들의 정책집행과정을 보다 의심스러운 눈으로 감시하긴 하지만, 의회의 다수가 원하면 관료들을 통제해야 하는 총리와 내각을 언제든지 교체할 수 있기에 대통령제의 의회에 비해 동기부여가 덜하다.

제6절 맺음말을 대신하여: 한국 대통령제에 대한 평가

우리는 지금까지 의회제와 대통령제를 집행부의 단독권한과 선호의 일치/불일치를 통해 각각의 레짐이 민주주의적 공고화와 정책과정에 어떤 정치적 효과가 있는지 살펴보았다. 그렇다면, 이러한 논의들이 한국정치에 함의하는 바는 무엇일까?

그동안 한국 대통령제에 대해서는 "절대대통령제"(조정관 2004), "제왕적 대통령제"(강원택 2001; 정진민 2004; 김용호 2004)라는 평가가 말해주듯, 대통령의 강력한 권한 때문에 의회와의 교착이 빈번하게 발생하고, 이러한 마찰은 종종 의원 빼가기, 상임위 및 본회의 날치기, 대통령령으로 의회 우회하기 등의 비정상적인 수단에 의한 정치를 낳았다는 평가가 지배적이다. 그렇다면, 무엇이 문제일까? 우선 순수 대통령제와 구분되면서 강력한 대통령을 만드는 한국 대통령의 단독권한에 대해 살펴보자.

첫째, 한국 대통령제는 순수 대통령제와 달리 국무총리를 두어 내각을 관장하게 하고 있다. 국무총리는 비록 의회의 인준투표를 거쳐야 하지만, 기본적으로 대통령이 임명한다. 아울러 의회가 비록 국무총리 해임 건의안을 발의할 권한을 갖고 있지만, 해임은 전적으로 대통령의 몫이다. 국무총리제도는 종종 국가수반과 정부수반이 각각 대통령과 국무총리로 분리되어 있다는 일종의 분권형 대통령제에 대한 인식을 유포한다. 그러나 의회가 국무총리를 해임할 권한을 갖고 있지 않다는 점에서 준대통령제의 분권형과는 엄격히 구분된다. 오히려 국무총리는 종종 대통령의 정치실패에 대한 희생양이 되기도 한다. 즉, 대통령의 정책의제에 대한 국민적 지지가 낮고 의회의 격렬한 반대에 직면할 경우 대통령은 국가수반의 자신의 위상을 강조하면서 정치실패를 정부수반인 총리의 책임으로 전가하면서, 총리를 해임하고 새로운 총리를 임명함으로써 정치실패에 대한 책임을 회피하는 수단으로 활용할 수 있다는 것이다.

둘째, 한국 대통령제는 집행부로 하여금 의회에 법률안을 제출할 수 있는 권한을 부여하고 있다. 이 또한 의원만이 법률안을 발의할 수 있는 미국의 대통령제와 구분된다. 최근 들어, 정부발의 법률안보다 의원발의 법률안이 더 많은 추세로 진행되고 있지만, 집행부가 법률안을 발의할 수 있음은 의회에서 다루어지는 정책의제를 선점할 수 있게 만들어 대통령의 입법적 권한을 상당히 강화시켜 준다.

셋째, 한국 대통령제는 국회의원의 국무위원(장관) 겸직을 허용하고 있다. 이 또한 순수 대통령제에서는 없는 의회제적 요소이며 대통령의 권한을 강화시켜준다. 국회의원의 입장에서 내각의 장관직을 통한 행정경험은 정치인으로서 재선뿐만 아니라 더 큰 정치인으로 발돋움하려는 경력관리에 상당한 이점을 제공한다. 그러나 이는 일종의 정치적 덫일 수 있다. 국무위원에 대한 유인은 의회 집권당이 대통령의 정책의제를 무비판적으로 수용하는 '대통령의 거수기'로 전락할 가능성을 높여주기 때문이다.

한국 대통령의 단독권한은 비교정치학적 맥락에서 보다 섬세하게 측정되고 비교될 필요가 있다. 그러나 위에서 제기된 순수 대통령제와 구분되는 대통령의 권한은 "집행부의 단독권한"이라는 측면에서 강한 권력임은 분명해 보인다. 이제 집행부와 의회의 "선호의 일치/불일치"정도를 선거제도를 통해 살펴보자.

첫째, 선거주기의 관점에서 분리선거제도를 채택하고 있어 선호의 불일치가 증대되는 경향이 있다. 물론, 대통령의 임기가 5년이고 국회의원의 임기가 4년이라 국회의원선거가 대통령의 중간평가로만 작용하지 않고, 대통령선거의 후광효과가 강하게 작용하기도 하고, 대통령선거의 전초전으로 작용하기도 한다. 예를 들어, 2000년 4월과 2004년 4월 국회의원선거가 1997년 12월 대통령선거와 2002년 12월 대통령선거 결과에 대한 중간평가적 성격이 강했다면, 2008년 4월 총선은 2007년 12월 대통령선거에서 당선된 신임 대통령의 후광효과가 강하게 작용한 선거였다. 아울러 2012년 4월 총선은 2012년 12월에 실시되는 대통령선거의 전초전이 될 공산이 크다. 이처럼 집행부와 의회의 선거주기가 다양한 효과가 있긴 하지만, 동시선거보다는 집행부와 의회 사이의 선호의 불일치를 증가시킴은 분명해 보인다.

둘째, 의석배분방식과 선거구의 규모로 한국의 국회의원선거제도는 총 299명의 의원정수 중 245명을 단순다수소선거구제방식으로 선출하고, 나머지 54명을 전국을 한 단위로 정당명부비례대표제로 선출한다. 다수제와 소선거구제가 결합된 선거제도는 비례대표제보다는 정당을 약화시킨다. 아울러 재선을 위해 지역구사업이 중요하다는 점은 국회의 선호와 대통령과의 선호 사이의 불일치를 증가시킨다. 특히, 선거구가 대통령의 선거구보다 작은 단위이며 숫자가 많다는 점은 국가전체를 위한 정책에 대한 선호도를 지닌 대통령과의 의회의 선호에 차이를 증가시킬 수 있다.

환언하면, 이미 〈그림 5-1〉에서 다른 대통령제 국가들과도 비교되었듯이, 한국의 대통령제는 집행부 수반의 권한이 강하면서 대통령과 의회의 선호의 불일치성이 큰 권력구조라고 할 수 있다. 물론, 슈가트(Shugart 1999)는 이러한 권력구조가 지역적 불평등이나 소득 불평등이 강한 국가들에서 공공재를 분배하기 유리한 구조라고 지적한다. 그러나 한국의 경우 효율적인 공공재의 분배가 시급한 정치적 목표는 아니다. 아프리카나 남아메리카 국가들처럼 인종적, 지역적, 소득불평등이 심한 국가도 아니다. 오히려 한국의 경우 분점정부가 초래한 대통령과 의회와의 잦은 마찰과 교착상태가 문제이어 왔다. 이에 몇몇 학자들은 의회제(안순철 2004)나 준대통령제(강원택 2001)로의 개헌을 주장하기도 한다. 다른 학자들은 순수 대통령제에서 발견되지 않는 대통령의 입법적 권한-국무총리임명, 법안발의권, 국회의원의 국무위원겸직 등-을 폐지하고 보다 순수한 대통령제로의 복귀를 주장한다(조정관 2004; 박찬욱 2004). 또 다른 학자들은 통치형태의 문제보다는 분점정부의 잦은 빈도를 줄이기 위해 선거주기를 동시선거로 하자거나 혹은 의회의 자율성 강화를 위해 상향식 후보선출, 원내정당화, 국회 운영위원회와 본회의의 역할 강화라는 하위제도들에서 처방전을 구하기도 한다(정진민 2004).

이미 학습했듯이 권력구조는 무엇이 문제인가 그리고 개선의 우선순위가 무엇인가에 따라 다양한 해법이 모색될 수 있다. 혹자는 분점정부의 출현을 방지하기 위해 대통령과 의회선거를 동시선거로 치르자고 주장한다. 그러나 소수의 보호라는 권력분립의 선의善意가 저해될 가능성이 비용으로 추가됨을 고려해야 한다. 혹자는 지역균열에 기반을 둔 다당제 구도가 쉽게 바뀔 것 같지는 않고, 따라서 분점정부의 출현은 불가항력적이기에 대통령의 연합정치가 가능한 제도적 장치를 고안하자고 주장한다. 이 경우 앞서 살펴보았듯이 대통령의 단독권한이 약하고 대통령과 의회 사이의 선호의 일치성을 증가시키는 선거제도가 대안으로 등장할 수 있다. 예를 들어, 대통령선거와 의회선거를 동시에 치르되, 대통령선거는 결선투표제를 도입하고 의회선거는 비례대표제를 채택하는 것이 하나의 대안일 수 있다. 즉 한편으로 의회선거의 비례대표제는 공정하게 대표되는 다당제 정당구도를 안정화시키고, 다른 한편으로 대통령제 결선투표제를 통해 내각의 자리와 의회의 정책을 걸고 정당 간의 협상을 통해 연합정부를 수립할 수 있을 것이다.

우리는 이렇게 다양한 목적에 맞는 다양한 권력구조를 디자인할 수 있다. 문제는 현재의 한국사회의 권력구조의 문제점이 무엇이고, 권력구조의 개선을 위해서 무엇을 우선순위로 두어야 하는지에 대한 각자의 판단일 것이다. 그 판단에 따라 처방전이 다르게 나타나기 때문이다.

제6장 의회제도와 의사결정과정

박경미 (서강대학교)

제1절 탐색주제

의회는 대표성representation이 수행되는 정치적 공간으로, 대의민주주의 발전에 필수적이다. 의회에 관한 쟁점은 많지만, 그러한 쟁점들을 효과적으로 이해하기 위해서는 의회의 의사결정구조 전반에 대한 이해가 필요하다. 여기에는 선출된 대표자들이 누구를 대표하는지, 그리고 의회의 기본구조와 의사결정구조의 특성은 어떤 것이 있으며, 그 기원은 어디에 있는지 등의 문제가 포함된다.

그렇다면 의회는 대의민주주의에서 어떤 의미를 갖는가? 이에 대한 문제를 중심으로 한 제6장은 다음과 같이 다섯 가지 탐색주제로 구성되어 있다. 첫째, 대표성에 대한 의미를 살펴본다. 현재 대부분의 국가는 의회에 직접 참여하는 것이 아니라 선거를 통해 선출된 대표자를 통해서 운영되는 간접민주주의 즉, 대의민주주의를 채택하고 있다. 선출된 대표자에 의한 의회 운영에서 대표성은 어떤 의미를 갖는가를 살펴본다. 특히, 여기에서는 개별 정치인과 정당이 갖는 대표성의 의미를 두 차원, 참정권의 확대과정과 의회 형성과 제도 확립 과정으로 나누어 확인해 본다. 둘째, 대의민주주의의 주요 정치적 공간으로서

의회는 국가마다 다양하게 운영되는 제도라는 점에 주목하여 의회제의 제도적 다양성을 행정부와의 관계에서 살펴보고, 의회의 의사결정의 원리와 기능을 알아본다. 셋째, 구조적 관점에서 의회의 특성을 의회제도의 일반적 구성과 그 규모, 내부조직 그리고 의회운영의 주도권을 갖는 의회 리더십과 정당으로 나누어 살펴본다. 넷째, 의사결정 과정에 관한 여러 쟁점들을 논의해 본다. 여기에서는 회기제와 원 구성의 문제, 위원회와 본회의의 입법과정, 그리고 청문회를 중심으로 그 기능과 쟁점들을 검토한다. 마지막으로 한국의 국회에서 자주 발생하는 국회 파행을 중심으로 한국에서 의회제 운영의 문제점과 대안에 대한 최근 논의를 비판적으로 논의한다.

제2절 대의민주주의와 대표성

1. 참정권의 확대와 대표자

현재의 민주주의는 대의민주주의representative democracy이다. 원래 민주주의는 고대 도시국가에서 이루어졌던 '인민의 지배demos+kratos'를 의미하는, 인민이 직접적으로 참여하는 정치체에 그 기원을 두고 있다. 이러한 인민의 직접적 통치는 영토의 확장과 인구의 증가로 인해 정치체의 규모가 점차 증가함에 따라 인구보다 적은 수의 개인을 선발하여 의회를 운영할 대표자의 선출이 필요하게 되었다. 이와 같은 대표자의 선출이 정착하게 되면서 통상적으로 우리가 민주주의를 지칭할 때, 그 민주주의는 대의민주주의를 말하게 되었다.

고대 도시국가의 민주주의와 현재의 대의민주주의가 갖는 가장 큰 차이점은 대표자의 선발에 있다. 영토와 인구가 증가한 현 시점에 모든 시민을 한 자리에 모아 정책을 논의하던 고대 도시국가의 '민회ekklēsia'를 그대로 운영하는 것은 불가능하기 때문이다. 특히 그 차이는 아테네의 대표자 선발 방식에서 볼 수 있는데, 행정부 관리 700명 중 100을 제외한 600명을 추첨을 통해 무작위로 선출하였다. 이들의 임기를 1년으로 하고 동일 직책을 2회 이상 맡을 수 없다는 제한을 두었지만, 추첨의 대상에는 통치의 특별한 재능이 있는지 없는지와 관계없이 모든 시민이 포함되었다. 이러한 추첨제도가 정치적 문제 해결에 적절한 방식인가라는 문제에 대해서 논란의 여지가 있지만, 아테네는 추첨에 의한 대표자 선발 제도를 200년 동안이나 유지하였다. 이제 추첨에 의한 대표의 선발 방식은 사라져, 일부 국가의 사법제도에서 필요한 수의 개인을 추첨하여 선발하는 배심원제에서 그 제도적 활용을 관찰할 수 있는 정도이다.

대의민주주의에서 추첨에 의한 대표자 선출은 선거로 대체되었다. 물론 대의민주주의 초기에는 소수의 인구만이 투표권을 갖는 제한적 참정권이 제도화되었다. 프랑스에서 참정권을 갖기 위해서는 3일치에 해당하는 임금을 직접세로 지불하여야 하였고, 17,8세기 영국 하원의원의 자격은 소수 사회집단에 한정되어 있었다. 그에 따라 의원직을 놓고 경쟁하는 것은 보편적이지 않았다. 이는 지역공동체의 타고난 지도자를 예우하는 방식으로 인식되었기 때문인데, 의원직 경쟁은 오히려 현직 의원이나 그 가문을 모욕하는 일로 이해되었다. 이러한 대표자의 선출은 대부분의 유권자보다 우월하다는 '탁월성의 원칙principle of distinction'이 적용된 것으로 이해할 수 있다(Manin 2004, 125).

이와 같이 소수에게만 허용되었던 선거권과 피선거권은 1789년 프랑스 제헌의회의 참정권의 제한적 확대를 시작으로 하여 1848년 2월 혁명 이후 재산소유 정도에 의한 차별 없이 선거권을 부여함으로써 더욱 확대되었다. 토지 소유나 일정금액 이상의 납세를 자격조건으로 규정하는 선거권과 피선거권의 제한은 사라지기 시작한 것이다. 이와 더불어 1893년 뉴질랜드가 처음으로 여성에게도 참정권을 부여하기 시작하면서 참정권은 더 이상 남성만의 권리가 아니게 되었다. 이러한 광범위한 선거권과 피선거권의 부여는 고대 도시국가의 직접민주주의를 가능하지 않게 한 유권자의 규모의 확대와 함께, 선거의 정례화를 통한 공직자 선출이 일상화되는 대의민주주의의 보편화로 이어졌다.

그에 따라 대의민주주의의 의회에서 대표자가 대표할 대상은 누구인가 하는 문제가 논란이 되었다. 이에 대한 첫 번째 논점은 지역구 유권자에 대한 대표성 문제이다(Heywood 2006, 424~429). 여기에서의 주요 관심은 대표자들이 의회 내 정책형성과정에 유권자의 입장을 어떻게 반영할 것인가로, 이는 대표자들이 유권자의 의사와 독립적인 판단을 할 수 있는지의 문제 여부와 연관되어 있다.

이에 대한 논의 중 하나는 대표위임모델delegate model로, 대표자들이 지역구 유권자들의 의견을 그대로 정책형성과정에 반영하는, 즉 대표자 스스로가 생각할 권한을 가지지 않는 '전달자'로 보는 입장이다. 대표자의 역할은 지역구 유권자의 이익을 얼마나 반영하는가, 즉 반응성responsiveness 정도가 중요하며, 대표자가 만들어내는 정책은 지역구 유권자의 입장과 일치하여야 한다는 것이다. 이와 같은 역할을 할 때, 대표자들은 유권자에 대한 책임성responsibility을 갖는다고 본다. 대표자의 전달자 역할은 자신의 의석을 유지하고자 하는 대표자의 필요성과도 밀접한 관계가 있다. 이들이 유권자가 요구하는 사안을 정책으로 만들었을 때, 대표자에 대한 지지가 높아져 다음 선거에서도 유권자들의 지지를 얻어 재선될 가능성이 높아지기 때문이다.

또 다른 대표성 논의는 신탁모델trustee model로, 대표자들이 유권자의 의사를 그대로 정책에 반영하기 보다는 사안에 대한 충분한 검토와 분석을 통해서 지역구 유권자 전체가 이익을 확보할 수 있도록 하는 역할을 한다는 것이다. 유권자들의 의견은 정책적 사안에 대한 충분한 정보나 검토를 거치지 않을 가능성이 높기 때문에, 유권자의 의사를 그대로 반영하는 것이 반드시 지역구의 이익을 보장하지 않을 수 있다고 보는 것이다. 유권자에 비해 성숙한 판단과 계몽된 의식을 갖는 대표자들이 사안을 종합적으로 검토하는 것이 필요하다는 것이다. 따라서 신탁모델은 대표자가 유권자의 입장과는 독립적으로 판단할 수 있는 것으로 이해한다.

두 번째 논점은 의회 내 대표자들이 지역적 대표성을 갖는가 아니면 전국적 대표성을 갖는가의 문제이다. 의회를 구성하는 대표자들은 대부분 지역구 유권자의 지지를 받아 선출되지만, 이들이 만드는 정책은 지역구에만 영향을 미치는 것이 아니라 다른 지역구 혹은 전국적으로 영향을 미친다. 따라서 대표자의 의정활동이 지역구 유권자의 이해관계를 대표하는 것이 맞는 것인지, 아니면 국민 전체의 이익에 충실한 것이 맞는지의 의문이 제기되는 것이다. 여기에서 대표자가 지역 대표home style 인가 혹은 전국 대표hill style인가의 문제가 논쟁거리로 남게 된다(Feno 1978).

2. 의회제도의 확립과 정당

근대적 의회는 16세기 유럽의 봉건제 와해, 절대주의국가와 입헌국가의 등장과 소멸을 거치는 근대적 의미의 대의민주주의 발전과정에서 탄생하였다. 이러한 역사적 변동에서 권력 소재의 변화와 그것의 분화는 의회의 기능과 역할을 제도화하였다. 신분제 중심의 봉건제에서 군주는 권력의 중심에 있었다. 군주는 영주에게 봉토를 하사하고 그 대신 충성과 현물을 제공받았다. 이러한 권력관계는 해상교역을 비롯한 시장경제의 발달에 따라 달라지기 시작하였다. 시장경제의 활성화는 막대한 부를 축적한 상인세력, 즉 부르주아의 부흥을 가져왔고, 이들이 미치는 사회경제적 영향력이 점차 강화되었다. 그에 따라 신흥 부르주아는 점차적으로 군주에게 필요한 세력으로 등장하게 되었는데, 그 이유는 시장 확보를 목적으로 한 영토전쟁을 거듭하던 군주에게는 전쟁에 소요되는 군사력과 재정과 같은 자원이 필요하였기 때문이다. 이러한 상황은 사회경제적 영향력 이외에 안정적 사회기반이 필요하였던 신흥 부르주아와 귀족 사이에 일종의 정치적 합의를 가능하게 한 요인이었다. 그에 따라 귀족 중심의 신분의회에 신흥 부르주아들이 의회에 진입하게 되었고, 그 결과 의회는 입법과 세금 등 군주제 운영에 필요한 정책이 결정되는 중요한 정치적 장이 되었다. 다시 말해, 의회제도의 확립은 기존 정치세력과 신흥 경제세력간의 팽팽한 세력균형의 결과라는 것이다(Poggi 1995).

부르주아 계층의 귀족 중심의 신분의회 참여는 의회 내 다른 세력의 등장을 의미하였다. 파벌faction이나 도당clique보다 강한 결속력을 갖는 정치조직이 성장하기 시작하였는데, 이것이 정당이다. 이때의 정당은 '간부정당cadre party'이라고 부르며, 이렇게 의회 안에서 형성된 '내생정당內生政黨, internally created party'은 참정권 확대로 인해 동원하여야 할 유권자의 수가 증가하였고 그에 따라 점차 의회 밖으로 정당의 지역조직 혹은 하위조직을 형성, 확산하였다. 반면 보통선거권 확대 이후 19세기 말 다양한 이해관계를 반영하려는 정치세력화의 움직임이 활발해지면서 등장한 '외생정당外生政堂, externally created parties'은 자신의 이익 확보를 목적으로 의회에 진입하려고 하였다. 그 하나의 유형인 대중정당은 지역 혹은 노조를 기반으로 발전한 정치조직이 자신들의 정치적 목적 달성을 위해 선거에 참여, 의회에 진입한 경우가 이에 속한다(Duverger 1954). 이것이 정당의 기원과 유형을 구분하는 방식이며, 그와 동시에 의회를 기준으로 '원내'와 '원외' 정당으로 나누는 기준이기도 하다.

이와 같은 정당의 등장은 대표성 개념에 또 다른 의미를 부여하였다. 대표자들이 정당에 속하여 의회에 진입하게 됨에 따라 단순히 개인의 특성과 재능만으로 대표자로 선출되는 것이 아니라 정당이 선거와 의회에 미치는 영향이 증가하였기 때문이다. 이에 대한 논의는 두 모델, 위임통치모델mandate model과 유사대표모델resemblance model을 중심으로 이루어졌다(Heywood 2006, 428~432).

먼저, 위임통치모델은 선거운동 기간 동안에 제시하였던 정책이나 프로그램을 정당이 수행할 수 있도록 위임한다는 정당위임원칙doctrine of the mandate에 토대를 둔 모델이다. 여기에서의 위임은 개별 정치인보다는 정당에게 위임한 것으로 이해하고, 그에 따라 정당기율은 정당성을 갖는 것으로 이해한다. 따라서 대표자는 스스로 생각하거나 자신의 견해를 전달하는 전달자로서 봉사하는 것이 아니라 그들이 속한 정당과 정책에 충성하는 방식으로 의정활동을 하게 된다는 것이다. 그러나 위임통치모델은 정책적 차이를 식별할 수 있는 표식을 제공하는 정당의 중요성에 주목한다는 장점에도 불구하고 정당의 이미지나 관습적 복종과 사회적 조건과 같은 비합리적 요소가 선거를 지배할 가능성이 있다는 문제를 안고 있다. 이와 더불어 선거공약이 과연 정치적으로 실현될 수 있도록 정당이 그 약속을 지킬 것인가 하는 현실적 문제도 안고 있다.

둘째, 유사대표모델은 대표자가 자신이 대표한다고 주장하는 집단을 대표하며 이들 집단의 입장과 유사성을 갖는다고 보는 입장이다. 대의민주주의에서 정부는 더 큰 사회를 작게 만들어놓은 축소판 microcosm이기 때문에 계급, 성, 종교, 연령 등 사회 집단의 크기에 비례하는 모든 집단으로 구성되어야 한다는 것이다. 이와 같은 논리적 흐름 속에서 유사대표모델은 특정 집단의 출신의 사람과 그 집단의 경험을 공유한 사람만이 완전하게 집단의 이해관계와 일치할 수 있다고 본다. 예를 들어, 여성만이 여성을 대표할 수 있고, 노동자만이 노동자계급을 대표할 수 있다고 믿는 것이다. 이러한 관점에서 정당도 동일한 이해관계를 갖는 정치조직으로 구성되고 그러한 이해를 대표하는 정치조직으로 볼 수 있다. 그러나 이와 같은 유사대표모델에서의 주장은 계급, 성, 인종 등을 근거로만 투표할 가능성이 높으며, 그러한 대표자가 없으면 대표되지 않는 것으로 본다는 한계가 있다.

제3절 의회의 기능과 의사결정의 원리

국가마다 의회를 지칭하는 용어는 다양하다. 의회의 명칭은 여러 사람이 모이는 집회assembly 또는 congress나 프랑스어의 parler(말하다)에서 유래하여, 미국에서 의회는 Congress, 영국은 Parliament, 프랑스는 National Assembly, 일본은 House of Representative 등으로 부른다. 이와 같은 명칭의 다양성에도 불구하고 의회는 법을 제정하는 입법부로서의 역할을 일차적인 기능으로 한다는 공통점이 있다. 정해진 절차에 따라 법률을 제정하는 기능 이외에 의회는 예산을 심의하며,

행정부를 감시하고 통제하는 과정에서 여론을 수렴하며, 정치적 교육과 충원의 기능도 한다.

의회의 구체적 기능은 어떤 것이 있는가? 다음과 같이 네 가지의 기능을 열거할 수 있다(Mahler 2008, 89). 첫째, 행정부의 각 부처에 대한 비판과 통제, 둘째, 입법권, 셋째, 여론과의 의사소통 넷째, 정치적 충원·교육과 사회화이다. 모든 의회가 이러한 기능을 모두 동등한 수준에서 수행한다거나 네 가지 기능 이외에 다른 기능을 하지 않는다고 말하기는 어렵다. 왜냐하면 국가마다 그 체제적 특성이 다르기 때문이다. 그러나 의회가 존재한다면 최소한 이 네 가지 기능을 하며, 그러한 기능을 하지 않는다면 의회는 존립하기 어렵다.

그 기능을 차례로 살펴보자. 먼저, 비판과 통제의 기능은 행정부가 추진하는 정책집행과 행정행위에 대해서 행사된다. 이와 같은 의회의 권한으로는 예산권 혹은 예산심의권, 행정부 주요직에 대한 임명승인권 및 탄핵권 그리고 국정감·조사권을 들 수 있다. 국가마다 제도적 차이는 있지만, 의회는 행정부의 예산을 제정하거나 심의하며, 행정부의 불신임 혹은 대통령에 대한 탄핵권, 그리고 고위공직자의 인사권에 대해서 승인권을 갖거나 탄핵할 수 있다. 국정감사와 조사권은 행정부의 정책집행을 감시하고 조사할 목적으로 행사되는데, 대부분 의원의 과반수 찬성을 얻었을 경우에 실시된다.

둘째, 입법권은 의회 고유의 권한으로서 의원들은 법안의 제출, 심의, 의결권을 갖는다. 입법권을 의회의 고유한 권한으로 규정하는 것은 미국과 노르웨이 등의 국가이고, 의원내각제에서는 행정부도 법안제출권한을 갖는다. 따라서 의회의 주요 권한은 법안의 가결권이며 입법권이 의회 업무 중 한 부분이라고 보는 것도 현실적이다. 실제로 행정부가 법안제출을 하는 국가가 많기 때문에, 의원법률안의 제출 건수가 적다고 해서 의원들의 의정활동을 부정적으로 평가할 수는 없다.

셋째, 여론과의 의사소통은 의회의 기능이 정당성을 갖고 대표성을 획득하는 주요한 근거이다. 관료기구와의 관계에서 의회가 개인이나 집단을 대신하여 중재하면서 각종 민원에 대한 대응과 지역구에 대한 자원의 할당은 의회가 여러 채널을 통한 의사소통을 기반으로 정책결정에 참여하고 있음을 보여주는 기능들이다. 여론과의 의사소통이 중요한 이유는 기본적으로 의회의 정책결정과 행정부의 정책 추진에는 다수 동의를 필요로 하기 때문이다. 사안에 따라서는 의회는 거대기업이나 압력단체의 로비를 받기도 하는데, 이러한 의회의 행위가 행정부의 정치적 행위에 정당성을 부여하는 외피로 작용할 가능성을 배제할 수 없다.

넷째, 정치적 충원·교육과 사회화는 의회가 충원의 통로로서 의미를 갖는다는 데에서 비롯되는 기능이다. 대통령제에서는 의원들이 의회에서 그 능력을 발휘하다가 대통령직을 수행하는 경우도 있으며, 의원내각제의 경우에는 의회에서의 활동이 수상이나 장관에게 필요한 주요한 경력으로 작용한다. 뿐만 아니라 의회에서의 공개적인 정치적 논쟁은 유권자들에게 주요 이슈에 대한 자신의 정치적 입장을 취하게 하는 기회를 제공한다.

이와 같은 의회의 기능은 권력구조와의 관계에서 이해할 수 있다. 〈그림 6-1〉과 같이, 의원내각제이냐 대통령제이냐에 따라 의회와 행정부의 관계는 다르며, 그에 따라 의회의 권한 또한 달리 볼 수 있다. 먼저, 의원내각제와 같이 웨스트민스터 유형Westminster model에서 의회와 행정부는 권력융합적 관계를 갖는다. 의회의 다수당이 행정부를 구성하는 의원내각제에서 행정부의 정책은 의회의 지지를 기반으로 집행될 뿐만 아니라 행정부의 존립은 의회의 신임에 의존한다. 행정부가 의회의 신임을 잃을 경우 행정부가 물러나야 한다는 점에서 행정부는 의회에 대한 책임성을 갖는다고 볼 수 있다. 이는 원리상 의회와 행정부의 관계에서 최종적인 권한을 갖는 의회가 행정부의 우위에 있음을 의미한다.

〈그림 6-1〉 의회와 행정부의 관계

이에 반해 대통령제는 권력분립separation of powers의 원칙하에 의회와 행정부는 독립적 영역을 가지며, 이들 사이의 관계는 견제와 균형checks and balances의 원리를 보장하는 선에서 권한을 공유하는 형태로 상호 의존한다. 행정부의 인사는 의회와 그 어떤 중복도 허용되지 않는다는 측면에서 의원내각제와 차이가 있다. 이러한 구조 속에서 입법권은 의회의 고유한 권한으로서 인정되며, 행정부는 이를 집행하는 형태로 운영된다. 이와 같이 의회와 행정부는 독립적 권한을 갖지만, 의회의 입법권 행사는 대통령이 거부권을 행사함으로써, 그리고 대통령의 인사권을 인준청문회 통과나 비준 결정을 함으로써 의회가 행정부를 견제한다. 이는 의원내각제에 비해 대통령제 하의 의회와 행정부가 동등한 관계에 있다고 볼 수 있는 근거이다.

그렇다면 어떤 원리에서 의회의 의사결정은 이루어지는가? 의사결정모델은 다수제 모델majoritarian model과 합의제 모델consensus model로 나뉜다. 다수제 모델은 다수의 의사가 정당성을 갖는다고 보는 의사결정구조로, 미국, 영국, 아일랜드와 한국이 이러한 사례에 속한다. 다수제 모델의 의사결정구조의 특성은 법안과 사안에 대한 다수의 지지를 중시한다는 점이다. 이러한 모습은 의회 본회의에서 쉽게 볼 수 있는데, 법안의 통과는 다수 혹은 과반수의 지지를 받아야 행정부의 정책으로 추진될 수 있다. 반면, 합의제 모델은 연방제와 비례대표제를 채택한 국가에서 나타나는 유형으로서, 소수자를 수용하려는 포용의 정치politics of inclusiveness와 합의 도출에 주력하는 다수의 극대화maximization of majority를 중시하는 의사결정구조이다. 의회 안에서 사안에 대한 심도 있는 논의와 토론을 거쳐 합의를 도출하여 법안의 통과여부를 결정하는 구조이다.

제4절 의회제도의 구조적 특성

1. 일반적 구성과 그 규모

국가마다 서로 다른 의회의 구조를 이해하기 위해 우선, 단원제이냐 양원제이냐의 문제로부터 논의해 보도록 하자. 단원제는 말 그대로 의회가 하나로 구성된 경우를, 양원제는 두 개의 의회로 구성된 경우를 말한다. 그 이외에 유고슬라비아의 오원제five-chamber나 남아프리카의 삼원제 등 다양한 의회제도가 실험되기도 하였다. 양원제를 채택한 국가에서는 상원과 하원이 다른 명칭을 갖고 있다. 상원은 대체적으로 Senate라는 용어로 부르는데, 영국에서 상원은 House of

Lords, 이탈리아와 칠레는 Senate of the Republic, 러시아는 Federation Council이라고 한다. 하원의 명칭은 National Assembly 또는 House of Representatives로 쓰는 경우가 많으며, Chamber of Deputies라고 부르는 국가들도 일부 있다. 그 이외에 영국의 House of Commons, 독일의 Federal Diet, 네덜란드의 Second Chamber, 러시아는 State Duma 등의 명칭을 사용하는 국가들도 있다.

제2차 세계대전 이후 단원제의 채택이 두드러졌지만, 브론델Jean Blondel의 연구에서는 단원제와 양원제 채택국가가 107개국 중 각각 55개국과 52개국으로 분석되어 비슷한 분포를 보였다(Blondel 1973, 144~153). 그러나 〈표 6-1〉과 같이 현재 지역별로 단원제를 채택한 국가의 수가 많으며, 예외적으로 아메리카 지역에서 양원제를 채택한 국가의 비율이 높다.

〈표 6-1〉 단원제와 양원제 채택국가

	단원제		양원제	
지역	국가 수	비율(%)	국가 수	비율(%)
전체 (189개국)	112	59.3	77	40.7
아프리카 (51개국)	30	58.8	21	41.2
아메리카 (35개국)	15	42.9	20	57.1
아시아 (41개국)	24	58.5	17	41.5
유럽 (49개국)	32	65.3	17	34.7
오세아니아 (13개국)	11	84.6	2	15.4

출처: Inter-Parliamentary Union PARLINE database(검색일: 2011/01/27).

양원제 채택의 이유는 크게 두 가지, 역사적 설명과 제도적 설명으로 나눌 수 있다. 먼저, 양원제의 역사적 설명은 신분의회로부터 근대적 의미의 의회제가 확립되는 과정에서 신분의회에 속하였던 귀족과 고위 성직자들 중심의 '상원'과 하급성직자, 기사, 부르주아 중심의 '하원'으로 나뉘게 된 데에서 그 기원을 찾을 수 있다. 선출직 의원으로 구성되는 하원과 달리, 상원은 미국의 상원과 같이 일부 예외를 제외하고는 대체적으로 임명·세습되기 때문에 실질적인 권한을 그다지 많이 부여되지 않는다. 영국의 상원의 경우, 상원으로 임명된 세습귀족들이 대부분이며, 세습되지 않는 상원 의원직을 임명받는 귀족들도 있다. 따라서 임명받은 상원의원들은 세습직 상원의원들보다 입법활동에 적극적인 편이다. 반면 캐나다 상원의원의 선출방식처럼, 선출되지 않고 정치적 업적에 따라 총리가 임명하는 경우 정치적 색채가 강하기 때문에 정치적 대표성을 갖는 기능은 상실하게 된다(Olson 2007, 43~44). 미국이 양원제를 채택하게 된 계기는 1787년 필라델피아 대협상Great Compromise에서 의회를 인구에 비례하여 구성할 것인지, 동등한 대표를 갖는 수로 구성할 것인지의 논쟁이었다. 이 논쟁의 결과, 하원은 인구에 비례하는 수로 구성하고, 상원은 각 주의 동등한 수의 대표자를 선출하기로 합의를 함으로써 양원제를 채택하게 되었다.

반면 제도적 설명으로는 두 가지를 들 수 있다. 첫째, 두 개의 의회가 하나의 의회보다 더 안전하다는 점이다. 한 개의 의회에 입법부의 모든 권한을 집중시키는 것은 위험하기 때문에 상호 견제하여 과도한 입법을 자제시키는 것이 필요하다는 것이다. 둘째, 연방제의 특성으로 인해 양원제가 불가피하다는 주장이다. 연방제 하에서 각 주별로 독립적인 의회를 구성하면서 그와 동시에 연방의회를 인구 비례로만 구성할 경우, 인구가 많은 주가 그렇지 않은 주를 압도하게 되기 때문이다. 따라서 연방제 국가에서는 모든 주에 똑같은 수의 상원의원을 배분하여 이들이 연방의 단위지역을 대표할 수 있도록 할 필요가 있다는 것이다(신명순 2006, 336).

양원제 하에서 상원과 하원은 다른 정치적 의미를 갖는다. 대부분의 상원은 선출직으로서의 정치적 대표성을 갖는 하원에 종속되는 경향이 있다. 거의 모든 법안의 제출과 처리과정은 하원이 주도하기 때문이다. 상원은 하원이 통과시킨 법안을 거부할 수 있지만 상원의 거부권 행사는 하원에 의해서 다시 거부되기도 한다. 일부 국가의 상원은 법안의 입법을 연기할 정도의 권한만을 갖는 경우도 있다.

그러나 이와 같은 양원제는 다음의 두 가지 측면에서 비판을 받는다(Heywood 2006, 594). 우선, 입법부의 파편화로 인한 상원과 하원이 갈등을 빚을 가능성이 있다는 문제를 들 수 있다. 특히, 양원이 동등한 권한을 가지고 있을 때 양원의 대립이 발생할 가능성이 높은데, 이를 해결하기 위해서 미국은 상·하원 출신의 원로의원들로 구성된 '특별합동의회위원회'를 구성하여 합의점을 찾는다. 반면 독일의 경우, 입법에 있어서 하원이 우월한 지위에 있지만 상원은 헌법과 주에 관한 문제에 대해서는 상당한 거부권을 행사할 수 있다. 따라서 이러한 문제에 대한 갈등은 상·하원 의원의 동수로 구성된 '합동조정위원회'가 조정하게 된다. 양원제의 또 다른 문제점은 상원이 보수적 정치성향을 유지하는 경향이 있다는 점을 들 수 있다. 상원이 급진적이고 논쟁적 법안의 통과를 어렵게 만들 가능성이 있기 때문에, 특정 법안을 통과시키려는 여론의 압력이 의회에 영향을 미치지 못 하도록 하는 장벽으로 작용할 수 있다.

이와 같이 의회의 구성은 인구와 밀접한 관련을 갖는데, 이때 의회의 적정규모가 어느 정도인가가 중요한 쟁점이다. 인구의 수를 고려하여 선거구를 획정하고 의원 수를 할당한다고 하더라도, 의회의 적정 규모는 또 다른 차원의 문제이기 때문이다. 일반적으로 의원의 수는 인구수에 비례하여 배분하지만, 의회의 규모는 일정 수준에서 '동결'되는 경향이 있다. 미국의 경우, 1787년에는 인구 3만명 당 1명의 의원을, 1970년부터는 50만명 당 1명을 선출하기 시작하였는데, 그 이유는 의회의 규모가 동결되었기 때문이다. 영국도 630명으로 의회 규모를 동결시켰다가 2001년 선거부터 659명으로 늘렸고, 2005년 선거부터는 다시 646명으로 바꾸었다. 이스라엘 의회는 12개의 부족에 1명의 대표자를 선출하였던 역사적 선례를 따라 1949년 건국 당시 의회의 규모를 120명으로 결정하였다(Malher 2008, 81). 한국 국회는 1948년 제헌의회 당시 200명의 의원으로 구성되었다가 제5대 국회까지 223명까지 꾸준히 증가하였다. 군부권위주의 시기인 제6대부터는 다시 175석으로 감소하였다가 제8대 204석으로 증가, 제12대 국회까지 276석까지 늘어났다. 이와 같이 변화한 국회의 규모는 273석이었던 제16대를 제외한 모든 국회 규모가 299석으로 동결되었다.

2. 의회의 내부조직

〈그림 6-2〉와 같이 의회의 내부조직은 본회의와 위원회, 그리고 입법지원기구로 나뉜다.

먼저, 본회의는 의원 전원이 모여서 법안과 정치적 사안을 논의하는 장이고, 위원회는 각 위원회의 소관 분야에 관련된 사안에 대한 토론과 심의를 하는 집합적 의사결정의 장이다. 의회는 의원 전원이 모여서 논의하기에는 너무 크기 때문에 행정부처 수와 동일한 수의 위원회를 구성하는 것이 일반적이다.

법안이 제출되었을 때, 그 법안을 주로 어디에서 논의하고 결정을 하느냐는 국가마다 다르다. 의사결정의 중심을 어디에 두느냐에 따라서 각 의회의 의사결정구조가 '본회의 중심주의'와 '위원회 중심주의'

로 나뉜다. 본회의 중심주의에서 제출된 법안은 먼저 본회의에 상정되고 이에 대한 의원 전원의 심의와 토론이 이루어진 다음에 위원회로 회부되지만, 위원회 중심주의에서는 먼저 위원회에 법안이 상정되고 위원회의 의결에 따라 본회의에 상정되어 표결절차에 부쳐진다.

〈그림 6-2〉 의회의 내부 구조

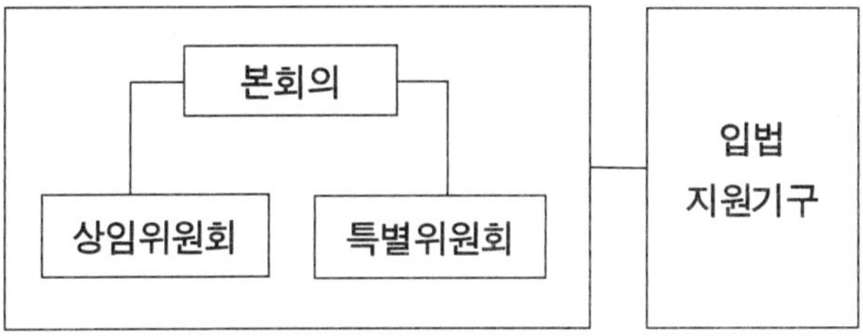

여기에서 관심을 가져야 할 부분은 위원회이다. 본회의 중심주의를 채택하고 있는 의회에서 위원회는 상설되지 않고 특정 법안의 심의를 목적으로 구성되었다가 그 역할이 끝나면 해산되는 경향이 있다. 이러한 경향은 웨스트민스터 유형에서 볼 수 있다. 그러나 영국 하원의 경우 본회의 중심주의를 채택하고 있지만 위원회를 점차 제도화하여, 1979년을 기점으로 분과위원회Departmental committee를 상설화하여 행정부의 업무를 조사, 검토하고 있다.

이와 같이 위원회를 상설화한 이유는 의회가 다루어야 할 사안이 증가함에 따라 의회의 전문성과 효율성을 제고하기 위해서였다. 분업의 원리에 따른 업무의 분담이 입법활동과 행정부에 대한 견제에 효율적이기 때문이다. 위원회를 몇 개의 소위원회로 나누어 심의하도록 한 것도 분업에 의한 의회의 효율성 논리가 반영된 것으로 볼 수 있다. 위원회는 완전하고 상세한 논의를 할 수 있는 기회를 제공하고 반대의견의 범위를 제한함으로써 효율적이고 빠른 결정을 할 수 있으며,

전문지식과 정보를 축적할 수 있는 분업이 가능하다는 장점이 있다. 그러나 위원회 제도는 많은 정보를 갖는 사람들이 쉽게 조작할 수 있다는 단점과 함께 협의과정에서 고려하여야 할 견해와 이해관계의 범위를 축소하여 상위의 기관으로부터 위원회를 분리한다는 문제를 안고 있다.

위원회는 통상적으로 상임위원회Standing or permanent committee와 특별위원회Select committee로 구분한다. 행정부처의 수와 유사하게 위원회 설치를 상시화한 상임위원회와 달리, 특별위원회는 구체적인 기능 범위나 특정 사안으로 국한하거나 한시적으로 운영된다는 특징이 있다. 예를 들어, 우리나라 국회의 예·결산특별위원회를 들 수 있는데, 특별위원회임에도 불구하고 상설화되어 있다는 특징이 있다. 두 유형의 위원회 이외에 전원위원회committee of the whole와 같이 의원 전원이 참여하는 위원회를 열어 별도의 의사규칙에 따라 운영되기도 하며, 일부 양원제 국가에서는 양원의 의원으로 구성된 합동위원회joint committee를 설치하는 국가도 있다.

마지막으로, 입법지원기구는 행정부 기능의 확대와 전문화 경향에 따라 의회가 처리하여야 할 정부제출법률안 증가와 각 사안이 보다 구체적 근거들을 제공할 필요성에서 발전하였다. 정부 규모의 확대와 그에 따른 사안의 증가로 인해 의원들이 각 사안에 대한 정보를 획득하고 처리하는데 한계를 느끼는 상황으로 변화하였기 때문이었다. 그에 따라 사안에 대한 충분한 전문성과 정보의 요구는 보좌진과 지원기구의 발전으로 이어졌다. 국가마다 차이가 있지만 의원 보좌진의 수가 점차적으로 증가하는 추세에 있으며, 지원기구 또한 의회의 독자적인 정보 수집과 정책대안 제시 능력을 강화하기 위하여 점차적으로 확충하는 경향을 보였다. 우리나라 국회의 입법지원기구로는 국회사무처, 국회도서관, 국회예산정책처, 국회입법조사처를 들 수 있다.

3. 의회 리더십과 원내정당

이상과 같은 의회의 구성과 내부조직은 정치적 역학의 관점에서 이해할 필요가 있는데, 의회의 주요 행위자가 정당이라는 사실을 고려하였을 때 의회는 다른 구조를 갖게 된다. 앞서 언급한 것처럼, 의회 안의 정당은 '원내정당'이라고 부르고, 정당의 공천을 받아 선출된 의원들로 구성된다. 집권 또는 선거승리를 목적으로 조직된 정치조직으로서 정당은 원외정당을 통해 선거과정에서 당원과 유권자의 지지를 호소하고 원내정당의 원활한 입법활동을 위해 사회적 이슈와 현안에 대한 파악의 주요한 통로로서 기능을 한다면, 원내정당은 다음 선거의 승리를 고려한 정치행태를 보이는 것이 일반적이다. 이는 의회의 기본적 구성과는 또 다른 차원에서 정당이 의회의 주요단위로서 기능을 한다는 의미이다.

의회제도상 의회 안에서 정당은 '교섭단체'로 불리며, 의회의 운영에서 주요 행위자로서 기능을 한다. 의석수가 많은 정당은 그렇지 않은 정당에 비해 의회의 내부 조정 및 의사결정에서 비교적 유리하다. 왜냐하면 의석수가 적은 정당은 의회의 각종 일정에 참석할 의원의 수가 충분하지 않을 뿐만 아니라 교섭단체를 구성하지 못할 경우 비교섭단체 정당은 국고보조금 분배, 의사일정 조정 등의 권한에서 배제될 수 있기 때문이다. 따라서 의석수의 차이는 단순히 수의 문제에 그치지 않고 원내 영향력의 차이로 이어지게 된다.

그렇다면 정당은 의회 운영과 어떤 관련을 갖는가? 정당 소속의 모든 의원이 의회운영에 직접적으로 관여하는 것이 아니라 원내정당의 지도부가 참여하는 방식으로 개입하게 된다. 특히, 원내정당은 국회 운영의 리더십을 구성한다는 점에서 중요성을 갖는다. 〈그림 6-3〉과 같이, 의회의 리더십은 '의회의장'과 정당들로 구성되며, 각 정당은 '지도부'와 '소속의원회의'로 구분할 수 있다.

〈그림 6-3〉 의회 구성과 원내정당

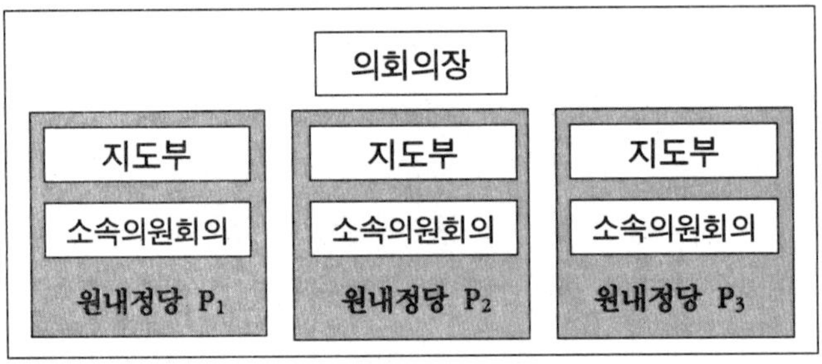

먼저, 의회를 대표하는 의회의장은 의회의 최고 지도자이다. 의장은 영국 의회에서 하원의 의견을 왕에게 전달하는 역할을 하였던 'the speaker'에 제도적 기원을 둔다. 기본적으로 의장 선출권한은 의원들에게 있지만, 의장 선출과 정당의 관계는 나라마다 차이가 있다. 대체적으로 의석을 갖는 정당의 의원 중에서 경선을 거쳐 의장을 선출하는 경우도 있으며, 미국과 영국처럼 다수당 의원에서 의장을 선출하는 의회도 있다.

이와 같이 의장은 정당과 밀접한 관계를 갖기 때문에 의장이 의사진행과정에서 어떤 입장을 갖는가, 즉 정파성partisanship을 어떻게 볼 것인가의 문제가 제기된다. 의회는 정당간 경쟁을 기본구도로 상정하고 있기 때문에 이론적으로 관리자적 역할presiding office과 정파적 역할partisan office의 이중적 역할을 가질 수 있다(이현우 2010, 159). 의장이 정당에 소속되어 있는 한 정치적 중립성을 유지하기 어렵기 때문에, 의장은 중립형 의장과 정파형 의장으로 나타날 수 있다(신명순 2006, 359~362). 미국 하원처럼 의장이 다수당의 정파적 성격을 띠는 경우도 있지만, 영국 하원 의장은 다수당 소속이지만 그 역할에서는 정파적 색채를 띠지 않도록 하는 전통을 갖는 의회도 있다.

둘째, 정당 지도부도 의회운영에서 리더십을 발휘한다. 원내정당 지도부의 명칭도 나라마다 다양하여, 한국은 과거에는 원내총무, 현재에는 '교섭단체 대표의원'으로, 미국과 영국 의회에서는 '원내총무 whip'라고 부른다. 이들의 통상적 역할은 법안의 본회의 상정 시점, 그리고 의회표결의 상세일정과 시점과 같은 입법활동의 일정을 의회의 장과 함께 논의하고 결정하는 것이다. 다수당이나 연립정부가 상정할 법안의 결정에 중요한 책임을 지기는 하지만, 소수당이나 야당도 정부의 사안에 대해서 속도조절이나 표결방식 결정에 대해서 주도권을 갖기도 한다.

그러나 모든 원내정당 지도부가 의회운영에 영향력을 행사하는 것은 아니다. 이른바 정당이 원내 교섭단체로서 기능을 하기 위해서는 각 국가의 헌법 혹은 의회규칙 등이 규정한 조건을 충족하여야 하기 때문이다. 대부분의 국가는 일정한 비율이나 수 이상의 득표율이나 의석수를 갖는 정당이 교섭단체를 구성할 수 있도록 규정하고 있으며, 일부 국가는 정당이 아니라 몇 명 이상의 의원들이 교섭단체를 구성할 수 있도록 허용하기도 한다. 이러한 교섭단체 구성 '하한선' 규정은 다양하다. 한국은 20명 이상의 의석을 갖는 정당에게, 독일은 5% 이상의 득표율을 확보한 정당에게, 프랑스는 20명 이상의 의원에게, 일본은 2명 이상의 의원들에게 교섭단체 구성 권한을 부여하고 있다. 이와 같은 요건을 충족한 교섭단체는 위원회 구성, 의사일정의 조정과 결정, 각종 재정적 지원을 받을 수 있기 때문에 교섭단체를 구성하지 못한 정당이나 의원들보다 입법활동에 유리할 수 있다. 따라서 교섭단체 구성요건, 즉 하한선 규정은 정치적 논란의 여지가 있다.

셋째, 정당의 소속의원회의는 원내정당의 의원들이 구성한 회의체이다. 한국은 현재 '의원총회'가 있으며, 영국 하원에는 노동당의 '원내 노동당Parliamentary Labor Party'과 보수당의 '1922 위원회1922 Committee', 미국 민주당은 '간부회의Caucus'로, 그리고 공화당은 '협의회Conference'라는 용어를 사용한다. 원내정당의 소속의원회의의 빈도와 중요성은 국가마다 다르다. 일반적으로 소속의원회의는 의회 개원이나 회기 개시 시점에 열리거나 정책에 대한 당론을 결정하기 위한 토론을 목적으로 모이기도 한다. 미국과 영국 의회에서 소속의원회의가 열리는 경우는 드믄 반면, 독일과 스웨덴은 매주 정기적으로 회합을 갖는다. 대부분이 비공식적으로 이루어지는데, 이때에는 일반인과 언론의 출입이나 회의내용에 대한 어떤 공식기록도 허용하지 않는 경향이 있다(Olson 2007, 73~75).

여기에서 고려하여야 할 문제는 '당론'의 영향력과 그에 따른 의원의 자율성 문제이다. 정당마다 정당기율의 수준이 다른데, 정당기율의 강도에 따라서 당론이 의원들에게 미치는 영향도 다르다. 이러한 문제는 표결과정을 비롯한 쟁점사안에서 두드러지는데, 정당기율이 강한 정당의 소속의원들은 소속정당이 중요하다고 판단하는 사안에 대해서 당론에 따라 표결할 것을 요구받기 때문에 의원의 자율성을 훼손할 가능성이 높다. 당론을 준수하지 않았을 때에는 의원이 소속정당으로부터 선거운동자금의 회수, 비경쟁적 상임위원회 배정 등의 제재를 받을 가능성이 높기 때문에 당론을 벗어난 교차투표를 선택하기는 쉽지 않다.

제5절 의사결정과정의 쟁점

1. 회기제와 원 구성

의회는 일반적으로 정해진 시간과 장소에서 정하여 운영하는 '회기제'를 갖는데, 이 때 정해놓은 의회 개회시간을 '회기session'라고 한다. 회기제에는 두 유형이 있는데, 1년을 한 회기로 정하는 유형과 1년 중 일정기간을 회기로 한정하고 그 이상의 회의를 필요한 경우에만 개최하는 유형이 있다. 먼저, 1년을 한 회기로 정한 유형은 여름의 휴회기간과 휴일을 제외하고는 매일 개최하기 때문에 '상시의회' 또는 '연중의회'라고 부른다. 그에 반해, 일정 기간을 회기로 정하는 유형에서는 '정기의회'와 '임시의회'로 구분한다(신명순 2006, 347). 한국 국회의 회기제는 두 번째 유형에 속한다. 현재 국회는 정기회 100일과 임시회 30일의 회기제로 운영되고 있으며, 정기회는 매년 9월 1일 소집되며, 임시회는 8월, 10월, 12월을 제외한 짝수월 1일에 열린다.

그에 따라 각 의회마다 '개의일'도 다르다. 의회의 업무가 증가함에 따라 의회가 운영되는 개의일을 최대한 확보할 필요가 있다는 주장이 설득력을 얻고 있다. 의회의 운영시간이 충분해야 유권자의 의견을 수렴하여 정책결정에 반영하고 그만큼 정부에 대한 견제와 감시도 충실하게 할 수 있기 때문이다. 뿐만 아니라 의원들의 전문성을 신장시켜 정책결정이 졸속으로 이루어질 가능성을 줄일 수 있다는 측면에서 충분한 의회 운영시간의 확보는 법안을 충분히 심의하기 위해 필수적이라는 주장이 제기되고 있다(조진만 2010, 125~127).

회기제는 대체적으로 법적 규정에 의거하고 있지만, 원 구성은 일반적으로 관례를 따르며 원 구성의 구체적인 방식은 국가마다 다르다. 미국의 경우, 다수제의 원칙에 따라 의장 선출 및 위원장을 배분하여, 의장, 상임위원장과 소위원장까지 모두 다수당이 차지한다. 그에 반해 일본과 영국의 원 구성은 정당의 의석비율에 따라 의장과 위원장직을 배정하는 것을 원칙으로 한다. 의원내각제를 채택하고 있는 두 국가에서는 의회의장은 다수당에서 선출하며 모두 당적을 버리고 정치적 중립성을 유지하여야 한다는 공통점이 있다. 특히, 영국 하원의 의장에게는 정치적 중립성이 강조되는데, 이를 위해 하원의장은 탈당하여야 할 뿐만 아니라 다음 선거에서 소속정당을 표방할 수 없도록 하고 있다.

한국의 원 구성은 정당간 협상과 협의 과정을 거치도록 되어 있어 이를 둘러싼 정치적 논쟁이 일상화되었다. 국회 개원 시점이나 원 구성이 바뀔 때마다 원 구성의 지연으로 국회가 파행으로 치닫는 상황을 종종 관찰할 수 있는데, 그만큼 원 구성이 정당이 자신의 이익을 극대화하기 위한 중요한 과정이라는 것이다. 원 구성이 순조롭게 이루어지지 않는 원인은 기본적으로 정당간 갈등에서 비롯되며, 정당의 리더십 등의 비구조적 요인이나 국회의 의사결정구조 자체도 영향을 미친다(가상준 2010, 137~138). 원 구성에서 교섭단체간 협의가 가장 중요한데, 이 단계에서는 의장단 선출과 의석수에 비례하는 수의 위원장직을 교섭단체 의원들에게 배정한다.

2. 위원회와 본회의의 법안 처리과정

의회의 의사결정은 위원회와 본회의를 중심으로 이루어진다. 의회가 처리하는 법안의 종류는 '의원법안'과 '정부제출법률안'으로 나뉘며, 이들은 각 의회가 정한 절차에 따라 처리된다. 의원법안에는 발의 요건을 규정하고 있는 국가들이 있는데, 한국은 발의자를 포함하여 10명 이상의 찬성을 필요로 하며, 일본은 10명 이상의 찬성, 독일은 교섭단체 구성 요건과 동일하게 재적의원 5%로 규정하고 있다. 이에 반해 미국, 영국, 프랑스는 의원법안에 별도의 발의 요건을 규정하고 있지 않다. 정부의 법률제출권 보유 여부나 그 과정도 국가마다 다르지만 의회 제출 이전에 사전단계를 거친다는 공통점을 갖는다.

의회에 제출된 법안은 의회가 위원회 중심주의와 본회의 중심주의 중 어느 제도를 채택하는가에 따라 다른 단계를 거친다. 먼저, 위원회 중심주의를 채택한 의회가 법안을 처리하는 일반적인 과정을 미국 하원을 사례로 살펴보면, 제출된 법안이 먼저 위원회와 소위원회sub-committee, 규칙위원회Rules Committee를 차례로 거쳐 본회의에 상정되어 표결절차를 진행한다. 반면 본회의 중심주의를 채택하고 있는 영국 하원에서는 법안은 먼저 본회의에 상정되어 법안에 대한 공식적 제안이 이루어지는 제1회독 후, 제2회독에서 원칙에 대한 토론과 표결절차를 거쳐 통과되면 위원회에 회부되어 축조와 수정절차가 진행된다. 본회의 보고된 위원회의 수정안은 본회의에서 제3회독을 거쳐 간단한 토론을 거친 후 다시 표결에 부쳐진다. 미국과 영국 의회에서 법안이 거치는 단계는 다르지만 모두 위원회에서는 논의와 수정이, 본회의에서는 토론과 표결절차가 진행된다는 공통점이 있다.

우리나라 국회의 경우, 국회의장이 접수된 법안을 본회의에 보고한 후 소관 위원회에 회부하는 절차로 법안 처리과정이 시작되는 위원회 중심주의를 채택하고 있다. 해당 법안의 소관 위원회가 명확하지 않을 때에는 국회의장이 운영위원회와 협의하여 회부할 위원회를 결정한다. 위원회에 회부된 법안은 일부개정안은 20일, 제정안과 전부개정안은 20일 경과 후 위원회에 상정될 수 있도록 하고 있는데, 이러한 기간을 두는 이유는 법안 상정 이전에 최소한의 검토와 예비심사를 거치도록 하기 위해서이다. 사안에 따라서는 4~11명으로 구성되는 소위원회를 구성하여 법안에 대해 별도로 논의하기도 한다. 소위원회의 심사결과는 위원회에 보고되고, 축조심사와 찬반토론을 거쳐 위원회에서 의결절차를 진행한다.

표결결과에 따라 법안은 '원안가결'이나 '수정가결', '대안폐기'로 처리된다. 원안가결은 제출된 법안 그대로 의결절차를 통과하는 경우이며, 수정가결은 위원회가 상정된 법안을 심의하여 그 중 일부를 수정하자고 의결, 수정한 법안을 통과시킨 경우를 말한다. 한 위원회에 한 회기 내에 상정된 법안 중 동일한 제명을 갖는 여러 건의 법안을 해당 위원회가 하나의 법안으로 통합, 심의하여 '위원회대안'으로 작성하고 원안은 폐기시키는데 이를 대안폐기라고 한다. 그 이외에 법안이 위원회에 계류되었다가 국회의 임기만료로 자동적으로 폐기되는 경우를 법안이 '임기만료폐기'로 처리되었다고 말한다.

그렇다면 왜 위원회 제도는 생겼으며, 왜 필요한가? 의회에서 위원회의 구성 원리와 필요성에 대한 논의는 세 가지, 분배의 관점, 정보의 관점, 정파적 관점으로 나눌 수 있다.

첫째, '분배의 관점distributional perspective'은 의원들이 주고받기 식으로 '교환을 통한 이익확보gains from exchange'의 결과로 이해한다. 분배의 관점에 따르면, 의회는 재선을 원하는 의원이 다음 선거에서 영향을 미칠 수 있는 기반으로, 그리고 이들이 의회에 대한 자신의 영향력을 제고하는 수단으로서 위원회를 필요로 한다. 따라서 의원은 자기 지역구에 혜택을 줄 수 있는 위원회에 배정되기를 희망하며, 위원회 활동에서 자신의 지역구에 대한 배려가 우선시된다. 다시 말해, 위원회 제도는 의원들이 현재의 균형점보다 유리한 지지를 교환할 수 있도록 창출한 의회제도로 볼 수 있다(Shepsle and Weingast 1994, 155~156).

두 번째 '정보의 관점informational perspective'은 입법 관련 정보의 공급이라는 관점에서 접근하는 입장이다. 다양한 사안에 대한 정책결정을 목적으로 한 충분한 정보를 얻기 위해서 위원회가 만들어졌다는 것이다. 이 관점에서 위원회는 전문성을 바탕으로 특정 영역의 정책결정에 필요한 정보를 습득하고 전체 의원들에게 정보를 제공하는 단위로 이해된다(박찬표 2004, 77). 분업의 관점에서 위원회 제도를 이해하는 이 관점은 위원회가 자신의 선호만을 중시하는 의원들로 구성되지 않고 다양한 시각을 갖는 의원들로 구성된다고 본다. 이러한 관점에서 위원회가 제공하는 정보는 의회 안의 정책결정과정의 불확실성을 최소화할 수 있다는 이점을 갖는 것으로 이해하며, 그에 따라 위원회는 특정 사안에 대한 정보와 전문지식을 독점하여 의회 의사결정에 영향력을 행사할 수 있다고 본다(Shepsle and Weingast 1994, 159~160).

마지막으로 '정파적 관점partisan perspective'은 의회의 주요단위로서 정당을 설정하고 소속정당의 이해관계가 위원회 제도를 만들었고 정당이 의원의 위원회 활동방향을 규정한다고 본다. 위원회에 속한 의원들을 정당 입장의 전달자로 보는 것이다. 따라서 소속 위원회와 정당이 입장 차를 보일 때, 의원들은 정당의 입장을 표명한다는 것이다(Shepsle and Weingast 1994, 164). 만약 의원들이 소속 위원회에서 소속정당의 입장을 대변하지 않는 경우, 정당 지도부는 위원회 배정 등에서 불리하도록 조치함으로써 의원을 처벌하기도 한다(Cox and McCubbins 1993).

이와 같은 구성 원리를 갖는 위원회 제도는 한 명의 의원이 몇 개의 위원회에 속할 수 있는가에 따라서 '단수위원회제'와 '복수위원회제'로 나뉜다. 단수위원회제는 1개의 위원회에 소속되도록 하는 데 반해, 복수위원회제는 2개 이상의 위원회에서 활동하는 것을 허용하는 제도이다. 한국의 경우, 제헌의회부터 5대 국회까지는 복수위원회제를, 6대 국회부터는 단수위원회제로 변경되었다가 2000년부터는 복수의 위원회 활동을 하여 현재 의원들은 2개 이상의 위원회 활동을 하고 있다. 또 다른 특징은 2년의 임기 규정을 갖는다는 것인데, 이러한 임기 규정의 필요성은 한 의원이 특정 위원회에 장기간 활동할 경우 부패의 문제가 발생할 수 있다는 이유에서 비롯된다. 그러나 위원회 임기가 짧기 때문에 이 기간 동안 의원들이 전문성을 제고할 수 있는 시간적 여유와 경험을 쌓기 힘들다는 사실이 문제점으로 지적되고 있다(조진만 2010, 118).

3. 청문회

청문회hearing는 어떤 사안에 대한 결론을 내리기 전의 중간과정으로, 찬·반의 주장이나 그 근거가 되는 사실들을 청취할 목적을 갖는 의회제도이다. 청문회 제도는 크게 네 가지로 나눌 수 있다. 먼저, 입법청문회legislative hearing는 법률 제정이나 개정을 위한 입법 사전단계에서 실시되는 청문회로서, 이해관계인이나 학식, 경험이 풍부한 전문가의 의견이나 증언을 통해 사실을 확인하고 정보를 수집할 목적으로 열린다. 둘째, 감독청문회oversight hearing는 행정부에 대한 감시감독 기능을 행사하는데 필요한 정보를 획득하기 위해 행하는 청문회로서, 국가정책과 행정부 관료들의 행위 등에 초점을 맞추는 경향이 있다. 셋째, 조사청문회investigative hearing는 특정 사건이나 사안에 대한 진실규명을 위해 개최하는 청문회로서, 청문회에서 노출되는 새로운 사실의 발견이나 확인, 증거 확보, 정보 제공 등을 통하여 행정부의 효율적인 정책 집행을 촉진하고 입법에 필요한 자료나 정보를 찾는다. 마지막으로, 인준청문회confirmation hearing로, 고위공직 후보자에 대한 자질, 능력, 도덕성 등을 사전에 심사하기 위한 청문회로, 의회가 당사자로부터 진술 또는 설명을 청취하고 필요한 경우 증인이나 참고인으로부터 증언 진술의 청취, 기타 증거를 채택한다(김현우 2009, 394).

한국 국회에는 감독청문회를 제외한 조사청문회, 입법청문회, 인사청문회 제도를 운영하고 있다. 우리 청문회 제도의 운영상 특징으로는 먼저, 입법청문회가 활성화되어 있지 않다는 점을 들 수 있다. 국회법 제58조 제6항은 법률처리과정에서 공청회 또는 청문회의 개최를 의무화하고 있지만, 위원회의 의결로 이를 생략할 수 있다는 단서 조항으로 인해 입법청문회가 대체적으로 열리지 않는 경향이 있다. 두 번째 특징은 인사청문회에 관한 규정이 헌법으로 명문화되어 있지 않다는 점이다. 대통령의 임명권에 대한 견제와 감시를 목적으로 인사청문회를 실시하지만, 명문화되어 있지 않기 때문에 대통령이 인사청문회의 결과에 기속되어야 하는지에 여부에 대하여는 논란의 여지가 있다(국회입법조사처 2009, 5~6).

이와 같은 청문회 제도는 권력구조와도 관계가 있다. 특히, 대통령의 인사권을 견제할 목적으로 열리는 인사청문회의 경우, 의원내각제와 대통령제가 각각 다르게 운영되어 차이를 보인다. 의원내각제 국가의 경우, 인사청문회를 채택하지 않는 경향이 있다. 의원내각제 국가의 의회에 인사청문회가 없는 이유는 의원내각제가 입법부와 행정부가 정치적으로는 밀접한 관계에 있기 때문에 행정부에 대한 의회 견제의 필요성이 상대적으로 적기 때문이다. 의회 다수당이 행정부를 구성하기 때문에 행정부의 잘못은 결국 의회가 함께 책임을 지게 되며, 정치적 상황에 따라서는 임기와 관계없이 내각불신임과 의회해산으로 이어지기도 한다. 이와 더불어 행정부 고위직으로 임명되는 사람이 주로 다선의원이기 때문에 장기간 의정활동과 특정 상임위원회 소속의 경력으로 인해 이들의 자질, 능력, 전문성이 검증되는 일정의 과정을 거쳤다는 점을 또 다른 이유로 들 수 있다.

이에 반해 미국이나 필리핀과 같은 대통령제 국가에는 공직 경험을 전혀 갖지 않는 인물이 고위직에 임용될 수 있다는 차이점이 있기 때문에 인사청문회 제도가 활성화되어 있다. 미국 의회에서 인준청문회가 활성화된 이유는 행정부의 중요 정책 결정에 대한 비교적 철저한 견제나 통제 수단으로 인준청문회를 활용하고 있기 때문이다. 특히, 고위공직자를 정파적 관점에서 정실인사를 억제할 목적으로, 그리고 의회가 행정부 업무에 영향을 미치기 위한 목적으로 활성화되었다. 이와 같이 대통령제 하에서 인준청문회는 의회활동에 정부를 참여시키는 연결고리일 뿐만 아니라 행정부에 대한 의회의 견제 기능을 한다(박동서 1994, 53~54).

제6절 국회 파행의 원인론과 대안

민주화 이후 한국 국회는 각종 제도개혁과 규제를 통해서 발전하여 왔다. 절차적 민주주의의 달성과 더불어 민주주의 제도의 안정성은 완전한 민주주의full democracy로 발전하고 있는 것처럼 보지만, 국회 의사결정과정에서 빚어지는 갈등과 파행이 그러한 전망을 어둡게 하고 있다. 국회 의사결정과정에서 발생하는 의회 갈등을 비공식적인 방식으로 해소하려는 경향이 두드러지고 있으며, 의사결정과정에 대한 합의 규범이 제도화되어 있지 않아 본회의 표결과정에서 충돌이 일상화되고 있다.

이러한 국회 파행의 원인으로는 다음과 같이 세 가지가 지적되고 있다. 첫째, 강한 정당론, 둘째, 분점정부론, 셋째, 의사결정구조 문제론이다. 세 가지 논의에서 주목하고 있는 현상들은 상호 연관되어 국회 파행의 원인으로 작용하고 있다.

먼저, '강한 정당론'은 정당 응집성party cohesion에 관심을 갖고, 강한 정당기율을 토대로 발전한 정당을 국회 파행의 원인으로 파악한다. 강한 정당 응집성의 근거로는 쟁점법안에 대한 국회 표결과정에서 이루어지는 당론 결정과 그에 따른 의원들의 투표행태를 들 수 있다. 강한 정당이 쟁점법안을 두고 충돌함으로써 국회 파행이 빚어진다는 것이다.

둘째, '분점정부론'은 권력의 분리성divisiveness에서 비롯되는 국회-행정부의 분점현상에 주목하고, 분점정부divided government를 국회 파행의 원인으로 설정하는 경향이 있다. 단점정부unified government는 정당을 매개로 한 의회-행정부(대통령) 관계를 통합시킴으로써 양자 사이에 협력을 가능하게 하는데 반해, 분점정부는 국회 갈등과 교착으로 인해 정부의 정책 추진이 지연되기 때문에 비효율적이라고 평가한다. 행정부와의 관계 속에서 효율성을 고려하는 분점정부론은 분점정부와 단점정부의 법안 가결률을 비교하는 입법 효율성과 각종 청문회에서 나타나는 정당 간 갈등양상에서 국회 파행의 원인을 찾는 경향이 있다.

마지막으로, 의사결정구조 문제론은 국회의 의사결정구조 특성에 주목한다. 국회 제도상으로는 다수의 합의를 중시하는 다수제 모델에 가깝지만, 원구성 단계에서부터 국회운영 전반에서 교섭단체간의 합의를 원칙으로 하고 있기 때문에 합의제적 운영원리로 볼 수 있다. 이러한 특성으로 인해 국회 파행을 해소하기 위한 대안 모색은 합의제 모델과 다수제 모델에 대한 논쟁으로 이어졌다. 합의제 모델은 소수자를 수용하여 합의에 도달하려는 다수의 극대화maximization of majority를 중시하는 의사결정구조로 이해한다. 이에 반해 합의제 모델은 다수의 의사가 정당성을 갖는 다수제 모델의 장점, 즉, 입법과정의 안정성과 책임성을 약화시킨다는 점에서 논란의 여지가 있고, 그에 따라 현재 국회 파행 해결에 어떤 모델이 적절한가가 쟁점이 되고 있다

세 가지 논의는 두 가지 공통점이 있다. 첫째, 국회 파행의 원인을 제공하는 단위로서 정당에 주목한다는 점이다. 강한 정당론은 정당기율을 약화시킬 필요가 있다고 보고, 정당에 대한 규제를 확대할 것을 제안하며, 분점정부론은 동시선거 도입을 통해 한 정당의 지배, 즉 단점정부를 상시화해야 한다고 주장한다. 반면 의사결정구조 문제론 역시 합의제적 의사결정구조를 정착시켜 정당간 숙의민주주의deliberative democracy를 강화함으로써 국회 파행의 가능성을 최소화하여야 한다고 본다. 두 번째 공통점은 권력구조의 문제에 대한 관심으로, 국회를 중심으로 한 대통령, 행정부와의 합의를 창출하는 제도가 필요하다고 판단하여 헌법, 선거제도, 국회법 등의 제도 개혁을 대안으로 고려한다.

이와 같은 원인론이 적실성이 있는지, 비판적으로 검토해 볼 필요가 있다. 먼저, 강한 정당을 약화시켜야 한다는 주장은 정당이 없는 대의민주주의가 불가능하다는 점에서 문제의 소지가 있다. 정당을 배제한다면, 사실상 대의민주주의에서 대안이 없기 때문이다. 뿐만 아니라 한국정당은 강한 것이 아니라 빈번한 정당 교체와 정책적 차별성이 없는 약한 정당이며, 이는 신생민주주의 국가 정당의 저발전을 보여주는 현상 중 하나에 불과하다. 오히려 현재 강한 정당의 모습은 정책적 차별성이 없기 때문에 발생하는 중위수 투표자median voter의 문

제로 볼 수 있다.

〈그림 6-4〉 정당경쟁의 정치적 공간

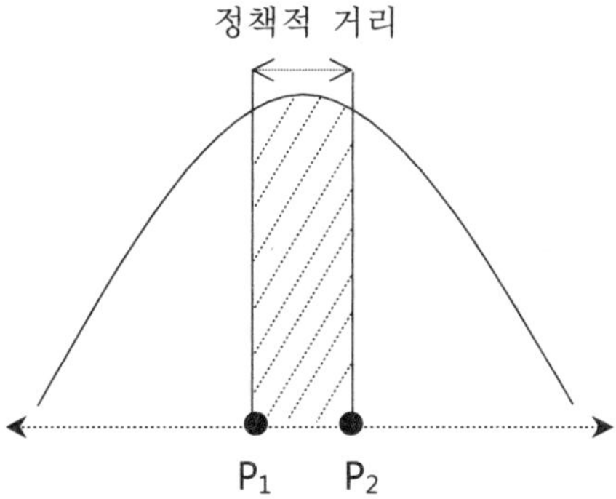

〈그림 6-4〉에서 보는 것처럼, 정책적 거리가 가까운 정당 P_1과 P_2가 좁은 범주 내에서 다수의 지지를 확보하려는 경쟁이 과열된 결과가 국회 파행으로 이어지고 있을 가능성을 배제할 수 없다.

둘째, 권력구조를 변화시키자는 입장은 첫째, 동시선거 도입을 통해 단점정부를 상시화하자고 주장하지만, 적어도 한국 국회에서는 경험적 근거가 취약한 주장이라고 볼 수 있다. 그 근거로는 먼저, 분점정부와 단점정부는 입법효율성에서 거의 차이가 없다는 점을 들 수 있다.

〈표 6-2〉 단점정부와 분점정부의 입법효율성

	단점정부	분점정부
법률안 전체 가결률(%)	62.4	66.2
정부법률안 가결률(%)	84.0	85.7

출처: 오승용 (2004), 174~175의 〈표 2〉에서 작성.

〈표 6-2〉에서 보는 것처럼, 민주화 이후의 법안 가결률은 오히려 분점정부가 단점정부보다 높았으며, 정당간 대립이 강하게 노출되는 정부법률안의 가결률도 분점정부가 높았다. 그러나 분점정부와 단점정부의 법안 가결률 수치 차이가 크지 않아, 이와 같은 수치로는 분점정부와 단점정부 중 어느 쪽이 효율적이라거나 국회 파행을 야기하는 요인이라는 결론을 내리기 쉽지 않은 것으로 보인다.

셋째, 각종 청문회에서의 정당 갈등 문제를 들고 있는데, 이 역시 권력구조의 문제가 아니라 여·야당 태도 차이를 반영하는 것에 불과하다는 점이다. 〈표 6-3〉은 인사청문회에서 발언내용별 여·야당의 평균 발언빈도이다. 인사청문회에서 여당은 공직후보자를 긍정적으로 평가하는 반면, 야당은 윤리문제와 함께 부정적으로 평가하는 발언을 하는 경향이 두드러진다. 이는 국회 파행의 원인이 권력구조가 아니라 여·야당의 대립에서 비롯되는 것임을 의미한다. 따라서 권력구조를 바꿔야 한다는 주장은 적어도 한국에서는 경험적 근거가 취약하다고 볼 수 있다.

〈표 6-3〉 국회 인사청문회에서의 여·야당의 평균발언빈도

	윤리적 부적절성	윤리 문제 소명	현안 판단	정책 비전	과거 공직 (긍정적)	과거 공직 (부정적)	의원 개인의 정책	정부 정책 비판	정부 당부	지역구 이익
여당 평균	0.01	0.04	0.23	0.10	0.06	0.02	0.06	0.00	0.07	0.07
야당 평균	0.13	0.00	0.19	0.04	0.00	0.11	0.04	0.09	0.02	0.00

출처: 최준영, 조진만, 가상준, 손병권 (2008), 163에서 발췌, 작성.

이와 같은 관점에서 합의제 모델은 국회 파행 해결에 상대적으로 우월한 대안으로 간주할 수 있다. 먼저, 합의제적 의사결정구조의 제

도화는 다수의 최대화에 주력한다는 제도적 이점과 함께, 일관적이고 지속적인 합의를 일상화함으로써 의사결정의 안정화를 도모할 수 있다는 장점이 있다. 뿐만 아니라 선거법과 국회법 개정만으로 국회 파행의 가능성을 줄일 수 있다는 점에서 정치적 비용이 낮다는 장점도 있다. 특히 가장 주목할 만한 합의제 모델의 장점은 민주주의에 대한 만족도를 전반적으로 높인다는 점이다. 합의제 모델의 제도화는 의사결정과정에서의 패자의 민주주의에 대한 만족도를 높여(Anderson and Gillory 1997, 69), 패자의 저항으로 인한 국회 파행을 최소화할 가능성이 높다.

그렇다면 어떤 합의제적 제도를 도입할 것인가의 문제를 논의할 필요가 있다. 다양한 제도개혁을 고려할 수 있지만, 제도 도입에 대한 정치적 저항이 가장 적은 합의제적 제도를 선택하여 정치적 비용을 낮출 필요가 있다. 물론 일부 정당이나 정치인들이 이러한 제도 도입으로 인해 발생할 수 있는 손익차이로 인해 이에 대해서 반대할 가능성을 배제할 수 없다. 그러나 개헌을 비롯한 더 큰 틀의 정치개혁을 시도할 경우 보다 시민사회의 포괄적인 동의를 확보하기 위해 보다 높은 정치적 비용이 지불하여야 할 가능성이 높다. 따라서 광범위한 제도개혁을 시도하기보다는 상대적으로 비용이 낮은 제도개혁을 통해서 국회 파행의 문제를 해소하는 것이 보다 현실적이라고 볼 수 있다. 모든 제도 개혁은 정치적 비용이 따르지만, 상대적으로 그 비용이 높지 않은 제도로서 비례대표의 확대와 교섭단체제 구성 요건 완화를 우선적으로 고려할 수 있다.

이와 같은 합의제적 제도 도입은 〈그림 6-5〉와 같은 정치적 변화를 야기할 것으로 기대할 수 있다. 비례대표의 확대를 통해 양당제적 경쟁구조에서 다당제적 경쟁구조로 변화시켜 정책적 거리를 확장하고, 현재 20명 이상의 의원으로 규정되어 있는 교섭단체 구성 요건을 완화함으로써 거부점veto point을 다양화하여 국회 내 균형을 바꾸는 것이다. 이와 같은 합의제적 제도의 도입은 의회 내의 양당제적 경쟁구조를 다당제적 경쟁구조로 변화시킬 것으로 예상할 수 있다.

〈그림 6-5〉 합의제적 제도 도입에 의한 정치적 공간 변화

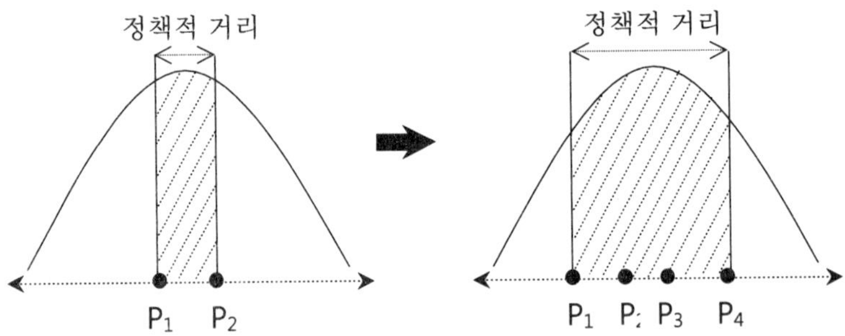

정당 P_1과 P_2만이 경쟁하는 경우, 의회 내 경쟁에서 거부점은 두 정당이 위치한 지점인 P_1과 P_2, 두 지점에 불과하다. 그러나 다당제적 경쟁구조로 변화하는 경우, 거부점은 P_1, P_2, P_3, P_4에 이르기까지 다양해질 뿐만 아니라 두 정당의 충돌을 넘어서 네 정당 사이의 합의지점을 도출할 정치적 공간이 확장될 가능성이 있다. 다시 말해, 합의제적 제도의 도입으로 인한 의회 내 정치적 공간은 정당경쟁의 범주를 넓혀 중위수 투표자의 문제를 해결하여 합의를 모색할 정치적 공간을 제공할 것으로 기대할 수 있다는 것이다. 그 이외에 다양한 합의제적 제도들이 있지만, 그 도입에 대해서는 한국정치의 특수성을 고려하여 논의를 구체화할 필요가 있다.

제7장 정당과 정당체계

김형철 (비교민주주의연구센터)

제1절 정당이란 무엇인가

1. 정당의 개념과 특성

정당은 대의 민주주의에 기초한 현대정치를 이해함에 있어 필수불가결한 정치제도 중 하나이다. "정당이 없는 민주주의는 생각할 수 없다"라는 샤츠슈나이더(E. E. Schattschneider 1942, 1)의 주장에서 알 수 있듯이, 정당은 의회제도 그리고 선거제도와 더불어 대의 민주주의를 특징짓는 중요한 정치제도로 인식되고 있다. 현대 정치에 있어 정당의 중요성이 강조되는 이유는 정당이 시민사회 내에서 제기되는 다양한 시민의 의사를 집약하여 정치적으로 대표하는 시민과 정부 사이의 가교역할을 수행하기 때문이다. 또한 정치권력의 획득·행사를 목표로 하는 정당은 시민의 이해와 요구에 반응하는 책임정치와 더불어 시민의 참여를 보장하는 참여정치를 실현하는 행위자로서의 역할을 수행하고 있기 때문이다. 즉, 정당은 대의 민주주의의 주요한 가치인 대표성, 책임성 그리고 참여성의 실현 주체로서 받아들여지고 있다.

현대 정치에 있어 익숙하게 받아들이고 있는 정당political party은 '전체 중의 한 부분'이라는 어원에 기초하고 있다. 여기서 부분party은 라틴어 동사인 '분할하다partire'라는 의미와 영어의 '함께하다partaking'라는 의미를 동시에 함의하고 있다. 사르토리G. Sartori는 현대정치에서 정당이란 '분할하다'라는 의미보다 협력과 참여를 함축하고 있는 '함께하다'라는 의미가 강하게 받아들여진다고 지적하고 있다(Sartori 1976, 4~5). 즉, 정당은 파벌 또는 분파와 같이 단순히 이익 또는 감정에만 기초한 집단 또는 전체 일반의 의지를 실현하는 유일한 집단이 아니라 공공의 이익을 위해 구성원들이 동의하는 공통의 원칙을 중심으로 상호간에 협력적인 정치활동을 전개하는 집단인 것이다(진덕규 199 4, 324).

정당의 일반적 정의는 동일한 정치적 가치와 주장을 갖는 사람들이 공공의 이익을 촉진하기 위해 선거나 다른 수단을 통해 권력을 획득하려는 정치집단이다. 웨어A. Ware는 다른 사회집단과 구별되는 정당의 특성으로 첫째, 국가 내에서 권력획득을 목표로 사람들을 조직하는 제도; 둘째, 자신의 목적을 추구하기 위해 정당한 수단을 사용하는 집단; 셋째, 선거라는 경쟁의 기회가 주어질 때 참여하는 조직; 넷째, 사회 내의 단일하고 좁은 이익을 넘어서 대표성을 추구하는 조직; 다섯째, 유사한 신념, 태도와 가치를 지닌 사람들의 모임을 제시하였다. 그리고 그는 이러한 특성을 중심으로 정당이란 "정부의 공직을 획득하기 위한 활동을 통해 국가에 영향력을 행사하려는 제도이며, 사회 내의 단일한 이익보다 보다 많은 이익들로 구성된 집합적 이익을 추구하는 제도"라고 정의하였다(Ware 1996, 1~6).

또한 정당을 행위자, 행위(활동), 행위의 결과(목적) 그리고 행위의 영역에 따라 그리고 배타적인 측면에서 기능 혹은 구조 또는 두 가지 모두와 관련하여 정의된다고 지적한 사르토리는 정당이란 "선거에서 후보자를 내세우고 선거를 통해서 후보자를 공직에 앉힐 수 있는 모든 정치집단이다."라는 최소한의 정의를 내리고 있다(Sartori 1976, 61~64).

권력획득을 목적으로 대중에게 지지를 호소하고 유권자를 조직적으로 동원하는 집단인 정당은 시민사회 내에서 이익을 추구하는 다양한 집단과 차별성을 갖는다. 즉, 정당은 정책과 공약 등을 통해 공적 이익의 추구와 이를 실현하기 위해 권력획득을 목표로 하는 정치집단이다. 그리고 정당은 이데올로기적 경직성과 정책의 유연성 및 포괄성을 갖는 정치집단이다(이정희 1998, 361).

그렇다면 정당으로서 인정받기 위해서 갖추어야 할 조건은 무엇인가? 이에 대해 라팔롬바라와 위너J. LaPalombara and M. Weiner는 정당의 조건으로서 첫째, 지도자의 변화에도 불구하고 정당이 유지되어야 한다는 지속성; 둘째, 조직적 관계에 있어 정당은 지방조직과 전국조직 간의 정기적인 커뮤니케이션과 기타 집단과의 다양한 상호관계를 갖는 관계망의 형성; 셋째, 권력획득의 측면에서 단독 혹은 연합을 통해 권력을 쟁취 유지하기 위한 지도자들의 목적의식적 결정행위; 마지막으로 선거에서 보다 많은 득표와 대중적 지지를 획득하기 위해 지지자를 찾으려는 조직성을 제시한다(LaPalombara and Weiner 1966, 3~4).

위와 같은 정당과 사회집단의 차이와 정당의 조건을 전제로 정당의 개념을 정리하면, 정당은 다양한 사회적 이익을 정치적으로 대표하고, 민주적 선거경쟁을 통해 시민들의 정치참여를 이끌어내며, 정책결정과정에서 시민들의 요구를 반영하여 이를 정책으로 실현하는 주요한 행위자로서 시민들에게 정치적 책임을 지는 정치조직으로 정의할 수 있다.

2. 정당의 기능

대의제의 발전과 선거권의 확대를 통해 형성되고 발전된 정당은 현대 정치과정에 있어 정치적 동원의 핵심적 담당자로서, 국가 또는 정부와 사회를 연결하는 통로로서, 그리고 분화된 사회의 갈등을 조정·통합하는 조정자로서 인식되고 있다. 즉, 정당은 권력획득이라는 목적을 성취하기 위해 자신들이 지향하는 가치, 이념 그리고 정책에 대한 국민들의 지지를 동원하는 조직인 동시에 국민의 의사가 정치에 반영될 수 있도록 전달하는 조직이다. 그리고 사회 내에 존재하는 다양한 갈등을 정치체제 내에서 토론과 대화를 통해 조정하고 통합하는 조직으로서 역할을 수행한다.

이와 같은 정당의 역할을 통해 정치과정에서 정당이 수행하는 기능을 살펴보면 다음과 같다.

(1) 사회적 이익과 요구의 정치적 대표 기능: 사회적 이익과 요구의 정치적 대표기능은 사회 내에 존재하는 이익의 정치적 표출과 집약을 의미한다. 즉, 정당은 국민 개인이나 집단이 정치체제에 대한 요구를 정당이 정책으로 구체화 하여 정치적으로 대표하는 기능을 수행한다. 이와 같은 기능은 정당의 존재이유를 설명하는 일차적 기능으로 간주된다. 현대사회는 다양한 이익들이 존재하며, 정당은 이들 이익들에 대해 반응하고 접목시키는 기능을 통해 다수의 지지의 동원과 득표를 추구함으로써 권력획득이라는 목적을 성취할 수 있다. 알몬드와 포웰 G. Almond and B. Powell은 정당의 대표기능을 정치체계에 대한 투입기능으로 설명하고 있다. 즉, 그들은 정당이 정치체제 내에서 이익의 표출과 집약을 통해 정책결정과정에서 국민의 요구와 이해를 공적 정책으로

전환시켜 실현하는 기능을 수행한다고 지적한다(유재일 2004, 123). 또한 유권자의 득표를 추구하는 정당을 시장의 기업과 유사하다고 주장하는 다운즈A. Downs는 기업이 더 많은 상품을 팔기 위해서 소비자의 선호에 반응하듯이, 정당은 투표자의 선호에 반응하여 정치적으로 대표할 때 권력을 획득할 수 있다고 주장한다(Dawns 1957). 정당은 다양한 사회적 이해와 요구를 수렴하고 이를 정책결정과정에 의제로 제시함으로써, 사회 내에 존재하는 다양한 갈등과 균열을 정치체제에 반영하는 전달자의 기능을 수행하는 것이다.

(2) 정치사회적 목표의 형성과 공식화 기능: 정당은 자신들이 지향하는 이념과 원칙을 정강과 정책으로 명확하게 제시하고 있다. 정당의 정강과 정책은 당원들이 지향하는 가치나 목표만을 의미하는 것이 아니라 국민들에게 제시함으로써 정치사회가 성취해야 할 목표와 나아가야 할 방향을 제시한다는 점에서 커다란 의미를 갖는다. 즉, 정당은 정강과 정책을 통해 정치사회의 집단적 목표를 설정하고 수행하게 된다. 또한 정당은 정치의 지향목표를 시대와 상황에 맞게 제시함으로써 대다수 국민들로 하여금 올바르게 그 정치이념을 선택하고 수용할 수 있게 해준다(진덕규 1994, 327). 그러나 탈이념적 · 탈계급적인 포괄정당화가 이루어지면서 정당의 목표형성과 공식화 기능은 약화되고 있다. 즉, 정당은 정치사회적 목표보다는 인물, 정책, 그리고 쟁점에 대한 이미지에 역점을 둠으로서 정치사회가 나아가야 할 청사진을 마련하는데 소홀해지고 있다.

(3) 정치적 충원과 참여기능: 먼저 정치적 충원기능은 정당이 정치엘리트를 양성하여 국가의 정치적 지도자를 선택·제공하는 기능을 수행한다. 정당은 정치적 리더쉽과 정책을 만들어내는 능력을 갖춘 정

치엘리트를 양성하기 위해 다양한 교육과 정치적 경험의 기회를 제공한다. 그리고 정당은 이러한 과정을 거친 검증된 인물을 각종 선거의 후보로 내세워 유권자의 지지를 획득하고자 한다. 즉, 이러한 일련의 과정은 정치엘리트를 충원하는 결과를 가져온다. 또한 정당은 국민의 정치참여를 촉진하는 기능을 수행한다. 즉, 정당은 선거운동뿐만 아니라 정책설명회, 공청회 등과 같은 다양한 정당 활동을 통해 국민의 정치참여를 촉진한다. 즉, 다양한 정당의 활동은 정치사회화 기능을 통해 새로운 사회적 그리고 정치적 의제에 대한 관심을 갖게 하고 이에 대한 국민 스스로의 의사를 개진하기 위한 참여의 노력을 이끌어낸다. 이러한 정당의 활동 중에 중요한 것은 정당의 선거운동이다. 즉, 정당은 선거운동을 통해 유권자의 자발적인 정치참여를 촉진시키며, 또한 정당은 선거운동에 결합된 유권자들을 조직화하여 일상적 정치활동에의 참여를 유인한다.

(4) 정치교육과 사회화 기능: 정당은 자신들의 이념과 정책을 선전하고 유권자들의 지지를 획득하기 위해 당원들뿐만 아니라 일반 국민들을 대상으로 하는 교육을 수행하고 있다. 일반적으로 국민에 대한 정당의 일상적 활동은 정치에 대한 관심과 정치의식의 향상 그리고 정치활동에 참여시키는데 초점이 맞춰져 있다. 그리고 정당은 이를 통해 유권자 개인의 정치적 성향, 정당일체감 그리고 정치에 대한 사고방식을 습득할 수 있도록 도와주는 사회화 기능을 수행한다. 정당의 사회화 기능은 정책홍보, 교육, 유대활동을 통해 이루어진다. 이와 같은 기능은 정당이 유권자들의 지지를 확대하고 정치참여를 촉진시키기 위한 필수불가결한 요소인 것이다(유재일 2004, 158~159). 이와 같은 정당의 정치교육과 사회화 기능은 정당에 대한 선호도를 높여주며, 정치에 대한 관심과 참여를 높여준다.

(5) 사회적 갈등의 조정과 통합 기능: 정당의 중요 기능 중 하나는 사회적 갈등의 조정과 통합기능이다. 현대사회는 다양한 이익을 추구하는 집단들이 존재하는 다원화된 사회이다. 그리고 다원화된 사회에서 발생되는 사회적 요구와 갈등을 조정하고 통합하는 것은 정치안정성에 있어 중요한 요소인 것이다. 대표적으로 립셋과 로칸S. Lipset and S. Rokkan은 정당간의 경쟁을 사회균열의 반영물로서 인식하고 있으며, 정당간의 경쟁을 통해 사회균열을 조정하고 완화할 수 있다고 보고 있다(Lipset and Rokkan 1967, 1~64). 이러한 사회균열의 조정과 완화는 정당의 선거활동을 통해 이루어지는 것이 일반적 현상이다. 즉, 정당은 다양한 사회세력들의 이해관계를 발전시키거나 방어하는 매개물로서 대립되는 갈등을 위임받아 정당간의 경쟁을 통해 갈등의 조정과 사회통합의 기능을 수행한다. 그리고 정당은 이러한 사회적 갈등의 조정과 통합기능을 통해 정치안정성에 기여한다.

키이V. O. Key는 정당이 수행하는 주요 기능을 중심으로 3가지 수준 모델을 제시한다(Key 1964). 정당기능의 3가지 수준 모델은 유권자 속의 정당parties in the electorate, 조직으로서의 정당parties as organizations, 그리고 정부 속의 정당parties in government이다. 먼저 유권자 속의 정당은 유권자의 용이한 정치적 선택, 정치참여를 위한 동원, 정치교육 그리고 정당일체감과 충성심의 동기부여 기능에 초점을 맞춘 정당을 의미한다. 다음으로 조직으로서의 정당은 정치적 지도력 충원과 공직 추구의 기능, 정치엘리트의 훈련기능, 정치적 이익의 집약과 표출기능을 중심적으로 수행하는 정당이다. 마지막으로 정부 속의 정당은 정부의 구성 및 정책 수행, 정부행위에 대한 책임성 보장, 행정부의 통제 그리고 정부안정성을 위한 기능을 추구하는 정당이다.

이러한 3가지 수준의 정당기능 모델은 1960년대 이후부터 조직으로서의 정당에서 유권자 속의 정당과 정부 속의 정당 모델로 변화되고 있다는 주장들이 제기된다. 정치를 둘러싼 환경의 변화는 유권자들의 당파성partisan의 변화 또는 약화를 결과함으로써 정당의 조직적 기능보다는 유동적인 유권자들의 지지와 정치권력을 획득하기 위해 유권자 속의 정당 또는 정부 속의 정당의 기능이 확대되고 있다는 것이다.

제2절 정당의 기원과 발전

근대적 의미의 정당은 대의제의 출현과 선거권의 확대라는 두 가지의 정치현상과 깊은 연관을 맺으면서 형성·발전되었다. 즉, 정당은 19세기에 의회의 역할이 강화되면서 공통된 이해를 갖는 의회 내 구성원들의 집단화가 이루어졌으며, 선거권의 확대로 인해 보다 많은 유권자의 지지를 획득하기 위한 조직의 필요성에 의해 형성되었다. 특히, 20세기 초 보통선거권의 확대는 새롭게 선거권을 획득한 사회세력들이 자신들의 이해와 요구를 정치적으로 동대표하고 동원하기 위한 조직적 노력의 결과로서 정당을 발전시켰다. 물론 근대 이전에도 '파벌', '파당', '도당' 그리고 '붕당'과 같은 사적인 집단의 이익을 추구하는 느슨한 정치조직이 존재했었다. 이러한 용어가 정당이란 용어로 대체되어 사용되기 시작한 것은 정당이 부정적 이미지와 혐오감을 갖는 파벌을 의미하거나 해악을 끼치는 조직이 아니며, 필연적으로 공익을 해치는 것도 아니라는 생각이 받아들여진 이후부터이다(Sartori 1976, 3).

근대적 정당이 일찍이 발달한 영국을 사례로 정당의 형성·발전과정을 살펴보면 다음과 같다. 영국의 경우 근대적 정당이라 불리는 토리Tory와 휘그Whig가 형성되기 전에 이미 종교적인 파벌인 국교도Conformist와 비국교도non-Conformist가 존재했었다. 이들은 1679년 요크 공작인 제임스 2세의 왕위계승을 둘러싼 갈등 속에서 토리와 휘그라는 근대적 정당인 형성되었다. 그러나 토리와 휘그의 초기 형태는 오늘날의 정당과는 매우 다른 모습으로 의원들 사이의 이해관계와 사적관계에 의해 느슨하게 결합된 그리고 대중적인 지지 기반과 조직이 존재하지 않는 정당이었다.

토리와 휘그가 근대적 정당으로 발전하게 된 계기는 선거권의 확대를 보장하는 1832년부터 1928년까지의 네 차례의 선거법 개혁에서 찾을 수 있다. 이러한 선거권의 확대는 대중들의 정치활동에 대한 높은 관심과 참여를 가져왔으며, 토리와 휘그는 선거에서 승리하기 위해 전국적인 당원의 모집과 정당조직을 만들게 되었다. 이후 토리는 기존 질서의 유지를 원하는 보수 세력인 왕실, 국교회, 그리고 지주층들의 정당으로, 그리고 휘그는 경제성장과 자유시장의 이념을 지향하는 자유주의자, 상업 및 산업 자본가 및 비국교회도의 지지를 받는 정당으로 발전하였다.

산업혁명 이후 확대된 노동자들의 계급의식화, 선거법 개혁에 따른 보통선거권의 확대, 신조합주의의 확산이 이루어지면서 노동당이 1906년에 등장하였다. 노동자, 사회주의자 및 진보적 지식인의 지지를 확대해가던 노동당은 1929년에 과반의석을 넘는 다수당이 되어 단독 내각을 구성하게 되었으며, 1945년 이후 토리로 불리는 보수당과 함께 영국정당정치를 이끄는 거대정당으로 발전하였다.

이러한 근대적 정당의 발전과정을 헌팅턴S. Huntington은 파벌주의factionalism, 분극화polarization, 확대화expansion, 그리고 제도화institutionalization라는 4가지 단계로 설명한다(Huntington 1968).

(1) 파벌주의 단계: 이 단계는 구성원들의 사적인 이익만을 대변하는 초기 정당의 형태로서 정치참여 및 정치제도화의 수준이 매우 낮은 단계이다. 이 단계에서 정당은 사적인 이익을 달성하기 위한 비공개적인 연합체로서 활동의 범위가 의회 내에 국한되어 있다. 또한 정당의 구조는 허약하며, 사회적 지지를 동원하기 위한 조직이 결여되어 있다.

(2) 분극화 단계: 선거권 확대는 정치참여의 범위를 확대하고 정치세력과 사회세력이 결속하는 정당의 형성을 가져왔다. 이러한 결속의 과정 속에서 정당은 자연스럽게 이념적 성격에 따라 분극화가 이루어졌다. 즉, 기존의 지배세력을 중심으로 하는 정당과 새로운 사회세력의 지지에 기초한 정당으로 양분되었으며, 이들 정당은 이념과 정책을 중심으로 경쟁하는 구조를 형성하였다. 이러한 분극화는 여론의 양극화와 정치참여의 촉진에 의해 파벌정치로부터 정당정치로의 변화를 가져오게 되었다.

(3) 확대화의 단계: 분극화의 단계를 거친 정당은 일반 국민의 지지를 확보하고 동원하기 위한 효과적인 조직을 구축하려는 노력을 보이게 된다. 이러한 노력들의 과정과 결과가 확대화의 단계인 것이다. 즉, 확대화의 단계는 정치참여의 확장과 참여를 조직화 하는 단계인 것이다. 이 단계는 원외정당의 구성과 원내 진입 그리고 다양한 사회세력의 정치세력화에 따른 다당화의 초래, 그리고 국민정당의 성격 강화 등의 특징을 갖는다.

(4) 제도화 단계: 제도화의 단계는 정치참여가 확대됨에 따라 형성된 정당이 적응성, 복합성, 자율성 그리고 응집성을 갖으며, 중요한

국가의 정책결정과 정치지향을 주도하는 핵심적인 정치제도로 자리잡는 단계이다. 또한 이 단계는 개별정당 차원뿐만 아니라 정당체계가 성립되는 최종단계이며, 이 단계에서 정당체계의 변화는 사회구조상의 주요 위기나 변화의 결과에 의해 나타나게 된다.

한편 듀베르제M. Duverger는 근대 정당의 기원을 선거 및 의회주의적 기원과 의회 외적 기원으로 구분하여 정당의 조직과 성격을 분석한다(Duverger 1967). 먼저 선거 및 의회주의적 기원을 둔 내생정당internally created parties은 의회에 진출한 의원들 사이에 가문, 지역 그리고 친분 등 사적인 이해관계를 중심으로 한 의회집단이 형성되고, 선거권의 점진적 확대에 의한 선거위원회가 결성되면서, 두 조직-의회집단과 선거위원회-의 영구적인 관계가 설립된다. 즉, 의회에 진입한 대표들은 지역적 이념적 요인에 따라 의회 내에 집단을 형성하고, 선거에 공동으로 대응하면서 자신들의 재선을 보장받을 수 있는 유권자의 동원과 지지조직으로서 선거운동단체를 결성함으로써 조직적 틀을 갖는 정당에 대한 필요성을 갖게 되었다. 이러한 필요성에 기초해서 발생한 내생정당의 대표적인 예는 유럽의 보수주의 및 자유주의를 지향하는 정당인 보수정당들과 자유주의정당을 들 수 있다.

반면 의회 외적 기원을 둔 외생정당externally created parties은 의회 밖의 조직인 노동자 단체, 학술 단체, 언론 등 사회단체들의 목적을 추구하기 위해 결성된 정당을 의미한다. 원외정당은 보통선거권의 실시에 따른 새로운 유권자들-노동자, 농민, 다양한 사회단체 등-의 정치참여와 정치세력화의 욕구와 이를 실현하기 위한 노력의 정치적 결과로서 등장하였다. 이와 같은 외생정당은 사회단체에 의해 중앙당 조직이 먼저 생기고 뒤에 지방선거위원회 그리고 원내집단이 형성되는 과정을 통해 정당이 형성된다. 이러한 대표적 정당은 19세기 후반에 형성된 계급과 이념에 기초한 사회주의 또는 사회민주주의 정당과 이에 대응하는 기독교민주당과 같은 종교정당을 들 수 있다.

정당의 형성과 발전과정의 차이는 정당의 성격에 있어 커다란 차이점을 갖는다. 첫째, 정당권력의 형태의 측면에서 내생정당은 권력의 집중성이 낮은 반면 외생정당은 권력이 중앙으로 집중되는 경향을 보이고 있다. 둘째, 조직구조의 측면에서 내생정당은 이념적으로 응집력이 약하며, 정당규율이 엄격하지 않다. 그러나 외생정당은 이념적 응집력과 규율이 매우 강한 조직구조를 갖는다. 셋째, 의원집단 또는 개별의원들의 영향력의 측면에서도 내생정당은 의원집단과 개별의원들의 영향력이 정당의 영향력보다 강하지만, 외생정당은 의원집단이나 의원들의 영향력이 낮고 정당의 영향력이 강하게 나타난다. 마지막으로 정당 활동의 목표에 있어 내생정당의 주요 목표는 의석확보를 통한 의회 활동에 있지만, 외생정당은 선거를 통한 의석 확보 보다는 정당이 지향하는 정치적 목적을 실현하기 위한 수단으로 선거와 의회 활동을 고려한다.

제3절 정당조직과 유형

1. 정당의 조직

현대 정당은 자신의 고유한 목적과 기능을 효과적으로 수행하기 위해 정당조직을 필요로 한다. 즉, 정당조직은 선거경쟁에서의 승리, 정당의 지속, 그리고 이용가능한 자원의 동원을 위한 도구인 것이다. 웨어는 정당조직의 역할을 ① 선거경쟁을 준비·보조하는 역할, ② 정당조직, 당원 그리고 다른 자원을 유지하는 역할, ③ 정당의 새로운 공공정책과 전략을 세우는 역할로 구분한다(Ware 1996, 111~112).

현대 정당의 조직유형은 정당의 기원, 목적, 정치 환경 그리고 당내 권력관계 등에 의해 다양하게 나타나고 있다. 따라서 각 정당마다 조직구조가 어떠한가를 연구하는 것은 어려우며, 또한 제도화된 조직구조만을 통해 정당의 특성을 이해하는데 어려움이 있다. 그럼에도 불구하고 20세기 초에 정당조직에 관한 연구가 주목받은 이유는 앞서 제시한 정당의 선거승리, 지속성, 그리고 이용가능한 자원의 효율적 동원의 성패에 중요한 영향을 미치고 있기 때문이다.

웨어는 정당조직을 설명하는 모델을 크게 선거경쟁 접근법, 제도적 접근법, 사회학적 접근법으로 구분하여 설명하고 있다(Ware 1996, Ch.3). 먼저 선거경쟁 접근법은 정당이란 선거에서 승리하거나 일정한 의석을 차지하여 국가의 정책결정 구조에 영향을 미치는 정치집단으로 보고 이를 위해 정당들은 특정한 형태의 정당조직을 갖는다는 것이다. 다음으로 제도적 접근법은 정당간 경쟁보다 정당 내의 문제나 정당의 제도화 과정에 주목하는 접근법으로서 어떻게 조직이 형성되는지에 대한 동태성과 정당내의 서로 다른 요소 사이의 관계를 중심으로 정당조직을 설명한다. 대표적으로 파네비앙코A. Panebianco는 정당의 기원과 제도화(자율성과 체계성)의 관계를 통해 정당내부 조직의 권력관계 또는 권력분배가 정당의 형성과 지속성에 있어 중요함을 강조한다(Panebianco 1988). 마지막으로 사회학적 접근법은 정당의 조직특성을 그 정당이 이용 가능한 특정 종류의 자원과 연결시켜 설명하는 접근법이다. 정당의 자원은 당원, 재정, 이슈 그리고 매스미디어 등과 같이 다양하다. 따라서 정당조직은 어떠한 정당자원을 동원하는가에 따라 다양하게 구성된다고 본다.

이 글에서는 정당의 유형을 분류하는데 있어 중요한 기준으로 제시되는 조직구조 요소를 지적한 듀베르제의 정당조직에 대한 연구를 중심으로 살펴보고자 한다. 듀베르제는 엡스타인(Epstein 1967)과 더불어 정당간 선거경쟁이 정당의 조직형태에 영향을 준다는 선거경쟁 접근법에 의해 정당조직을 설명하는 대표적인 학자이다. 그는 정당조직을 두 차원으로 구분한다. 하나는 직접적 구조와 간접적 구조이며, 다른 하나는 조직의 기본적 요소이다. 첫 번째 차원에서 직접적 구조는 단일한 조직에 의해 구성된 정당이며, 간접적 구조는 다양한 단체들의 연합에 의해 구성된 정당으로 사회주의 정당이나 카톨릭 정당이 대표적인 예이다.

두 번째 차원인 조직의 기본적 요소는 간부조직the caucus, 지부조직the branch, 세포조직the cell 그리고 전투대조직the militia이다. 이러한 요소는 정당유형을 분류하는 기준 중 하나로 제시되고 있다(Duverger 1967, 17~40).

(1) 간부조직은 제한되고 폐쇄적인 반영구적 집단으로 정당운영과 후보자 선출이 소수의 명망가 또는 전문가에 의해 이루어지는 조직유형이다. 그리고 당원의 충원은 간부회의의 암묵적 동의에 의해서 선출하거나 또는 공식적 지명에 의해 이루어진다. 그리고 정당의 활동범위는 선거구와 일치하며, 정당의 활동기간이 주로 선거기간에 한정되어 운영된다. 즉, 간부회의에 기초한 대표적 정당유형은 간부정당, 명망가 정당 등이다.

(2) 지부조직은 선거권의 확대와 더불어 발달한 대중정당의 핵심적 조직 형태이다. 지부는 간부회의와 달리, 당원 가입이 개방적이지만

당내 규율이 강하며, 중앙집중적인 조직적 성격을 갖는다. 지부에 기초한 정당들은 대부분 정당과 당원들 사이에 긴밀한 유대관계가 유지되고 있으며, 정치활동은 선거시기뿐만 아니라 평상시에도 지속적으로 이루어지고 있다. 그리고 정당의 주요한 정책과 운영은 당원들의 토론을 통한 의사결정방식을 채택하고 있다.

(3) 세포조직은 볼셰비키 정당 및 혁명정당에서 보이는 기초조직으로서 동일한 장소에서 일하는 모든 당원들로 구성된다. 이들은 철저한 규율과 획일적인 위계질서를 갖고 있으며, 엄격한 비밀주의를 원칙으로 한다. 이들 조직의 목적은 많은 시민들이 지역정치에 더 많이 참여하도록 고무하고 정치이데올로기에 익숙하게 하는 것이다.

(4) 전투대조직은 독일의 나치당과 이탈리아의 파시스트당의 핵심적인 조직으로서 정규군과 같은 규율에 종속되는 당원들로 이루어진 준군사집단을 의미한다. 이들 조직은 다른 조직과 달리 정치지도자와의 사적인 충성관계에 의해 형성된 조직의 성격을 갖는다.

듀베르제는 현대 정당의 조직형태는 선거경쟁에서의 승리와 유권자의 지지 등 정치적 자원의 획득에 적합한 조직형태로서 지부조직의 우월성을 강조하면서 다른 조직형태를 갖는 많은 다른 정당들도 지부조직의 형태로 변화될 것이라는 '좌파로부터의 전염'을 주장한다.

반면 엡스타인은 듀베르제의 분석이 유럽의 정당을 대상으로 한 것으로 현대의 선거운동에 있어 간부조직의 형태를 유지하는 미국식 정당이 우월하다고 주장했다. 그 이유로 첫째, TV 유세와 같은 매스미디어와 여론조사 등을 통한 선거운동은 정당이 조직이나 많은 수의 당원을 필요로 하지 않는다는 것이다. 둘째, 정치자금을 개인이나 이익집단으로부터 쉽게 얻을 수 있다는 것이다. 셋째, 다양한 유권자로부터 많은 지지를 얻을 수 있는 선거전략을 고안할 때, 지도자와 활동가 사이의 느슨한 연계에 기초한 유연한 조직구조가 더 우월하다는 것이다. 이러한 지적은 듀베르제의 '좌파로부터의 전염'이 아닌 '우파로부터의 전염'을 의미하는 것이다.

2. 정당의 유형

정당의 유형은 일반적으로 정당의 이념, 조직형태, 그리고 정당의 당원 수를 중심으로 구분되며, 정당의 역사적 전개과정에 따라 정당의 유형과 특징이 커다란 차이를 보이고 있다. 여기서는 정당의 유형을 19세기 말에 원내 명망가를 중심으로 형성된 간부정당cadre party, 20세초에 보통선거권의 확대와 더불어 형성된 대중정당mass party, 20세기 중엽에 나타난 포괄정당catch-all party 그리고 20세기 후반에 등장한 카르텔 정당cartel party을 중심으로 살펴보고자 한다. 여기서 주목할 점은 비록 각 시기마다 정당의 유형과 특징이 변화되어 왔지만 이를 정당의 발전이라는 진화론적 관점에서 설명하기 어려우며, 또한 정당의 유형을 규정짓는 성격이 서로 융합되어 있는 정당이 많다는 점이다. 즉, 대중정당보다 포괄정당이, 그리고 카르텔 정당이 현대 정치에 있어 더 발전된 정당의 유형임을 의미하는 것이 아니며, 이러한 역사적 과정을 꼭 거쳐야만 하는 단계라고 할 수 없다. 왜냐하면 서구 유럽대륙의 많은 정당들은 아직도 정당의 이념, 정당조직 그리고 당원의 수에 있어 대중정당적 성격을 강하게 보이고 있기 때문이다.

(1) 간부정당cadre party

간부정당은 의회 내의 명망가들의 비정치적이고 개인적 요인에 의해 형성된 선거 및 의회주의적 기원을 가지는 원시적 형태의 정당이다. 즉, 간부정당은 이념적 대의나 정치적 목표에 기초한 정당이 아니며, 명망가들의 개인적 친분과 보수적인 전통사회의 충성심에 기초한 조직 및 지지 세력에 기초한 정당이다. 간부정당의 조직은 크게 원내집단과 선거위원회 조직으로 구분된다. 원내집단은 정당운영과 당의 정책을 결정하는 핵심적 조직으로 원내집단의 구성원들은 자율성을 갖고 있다. 그리고 선거위원회 조직은 정당의 이념이나 목표에 동의하기보다는 지역 및 개인적 친분관계에 의해 형성된 조직으로서 일상적인 정치활동을 전개하기보다는 선거시기에만 국한되어 활동하는 선거운동조직의 성격이 강하다. 이와 같은 정당형성의 기원과 조직구조 및 운영의 성격은 간부정당이 이념적으로 보수주의 정당으로 발전하는 중요한 원인으로 제시될 수 있다. 그리고 간부정당은 귀족, 대토지 소유자, 자본가와 같은 사회경제적 엘리트들의 재정적·정치적 후원을 받고 있기 때문에 당원의 확대 및 대중의 조직적 지원을 필요로 하지 않는다. 이러한 경향은 간부정당을 대중과 괴리된 엘리트의 이익을 대변하는 엘리트 정당으로 인식하게 하는 원인으로 작용한다. 이와 같은 간부정당의 대표적 예는 보수주의 정당과 자유주의 정당을 들 수 있다.

(2) 대중정당mass party

대중정당은 선거권의 확대와 더불어 발전된 정당의 유형으로서 일반대중의 지지를 기초로 원외조직에 의해 형성된 정당이다. 대중정당은 근대 산업사회가 낳은 가장 대표적인 정당 유형으로 19세기 말부터 진행된 보통선거권의 확대의 결과물이다. 즉, 자본주의 발전에 따라 확대된 산업노동자들이 자신들의 정치적 시민권과 정치세력화를 추구하기 위한 투쟁에 의해 형성된 정당이 대중정당이다. 이러한 대중정당은 간부정당과 달리 이념이나 정치적 목표를 공유하는 사람들로 구성된 근대적 정당형태이다. 그리고 조직적 측면에서도 간부정당과 달리 지역, 직종, 그리고 사회단체를 중심으로 한 지부조직을 갖고 있다. 앞서 살펴보았듯이, 지부조직은 당원 및 유권자를 동원하고 조직화하며, 당의 전반적인 운영과 정책에 대한 논의와 당원들의 의사를 수렴하는 창구로서의 기능을 수행하고 있다. 이러한 기능은 정당과 당원들 사이의 긴밀한 유대관계를 형성한다. 이와 같은 대중정당은 간부정당과 달리 정당규율이 엄격하며, 의사결정구조는 중앙집중적 성격을 띠고 있다. 대중정당의 대표적인 예는 독일의 사회민주당, 영국의 노동당 등과 같은 사회주의 또는 사회민주주의 이념에 기초한 정당들이다. 또한 선거권의 확대와 더불어 소수의 지지 세력과 비조직적 구조을 갖고 선거에서 승리할 수 없다는 인식이 확산되면서 간부정당의 형태를 가졌던 보수주의 정당과 자유주의 정당들은 대중정당으로 변화하게 되었고, 그 결과 대중정당은 현대사회의 지배적인 정당유형으로 자리 잡게 되었다.

(3) 포괄정당catch-all party

포괄정당은 선거에서 승리하기 위해 특정한 이념과 계급에 기초하지 않고 가능한 한 다수의 유권자 지지를 획득하려는 정당이다. 이 정당은 1960년대에 대중정당을 대체하여 등장한 정당을 설명하기 위해서 키르크하이머O. Kirchheimer가 제시한 정당유형의 하나이다. 그는 포괄정당을 특정한 이념이나 사회계급에 의존하는 대중정당과 달리 다수의 국민으로부터 최대한의 지지를 획득하기 위해 유권자가 선호하는 이슈를 제기함으로써 유권자의 지지를 동원하는 정당이라고 지적한다(Kirchheimer 1966, 177~200). 포괄정당은 1960년대 립셋과 로칸이 제시한 균열구조에 기초한 정당과 유권자의 편성alignment이 해체되면서 확대된 무당파층 또는 유동층의 지지를 얻기 위한 정당의 적응 과정에서 등장하였다고 할 수 있다. 이러한 포괄정당은 탈이념적·탈계급적 성격이 강하며, 정당과 당원 및 지지자 사이의 연계가 약하며, 대규모 당원의 열성적 참여보다는 소수의 엘리트와 그를 보좌하는 집단의 정치조직의 모습을 갖추고 있다. 그리고 선거활동에 있어서 이념과 계급에 기초한 정당일체감에 의해 유권자의 지지를 동원하는 대중정당과 달리, 포괄정당은 유권자의 선호에 따라 지지를 동원하는 선거활동을 벌이고 있다. 포괄정당의 문제점은 정당의 기능 중 정치사회의 목표를 제시하는데 있어 한계를 갖고 있으며, 정당들은 선거에서의 승리를 위해 유사한 인기영합적인 정책과 인물을 중심으로 한 정당의 성격을 갖는다는 점을 지적할 수 있다. 포괄정당의 대표적인 예는 미국의 민주당과 공화당, 독일의 기독교민주당Christian Democractic Union을 들 수 있으며, 최근에 탈이념적 성격을 보이고 있는 영국의 노동당도 포괄정당 유형으로 분류할 수 있다.

(4) 카르텔 정당cartel party

카르텔 정당은 자유민주주의 체제에서 발생하고 있는 새로운 정당

형태로서 정당과 국가의 상호침투나 정당 상호간의 담합에 의한 정치적 대표성의 독점에 기초한 정당을 의미한다. 카르텔 정당을 처음으로 제시한 카츠R. Katz와 메이어P. Mair(1995)는 정당에 대한 국가보조금의 증가와 선거운동에 있어 국가의 통제에 종속되는 전자매체의 증가 등이 국가와 정당 사이의 상호침투를 가져오는 중요한 요인으로 지적한다. 즉, 국고보조금과 미디어 선거의 확대는 정당에 있어 당원과 활동가들의 지지와 지원에 대한 의존을 약화시키며, 이들 정당들은 정당유지를 위해 새로운 정당의 등장과 의회진입을 제한하는 경향을 보이고 있다. 그리고 이러한 카르텔 정당의 성격은 시민과 정당 사이의 단절 심화와 국가에 대한 종속 강화라는 역설적 현상을 가져왔으며, 새로운 재정적 원천과 미디어의 독과점에 의한 기성정당 간 정치적 대표성의 독과점을 형성하게 되었다(장훈 2004, 179). 즉, 이러한 현상은 카르텔 정당이 국가와 사회를 연결하는 통로로서의 정당의 의미와 기능을 약화시키고 있으며, 거대 정당에게 유리한 경쟁과 특정 사회집단의 이익만이 정치적으로 대표되는 독과점 현상을 가져온다는 비판에 직면하는 주요 이유이다.

제4절 정당의 운영과 당내 민주주의

1. 정당운영의 방식

정당의 중요한 의사결정이 어떠한 조직에 의해 이루어지는가, 즉 정당권력이 어떠한 조직에 존재하는가라는 정당운영의 방식은 정당의 성격을 설명하는 주요한 요인 중 하나이다. 특히 정당의 민주적 운영은 선거경쟁에서의 승리여부와 관계없이 정당존립의 정당성과 제도화에 긍정적 영향을 미친다. 따라서 많은 정당연구자들은 정당 내부의 권력이 어떠한 방식으로 작동되고 있는지에 대해 지속적인 관심을 보이고 있다. 그 대표적인 연구는 민주적인 조직을 갖춘 정당에서 조차도 소수엘리트에 의해 지배된다는 '과두제의 철칙the iron law of oligarchy'을 주장한 미헬스R. Michels의 연구이다. 독일 사회민주당의 권력구조를 분석한 미헬스는 민주적 가치를 실현하려는 사회주의 정당 및 민주주의 정당을 포함한 모든 조직에서 소수에 의한 지배형태가 불가피하게 초래된다고 밝히고 있다. 그는 조직의 과두제화의 경향을 가져오는 주요한 원인으로 ① 대규모의 조직에서 전문적 지식과 조직적인 기술을 습득한 관료제의 형성, ② 대중들의 무관심과 지도자에 대한 맹목적인 복종과 숭배를 지적한다(Michels 1962). 즉, 규모의 확대와 다양한 과업을 수행하기 위해 정당조직이 분업화가 이루어지게 되고 분업화된 조직을 관리할 수 있는 전문적 지식과 조직적인 기술을 갖는 엘리트에 의한 일반당원에 대한 통제가 이루어지게 된다는 것이다. 또한 일반당원들은 자신들의 열악한 지식을 인식함으로써 자신들의 종속을 자연스러운 것으로 받아들이게 됨으로써 의사결정을 내릴 수 있는 정당의 권력이 소수의 엘리트에게 집중된다는 것이다.

현대 정당은 국민들로부터의 외면과 불신 그리고 당원들의 이탈 등 '위기'를 맞고 있다. 이러한 '정당의 불신론과 위기'는 다양한 원인에 의해 나타나는 결과이겠지만 가장 중요한 것은 당 조직의 비대화와 분업화에 의해 초래되는 관료화에 따른 '과두화의 경향'에서 찾을 수 있다. 즉, '과두화의 경향'은 당원들의 참여와 토론 그리고 의사결정보다는 몇몇 당 지도부와 관료들에 의해 정당의 노선과 정책들이 결정

됨으로써 당 권력이 집중됨을 의미하는 것이다. 따라서 다시금 민주정치 하에서 국민들의 그리고 당원들의 당에 대한 관심과 참여를 이끌기 위해서는 당내 민주주의가 실현되어야 할 것이다. 즉, 당의 노선과 주요한 정책 등의 결정에 있어 당원들의 의사가 적극적으로 반영되어져야 할 것이며, 당 지도부에 대한 견제와 감시를 위한 제도적 그리고 절차적 조건들이 만들어져야 할 것이다. 이러한 제도적 그리고 절차적 구조가 바로 전당대회이며, 이를 통해 당 지도부와 당원들 사이의 원활한 상호작용 속에서 당내 민주주의를 실현할 수 있으며 그 결과 당에 대한 당원들의 충성심을 강화할 수 있을 것이다.

모든 국가에서는 정당의 최고의결기관으로서 전당대회를 당헌에 규정하고 있다. 즉, 전당대회는 전체 당원 또는 대의원들이 함께 모여 정당의 정체성과 진로 그리고 주요 정책과 안건을 결정하는 당내 최고기관으로서 개최 시기, 구성 방법 그리고 운영 방식 등에 있어 차이가 보이지만, 대다수 민주국가의 정당에서 실행되고 있으며 공통된 위상을 지니고 있다.

현대의 민주적 정당에 있어 전당대회는 두 가지의 위상을 지니고 있다. 하나는 정당의 정강과 정책의 채택, 당 대표를 포함한 당 지도부와 공직후보자의 선출 및 지명, 그리고 당의 주요한 안건과 합당과 해산이라는 당의 진로에 대한 결정을 전체 당원 또는 대의원들의 참여, 토론 그리고 투표를 통해 의결하는 최고 기관으로서 위상을 지니고 있다. 다른 하나는 당원들의 참여와 토론을 통해 민주적 가치와 규범에 대한 정치교육과 신념을 향상시키고 당의 통합과 단합을 이룩하는 장으로서의 위상을 가지고 있다. 정리하면 전당대회는 당원들의 실질적이고 적극적인 참여, 토론 그리고 자율적 의사결정을 행사하는 민주주의의 산실이며, 당의 정체성과 단합을 습득하는 장인 것이다.

이와 같은 위상을 갖는 전당대회는 다음과 같은 중요한 기능을 수행한다. 첫째, 전당대회는 당의 정체성과 노선을 밝히는 당헌과 정강, 정책의 채택이라는 중요한 기능을 수행한다. 전당대회는 당의 강령과 정책에 대한 당원 또는 대의원들의 적극적인 토론과 채택을 가능하게 함으로써 당의 목표와 노선에 대한 전체 당원의 인식 공유와 정당성 보장, 당의 분열 방지와 국민의 지지 기반을 확고하게 하는 주요한 역할을 수행한다.

둘째, 전당대회는 당 지도부의 선출(또는 추인)과 수직적 책임성을 갖는 중요한 기능을 수행한다. 즉, 전당대회는 당원 또는 대의원들에 의해 당 지도부가 당의 정강과 정책에 부합하는 정당운영과 결과를 가져왔는지에 대한 감시, 평가 그리고 심판의 장으로서의 기능을 갖고 있다. 이러한 수직적 책임성의 기능은 당내 민주주의를 위한 핵심적인 정치과정으로서의 전당대회의 중요성을 보여주는 것이다.

셋째, 전당대회는 정책과 주요 안건에 대한 토의를 통해 당원들에 대한 정당의 정책과 정체성에 대한 교육과 더불어 당면한 정치적 의제에 대한 국민들의 이해를 높이고 당의 정체성과 주요 정책을 널리 홍보하는 기능을 수행한다.

넷째, 전당대회는 정당내의 다양한 이해와 요구들이 민주적 토론을 통해 합의되고 이를 토대로 정당의 통합 기능을 수행한다. 전당대회는 이러한 다양한 이해와 요구가 당원 또는 대의원들의 토론과 투표를 통해 최종적으로 정강 정책의 이름으로 조정되고 통합되고 나아가 이를 실천할 지도부를 민주적인 절차를 통해 선출함으로써 당의 단합과 통합을 이루는 기능을 수행한다.

당내 민주주의의 결여는 현대 민주주의 하에서 당원들이 추구하는 정치목표의 설정, 다양하게 분출되고 있는 이익의 집약과 표출, 높은 정치참여를 위한 정치교육과 사회화, 정치엘리트의 형성과 충원 그리고 정치사회의 통합이라는 정당의 궁극적인 기능과 역할을 왜곡시킴으로써 정당의 발전 및 제도화를 통한 민주정치에 부정적 영향을 미치고 있다.

2. 지도자 또는 공직후보의 선출

당내 민주주의는 민주정치의 실현자로서의 정당과 정당정치의 제도화, 그리고 개별 정당이 민주적 정당으로서 정당성을 확보하기 위한 중요한 필요조건이다. 대의제 민주주의 체제에서 정당 내 민주주의의 실현 정도는 당직자 또는 공직후보의 선출 방식과 내용을 통해 직접적으로 평가되고 있다. 그 이유는 당직자 또는 공직후보자의 선출과정에 있어 당원들의 참여가 단순한 표의 행사뿐만 아니라 당의 진로, 당의 정책 그리고 당의 활동에 대한 의사결정과정에의 참여를 의미하고 있기 때문이다.

이러한 정당의 민주화와 정당성의 확보는 당내에 존재하는 다양한 이해와 요구를 둘러싼 갈등을 조정하고 통합하여 정당의 결속력(응집력)을 강화하는데 핵심적인 요소이다. 즉, 민주적인 선출방식은 정당의 정당성과 민주성을 확보하고 그것들은 정당의 결속력을 유지시키는 기능을 한다. 여기서 정당 결속력은 정당의 정체성을 유지하는 것으로부터 당내 기강 그리고 당의 효율적 결정과정에 이르기까지 정당으로서의 존립 근거에 결정적인 영향력을 행사한다. 따라서 정당의 결속력을 유지하는 과정이 제도화될 때 민주적 정당으로서의 정당성을 지지세력 및 국민으로부터 획득할 수 있으며, 정당의 성공과 지속성을 가져올 수 있을 것이다.

동시에 정당의 공직 후보자 선출은 대의제 민주주의 국가에서 정당의 존립근거와 긴밀히 연결되어 있다. 즉, 정당은 어떠한 조직과 성격을 갖는가와 상관없이 권력획득을 목적으로 한다. 이러한 목적을 성취하기 위해서 정당의 후보 선출과정은 정당 내부의 결속력만을 강화하거나 정체성을 확인하는 '자신들만의 축제'가 아닌 본선에서의 경쟁력을 갖는 후보를 선출하는 과정이어야 한다. 성공적인 정당의 후보 선출 과정은 가장 적합한 사람을 뽑아내는 기능만을 하는 것이 아니라 뽑힌 후보자의 경쟁력을, 다시 말해 본선에 나서는 정당의 경쟁력을 강화시켜주는 기능을 한다.[1] 이렇듯 당선 가능성이 높은 후보의 선출은 정당의 고유한 기능인 정치적 충원이라는 핵심적 역할을 수행하며, 권력 획득을 통해 당의 강령과 이념의 현실적 실현이라는 정당의 존재 목표를 달성하는 가장 핵심적인 방법 중 하나이다(Ranney 1981).

요약하자면 정당의 후보선출은 정당에 지녀야할 민주성과 정당성, 조직으로서의 결속력, 그리고 권력을 잡기 위한 방법으로서 의미가 있다. 따라서 후보를 어떻게 선출하는가 하는 문제는 정당이 다른 정당과 어떻게 경쟁하는가라는 문제 못지않게 중요한 사항이며 선거 또는 일상적 정치활동에 있어 정당의 정치적 성격과 나아가 한 국가의 정치적 수준을 규정한다(안순철 2000; 신명순 2006).

일반적으로 후보자 선출유형은 크게 3가지의 차원을 중심으로 분류된다. 즉, 분권화의 정도, 포괄성의 정도 그리고 참여의 방식에 따라 유형화(Ranney 1981)되며, 이를 중심으로 당내 민주주의와 본선경쟁력과의 관계에 대한 논의가 진행되고 있다. 즉, 분권화의 정도는 후보자 선출 과정에 있어 당 조직들 중 어디에 선출권한이 있는가를 중심

1) 당 외부의 참여도 활발한 미국 대선의 예비선거 과정이 보여주듯이 경선 과정의 치열함과 그것이 갖는 흥행성은 지지자들의 응집과 후보자를 매력적으로 만드는데 큰 효과를 거두고 있다. 지난 16대 대선과정에서 우리 정치도 이 같은 경험을 했는데, 노무현 후보를 등장시킨 민주당의 당내 경선과정은 '이회창 필승론'을 꺾는 커다란 전기를 마련했다.

으로 후보자 선출유형을 분류하는 것이다. 포괄성의 정도는 후보자의 선출에 있어 어느 수준까지 참여가 이루어지는가라는 개방성의 정도를 의미한다. 즉, 후보자 선출에 참여하는 주체가 당지도자, 비선출직 당기구, 선출직 당기구, 당원 그리고 일반유권자라는 범주 하에서 어디에 속하는가에 따라 포괄성의 정도가 정해진다고 할 수 있다. 마지막으로 후보자 선출을 위한 참여의 방식이 직접적인지 아니면 대의원대회 등을 통한 간접적 참여의 방식인지에 따라 후보자 선출유형이 구분된다.

후보자 선출유형은 정당의 중앙조직에 의해서 중앙집권적으로 선정되는지 또는 지역조직에 의해서 분권적으로 선정되는지, 선출권한이 의사결정조직의 일부 엘리트에게 집중되어 있는지, 일반 당원에게 분산되어 있는지에 따라 구체화 된다. 특히 정당구조의 분권화의 정도와 포괄성의 정도는 후보자 선출유형을 규정하는 중요한 차원이다. 우선 후보자 선출의 유형을 중앙당과 지구당 사이의 관계를 중심으로 분권화의 정도에 따라 유형화 하면 다음과 같다(Ranney 1981, 82~85; Bille 2001, 366).

㉠ 중앙당의 완전 통제
㉡ 지구당 및 지역당의 제안과 중앙당의 최종결정
㉢ 중앙당의 리스트 제공과 지구당의 최종결정
㉣ 지구당 결정과 중앙당 승인
㉤ 지구당의 완전 통제
㉥ 당원 투표
(㉦ 일반 유권자 투표)

여기서 지구당의 통제가 당원 투표에 의한 것인지 지구당의 엘리트에 의한 것인지에 따라 좀 더 세분화 될 수 있다. 실제로 적용되는 유형을 보자면 의회코커스, 선거인단, 전당대회, 지역코커스, 폐쇄형 예비선거, 개방형 예비선거 등으로 구분할 수 있다. 의회코커스의 경우는 당 지도자, 비선출직 당기구을 포함하며, 전당대회와 지역코커스는 선출직 당기구를 포함한다. 그리고 나머지 폐쇄형 예비선거는 당원의 참여에 의한 후보자 선출유형이며, 개방형 예비선거는 당원뿐만 아니라 일반유권자들이 참여하는 선출유형이다. 이 같은 유형들은 한 가지 방식이 단독으로 또는 두 가지 방식이 단계적으로 사용되기도 한다. 이 같은 정당구조의 포괄성의 정도를 그림으로 정리하면 다음과 같다.

〈그림 7-1〉 정당의 후보선출단위와 정당의 개방성과의 관계

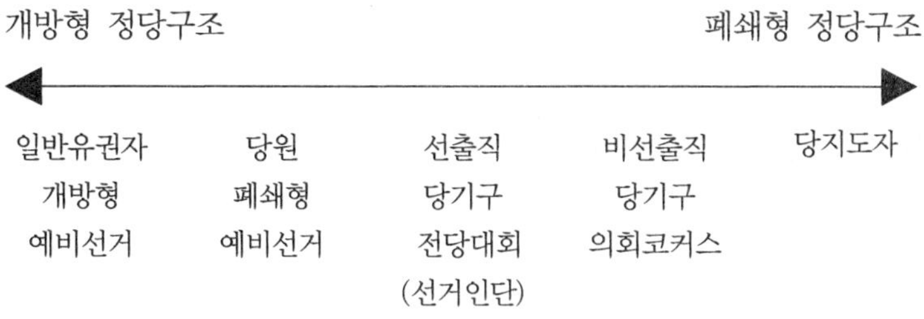

출처: Rahat and Hazan (2001), 211 재정리

이와 같은 당직/공직 후보 선출에 있어 분권화와 개방성을 종합하여 선정 유형을 정리하면 다음과 같다(안순철 2000, 74~75).

(1) 일반 예비선거: 일반 유권자의 참여가 가능하며, 중앙당의 개입권한이 없음(미국의 정당들).

(2) 정당 예비선거: 일반 유권자의 참여를 배제하고 당원만이 예비선거에 참여(프랑스, 독일, 벨기에 등의 이념정당들).

(3) 지구당 중심형: 지역 선거구 위원회나 대의원이 차명하는 지역선거구의 당원조직이 후보를 선정(영국의 정당, 프랑스의 사회당 및 일본의

사회당).

(4) 중앙당 중심형: 중앙당 집행조직에 의한 후보자 선정. 중앙당 집행조직은 지역조직에서 선출된 후보를 거부하거나 또는 후보를 직접 선출(스페인, 이스라엘의 정당들, 한국의 열린우리당).

(5) 정당 지도자 중심형: 정당 지도자 1인에 의한 후보자 선정 유형으로서 강한 중앙집권화와 당원의 참여 배제를 특징하는 선정 유형(한국의 과거 정당들)

(6) 이익집단 또는 파벌 중심형: 정당의 공식적 구조 밖에 위치한 이익집단이나 파벌이 결정권을 갖는 유형. 즉, 집단간의 협상에 의해 후보자를 선정하며, 당의 공식 기구는 단지 결정을 추인함(일본의 자민당).

〈표 7-1〉 6개국의 의회의원 후보자 선출방식

국가	법적 규정	개방성의 정도	중앙당의 권한	선정방식*
미국	지역당 (주법규정)	개방된 예비선거 (지구당 중심형)	없음	VS(투표방식) 1위 대표제
영국	중앙당	폐쇄된 예비선거 (지구당 중심형)	명부작성 또는 거부 및 교체 등 약한 권한	VS(투표방식) 1위 대표제
일본	중앙당	당지도자 및 비선출직 당기구 (중앙당 중심형)	지명, 거부 및 교체 등 강한 권한	AVS (지명과 투표방식의 혼합)
독일	중앙당 (연방법 규정)	폐쇄된 예비선거 (지구당 중심형)	없음	VS(투표방식) 1위 대표제(지역대표) 다수득표자 순위(비례대표)
스페인	중앙당	폐쇄된 예비선거 (중앙당 중심형)	거부 및 교체 등 강한 권한	VS(투표방식) 다수득표자 순위(비례대표)
한국	중앙당	부분적 개방된 예비선거 (중앙당 중심형) 폐쇄된 예비선거 (지구당 중심형)	열린우리당 및 한나라당 등은 거부 및 교체 등 강한 권한. 민주노동당은 거부 및 교체 등 약한 권한	AVS(지명과 투표방식의 혼합: 열린우리당, 한나라당 등) VS(투표방식: 민주노동당) 결선투표제와 다수득표자 순위

출처: Rahat and Hazan(2001), 211; Ranney(1981); 신명순(2006), 233 재정리

* VS: 투표방식, AS: 지명방식, AVS: 지명과 투표방식의 혼합.

제5절 정당체계와 그 유형

1. 정당체계의 분류방법

정당체계party system란 복수의 정당들 사이의 권력획득을 목적으로 한 경쟁적 상호작용의 체계로서 정당과 정당, 정당과 다른 정치제도 그리고 정당과 환경 사이의 상호작용의 결과물이라고 할 수 있다. 즉, 정당체계는 하나의 정치체계 내에서 운영되는 복수 이상의 정당들의 상호의존적인 부분들로 구성된다(Kourvetaris 1998, 282). 이러한 정당체계의 정의는 정당체계가 정당간의 경쟁을 규정짓는 사회경제적 환경과 선거·의회제도와 같은 정치제도의 결과로서 형성됨을 의미하는 것이다. 즉, 사회균열의 차원이 단차원인지 아니면 다차원인지, 선거제도가 비례성이 높은 비례대표제인지 아니면 대표성이 강한 다수대표제인지 그리고 의회가 양원제인지 아니면 단원제인지에 의해 정당체계는 상이한 속성과 기능을 갖게 된다. 정당체계에 대한 관심은 부분으로서의 정당들 사이에 존재하는 관계를 중심으로 정당의 기능과 역할에 대한 동태적 이해와 전체로서의 정치체제를 설명하기 위한 이론적·현실적 요구에 의한 것이다. 예를 들어, 정당의 핵심적 기능인 사회적 이익의 정책적 반영은 개별정당의 역할만으로는 충분히 설명될 수 없으며, 정당들 사이의 상호작용을 통해 총체적이고 분석적인 이해를 가져올 수 있을 것이다(곽진영 2004, 142).

정당체계는 정당의 수, 상대적 크기, 정당간 경쟁의 성격과 이념적 거리 등과 같은 다양한 기준에 의해 유형화된다. 정당의 수에 의해 정당체계를 유형화한 대표적인 학자는 듀베르제이다. 그는 정당체계란 복수의 정당이 공존하고 있는 형태나 양식으로 정의한 후, 정당체계의 유형을 정당의 수에 따라 일당제, 양당제 그리고 다당제로 분류하였다(Duverger 1967, 203). 이러한 듀베르제의 분류방식은 정당체계의 유형 분류를 단순화함으로써 교차-국가간 비교를 용이하게 한다는 점과 정당의 수를 통해 정치체제의 성격과 정치적 결과를 비교할 수 있다는 점에서 장점이 있다. 그러나 듀베르제의 분류방식은 정당들 사이의 관계양상과 정당체계의 속성을 총체적으로 분석하기에는 한계를 갖는다는 주장들이 제기되면서 보다 정교하고 세분화된 정당체계 유형분류를 위한 연구들이 이루어졌다.

정당의 수와 정당의 상대적 크기를 고려한 브론델J. Blondel은 정당체계의 유형을 2당체계, 2와 1/2정당체계, 우월 다당체계, 다당체계 등으로 구분하였다(Blondel 1968). 또한 웨어는 정당들의 상대적 크기와 적실성 있는 정당의 수를 고려한 정당체계의 유형을 크게 4가지로 분류하였다(Ware 1996, 162). 〈표 7-2〉 참조.

반면 정당체계와 정치발전 사이의 관계에 초점을 맞춘 라팔롬바라와 위너는 정당체계를 정당간의 경쟁성에 근거하여 경쟁체제와 비경쟁체제로 구분하였으며, 또한 경쟁체제의 하위유형을 정당의 속성으로서 이데올로기적인지 아니면 실용적인지와 정권교체가 가능한지 아닌지를 기준으로 분류하였다(LaPalombara and Weiner 1966, 33~37). 이에 따른 경쟁적 정당체계의 유형은 ① 패권-이데올로기 체계 ② 패권-실용주의적 체계 ③ 교체-이데올로기적 체계 ④ 교체-실용주의적 체계로 분류된다. 그리고 비경쟁적 정당체계는 ① 권위주의형 ② 준권위주의형 ③ 전체주의형으로 구분한다. 〈표 7-3〉 참조.

〈표 7-2〉 적실성 있는 정당의 수와 정당의 상대적 크기에 따른 정당체계(1958~1990)

정당체계	속 성	대상국가
1당우위제	하나 이상의 적실성 있는 정당 존재. 하나의 정당에 의해 의회가 통제되는 체계	일본
양당제	2개의 거대정당 중 하나의 정당이 50%이상의 의석을 획득하는 체계	영국, 뉴질랜드, 미국
2와1/2 정당제	50%이상의 의석을 획득한 정당이 없으며, 2개의 거대정당의 총의석률이 80%이상이며, 나머지 정당 중 하나의 정당이 권력균형balance of power을 행사하는 체계.	오스트레일리아, 오스트리아, 캐나다, 독일, 아일랜드
2와 1/2 이상의 정당제	하나의 거대정당(45% 의석율 획득)과 다수의 소수정당 체계	노르웨이, 스웨덴
	2개의 거대정당(총 65% 의석율 획득)과 다수의 소수정당(각 14% 미만의 의석율) 체계	이탈리아, 이스라엘
	승리정당이 의석율 45%보다 적으며, 2개의 거대정당의 총의석율이 65%보다 적은 체계	벨기에, 덴마크, 프랑스, 아이슬랜드, 룩셈부르크, 네덜란드, 스위스

출처: Ware (1996), 162.

〈표 7-3〉 라팔롬바라와 위너의 정당체계 유형

경쟁 기준	정당의 속성	정권교체 기준	정당 간 관계	복합적 기준
비경쟁체계	전체주의형 준권위주의형 권위주의형			
경쟁체계	이데올로기적 실용주의적	패권형 교체형	단독형 연합형	패권-이데올로기 패권-실용주의 교체-이데올로기 교체-실용주의

출처: LaPalombara and Weiner(1966), 33~37 정리.

정당체계 연구에 있어 가장 주목받는 유형 분류는 정당체계와 정치적 안정성 사이의 관계에 초점을 맞춘 사르토리G. Sartori의 분류 방법이다. 그는 정당의 수와 더불어 이데올로기의 거리를 의미하는 분극성polarization과 정당간의 경쟁적 성격을 의미하는 분절성fragmentation을 기준으로 정당체계의 유형을 구분한다(Sartori 1976, 119~216). 그는 먼저 정당체계를 비경쟁체계와 경쟁체계로 구분한 후 정당의 수(정당분절도)와 이데올로기적 거리(분극성)를 기준으로 비경쟁체계로서 일당제와 패권정당제를 구분하고 있으며, 경쟁체계의 하위 유형으로 일당우위제, 양당제, 온건다당제, 분극적 다당제 그리고 원자적 다당제를 제시하고 있다.

〈표 7-4〉 사르토리의 정당체계 유형

정당분절성 (경쟁성)	이데올로기적거리 (분극성)	정당체계 유형
비경쟁체계	일극체계unipolar system	일당제one-party system 패권정당제hegemonic party system
경쟁체계	양극체계bipolar system 다극체계multipolar system	일당우위제predominant party system 양당제two party system 온건다당제moderate multipartism 분극적다당제polarized multipartism 원자적 다당제atomized multipartism

사르토리는 정당체계의 유형을 분류하는 기준으로 정당의 수를 계산하는 기준을 제시하고 있다. 즉, 그는 정당의 수를 세는데 있어 3가지의 문제-군소정당을 셀 것인가, 파벌로 나눠진 정당을 단일정당으로 셀 것인가, 그리고 동맹이 이루어진 정당을 하나의 정당으로 셀 것인가-에 직면한다고 지적하고 이 문제를 해결할 수 있는 일련의 기준

을 제시하고 있다. 그 기준은 연합의 잠재력coalition potential과 위협의 잠재력blackmail potential이다. 먼저 연합의 잠재력이란 득표율이 낮은 정당일지라도 연합정부를 구성할 수 있는 능력을 의미한다. 그리고 위협의 잠재력은 야당으로서 정부를 계속 위협할 수 있는 능력을 의미한다.

이후 정당의 수를 계산하기 위한 노력은 락소M. Laakso와 타게페라R. Taagepera에 의해 제안된 공식을 발전시켰다. 락소와 타게파라는 각 정당이 의회에서 차지하고 있는 의석율을 고려해 유효정당의 수effective number of parties를 세고 있다(Laakso and Taagepera 1979). 이는 정당의 수를 통해 정당체계의 유형을 쉽게 이해하도록 한다는 장점이 있다. 유효정당 수는 의회에 진입한 유효정당 수(의회 내 유효정당 수)와 선거에 참여한 유효정당 수(선거 유효정당 수)로 구분된다. 일반적으로 정당체계를 이해하는데 있어 의회 내 유효정당 수를 많이 이용한다.

Ns(의회 내 유효정당 수) = $1/\sum Si^2$(Si = i 정당의 의석율)
Nv(선거 유효정당 수) = $1/\sum Vi^2$(Vi = i 정당의 득표율)

2. 정당체계의 유형과 특징

정당체계의 유형은 앞서 살펴보았듯이 다양하게 제시되고 있다. 이 글에서는 정당체계 유형을 분류하는데 있어 가장 많이 사용되고 있는 사르토리의 정당체계 유형을 중심으로 특징을 살펴보고자 한다.

(1) 일당제

단 하나의 정당만이 합법적인 정당으로 인정되는 정당체계로서 강한 이데올로기를 통해 강제동원과 축출을 특징으로 한다. 이러한 일당제는 독단성과 전횡성 등을 기준으로 전체주의적 일당제, 권위주의적 일당제 그리고 실용주의적 일당제로 구분된다. 일당제의 대표적 예는 자유로운 경쟁을 인정하지 않는 전체주의 국가와 독재국가에서 발견된다(나찌 독일, 파시스트 하의 이탈리아, 소련을 비롯한 사회주의 국가들).

(2) 패권정당제

하나 이외의 정당이 존재하지만 경쟁이 허용되지 않으며, 정권교체가 이루어지지 않는 정당체계이다. 패권적 정당제는 이데올로기 지향의 패권적 정당체계와 실용주의 지향의 패권적 정당체계로 구분된다. 대표적인 예는 멕시코의 PRI와 자유화 이전의 폴란드의 통일노동당 등이다.

(3) 일당우위제

복수의 정당이 존재하고 선거경쟁이 이루어지지만 주요한 한 정당만이 또는 정당연합만이 장기적으로 정권을 획득하는 정당체계를 의미하며, 정권교체의 가능성이 존재한다는 점에서 패권정당제와 차이점을 갖는다. 패권정당제와의 차이점의 대표적인 예는 1955년부터 1993년까지의 일본의 정당체제를 들 수 있다.

(4) 양당제

두 개의 거대정당이 권력을 둘러싼 경쟁을 수행하여 한 정당이 정부를 구성하는 정당체계이다. 양당제는 두 정당간에 선거를 통해 권력교체가 이루어지며, 군소정당은 적은 의석에 의해 그 정치적 영향력은 약하다고 할 수 있다. 양당제의 주요한 특징 중 하나는 이데올로기적 거리가 근접하다는 점을 들 수 있다. 대표적인 예는 미국, 영국을 비롯한 영연방국가 등이다.

(5) 온건다당제

세 개 이상(3~5개)의 정당이 권력을 둘러싼 경쟁을 수행하는 정당체계로서 정당들 사이의 이데올로기적 거리가 비교적 적으며, 정당들 사이에 연합이 용이하다는 특징을 갖고 있다. 또한 강력한 반체제 정당이 없으며, 정당간의 경쟁이 구심적이라는 특징을 보이고 있다. 대표적인 온건다당제 국가의 예는 독일, 스웨덴 등 유럽 대륙의 국가들을 들 수 있다.

(6) 분극적 다당제

정당의 수가 6개 이상으로 정당간의 이데올로기적 거리가 넓은 정당들 사이에 경쟁하는 정당체계이다. 분극적 다당제에서는 강력한 반체제 정당이 존재하며, 3극 이상으로 분극화 되어 있다. 그리고 이들 정당들 사이의 경쟁은 이념적 갈등에 의해 원심적 특성을 갖는다. 대표적인 예는 프랑스 제4공화국과 독일의 바이마르 공화국 그리고 과거 이탈리아의 정당체계를 들 수 있다.

(7) 원자적 다당제

다수의 정당이 경쟁하지만, 강력한 정당이 없이 수많은 정당들이 난립하는 정당체계이다. 대표적인 예는 말레이시아의 정당체계를 들 수 있다.

사르토리는 이러한 정당체계의 유형들 중 정치적 안정성과 민주주의에 있어 양당제의 우월성을 강조한다. 즉, 양당제는 첫째, 구심성을 갖는 온건한 경쟁이 이루어진다는 점; 둘째, 선거결과로서 과반수이상의 지지를 받는 정당이 단독정부를 구성함으로서 안정되고 효율적인 국정운영을 수행한다는 점; 셋째, 두 정당이 내세우는 대안적인 공공정책에 대한 유권자의 선택이 용이하다는 점; 단일정당정부의 구성에 의해 책임성의 소재가 명확하다는 장점을 갖고 있으며, 그 결과 정치적 안정성과 민주주의에 긍정적 영향을 미친다고 보고 있다(Sartori 1976, 119~216). 그리고 많은 학자들은 양당제가 책임 있는 공공정책을 생산할 수 있는 배타적이고, 강력하고, 결단력 있고, 책임 있는 단일정당정부를 가져오며, 민주주의를 위협하는 환경 하에서 안정성, 생존성 그리고 문제해결 능력이 뛰어나다는 점을 이론적·경험적 연구를 통해 밝히고 있다(Anderson 2001; Armin geon 2002).

그러나 이러한 주장에 대한 반론도 강하게 제기된다. 즉, 양당제의 단점은 첫째, 양당 간의 경쟁은 온건한 경쟁보다는 오히려 적대적인 갈등의 정치를 가져올 수 있다는 점; 둘째, 대부분의 유권자들이 두 당을 지지하지 않거나 다른 정당에게 투표할 때, 사표wasted vote의 증대를 가져온다는 점; 셋째, 정부정책의 커다란 변화를 가져옴으로써 장기간의 계획을 마련하기 어렵다는 점; 넷째, 정부를 구성한 정당에게 강력한 권력을 주기 때문에 소수집단의 정치적 대표성이 약화된다는 점; 다섯째, 두 정당이 구심적이고 온건한 경쟁에 의해 대안적 공공정책에 대한 유권자 선택에 있어 정당 사이의 차별성이 없어진다는 점을 지적될 수 있다(Lijphart 1987, 118~122). 그리고 비례선거제의 단기적 결과인 다당제가 소수 집단의 정치적 대표성과 선거경쟁에 있어 공평성 보장 그리고 투표참여에 있어 다수의 정치참여를 가져오며, 소수세력의 이탈exit를 방지함으로써 민주주의 안정성에 더 효과적이라는 주장이 최근에 강화되고 있다(Crepaz 1996; Powell 1982; Tavits 2004). 즉, 비례적 정치제도는 비례성과 대표성 그리고 참여성을 보장함으로써 사회 내에 존재하는 소수세력과 반대세력의 이탈을 방지하고 그 결과로 민주주의 체제의 안정성을 보장한다.

이렇듯 어떤 정당체계가 정치적 안정성과 민주주의에 효과적인가를 평가하는데 상반된 관점이 제시되고 있다. 그러나 이들 중 하나의 관점이 이론적 우위성을 갖는다고 볼 수 없다. 왜냐하면 이러한 특정한 정당체계가 우월하다고 주장하기 위해서는 이론적 우위성을 갖기 위해서는 한 사회의 사회균열과 문화적 속성뿐만 아니라 다른 정치제도, 특히 선거제도와의 관계에 대한 면밀한 관찰이 필요하기 때문이다. 즉, 사회균열이 단차원적인 동질적인 사회와 다수대표제 하에서는 양당제가 정치적 안정성과 민주주의에 효과적일 것이며, 사회균열이 다차원적인 이질적 사회와 비례대표제 하에서는 다당제가 정치적 안정성과 민주주의에 긍정적인 영향을 미칠 것이다(Lijphart 1987, 13~14). 그리고 이러한 관점에서 정당체계의 정치적 결과를 분석하는 사회학적 관점은 한 사회에 있어 정치적 안정성과 민주주의의 발전에 적합한 정당과 정당체계가 무엇인지를 밝히고 설계하는데 있어 중요한 이론적 함의를 던져준다고 할 수 있다.

제6절 정당체계의 지속과 변화

1. 정당체계의 지속과 변화

정당체계의 지속과 변화를 설명하는 이론은 크게 사회학적 시각에 기초한 립셋S. M. Lipset과 로칸S. Rokkan의 동결테제freezing thesis, 사회문화적 시각에 기초한 잉글하트R. Inglehart의 인지적 동원cognitive mobilization 이론, 그리고 개별정당의 수준에서 선거유동성을 중심으로 정당체계의 변화를 주장하는 페더슨M. N. Pedersen의 선거유동성electoral volatility[2] 이론이 있다(Pedersen 1985).

립셋과 로칸의 동결테제는 서유럽의 정당체계와 유권자 편성의 지속과 변화를 사회균열을 중심으로 설명하는 이론이다. 그들의 주장은 국민혁명과 산업혁명이라는 두 차례의 혁명을 거치면서 형성된 국가-교회 균열, 중심-주변 균열, 도시-농촌 균열, 자본-노동 균열이라는 4가지 균열구조가 4가지의 관문(정당화, 통합, 대표성, 그리고 다수결)을 통해 근대적 정당체계가 형성·유지되었다는 것이다(Lipset and Rokkan 1967). 특히, 서유럽에서 나타나는 계급균열에 기초한 정당체계의 구조화는 산업혁명의 결과로서 형성된 자본-노동 간 균열

2) 선거유동성은 정당들의 득표율 변화의 합을 2로 나눈 수치로서 득표율이 증가한 정당들의 득표율 변화의 합과 동일한 수치이다(Pedersen 1985 참조).

이 1920년대에 보통선거제의 확대와 함께 편성 · 지속되고 있다고 주장한다.

그러나 1960년대에 들어서면서 안정적인 경제성장 등 사회경제적 환경의 변화는 자본-노동이라는 사회균열구조에 기초한 서유럽의 정당체계의 불안정성을 증대시켰다. 이러한 서유럽의 정당체계의 불안정성은 사회균열구조에 기초한 립셋과 로칸의 동결테제에 대한 유용성 논쟁을 불러일으켰다. 즉, 서유럽의 정당체계의 불안정성을 설명하려는 노력은 정당체계의 변화에 대한 관심을 증대시켰다.

〈그림 7-2〉 정당체계의 균열 축

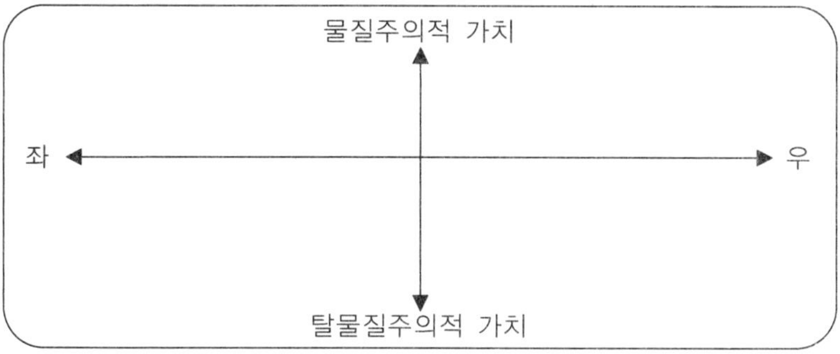

잉글하트로 대표되는 사회문화적 차원에서의 인지적 동원 이론은 산업사회가 발전하면서 유권자들이 과거와 같은 경제적 보장에 대한 물질주의적 가치보다는 삶의 질, 환경, 여성의 권리 등의 탈물질주의적 가치를 우선하며, 이러한 가치관의 변화에 따른 정당체계의 재편성이 이루어진다는 것이다(Inglehart 1990). 즉, 잉글하트는 2차 세계대전 이후 지속적인 경제성장과 복지국가의 등장이 계급에 기초한 정당일체감의 약화 현상과 더불어 전후 세대들의 탈물질주의적 가치가 확산되어 기존 정당을 지지하는 유권자들의 이탈dealignment과 탈물

질주의 가치를 지향하는 새로운 정당에 대한 지지realignment를 가져왔다는 것이다.

다음으로 개별정당의 수준에서 선거유동성이라는 개념을 통해 개별 유권자의 정당선택의 변화를 중심으로 정당체계 변화를 설명하는 시각이다. 즉, 정당체계의 변화를 균열구조와 관련된 변화로 이해하기보다는 선거결과에 의한 정당 수의 변화로 인식하는 것이다. 페더슨은 정당체계를 정부수준, 조직으로서의 정당수준, 의회수준 사이의 상호작용과 경쟁패턴에서의 변화의 합으로 이해하고, 집합적인 선거 변화와 립셋과 로칸의 이론 사이의 명백한 연계를 강조한다.

마지막으로 동결테제에 대한 유용성을 인정하며 정치환경의 변화를 기존 정당체계 내로 수용하여 정당체계의 지속성을 주장하는 시각이다(Rose and Urwin 1970; Mair 1997). 마이어는 정당 및 정당체계의 변화를 평가하는 핵심기준으로 변화의 지점, 변화의 정도, 변화의 지속성을 살펴봐야 한다고 주장하면서 정당체계의 변화를 블록간의 변화로 규정한다. 즉, 새로운 가치균열과 정당의 등장 그리고 선거유동성에 의한 정당체계의 변화는 블록간의 변화보다는 새로운 환경에 대한 정당의 적응성을 보여주는 블록내의 변화라고 주장한다. 따라서 1960년대 이후에도 서유럽 정당체계는 변화보다는 지속되고 있음을 지적한다.

2. 정당정치의 미래

정당의 중요성은 전시대를 거쳐 받아들여진 것은 아니다. 1960년대에 서구사회에서 '정당무용론'이 제기되면서 정당의 위기와 더불어 그 중요성이 낮아졌다는 주장들이 21세기에 들어서도 지속적으로 제기되고 있다. 이러한 주장들을 뒷받침 해주는 경험적 근거들은 많은 연구에서 제시되고 있다.[3] 정당의 쇠퇴를 주장하는 연구들은 정당일체감과 정당의 동원화의 쇠퇴, 당원의 감소, 정당 기능의 변화, 그리고 투표율의 저하 현상을 지적한다. 이러한 정당 쇠퇴의 원인은 사회구조 변동, 가치변동, 그리고 언론의 영향력 확대 등 다양한 환경적 요인의 변화와 더불어 정당의 조직과 기능의 변화에서 찾을 수 있다. 즉 이익집단, 매스미디어 등과 같이 시민의 이익을 정치적으로 매개하는 다양한 조직이 등장함으로써 정당의 중요한 기능인 이익집약 및 대표기능과 사회적 갈등의 조정·통합기능이 약화되고 있다. 반면에 현대 정당은 정부의 구성 및 정책 수행, 정부행위에 대한 책임성 보장, 행정부의 통제 그리고 정부안정성을 위한 기능을 강조하는 정부 속의 정당으로 변화하고 있다. 이는 일반대중과 괴리된 정치엘리트와 전문가 중심의 정당화를 촉진함으로써 당원과 일반유권자를 도구나 수단으로 전락시키고 있다(김영태 2009).

그럼에도 불구하고 현대 민주주의에 있어 정당의 중요성을 강조하는 주장들이 지속적으로 제기되고 있다. 카츠와 마이어R. Katz and P. Mair는 정당조직의 차원에서 정치적 환경의 변화에 대해 적응하고 있음을 지적하고 있으며, 또한 정당의 기능의 차원에서, 조직으로서의 정당에서 유권자 속의 정당에 기초한 정부 속의 정당으로의 기능과 역할의 변화를 통해 정당의 중요성이 지속된다는 것이다(Katz and Mair 1995). 대표적으로 스톰(Kaare Strøm 2000)은 정부의 핵심으로서 정당의 지위를 강조하고 있다. 그는 역사적으로 정당이 정부 속의 정당이었으며, 입법과 행정이라는 두 개의 정부기관은 여전히 정당에 의

---

3) 이와 관련된 대표적인 연구는 달톤과 와텐버그가 편저한 *Parties without Partisans*이 있다(Dalton and Wattenberg. 2000 참조).

해 구성 · 통제되고 있음을 지적한다. 즉, 현대정당은 3가지의 도전 즉, 조직적, 기술적, 제도적 도전에 직면했음에도 불구하고 정당을 둘러싼 환경에 적응하고 있음을 주장한다.4)

현대정당은 위기인가? 이에 대해서 많은 학자들은 위기의 징후가 존재함을 동의하고 있다. 하지만 정당의 역사적 경험에서 알 수 있듯이 위기적 상황에서 정당은 끊임없이 변화하여 새로운 환경에 적응하며 지속하여 왔다. 즉, 정당은 정당조직, 정당이념 및 지향가치의 변화와 더불어 새로운 이슈에 대한 수용을 통해 변화하는 환경에 적응함으로써 생명력을 유지하고 있다.

대의민주주의 하에서 정당의 중요성은 여전히 유효하다. 정당은 변화하는 환경 속에서도 현대 민주주의가 지향하는 가치인 대표성, 경쟁성, 책임성 그리고 참여성을 실현하는 주요한 도구로서 역할을 수행하고 있다. 대의 민주주의 정치는 다양한 사회경제적 가치를 정치적으로 대표하고 이에 대해 책임지는 정당정치를 특징으로 한다. 이는 민주주의가 제대로 작동하기 위해서는 사회경제적 가치를 대표하고 책임지는 정당의 발전과 그러한 정당들 사이에 가치 분배를 둘러싼 경쟁의 제도화가 필수불가결함을 의미한다. 따라서 현대 민주주의가 작동하는 중심에는 정당이 존재하며, 이들의 정치적 관계인 정당정치에 대한 이해는 현대 민주주의를 이해하는데 매우 중요하다고 할 수 있다.

---

4) 스톰은 정당지도자들의 집합행동의 문제를 해결하는 능력의 약화라는 정당의 쇠퇴 원인을 ① 유권자의 지지, 의원들의 응집력 그리고 제도에 대한 지속적인 통제의 하락을 가져오는 조직의 변화, ② 정보에 대한 의사소통과 접근이 혁명적으로 바뀜으로써 개별의원들은 정당지도부로부터 자유로워지게 됨으로서 정부 속의 정당의 응집력과 규율의 쇠퇴를 가져온다는 의사소통기술의 발전, ③ 제도적 발전: 정당의 공적 재정, 입법활동 그리고 선거운동에 관한 제도들의 발전에 따른 정당의 영향력 약화를 지적한다(Strøm 2000, 185~186).

제8장 투표, 선거와 선거제도

홍재우 (인제대학교)

제1절 선거의 의미

정치를 "가치의 권위적 배분"이라고 정의한 이스턴D. Easton의 말을 받아들인다면 정치는 결국 배분을 위한 "결정"에 관한 것이다. 수많은 갈등과 대립, 이해와 타협, 승리와 패배의 과정으로 묘사되지만 결국 정치는 '누가', '어떠한' 결정을 내리는가와 관련된 과정이다. 이런 맥락에서 민주주의는 사회적 결정을 내리는 권한이 시민으로부터 나오는 체제를 의미한다. 민주주의가 그 어떤 체제보다 권력이 분산된 체제라는 점을 고려할 때 가장 완벽한 결정 방법은 만장일치일 것이다. 하지만 참여자가 늘어날수록 결정에 도달하기는 어려워진다. 특히 오늘날 대의제 민주주의가 갖는 이중적 결정 과정인 위임받을 사람을 결정하는 과정과 위임받은 사람들이 결정하는 과정을 생각해 볼 때 만장일치로 내려지는 정치적 결정은 상상하기 어렵다. 따라서 어떤 방식이든 현실 속의 민주주의 체제는 결정의 과정에서 승자와 패자를 만들어내게 된다.

이런 맥락에서 최소한 '원칙적'으로 승자는 '보다 많은' 사람을, 패자는 '보다 적은' 사람들을 의미한다. 즉 최종 결정은 지지하는 머릿수의 많고 적음에 따라 내려진다. 그 머릿수를 세는 과정이 투표다. 투표는 어떤 대안들에 대하여 얼마나 많은 사람들이 동의하는지를 알아내어 많은 사람들이 선호選好하는 결과를 찾기 위한 과정이다. 그러므로 민주주의 사회에서 투표는 사회 구성원들의 선호의 총합을 취합해 집합적인 결론을 도출하는 것으로 '사회적 선호social preference' 혹은 사회적 선택을 만들어내는 "하나"의 (그러나 대부분의 경우 거의 압도적인) 방법이다. 투표가 말 그대로 어떤 대안에 대해 표를 던져 의사를 표시하는 행위를 뜻한다면, 선거는 그 투표를 통해 공직을 맡을 사람들, 즉 권력을 일정 기간 동안 위임받을 사람들을 뽑는 과정과 제도를 의미한다.

아래에서 우리는 민주주의와 선거가 갖는 관계부터 살펴볼 것이다. 나아가 선거의 역할과 영향력, 그리고 선거제도를 구성하는 여러 요소들을 살펴보기로 하겠다.

제2절 투표와 선거의 정치적 의미

1. 투표의 역설the paradox of voting

투표가 선호를 취합해 사회적 선택을 만들어내는 것이라면, 이는 두 가지 가정에 근거하고 있다. 첫째, 어떤 형태이든 한 사회의 '다수'가 원하는 선호가 존재하며 둘째, 이 선호는 투표라는 과정을 거쳐 실제 세계에서 재현될 수 있다는 것이다. 조금 쉽게 표현하자면 '보다 많은 사람'이 원하는 대로 결정한다는 원리에 입각한 다수제라는 제도를 통해 한 사회가 원하는 바를 결정할 수 있으며 그것이 민주주의 의의에 가장 부합한다는 뜻이다. 이 과감한 발상을 근거로 현실에서의 민주주의는 대의성代議性과 정당성을 부여받고 그에 따라 운용된다. 즉 선거와 투표라는 제도적인 참여를 통해 민주주의는 실체를 갖는다. 따라서 "투표가 그 사회의 선택을 제대로 실제화할 수 있는가?"는 민주주의의 존재 근거에 대한 매우 날카로운 질문이 될 것이다.

그러면 위의 두 가지 가정은 어떻게 검증되어야 할까? "(취합할 하나의) 사회적 선호가 실체로서 존재하는가?"는 매우 철학적인 질문이며 객관적 검증은 불가능에 가깝다. 그렇다면 현실적인 방법은 투표가 개별 사회 구성원의 선호를 어떤 식으로 총합하는가를 살펴보는 것이다. 투표의 작동이 논리적, 개념적 일관성을 갖고 구성원 개별의 선호를 평등하게 취합한다면 사회적 선택이 존재한다고 할 수 있을 것이다.

이에 대한 논의는 예로부터 '투표의 역설the paradox of voting'이라는 말로 알려졌다. 투표의 역설은 18세기 말엽 프랑스 철학자 콩도르세M. Condorcet에 의해서 발견된 것으로 투표/선거를 통해서 명백한 승자가 되는 대안/후보가 없는 모순된 상황이 나타날 수 있다는 것을 의미한다. 간단히 말하면 셋 이상의 대안과 셋 이상의 투표자가 있는 상황에서 두 개의 대안씩 묶어 1:1로 비교했을 때, 모든 다른 대안에 비해 더 많은 선호를 받는 대안이 존재하지 않아 대안 간의 순위를 정할 수 없는 상황이 나타날 수 있다는 것이다.

예를 들어 보자. A, B, C라는 세 명이 x, y, z라는 세 개의 대안 혹은 후보를 놓고 투표를 한다고 하자. 그 때 A의 선호 순서가 (x, y, z), B의 선호 순서가 (y, z, x), C의 선호 순서가 (z, x, y)라고 한다면, 각각 두 개의 대안을 두고 투표를 할 때, 이들의 집단적 선택은

x-y-z-x…순으로 순환하게 된다(x 대 y: A와 C가 y 〉 x이므로 2:1로 y가 최종선택/ y 대 z: A와 B가 z 〉 y이므로 2:1로 z가 최종 선택/ z 대 x: B와 C가 x 〉 z이므로 2:1로 x가 최종선택). 누군가에게 유리한 규칙이 적용되지 않는 한 이 3인으로 이루어진 사회의 사회적 선택은 도출되지 않는다는 결론에 다다르게 된다.

더 난감한 것은 사회적 선호는 존재하지 않을 수도 있을 뿐 아니라 방식에 따라 사회적 선호의 최종 결과가 '가변적'이 될 수도 있다는 사실이다. 사람들의 선호 내용은 변하지 않아도 그것을 총합하는 방식에 따라 결과는 달라질 수 있다.

그 가변적인 결과의 예를 보자. 아래 〈표 8-1〉은 32명으로 이루어진 집단 내 개개인의 선호 순위를 나타낸 것이다. 32명이 a, b, c, d 라는 4개의 대안에 대해서 32명이 아래와 같이 6개의 집단으로 나눌 수 있는 선호 분포를 갖고 있다고 가정하자. 이들의 선호가 선거방식에 따라 결과가 어떻게 다르게 최종 결론에 도달하는지 살펴보자.

〈표 8-1〉 32명으로 구성된 사회의 사회적 선택

투표집단	투표수	제1선호	제2선호	제3선호	제4선호
(가)	9	a	d	b	c
(나)	8	b	a	c	d
(다)	7	c	d	b	a
(라)	4	c	b	a	d
(마)	2	d	a	b	c
(바)	2	d	b	c	a

출처: 안순철 (1998), 28.

여기서는 다음 다섯 가지의 선호 집약 방식을 이용했다. ① 상대적 다수가 승리하는 단순다수제(1위 대표제), ② 상위 후보자만 다시 선거를 하는 결선투표제, ③ 콩도르세 방식, ④ 좋아하는 복수의 대안에게 1표씩을 줄 수 있는 승인투표제[1] ⑤ 선호의 순서를 반영하는 보다 방식Borda method[2].

① 제 1선호만 고려하는 단순다수제의 결과를 보자. c가 (다)집단과 (라)집단으로부터 11표를 얻어 다른 어떤 후보보다 많은 표를 얻게 된다(승자: c).

② 단순다수제의 상위 2인에 대해서만 두 번째 투표를 하는 결선투표제를 보자. ①의 결과에 따라 a와 c가 결선투표에 참여한다. 선호순위가 그대로라 할 때, a는 (가)집단의 9표와 새로 (나), (마)집단으로부터 각기 8표와 2표를 얻는다((나) (마)의 제1선호인 b와 d는 이미 탈락했다). 반면 c는 (다), (라) 집단의 11표와 함께 (바) 집단의 2표를 얻는데 그친다. 결국 a는 19표, c는 13표를 얻는다(승자: a).

③ 승인투표제의 결과를 보자. 만약 투표자가 각기 2명의 후보에게 표를 준다면 제2선호까지 선택하는 셈이다. 그 경우 a는 (가), (나), (마) 집단에서 19표를, b는 (나), (라), (바) 집단에서 14표를, c는 (다), (라) 집단에서 11표를, d는 (가), (다), (마), (바) 집단에서 20표를 얻는다(승자: d).

---

1) 승인 투표제에서 유권자가 몇 표나 행사할 수 있는지는 경우에 따라 다르다.
2) 보다 방식은 선택 대안의 총수(n)에서 투표자의 선호 순서에 따른 각 대안의 등위를 뺀 후 다시 그 값을 대안별로 모두 합하여 총합이 가장 큰 대안이 승리하는 방식이다. 즉, 5개의 대안(n=5)이 있을 경우 1위는 4점 (n−1=4), 2위는 3점 (n−2=3), 3위는 2점, 4위는 1점, 5위는 0점을 부여하고 모든 투표자의 이 점수들을 합산하는 방식이다.

④ 보다 방식의 결과를 살펴보자. 후보자가 4명이므로 제1선호에게 3점, 제2선호에게 2점, 제3선호에게 1점, 제4선호에게 0점을 준다면 a는 51점, b는 54점, c는 43점, d는 44점이 된다(승자: b).

⑤ 콩도르세 방식을 써서 최종 승자를 찾으면 어떻게 될까? a와 b의 대결일 경우, a는 11표를 b는 21표를 얻어 a가 승자가 된다. 같은 방식으로 두 후보씩 비교를 하면 a는 b에 지지만 c와 d는 이기고, b는 a와 c에게는 이기지만 d에는 패한다. 또 c는 d만 이기고 나머지 후보에게는 패하고 d는 b만 이기고 나머지에는 패하기 때문에 승패에 순환이 나타난다(승자: 없음).

결국 앞에서 사용한 다섯 개 투표 방식들의 결과는 모두 다르다. 이 밖에도 여기서 언급하지 않는 다른 많은 선거방식이나 위의 방식을 조금만 변형해도 결과는 얼마든지 나올 수 있다(안순철 1998). 투표자의 선호 분포에 따라서 결과가 일치할 수도 있지만 중요한 것은 사회적 선호의 분포가 그것을 총합하는 방법에 따라서 달라질 수 있다는 것이다. 이처럼 투표의 역설은 "일관된 사람과 변덕스러운 사회coherent man and incoherent society"라는 모순의 발생을 의미한다(Riker 1982).

학자들은 이런 문제와 결부되어 선거제도를 판단하는 논리적이고 정당하게 생각되는 기준들을 제시하였는데 선거제도의 평가기준은 아래와 같이 정리된다(Riker 1982).

- 일률성monotonicity: 한 대안에 대한 투표자의 선호가 유리하게 변화하였다면, 선거결과는 이 대안에 유리하게 작동해야 한다.[3]

3) 사회적 선택이었던 대안 A에 대한 투표수가 증가했다면 A가 다시 사회적 선택이 되어야 하며, A가 사회적 선택이 아닌 상황에서 A에 대한 투표수가 감

- 익명성anonymity: 모든 표의 가치는 동일해야 한다. 표의 가치가 동일하기 때문에 익명성이 보장된다는 의미이다.

- 중립성neutrality: 어느 한 대안에 대해 사전/사후적인 유·불리함을 주지 말아야 한다.[4)]

- 콩도르세 원칙: 한 대안이 1대 1 대결에서 다른 모든 대안을 이기거나 비길 경우 그 대안이 사회적 선택이 되어야 한다.

- 일치성consistency: 한 대안이 복수의 집단에서 모두 사회적 선택이 된다면, 그 집단을 합쳐 하나의 집단을 형성한 이후에도 사회적 선택이 되어야 한다.[5)]

하지만 문제는 어떤 선거제도도 이들 기준을 모두 만족시킬 수는 없다는 점이다. 모든 선거제도는 이들 중 일부만을 만족시킬 뿐이다. 그 어떤 투표 매커니즘도 투표자가 가지는 다양한 선호를 일관되게 표현할 수 없다는 사실을 경제학자 애로우K. Arrow는 "일반적 불가능의 정리general impossible theorem"를 통해 증명하였다(Arrow 1951). 쉽게 말해 다양한 선호를 언제든지 일관되게 취합할 수 있는 완벽한 선거제도는 이론적으로 존재하지 않는다.

소했다면 A는 계속해서 사회적 선택이 아니어야 한다.

4) 즉, 헌법 개정 절차와 같이 2/3 찬성 등 절대 다수를 요구하거나, 소수파에게 지분을 허용하거나, 득표수가 동수일 때 특정 인물에게 최종 결정 권한을 주는 방식tie-breaker등은 중립성의 원칙을 훼손하는 것들이다.

5) 실제로 게리맨더링Gerrymandering과 같은 조작을 통해 이 기준은 쉽게 훼손된다.

2. 투표와 정치공학의 가능성

위에서 우리는 사회적 선택 혹은 사회적 선호라는 말을 사용했다. 이 말은 낯설지도 모르지만 정치인들이 흔히 사용하는 '국민의 뜻'이란 말로 이해하면 쉽다. 이들은 자주 선거에서 졌을 때 '국민의 심판'을 겸허히 수용한다고 (혹은 상대방에게 수용 하라고) 말한다. 그런데 선거로 나타난 사회적 선택은 정말 국민의 뜻인가? 국민의 뜻이라고 답한다면 선거의 결과가 공공이익public interest의 명백한 표현이라고 받아들인다는 것을 암시한다.

하지만 이런 대답은 매우 자의적이다. 공공이익은 분명 공동체의 집단적인 이익을 의미하는데 아마도 루소J. J. Rousseau의 "일반의지general will"를 떠올릴 수 있을 것이다. 루소에 의하면 일반의지로 표현되는 공공이익은 개인의 이기적 이익과 분명히 구별되며 도덕적으로 더 우월한 것이다. 이 같은 도덕적 접근이 불편하다면, 조금 더 완화된 형태로 공공이익을 생각해 보자. 즉, 이제 공공이익은 사적인 이익들의 총합이고 투표의 결과는 이것을 찾아낸 사회적 선택이라는 것이다. 그러나 앞에서 살펴본 바와 같이 투표 결과는 개인 선호의 분포와 그것을 취합하는 방식에 따라서 매우 다르게 나타날 수 있다.

그렇다면 과연 '국민의 뜻' 혹은 공공의 이익이라는 것은 존재하는 것일까? 혹은 존재한다 하더라도 그것을 취합하거나 알아낼 수 있는 방법은 있는가? 지금까지 살펴본 투표의 역설은 민주주의가 다른 체제에 비해 도덕적으로 우월하고 더 정의롭다고 말할 수 있는 실천적 증거에 대해 심각한 의문을 제기한다. 이것은 민주주의에 대한 이론적·도덕적 조종弔鐘을 울리는 소식일지도 모른다.

그렇다면 우리는 어떻게 해야 하는가? 위선적인 민주주의의 모습,

특히 대의민주주의를 고발하고 새로운 대안을 모색해야하는가? 이 질문은 철학적으로, 실천적으로 매우 급진적이며 여기서 논의할 과제는 아니다.

하지만 이런 문제점에도 불구하고 만약 투표와 민주주의의 현실적 가치를 인정한다면 우리는 이 문제를 세 가지 관점으로 바라볼 수 있다. 첫째, 대의제와 투표가 갖는 최소주의적minimalist 의미를 긍정하는 것이다. 투표를 통해 대중은 조잡한 '예'와 '아니오'의 선택만으로 의사를 표명하고 정치인들은 그것을 국민의 뜻이자 공공의 이익으로 자의적으로 해석하지만, 최소한 그들이 취할 수 있는 행동의 범주가 완전히 자의적이지는 않다. 정치인들은 다음 번 선거에서 그들이 심판받고 책임을 추궁받을 수 있다는 점을 안다. 이런 관점에 의하면 투표와 선거는 정부를 통제할 수 있는 최소한의 안전판으로서 충분한 의미를 지닌다.

둘째, 참여민주주의를 진흥시키는 방안이다. 투표 그 자체에만 의미를 두는 것이 아니라 선거와 투표를 기회로 사회적 이슈에 대한 정보를 확산하고 이에 대한 토론을 통해 사회적 숙의deliberation의 과정을 갖는 것이다. 이런 과정은 선거의 의미를 더욱 풍성하게 만들 것이다.

셋째, 투표의 역설이 갖는 문제점을 역으로 이용하는 것이다. 선거방식에 따라 다른 결과가 나올 수 있다는 사실은 제도를 필요에 따라서 어떤 특정한 정치·사회적 문제를 해결할 수 있는 해결책으로 운영할 수 있음을 의미한다. 서로 다른 선거제도의 장단점을 충분히 안다면 특정한 선거제도를 통해 소수파의 보호, 권력 공유로 인한 사회적 갈등의 해소, 정부 책임성의 향상 등을 모색할 수 있다. 즉, 제도에 따른 결과의 유동성은 얼마든지 긍정적인 방향으로 사용될 수 있다. 이런 특징 때문에 선거제도의 설계와 그 결과는 정치공학political engineering의 가능성을 열어주며 '헌정공학의 진정한 예술'이라는 평가를 듣는다

(Grofman and Reynolds 20 01).

결론적으로 투표의 역설이 의미하는 바는 민주주의가 대의제를 중심으로 실현되는 상황에 대한 이론적 한계점을 지적하는 동시에 민주주의를 운영하고 사회적 문제점을 치유하는 가능성의 문을 열어준다는 이중적 의미로 이해해야 할 것이다.

제3절 선거의 역할과 기능

1. 선거의 기능

선거는 다음과 같은 기능을 한다. 첫째, 대중의 정부에 대한 통제와 조절의 기능이다. 유권자들은 경쟁하는 엘리트들을 선택하고, 그들이 자신들의 프로그램을 추진하는 동력을 제공하며 동시에 이미 진행된 정책에 대해서 평가하고 판단한다. 선거를 통해 유권자는 '누가' 자신들을 대표할 것인지를 선택하고 그들에게 대표성을 부여한다. 또 그 선택은 정부의 구성으로 나타나는데 유권자들은 선택을 통해 무정부 상태를 해소하거나 기존의 정부를 추인하기도 하며 기존의 정부를 '심판'하고 새로운 정부를 세우기도 한다. 선거는 또한 구체적인 정책을 결정하는 역할도 한다. 선거의 정책 결정 기능에 대해 회의적인 시각도 있지만 발전된 민주주의 국가의 정당들은 선거에서 제시했던 정강, 정책, 공약 등을 실행하려 노력한다.[6)]

---

6) 선거 직후 정부는 정책을 적극적으로 실현하려고 하고 야당도 이에 암묵적으

둘째, 정부의 대중에 대한 통치와 정당성에 관한 기능이다. 정당성legitimacy은 합법성을 선언한다는 라틴어legitimare에서 비롯된 것으로 통치 행위의 법적 근거를 의미한다. 그러나 선거를 통한 정당성의 획득은 법적인 것만을 의미하는 것이 아니라 도덕적, 형식적, 선언적 의미를 갖기도 하는데, 비합법적으로 집권한 정권이 형식적인 선거라도 거치고자 하는 이유가 여기에 있다. 바로 선거만이 정부에 정당한 권위를 제공한다고 보기 때문이다. 따라서 정부의 행위는 국민이 부여한 명령mandate의 이름으로 수행되며, 공권력이라는 형식으로 집행된다. 정부의 결정은 일정한 법과 절차를 지키는 한 그 권위가 인정되며, 국가 구성원에게 예외 없는 영향력을 갖는다. 여기서 선거가 부여하는 정당성은 단지 정부에게뿐 아니라 선거에 참여한 패배자 즉 야당에게도 부여된다는 점을 잊지 말아야 한다(Harrop and Miller 1987). 야당은 마을의 유일한 게임only game in town인 선거에 참여함으로써 체제 전복자가 아니라 체제 안에서 집권을 추구하는 체제의 일원으로 간주되며, 정부를 감시하고 견제할 정당성을 획득한다. 선거는 체제 이탈 세력으로 하여금 불확실성을 제도화해 민주주의를 공고화시키는 역할을 한다(Przeworski 1991).

셋째, 선거는 유권자와 엘리트에게 교육과 학습 그리고 인적 충원의 기회를 제공한다. 선거가 유권자에게 정치교육의 기회를 제공한다는 사실은 잘 알려져 있다. 선거를 통해 유권자들은 일상생활에서 큰 관심을 갖지 않았던 국가의 주요 현안, 정당과 정치인의 정책적, 이념적 입장 등에 대한 정보를 얻고 이해를 촉진시킬 기회를 갖게 된다. 또한 정치인들도 선거과정을 통해 다양한 방법으로 대중과 접촉하고 유권자들이 어떤 생각을 하며, 그들이 원하는 요구가 무엇인지를 간

로 동조하는 밀월기간honeymoon period을 갖기도 하는데 이는 정부의 정책이 선거로 인해 추인을 받았다는 인상을 강하게 주기 때문이다.

파 하는 기회를 갖게 된다. 또 이 같은 상호 학습의 과정을 통해 정치권은 새로운 인적 자원을 충원한다. 대중은 새로운 정치 엘리트들을 정치권에 투입할 수 있으며, 이들로 인해 정치권도 자신의 구성과 역할을 재생산하거나 변화시킨다.

이상과 같이 선거는 유권자들로 하여금 대의제 정부를 통제하고, 정부와 정치 엘리트의 통치 근거를 마련해 주며, 동시에 양자를 교육하는 역할을 한다. 쉽게 말하면 선거는 민주주의에 활력을 불어 넣고 그것을 제대로 작동하게 하는 제도적 조건 중에 하나라 하겠다.

2. 민주주의의 조건으로서의 선거

20세기 후반부에 냉전을 제외하고는 민주화democratization와 견줄만한 정치적 변화는 없을 것이다. 냉전이 더 이상 지속되지 않는데 비해 21세기에도 민주화는 여전히 지구 어디선가 지속되고 있는 중요한 정치적 변동이다. 한때 헌팅턴S. Huntington이 명명했던 민주주의 제 3의 물결은 그 추세가 멈춘 것처럼 보였지만 21세기 첫 10년이 지나자 헌팅턴이 서구 민주주의와 문명적 대적관계로 규정한 아랍세계(Huntington 1993, 1996)에도 민주화의 요구들이 거세지고 있다 .

민주화民主化는 어떤 비민주적 정치체제가 민주적인 다른 체제로 변화하는 '이행transition'을 의미하는데 분석적인 측면에서는 하나의 정치체가 민주주의를 새로운 정치적 게임의 규칙으로 받아들이는 것을 의미한다. 소수에게 권력이 집중된 기존의 비민주적 게임의 규칙이 아니라 시민에게 권력이 귀속되는 게임의 규칙을 어떤 과정을 통해 수립하며, 어떤 세부적 규칙이 최종적으로 선택되며, 또 어떻게 실제로 시행되는가가 민주화의 성공 여부를 가늠하는 중요한 기준이 된다.

새로운 정치적 규칙은 대개 새로운 '헌법'을 통해 나타나지만 그것이 정치적 현실성을 갖게 되는 것은 민주주의 정초선거定礎選擧, founding election를 통해서다. 선거가 어떻게 진행되는가가 민주주의를 판단하는 가장 기초적인 판단 기준이 된다. 일찍이 민주주의에 대한 고전적 연구에서 달R. Dahl은 민주주의를 존속케 하는 8개의 제도적 장치를 논의했는데 표현, 결사의 자유를 제외한 여섯 개가 선거와 관련되어 있는 것이며, 한 세대 이후의 연구에서도 여전히 실질적인 참여, 평등한 투표, 의제agenda에 대한 통제, 계몽된 이해 등 선거에 관련된 조건들을 민주주의가 존재하기 위한 필수적인 조건들로 꼽았다(Dahl 1971, 2006).

현실적인 측면에서 경쟁이 허용된 공정한 선거가 존재하지 않는 정치체를 민주주의라 부를 수 없다. 물론 경쟁이 허용된 선거가 민주주의의 모든 것을 말하는 것은 아니다. 민주주의 공고화democratic consolidation 연구들은 절차에 불과한 선거만으로 민주주의를 평가하는 것은 곤란하다는 입장을 취해왔다. 실제로 민주주의 이행을 겪은 다양한 국가에서 권위주의체제와는 달리 경쟁이 허용된 선거가 존재함에도 실질적 민주주의의 내용은 만족되지 않는 현상이 상당수 목격되었기 때문이다. 이런 비판에 동의하는 사람들은 선거의 존재를 중시하는 절차적 민주주의procedural democracy와 민주주의 여러 질적인 측면이 성취된 실질적 민주주의substantial democracy를 구분하기도 한다.

하지만 이런 비판자들이 주장하는 민주주의 질적 내용 또한 선거라는 틀 속에서 충분히 검토할 수 있다. 민주주의에 있어 선거의 중요성은 선거의 존재 여부가 아니라 어떤 선거인가에 있기 때문이다. 달이 꼽은 의제에 대한 통제, 계몽된 이해, 실질적인 참여 등은 단순히 선거가 투표함에 표를 넣는 행위만을 의미하지 않고 유권자가 투표함에 도달하기까지 어떤 과정을 거쳤는가를 의미한다. 즉 선거는 그 존재뿐 아니라 선거를 둘러싸고 나타나는 정치적 환경, 역학, 담론의 내용들을 표출해줌으로써 민주주의를 가늠하고 평가하는 중요한 척도로 의미를 갖는다.

제4절 선거제도

선거제도electoral system는 선거체제라고도 불리며 형식상 선거법electoral law의 일부이다. 선거법은 선거와 관련된 모든 규칙의 집합으로 선거공고, 공천, 여론조사, 선거광고, 선거자금, 선거운동원, 인쇄물, 후보자 등록, 토론회, 유권자권리, 의석배분 등을 포함하는 매우 광범위한 내용을 포함한다. 이에 비해 선거제도는 투표부터 의석까지의 과정에 관한 것으로 주로 '투표방식ballot structure', '선거구당 의석수district magnitude', 그리고 '의석배정 방식electoral formula' 등을 포함하며, 보다 좁게는 의석배정 방식만을 의미하기도 한다.

이하에서는 여러 선거제도의 기본적인 특징과 선거권에 대해서 검토해 보겠다. 선거권은 흔히 선거제도의 일부로 간주되지는 않지만 오늘날의 민주주의 선거의 출발 지점이라 할 수 있다.

1. 선거권의 원칙

선거권은 투표할 수 있는 권리와 입후보할 수 있는 권리로 참정권의 핵심적 권한이다. 오늘날 선거권에 대한 연구는 주목을 끌지 못하지만 선거권의 확장 과정은 민주주의 발전의 또 다른 이름이었다. 선거권은 원래 계급적 특권이었으며, 성인의 보편적 선거권은 백여 년에 걸친 피나는 계급 간 투쟁의 결과였다. 1848년 영국의 선거권 개혁을 필두로 보통 선거권이 보편적 권리가 되기는 오랜 세월이 필요했다. 노동자 계급에게는 바리케이드 뒤에서 던지던 돌을 '종이 돌paper stone'로 대체한 것이었다(Przeworski and John 1988). 여성의 보통선거권은 그나마 나라마다 큰 시차를 두고 채택되었다.[7] 그럼에도 불구하고 식민지에서 독립한 나라들을 포함하여 대부분의 국가에서는 2차 세계 대전 이후에 보통선거권이 민주주의가 제공하는 보편적인 권리로서 받아들여졌다.

현대적 의미의 선거권은 잘 알려진 바와 같이 다음 네 가지의 선거원칙에 기반하고 있다. 하지만 현실적으로 이들 중 일부는 일정한 허용 범위를 두고 적용된다.

보통선거의 원칙: 모든 시민(권자)에게 인종, 성, 언어, 종교, 재산, 신분, 계급, 교육, 정치적 입장 등에 관계없이 투표권선거권과 피선거권이 부여된다는 원칙이다. 예외적으로는 정신적 판단력, 시민권의

7) 뉴질랜드에서는 1893년부터 받아들여졌지만 그 밖의 많은 서구 국가에서는 여성 투표권은 전쟁으로 여성의 지휘가 향상된 이후인 1920년대에야 와서야 큰 사회적 논란을 겪은 후 점차 채택되었다. 하지만 서구 국가 중에서, 특히 카톨릭계 국가들(프랑스, 이탈리아, 벨기에 등)은 2차 대전 이후에야 여성에게 참정권을 부여했고 스위스에서는 심지어 1971년이 되어서야 완전하게 보장되었다.

소유나 범죄로 인한 유보여부, 주거지 원칙 등의 전제조건이 있다. 역사적으로 보통 선거권을 제한해 온 요소로는 (성별, 인종적) 소수집단, 재산규모, 그리고 교육수준에 관한 것이었다. 현재의 논의는 주로 최소연령 제한에 관한 것이다.

평등선거의 원칙: 평등선거의 원칙은 종종 보통선거의 원칙으로 오인된다. 후자가 '선거권자'의 자격에 관한 것이라면 전자는 '표의 가치'에 관한 것이다. 모든 유권자는 수량적으로 동등한 가치의 표를 갖는다. 1인 1표제가 바로 그것이다. 역사적으로는 여러 종류의 복수 투표권이 있어 왔다.[8] 오늘날 평등선거 원칙의 논의는 대개 선거구의 크기 차이로 인한 표의 등가성 훼손 문제에 맞춰져 있다.

비밀선거의 원칙: 이 원칙에 의하면 한 개인의 선택 행위가 타인에 의해서 인지되면 안 된다. 따라서 모든 형태의 공개적 투표행위는 이 원칙을 무시하는 것이다. 실제로 선거에서 비밀투표가 보장되기 시작한 것은 모든 후보가 한 장의 용지에 표시된 호주식 투표용지 제도 Australian Ballot System가 보급되기 시작한 이후이다. 이전에는 많은 국가들에서 각 정당은 자신들의 후보만을 인쇄한 용지를 배포했고 투표용지를 수령하는 그 자체가 선택을 노출시켰다. 한편 의회 내에서의 의원들의 기명투표는 공개되는데, 이는 대의代議 원칙을 강조하기 위한 것이다.

직접선거의 원칙: 이 원칙은 유권자가 직접 후보자에게 투표를 한다는 원칙이다. 대리투표나 매표에 의한 투표는 인정되지 않는다. 그러나 이 원칙은 몇몇 나라에서는 해외거주자 대리투표proxy voting, 선거

8) 영국에서는 심지어 1950년대까지 특정 대학졸업자 중 일부는 대학선거구를 통해 2표를 행사할 수 있었다.

인단투표 등의 간접선거를 통해 위반된다. 그럼에도 미국 대통령 선거와 같은 간접선거는 투표 구조상 선거인단electoral college에게 투표하는 게 아니라 후보자에게 직접 투표는 형태를 띤다. 선출된 선거인단의 최종 투표가 유권자의 선택에 무조건적으로 구속되는 규정이 있는 경우 직접선거와 거의 유사하다.

오늘날 선거권에 관한 주요 이슈는 연령과 특수 집단에 대한 투표권 부여 여부이다. 선거연령은 21세가 보편적이었으나 18세 정도로 낮아지고 있으며 각국의 사회적 상황에 따라 다양하게 논의되고 있다. 특수집단은 주로 재외국민과 영주권을 지닌 외국인을 의미하는데, 나라마다 다른 기준을 갖고 있다.

2. 선거구

(1) 선거구획정district apportionment

간단히 말해 선거구획정은 지도 위에 선거구를 어떻게 그리는가를 의미한다.[9] 여기서 가장 중요한 논란거리는 선거구에 따른 유권자 수數의 불공정 배분malapportionment이다.[10] 예를 들어, 1석 선거구인 A지역

---

9) 드물지만 선거구가 지리가 아니라 문화 같은 특정한 기준에 따라 나눠지는 경우도 있다. 또 선거구획정 문제는 역사적으로 늘 쟁점이 되어왔다. 서구에서 도시가 팽창하던 시절 대부분의 도시는 그 인구수에 비해 적은 의석을 갖고 있었다. 이는 새롭게 성장하는 정당들, 즉 초기에는 자유주의 정당들, 이후에는 사회주의 정당들을 제어하려는 시도였다. 도시와 농어촌간의 불균형은 아직도 많은 민주주의 국가들이 겪고 있는 문제점이다.

10) 다른 측면에서는 일정한 유권자 수에 대한 배정된 의석수의 불균형이라고

과 B지역의 유권자수가 각기 1만 명과 5천 명이라면 B지역 유권자가 갖는 표는 A지역 유권자의 표보다 두 배의 가치를 갖는 셈이 된다. 현실적으로 공평한 유권자 수의 배분은 어렵기 때문에 국가별로 그 차이를 용인할 수 있는 수준을 정해 놓는 경우가 많다.[11] 선거구 획정은 가능한 다음과 같은 원리를 준수하는 것을 원칙으로 한다.

평등성의 원리	1표는 어디서든 동등한 가치를 지니도록 선거구가 획정되어야 한다.
인접성의 원리	선거구는 전체가 하나의 지역으로 연결되어 있어야 한다.
밀집성의 원리	선거구 내부의 지역적 거리가 합리적 수준이어야 한다는 원칙
지역성의 원리	선거구를 획정할 때 지역의 행정적 경계를 최대한 반영해야 한다.

인구편차 이외의 다른 문제는 게리맨더링Gerrymandering이다[12]. 1석 선거구에서 자주 발생하는데 주로 선거구획정 권한을 가진 정당이 지지표의 효율성을 극대화하는 방향으로 선거구를 획정하는 것을 말한다. 다음의 사례를 보자. 1000명이 있는 지역에서 A와 B 두 정당에 대한 지지는 500대 500으로 대등하다. 이들 지역은 다시 8개의 소지역으로 나누어진다. 이들 소지역은 두 개씩 엮어 하나의 선거구가 되며 각 선거구당 한 명씩 총 4명의 의원을 선출한다. 그 때 각 소지역 ①~⑧

볼 수도 있다.

11) 선거구를 무작정 인구 비례에만 맞추면 실제로 도시의 의원은 비교적 좁은 지역을 대표하지만 농어촌의 의원은 공동체의 이해가 서로 다른 매우 광범위한 지역을 대표해야 하는 문제가 생기기도 한다.

12) 1812년 메사추세츠 주지사였던 게리E. Gerry가 자신이 지지하는 후보들의 당선을 위해 선거구를 마치 도마뱀salamander처럼 좁고 구불구불하게 고안한 것에서 유래한 말이다. 노골적인 게리맨더링이 잘못된 계산으로 실패한 경우는 아일랜드의 1974년 선거구 재확정을 담당했던 털리J. Tully의 이름을 따 털리맨더링이라고 불린다.

의 정당 지지는 다음과 같다고 가정하자.

① 35:80	② 100:35	③ 45:70	④ 90:35
⑤ 45:70	⑥ 100:35	⑦ 50:75	⑧ 35:100

이 8개 소지역을 다음 두 가지 경우로 묶을 경우 전체적으로는 똑같은 지지를 받고 있음에도 불구하고 지역을 어떻게 묶었나에 따라 의석수는 크게 차이가 난다.

A당 3석: B당 1석

①+② 135:115	③+④ 135:105	⑤+⑥ 145:105	⑦+⑧ 85:175

A당 1석: B당 3석

①+⑤ 80:150	②+⑥ 200:70	③+⑦ 95:145	④+⑧ 125:135

이처럼 선거구를 어떻게 나눌 것인가는 선거 결과에 상당한 영향을 미친다. 대개의 경우 이런 게리맨더링은 선거의 공정성을 심각하게 훼손한다. 그러나 이런 선거결과의 변화 가능성이 늘 부정적인 것만은 아니다. 미국의 경우 흑인이 소수인종이며 동시에 투표율도 낮기 때문에 이들을 대표하는 의원이 선출되기는 쉽지 않다. 따라서 흑인이 밀집된 지역끼리 연결해서 선거구를 획정하면 흑인을 대표하는 후보자가 당선될 가능성이 높아진다. 사표 처리될 가능성이 높은 표들을 효율적으로 묶어줌으로써 약자와 소수자를 배려하는 결과를 만들어 낼 수도 있다. 그러나 민주주의 측면에서 정치적으로 매우 주의해

야 하는 시도이다.

(2) 선거구 의석수district magnitude

선거구에 관한 더 중요한 사항은 한 선거구에서 몇 명의 대표를 선출하는가이다. 대개 선출하는 대표 수에 따라 소선거구, 중선거구, 대선거구로 나눈다. 흔히 선거구의 크기를 나타내는 이 명칭들이 선거제도의 종류인양 언급되기도 하지만 다양한 의석전환방식과 결부되기 때문에 선거구의 크기가 선거제도를 대표하는 것은 아니다.

소선거구는 흔히 1구 1인제라고 불리기도 하는데 한 선거구에서 한 명의 대표만을 선출하는 것이다. 주로 상대적 다수로 선출되는 1위 대표제FPTP: first-past-the-post가 사용되지만 과반수를 인위적으로 만드는 결선투표제나 대안투표제와 함께 사용되기도 한다. 소선거구제에서는 후보자와 지역 유권자간의 유대가 긴밀해지고 지역현안에 대한 정부와 의회의 응답성도 높아진다. 반면에 선출된 의원은 지역 대표적 성향이 강해 국가적 이해보다는 지역적 이해에 따라 행동하기도 한다.

중선거구는 2인부터 10인에 이르는 의원들을 선출하는 방식이다. 이 선거구는 소선거구의 폐해를 최소화하는 장점이 있는데, 지역과 대표의 유대감을 심각하게 훼손하지 않으면서 동시에 후보자 선택의 폭을 넓혀 군소정당에게도 기회를 제공한다. 일반적으로 지역적 인물보다는 전국적인 인물이 유리한 편이다. 중선거구는 실제로 다양한 투표방식, 의석배분 방식과 결부되어 사용된다. 10석 정도의 중선거구제는 의회 규모에 따라 정당투표를 기반으로 한 비례대표제와 결부되기도 하고, 3인에서 7인 정도의 중선거구제에서는 다양한 종류의 선호투표제가 결합하기도 한다. 이렇게 다양한 의석전환방식과 결부되기 때문에 중선거구제의 단점을 일괄해서 말하기는 어렵다. 하지만 비례제와 결합할 경우, 정당의 영향력이 강해 무소속 후보가 선출되기 힘들며 과거 일본과 같은 단기 비양식과 결합하면 한 지역구에서 같은 당 후보가 복수로 출마하기 때문에 정당 내의 파벌이 형성되는 결과를 낳기도 한다.

대선거구는 대개 10인 이상의 의원을 선출하는 방식이다. 극단적으로는 이스라엘과 같이 전국이 하나의 선거구인 경우도 있다. 대선거구를 채택한 경우에는 득표와 의석간의 비례성이 높아지기 때문에 군소 정당이나 이를 지지하는 소수 집단에게도 기회를 제공한다. 하지만 정당과 후보의 난립을 가져올 수도 있다. 대개의 대선거구는 비례제도와 결부되지만 정당이 후보자 명부의 순서를 정한 폐쇄형 비례제가 아니고 유권자가 선호 순서를 밝히는 개방형 비례제라면 전체적으로 상당한 선거운동 비용이 소모된다. 또 지역과의 유대감도 약해져 의원들의 지역구에 대한 응답성과 책임성이 저하된다.

3. 의석전환방식electoral formula

선거제도를 "선거운동이 끝나는 즉시 작동하여 선거에 있어서 승자와 패자를 결정하는 기제"라고 정의할 때, 대개 그것은 득표를 의석으로 전환하는 방식electoral formula을 의미한다. 현재 적용되고 있는 수백여 개의 선거제도 중 실제 운영을 고려하면 완전히 동일한 선거제도는 하나도 없다. 하지만 대개 득표와 의석의 비례성에 초점을 두고 전환방식을 분류하는데 분류 기준과 주체에 따라 조금씩 다르다.[13)]

---

13) 파렐D. Farrell은 선거제도를 비례제와 비非비례제로 양분한 후 이들을 다시

〈표 8-2〉에서 보듯이 이 책에서는 기존의 연구들을 취합하여 의석전환방식을 다수제, 비례제, 혼합제로 구분하고 다시 이들을 특징에 따라 세분하였다. 실제로 이들 의석전환방식은 선거제도를 구성하는 다른 요소인 선거구나 투표 방식과 밀접한 관계가 있다.

〈표 8-2〉 선거제도(의석전환방식)의 종류

다수제Majoritarian Systems	비례제Proportional Systems	혼합제Mixed systems
• 1위 대표제 • 결선투표제 • 대안투표제	• 정당명부식 비례제 • 단기이양식 투표제	• 다수-비례 병렬제 • 다수-비례 혼용제

(1) 다수제 선거방식majoritarian electoral system

다수제 선거방식은 후보자 중심의 선거방식으로 대개 한 지역구에서 한 명의 대표를 선출한다. 여러 가지 방식이 있지만 대개 득표율과 의석률이 비례하지 않는다는 치명적인 약점을 가진 반면에 지역대표성이 있고, 권력의 책임소재가 명확하다는 장점이 있다.

1) 단순다수제/1위 대표제

단순다수대표제 혹은 1위 대표제[14)]는 일상에서도 흔한 제도로 설명

여섯 가지로 세분하였다(비례제: 정당명부식, 1인2표식, 단기이양식/비비례제: 1위 대표제, 결선투표제, 대안투표제)(Farrell 1997) 이를 바탕으로 IDEA International Institute of Democracy and Electoral Assistance는 더 세분화하여 4개의 대분류와 12개의 소분류로 나누기도 하였다.

14) 여러 가지 명칭으로 불리는데 FPTP first-past-the-post는 경마경주에 비유해

이 필요 없을 정도로 간단하다. 후보자가 몇 명이든 유권자는 자신이 선호하는 후보자 단 한명에게만 투표할 수 있으며 후보자들 중 가장 많은 득표를 한 명의 후보만이 선출된다. 소선거구와 상대적 다수원칙plurality rule의 결합이다. 주로 영국과 미국의 영향력 하에 있던 나라들에 의해서 채택되었으며 아직도 광범위하게 보급된 선거방식 중 하나이다.

원칙이 간단한 반면 1위 대표제의 큰 문제는 당선자가 과반수 득표를 할 필요가 없기 때문에, 실제 당선자는 전체 유권자의 측면에서는 '소수대표'에 지나지 않는 경우가 많다는 것이다. 후보자가 많으면 심지어 20% 이하의 득표율로도 당선될 수 있고 사표를 양산하고 득표율과 의석률 간의 심각한 불비례 현상도 초래한다. 여성이나 소수집단의 대표성은 현저하게 떨어지게 된다.[15] 또 행정구역 중심의 선거구 획정 때문에, 선거구간의 인구편차로 인한 표의 등가성 문제도 1위 대표제에 많이 나타난다.

1위 대표제는 과거 영국과 미국의 책임정치와 정치적 안정으로 인해 칭송되었으나 대부분의 나라에서 점차 문제점을 드러내냈다. 결국 1993년에 영국식 정치모델을 추종하던 뉴질랜드가 독일식 혼합형 비례대표제를 채택하였고, 아파르트헤이트apratheid를 종식시킨 후 남아프리카 공화국도 정당 명부식 비례대표제로 전환하였다. 뿐만 아니라

가장 먼저 결승점의 기둥을 지나가는 말이 1등이 된다는 것을 의미하며, SMDP single-member-district plurality는 1인 1구에서 단순 다수에 의해서 선출된다는 뜻이다.

15) 1위 대표제의 변형으로 단기비이양식 선거제도single non-transferable vote system가 있다. 과거 일본과 대만에서 사용되던 이 방식은 한 선거구에서 다수의 의원 (대략 3-5명)을 선출하지만 유권자는 단 한 표만 갖는 방식으로 당선자는 다득표의 순위로 결정된다. 이 방식은 준비례대표제라고 분류되기도 하지만 실제로 비례성은 1위 대표제에 비해서 높은 편도 아니고 의석전환방식을 기준으로 했을 때는 다수대표제의 한 종류로 보는 것이 타당하다.

남유럽과 동유럽의 신생민주주의 국가 중에서 그 어떤 나라도 1위 대표제를 채택하지 않았다는 사실은 이 제도의 장점은 특정 상황에만 한정된 것이라는 점을 말해준다. 심지어는 영국도 비례제의 채택을 심각하게 고려하고 있다.[16)]

그럼에도 불구하고 1위 대표제가 아직도 상당히 사용되고 있는 것은 이 제도가 갖는 몇 가지 장점 때문이다. 우선 투표와 결과 간의 관계를 이해하기 쉽다. 또 유권자와 대표간의 친밀도가 상대적으로 좋아져 정치적 효능감political efficacy이 높아진다. 결과적으로 과반수 정당을 만들어주는 효과가 있기 때문에, 정치적 책임의 소재여부가 매우 분명하다. 즉 양당제에 기반 한 단독 정부는 다음 선거에서 바로 국민의 심판을 직접적으로 받기 때문에 대의제 민주주의 체제의 책임성을 부각하는 데는 더 나은 제도라고 간주되기도 한다.

2) 결선투표제run-off system

결선투표제는 2회 승부제second-round system 혹은 2회 투표제second-ballot system라고도 불린다. 결선투표제는 다수의 후보가 참여하는 1차 투표에서 과반수를 차지한 후보가 나올 경우 그 후보가 2차 투표 없이 당선자로 확정되며, 과반수를 얻은 후보자가 없을 경우에는 상위 2인의 후보만이 다시 2차 투표에 참여하는 방식이다. 1위 대표제를 두 차례에 걸쳐 적용하는 것으로 이론상으론 승자에게 50%+1 이상의 득표를 제도적으로 보장하는 절대 다수제의 일종이다. '과반수'가 민주주의에서 갖는 의미를 최대한 부각한 선거방식이라 할 수 있다. 이 제도는 프랑스식 선거방식이라고 할 만큼 프랑스의 대통령 선거와 의회 선거를 통해 많이 알려졌고, 대통령제를 채택한 많은 나라에서 받아

16) 2010년 보수당-자유민주당 연립내각 협상의 조건은 비례제 채택을 중심으로 한 선거제도의 개혁이었다.

들여졌다.[17)]

결선투표제는 그 방식이 매우 단순하고 의회의 지역대표성을 충분히 보장하는 장점과 더불어 1위 대표제가 갖는 소수대표의 문제를 해결해 준다. 하지만 불비례성이 매우 높고, 콩드르세 기준을 위반하는 현상이 많이 나타나며, 두 번에 따른 선거로 선거비용이 많이 든다는 단점이 있다. 가장 큰 정치적인 특징은 1차 선거와 2차 선거 사이에 나타나는 선거연합이다. 2차 투표에 진출하지 못한 정당들은 2차 투표에서의 지지를 제공함으로써 선거연합을 형성하게 된다. 따라서 다양한 스펙트럼으로 나누어져 불안정한 정치가 좌우 양대 진영으로 크게 재편성되는 결과를 낳으며 소수파들의 이익도 선거협상을 통해 보장될 수 있다. 그러나 결승투표제가 반드시 양당제도를 형성하지는 않는다. 의회 선거의 경우에는 한 지역구나 여러 지역구에 걸친 다양한 선거연합이 결성될 수 있고, 대통령 선거의 경우에는 1차 득표에서 아무도 50%를 쉽게 넘지 못할 것이라는 예상 하에 2차 투표의 정치적 거래를 위해 1차 투표에 나서는 후보자의 수가 늘어나기 때문이다.

3) 대안투표제alternative voting system

투표방식ballot structure의 측면에서 1위 대표제와 결선투표제가 범주형 투표categorical ballot인데 비해 대안투표제는 선호형 투표preferential ballot이

---

17) 2차 투표의 후보 수가 반드시 2인인 것은 아니다. 프랑스 의회의 경우 1차 투표에서 등록유권자의 12.5%를 얻은 후보는 모두 2차 투표에 나갈 수 있어 이론적으로는 7명 이상까지 가능하다. 하지만 실제로 3명 이상의 후보가 2차 투표에 나가는 경우는 매우 드물다. 또 코스타리카의 대통령 선거의 경우에는 1차 투표에서의 1위가 40%를 넘으면 2차 투표를 하지 않는다. 이는 50%이상이라는 획득하기 어려운 조건 때문에 너무 많은 후보가 난립하는 것을 막기 위한 것이었다. 실제로 1차 투표 이전에 선거연합이 형성되어 1위의 평균 득표율은 50%를 초과했고 따라서 거의 모든 대선에서 2차 투표가 필요 없었다(Shugart and Carey 1992).

다. 이 방식은 투표자가 가장 좋아하는 후보 이외에도 두 번째, 세 번째 식으로 선호 순위를 밝혀서 대안을 제시한다는 의미에서 그 명칭을 얻었다. 1870년대에 처음 고안되었으나 1918년 기존의 1위 대표제의 문제점을 해결하고자 오스트레일리아 연방하원에서 채택된 이후 널리 알려졌다(홍재우 2007).

투표방식은 간단한데 비해 개표 절차는 여러 단계와 시간을 필요로 한다. 이 제도는 오직 소선거구제에서만 적용된다. 투표자는 기본적으로 후보자 전체에 대한 선호하는 순위를 밝힌다. 개표 결과 어느 한 후보가 50%+1표의 득표를 하면 당선으로 확정된다. 만약 과반수를 득표한 후보가 없으면 가장 적은 득표를 한 후보를 탈락시키면서 그가 얻은 표를 2순위 선호에 따라 다른 후보에게 이양한다. 이 과정에서 과반수를 얻은 후보가 나오면 당선이 되고 과반수를 얻은 후보가 없으면 다시 남아 있는 후보 중 가장 적은 후보의 표를 앞의 방법과 같이 2순위에 따라 나머지 상위 후보들에게 이양한다. 단, 2차 탈락 후보가 첫 번째 이양과정에서 얻은 표는 3순위에 따라 이양된다. 이 같은 과정을 과반수 후보가 나올 때까지 반복한다. 이 과정에서 보듯이 대안투표제는 결선투표제와 마찬가지로 인위적으로 과반수에 이르는 후보를 만들어냄으로써 소수대표의 부작용을 제거하고 당선자에게 보다 높은 정당성을 부여하기 위해 고안되었다.

선호 순위가 반영되기 때문에, 1선호에서 가장 많은 표를 얻은 후보가 최종 결과에서 패배하는 경우도 얼마든지 가능하며, 투표는 한 번만 하므로 결선투표제처럼 선거와 선거 사이에 급격히 맺어지는 연합이 아니라 선거 이전에 정당 간에 제휴가 맺어져 자기 당의 지지 유권자들에게 전략적인 선호 순위를 미리 공개하기도 한다. 1위 대표제의 장점을 갖추고 있으면서도 투표자의 선호를 최대한 반영하고, 단 한 번의 투표로 결과가 나오기 때문에 결선투표제에 비해서 비용과 시간이 절약된다는 장점이 있다. 단점으로는 여전히 불비례성이 높고, 유권자들이 선호 순위를 모두 밝혀야 한다는 것이 유권자가 가진 정보의 한계 때문에 무리한 요구가 될 가능성이 있으며 이로 인해 무효표가 늘어난다는 것을 들 수 있다.

(2) 비례대표 선거제도proportional representation system

비례제PR system는 국민의 대표기구인 의회가 그 사회를 그대로 축소한 소세계적 분포로 구성되어야 한다는 가정 하에 고안되었다. 쉽게 말해 정당의 득표율에 따라서 의석이 비례적으로 배분되어야 한다는 것이다. 1899년 벨기에가 적용하기 시작한 이래 영국을 제외한 대다수의 서유럽국가들이 채택하였다.

비례제는 높은 비례성을 특징으로 사회의 다양한 목소리를 제도권으로 흡수하는 가장 민주적인 선거방식으로 불린다. 다당제를 만드는 효과가 있기 때문에 (다당제에 의한) 연립정부가 구성되기 쉽고 대결과 승자독식이 아닌 타협과 분점의 정치문화를 촉진시킬 수 있다. 또한 비교적 강한 정당규율party discipline이 형성되고 정당정치가 빨리 안착되는 효과도 있으며 의원들이 지역 이기주의로부터 상대적으로 자유롭다는 장점이 있다. 하지만 비례제는 유권자와 대표간의 유대감이 떨어지고, 지나친 다당제를 갖고 올 개연성도 있다. 또 정부의 구성이 정치적 거래와 흥정을 통해 선거 후에 이루어지기 때문에, 유권자의 권리가 박탈되고 소수 정당에게 지나친 권력을 부여하기도 한다.

1) 명부식 비례대표제party list PR

정당 명부식 비례제는 쉽게 말해 후보자가 아니라 정당에 대해 투표하는 제도이다. 비례제는 몇 가지 기준에 따라 다양한 형태와 운영 방식이 존재한다.

첫째 기준은 의석배분의 공식이다. 비례제는 정당의 득표율에 따라 각 선거구에 의석수를 배정하는 것이지만 득표율의 소수점을 어떻게 나눠지지 않는 의석으로 배분할 것인가 하는 문제가 생긴다. 이를 해결하기 위해서 개발한 학자의 이름을 붙인 다양한 수학적 방식들이 사용된다. 크게 두 종류의 방식들인데, 득표를 일정한 수열의 나눔수에 의해서 나누고 그 몫이 큰 수대로 의석을 배분하는 나눔수제divisor system와 1석을 배정받기 위한 필요 득표수(쿼터)를 미리 정하고 득표를 쿼터로 나누어 의석을 배분 한 이후에 잔여 의석을 몫을 제외한 나머지reminders의 크기대로 배정하는 쿼터제quota system로 나뉜다.[18)]

둘째 기준은 선거구의 크기이다. 모든 비례제는 그 뜻처럼 하나의 선거구에서 비례적으로 다수의 대표들을 선출한다. 이때 국가 전체가 한 선거구인 경우도 있고 주州나 도道 같은 비교적 큰 지방 행정단위를 중심으로 여러 선거구로에서 의석이 개별적으로 분배되기도 한다.

셋째 기준은 의석배분에 참여할 최소 조건에 관한 것이다. 흔히 봉쇄조항threshold이라고도 하는데, 군소정당의 난립을 막기 위해서, 비례대표제의 의석배분에 참여할 최소한의 득표 비율을 정하는 것이다. 대체로 1퍼센트에서 5퍼센트 정도의 조건을 두어 그 이상을 득표해야만 의석을 배정받는다.

마지막으로 후보 명부의 개방 여부에 따라 폐쇄명부식closed list system

18) 나눔수의 수열은 1, 1+1d, 1+2d, 1+3d....식으로 표현되는데 d=1인 경우에는 동트d'Hondt식, d=2인 경우에는 생-라그Sainte-Lagu식으로 부른다. 1 대신 1.4를 사용한 것을 수정 생-라그 식이라고 한다. 쿼타제의 경우에는 총 유효표를 선거구 의석 크기로 나누는 헤어 쿼타Hare-Quota ,이를 조금씩 변형한 드룹쿼타Droop Quota, 임페리알리 쿼타Imperiali Quota방식 등이 있다. 나눔수제를 최고평균법highest average method으로, 쿼타제를 최대잔여투표순제largest reminder system로도 부른다.

과 개방명부식open list system으로 나뉜다. 폐쇄명부식(혹은 구속명부식)은 유권자는 정당을 선택할 뿐, 후보자의 순서는 정당이 선택하는 방식이다. 순위는 지역에서 상향식으로 정해지기도 하지만 대개 정당 지도부의 의중이 많이 반영된다. 따라서 이 경우 정당은 소속 의원들에 대한 강한 통제력을 갖게 되며 정당 지도부가 정책 결정을 주도한다. 정당은 충성심이 높은 의원들로 인해 정강정책을 일관되게 견지할 수 있다. 또 성별, 인종, 장애인 등 다양한 분야의 소수/약자 집단들을 정당 지도부의 리더십 아래 의도적으로 대표시킬 수도 있다. 반면에 엘리트 중심의 정당운영과 상명하복의 정당체계는 정당의 민주성을 희생시킬 가능성이 있으며 유권자의 선택의 폭을 제한한다는 단점도 있다.

개방명부식(혹은 이완명부식)은 유권자가 정당 명부 내의 후보자들의 당선 순위를 정할 수 있는 것을 말하는데 그 정도의 차이에 따라 최소개방형, 중간개방형, 최대개방형 등으로 나눌 수 있다. 투표용지에는 대개 정당과 후보자가 모두 표시되어 있다. 최소개방형은 정당 선택이 우선되고 후보표가 나중에 합산되며(벨기에), 중간개방형은 후보들이 받은 투표를 모두 합산해서 정당의석수를 정하고 다시 후보표를 중심으로 순위를 정하는 방식(핀란드)이며, 최대개방형은 한 정당에 투표하거나 복수정당의 개별 후보들에게 투표할 수 있는 방식이다(스위스). 하지만 같은 형태에 속해도 나라마다 표 합산과 후보자 순위 선정 방법은 조금씩 다르다. 개방명부식은 개표 과정이 복잡하고 의석배분 자체는 비례적이지만 투표 구조적인 측면에서 후보자 중심적이기 때문에 경우에 따라서는 일반적인 비례제의 특징과는 달리 정당 내외의 후보자 개인들 간의 치열한 경쟁이 생기고 인물 중심의 정치문화를 만들어내기도 한다.

2) 단기이양식單記移讓式 비례대표제single transferable vote system

단기이양식 선거제도STV는 투표방식으로 선호투표제 중 하나이며 앞에서 다룬 대안투표제와 비슷하다. 차이점은 대안투표제가 소선거구와 결합한데 비해 단기이양식은 중선거구와 결합되어 있고 의석전환방식이 다르다는 것이다. 단기이양식은 오랫동안 아일랜드에서 채택되어 왔는데 다른 예는 그리 많지 않다.[19]

한 선거구의 의석수는 대개 3~7석이며 투표자는 후보자들에 대한 선호 순위를 기입한다. 의석배분 과정은 상당히 복잡해 보이는데 간단히 요약하면 다음 두 가지 단계로 이루어진다. 첫째, 당선기준 득표수인 쿼터[20]를 미리 정하고 투표자의 제1선호의 합계가 쿼터에 달하면 그 후보는 당선이 확정된다. 여기서 확정된 후보의 표 중에서 쿼터보다 더 얻은 표는 잉여표로 간주되어 제2선호에 의해 다른 후보들에게 이양되고 이양된 표로 쿼터에 도달한 후보는 당선된다. 둘째, 잉여표가 모두 이양되어도 의석수를 채우지 못했을 경우에는 대안투표제와 같이 최하위 후보의 표를 제거하면서 다음 순위의 후보에게 이양한다. 이 과정 중에 이양된 표를 받아서 쿼터를 넘기는 후보가 있으며 당선이 확정되고 여기서 발생하는 잉여표는 다시 다음 순위에 따라 이양하게 된다. 다시 말해서 쿼터에 도달할 때까지 잉여표를 이양하며 잉여표가 없으면 최하위의 득표를 이양하는 방식이 의석수를 모두 채울 때까지 반복된다.

---

19) 전체적으로는 10개 국가이나 지방 선거를 제외한 국가단위 선거로는 아일랜드, 오스트레일리아(상원, 일부지방), 아이슬랜드 등에 불과하다. 영국(북아일랜드, 스코틀랜드), 미국(캠브리지 시), 뉴질랜드 등은 일부 지방선거에서 사용한다.

20) 아일랜드의 STV가 사용하는 쿼터는 드룹 쿼터DQ이다.

$$DQ = \frac{\text{전체유효득표수}}{\text{의석수+1}} + 1$$

원칙적으로는 쉬워 보이나 표가 2회, 3회씩으로 이양되면서 각 표의 가치가 이양된 단계와 방식에 따라 다르게 고려되어야 하고 잉여표가 소수점으로 나누어지면서 이양되어야 하는 등 실제 적용에는 몇 가지 기술적인 복잡함이 있다. 이 복잡함은 개표자의 능숙함에 따라 달라지지만, 실제로는 개표 단계가 생각보다 크게 늘어나지 않아 채택한 국가들에서는 큰 무리 없이 시행되고 있다.

이 제도는 1859년 헤어T. Hare가 주장한 이래 그 제도적 장점이 부각되어 왔으며 많은 학자들 사이에서 이론적으로 선호되는 선거방식이다. 소선거구제가 아니어도 지역대표성을 유지하는 동시에 사표가 거의 없고 높은 비례성을 보인다. 투표자가 정당을 가로지르며 후보를 고를 수 있다는 점에서 유권자의 선택의 폭도 넓다. 물론 대선거구에서는 개표 과정이 급격히 복잡해져 사용하기 어렵다는 것과 숙련된 개표요원이 필요하다는 문제도 있다.[21] 개표방식이 너무 어렵고 복잡하다는 선입견 때문에 많은 국가들에서 채택되지 않았고 그에 따라 아직 정치적 효과에 대한 경험적 연구가 충분히 이루어지지는 않았다.[22]

(3) 혼합형 선거제도mixed electoral system

혼합형 선거제도는 쉽게 말해 의석의 일부는 1위 대표제로 다른 일부는 정당명부식 비례제도로 선출하는 제도를 의미한다. 이 제도를

---

21) 오스트레일리아와 미국의 지방 선거에서 한 선거구의 의석수가 20석을 넘고 후보자도 거의 100명에 이르러 투표용지가 1미터에 달했던 기록도 있다. 무엇보다 의석수가 늘어나면 투표용지의 문제뿐 아니라 유권자가 이들 모두에 대해 선호 순위를 가져야 한다는 어려움이 있다(Farrell 1997).

22) 몇 가지 쟁점을 꼽아보자면 비례성을 높이는 선거구당 적정 의석수, 군소정당의 의회 진출에 정말 유리한가의 여부 등이 있다.

채택하고 있는 나라는 독일, 일본, 한국, 헝가리, 뉴질랜드 등으로 점차 늘어나고 있는 추세이다. 대개는 유권자 한 명이 지역구와 정당명부에 각각 투표하는 1인 2표제를 시행한다.

혼합형 선거제도도 의석전환방식에 따라 나눌 수 있는데 크게 병립제竝立制와 병용제併用制로 구분한다. 전자를 독립형(혹은 산술형) 혼합제라고도 하고 후자를 연동형 혼합제라고도 한다.[23] 병립제는 1위 대표제와 비례대표제 간에 어떤 연결 고리도 없다. 각각의 의석은 유권자가 행사한 각기 다른 2표에 의해서 선출된다. 따라서 소선거구제가 갖는 불비례성의 효과는 여전히 남아있다. 또 이 방식을 채택한 나라들은 대개 소선거구제에 보다 많은 의석수를 배정하고 있기 때문에 소선거구를 기본으로 하고 부분적으로 비례제를 가미한 형태라 할 수 있다. 이에 비해 병용제는 2표 중 비례대표제 표에 우선해서 전체 의석수를 정한 다음 여기서 소선거구에서 당선된 의석수를 뺀 만큼 비례의석을 정하는 방식이다. 즉 두 방식이 서로 연계되어 있다. 따라서 지역적인 지지 보다는 전국적인 지지를 받는 정당이 상대적으로 많은 비례의석을 얻을 수 있는 방식이며 비례제 표를 기준으로 함으로 의석-투표수 간의 불비례성도 낮은 편이다. 병립제는 현재 한국과 일본에서 채택되어 있으며 병용제는 독일, 뉴질랜드 등에서 사용된다.

병용제는 이해를 돕기 위해 독일의 예를 보자. 독일은 비례의석과 지역구 의석의 비율이 1:1이고 정당명부는 주별로 작성된다. 일단 헤어-니이마이어Hare-Niemeyer방식으로 쿼터를 정하고 정당의 비례제투표

23) 실제 적용하는 명칭은 나라마다 다양하고 한 나라도 여러 방식으로 불린다. 중심이 되는 제도에 초점을 맞추어 병립제는 때로 혼합형 다수대표제mixed member majority system: MMM으로 병용제는 혼합형 비례대표제mixed member proportional system: MMP로 불리기도 한다 또 병용제 중 독일의 선거제도는 인물중심 비례제Personalized PR, 부가 의석제additional member system 등으로 불리기도 한다.

수에 따라 각 정당이 차지할 전체 의석수를 결정한다[24]. 각 정당의 의석수가 결정되면 다시 각 주별로 헤어-니이마이어 쿼터를 사용해 어떻게 배분할지 결정한다. 이렇게 각 정당의 전국별, 주별 의석배분이 결정되면, 지역구에서 선출된 의석수를 전체 의석수에서 제외한 다음 나머지를 최종적인 비례대표 의석수로 확정한다.[25] 이때 만약 지역에서 당선된 의원의 수가 그 정당이 그 지역에 배정받은 총의석수를 초과하는 경우에는 지역구 당선자를 모두 인정하고 정당 명부에는 의석을 배정하지 않는다. 이런 초과의석überhangmandate의 발생 때문에 독일 의회의 전체 의석수는 매번 약간의 변동이 있다.

혼합제의 효과 중 하나는 지역구와 비례제에 각기 다른 정당에 투표하는 분할투표split-ticket voting가 나타난다는 것이다. 이는 유권자의 선택의 폭을 넓히고, 지역적 기반이 약한 정당이나 지역구보다 전국적인 사안에 집중하는 녹색당 같은 군소 정당에 유리하게 작용한다. 그러나 혼합제가 1위 대표제와 비례제의 장점만을 결합시킬지 아니면 단점만을 취합할지는 사례마다 다를 것이다. 하지만 독일의 성공적인 경험을 바탕으로 최근 주요 국가들의 선거 개혁이 대개 혼합형을 목표로 하고 있다는 점을 고려할 때, 앞으로도 다양한 방식의 혼합형이 개발되고 적용될 가능성이 많다.

---

24) 정당 명부와 지역구에서 선출되는 모든 의석을 합한 의석수이다.

25) 예: 헤어-니이마이어 방식에 의한 SPD(독일사민당)의 의석배정 과정

$$SPD\text{의 총의석수} = \frac{(\text{총의석수} \times SPD \text{ 총정당명부득표수})}{\text{총정당명부득표수}}$$

$$\text{함부르크주 } SPD\text{의 총의석수} = \frac{SPD\text{의 총의석수} \times \text{함부르크에서 얻은 } SPD\text{의 정당명부득표수}}{SPD\text{의 총정당명부득표수}}$$

$$\text{함부르크주 } SPD\text{의 비례의석수} = \text{함부르크주 } SPD\text{의 총의석수} - \text{함부르크주 } SPD\text{의 지역구의석수}$$

제5절 선거제도의 영향력

1. 선거제도와 정당체제

선거제도에 대한 연구가 활발한 것은 선거제도의 정치적 영향력 때문이다. 그중 가장 중시 되는 것이 선거제도와 정당체제와의 관계이다. 이 분야는 반 세기전 뒤베르제M. Duverger에 의해 체계화된 모습을 띄었는데(Duverger 1954), 그 성과는 흔히 뒤베르제의 법칙Duverger's Law이라 불리는 인과관계를 도출한 것으로 요약된다. 뒤베르제 법칙의 주요한 내용은 (1) 비례대표제는 독립된 많은 정당들의 출현을 유도하는 경향이 있고 (2) 결선투표제는 서로 연립된 다수의 정당들을 출현하도록 유도하며, (3) 1위 대표제는 양당제를 만드는 경향이 있다는 것이다(Duverger 1986). 이중 마지막 것이 가장 중요하게 언급되는데 이런 인과관계는 거대정당에 유리한 1위 대표제의 제도적 효과mechanical effect와 이와 결부되어 사표를 피하려는 투표자의 심리적 요인Psychological factor이 제 3당에 불리하게 작동하기 때문에 형성된다(Riker 1986).

뒤베르제의 법칙은 정치학의 많은 이론 중에서 유일하게 '법칙'이라고 불릴 정도로 높은 설명력을 갖는 것으로 간주되었지만 이후 많은 학자들의 연구를 거쳐 현재는 많은 조건들을 고려해야 하는 규칙이나 설명력이 높은 이론 중의 하나 정도로 받아들여지고 있다.

사르토리G. Sartori는 선거제도와 정당체계와의 관계를 다소 완화된 '경향적 법칙'으로 표현한다. 그에 의하면 중요한 것은 선거제도가 기존의 어떤 정당체제와 결부되는가가 중요하다. 즉 1) 양당체제가 1위

대표제에 의해 유지되지만 그 형성은 구조적으로 1위 대표제가 공고한 정당체제와 결합되었을 때, 그것도 장기적인 과정을 거쳐서 이루어지고, 2) 1위 대표제를 채택해도 언어, 인종, 종교 등의 사회적 균열구조가 존재하고 그 균열구조가 지역적으로 집중되어 분포된다면 양당제도의 성립은 불가능하며, 3) 비례대표제가 이미 공고화된 양당체제에 받아들여진다고 정당체계의 변동이 당연히 일어나는 것은 아니며 만약 새로운 정당이 등장했어도 그것은 1위 대표제가 없어지면서 나타나는 부수효과에 불과한 것이다(Sartori 1986).

쉽게 말해 많은 학자들은 뒤베르제 법칙의 '경향적' 타당성을 인정하면서도 그것의 인과관계가 갖는 현실적 '적실성'에 대해서는 쉽게 동의하고 있지 않다. 즉 장기적인 영향력에도 불구하고 단순히 선거제도가 어떤 정당체계를 형성하는데 있어 충분조건은 아니라는 것이다.

2. 선거제도와 비례성

선거제도 연구의 또 다른 주요 연구는 각 제도의 비례성(혹은 불비례성)에 초점을 맞추는 것이다. 비례성proportionality이란 말 그대로 정당들이 선거에서 얻은 득표와 그 득표로 정당들이 얻은 의석 간의 비례관계를 의미한다. 다수제 선거제도에서는 비례성이 비교적 낮다. 1위 대표제는 승자독식의 선거방식이기 때문에, 개별 선거구에서는 후보자의 수에 따라 반수 이상의 득표가 사표가 되는 경우도 쉽게 발생한다. 따라서 특정 지역에 집중적이고 강한 지지를 받는 정당과 전국적으로 고른 지지를 정당 사이에, 후자가 전체적으로 더 많은 득표를 해도 의석은 더 적게 얻을 수도 있다. 이런 제도는 비례성을 희생하는 대신, 책임성을 추구하는 제도라 하겠다. 이에 비해 비례제 선거방식은 의회가 사회의 축소판이어야 한다는 소세계적microcosmic 대표성을 추구하는 것으로 다수제 선거제도하에서 심화되었던 인종, 민족, 언어, 종교적 집단의 갈등을 치유하기 위해 많이 채택된다.

하지만 어떤 선거제도를 취하던 간에 완벽한 비례성을 만들어내기는 불가능하다. 같은 비례제라도 여러 세부 선거방식에 따라 비례성은 달라진다. 또 선거제도와 정당체제와의 관계에서 살펴본 것처럼, 선거방식과 비례성이 반드시 기계적인 결과로 일치되는 것은 아니다. 비례성은 의석전환방식뿐 아니라 선거구의 크기, 정당 득표율의 분포, 개별 선거에서 나타나는 여러 특징들에 의해서 좌우될 수 있다. 따라서 비례성의 측정 또한 사후분석이라는 점을 명심해야 할 것이다.

흔히 비례성을 측정하는데 사용되는 방법은 삼승규칙cube law, 레의 불비례지수Rae's index of disproportionality, 루즈모어 핸비 지수Loosemore and Handby index, 그리고 겔러거의 최소제곱지수Gallagher's Least Square Index: LSQ 등을 들 수 있다. 그 중 최근 많이 사용되는 방법인 겔러거 지수는 다양한 선거방식에 적용할 수 있으며 아래와 같이 계산한다.

$$LSQ = \sqrt{\frac{1}{2}\sum (V_i - S_i)^2}$$

V_i는 정당 i의 득표율, S_i는 정당 i의 의석률

이런 지수들을 사용하면 선거제도의 비례성의 일반적 수준을 비교할 수 있다. 1위 대표제, 결승투표제, 대안투표제 등 다수제 선거제도들은 상당히 낮은 비례지수를 보인다. 비례제의 경우에는 나눔수제와 쿼터제에 따라 헤어-LRS와 생 라그 방법은 비교적 높은 비례성을,

드룹-LRS와 수정 생 라그 방법은 중간 정도의, 동트와 임페리알리 -LRS는 상대적으로 낮은 비례성을 보인다(Lijphart 1994). 단기이양식은 중간 정도의 비례성을 보인다. 하지만 앞에서 언급한 것처럼 이 비례성의 수준도 모든 나라에 일관되게 적용되는 것은 아니다. 지역구 크기, 봉쇄조항 등의 제도적 차이에 따라서 비례성은 달라진다. 혼합식은 어떤 제도들의 혼합인가 등 그 운영 여부에 따라 다른 비례성을 보인다.

3. 선거제도와 민주주의

그렇다면 위와 같은 선거제도의 영향력을 연구하는 까닭은 무엇일까? 선거제도에 대한 관심은 단순히 위에서 살펴본 선거제도와 정당체제 혹은 선거제도의 비례성 문제에 대한 지적 호기심 때문만은 아니다. 서로 다른 선거제도의 영향력에 주의를 기울이는 이유는 그것들이 만들어내는 결과가 한 국가의 정치에 내용상 상당한 차이를 만들기 때문이다. 비례성과 정당체계의 분석은 국민의 권력 위임이 어떻게 반영되는가라는 측면에서 대의제 민주주의의 존재 이유를 확인하는 과정이기도 하다. 이런 분석은 결국 사회적 갈등이 대표되는 방법을 확인하고 정치권력이 공유power sharing되는 양상을 밝힘으로써 한 사회의 정치적 문제에 대한 해결점을 제시하데 공헌할 수 있다.

특정 선거제도가 특정한 정치적 결과와 의미 있는 인과관계에 놓여 있다면 선거제도는 각 정치체제가 직면한 문제를 해결하기 위해 동원할 수 있는 정치적 방법 가운데 상대적으로 쉬운 해결책이 될 수 있다. 어떤 정치체의 선거가 높은 비례성을 보인다면 정치적으로 의미

있는 인구 집단이 보다 정확히는 그들을 대표하는 정당들이, 집단의 숫자에 비례한 권력 자원을 갖고 있다는 것을 의미한다. 만약 양당제를 가진 국가가 높은 비례성을 보인다면 그 정치 사회의 균열은 매우 단순하게 그어져 있음을 의미한다. 또 만약 높은 비례성의 결과가 다당제라면 다양한 정치적 집단이 제도권 안에 대표되고 있음을 의미한다. 또 다당제 하에 연립정부가 나타난다면 소수파도 다수파에 못지않게 권력을 잡을 기회가 있음을 뜻하기도 한다. 반대로 심각하게 낮은 비례성(혹은 높은 불비례성)을 보이는 양당제가 있다면 사회의 상당한 부분이 정치적으로 대표되지 못하고 있다는 사실을 유추할 수 있다.

신제도주의의 관점에서 제도는 인간 행동에 변화를 불러 오는 방식으로 새로운 정치적 결과물을 만드는데 일조하게 된다. 서로 다른 선거제도가 투표행태와 정치적 대표성에 있어서 상당한 차이를 만들어 낸다는 것은 경험적으로 입증되었다(Norris 2004). 물론 선거제도 자체가 정치경제적 발전의 원동력이거나 강력한 독립변인으로 작용하는 것은 아니지만 선거제도가 만들어내는 다양한 정치적 결과물들은 사회 전체의 발전과 밀접한 관련이 있다. 민주주의 체제를 제도 중심으로 비교한 레이파트A. Lijphart는 민주주의를 권력의 공유 정도에 따라 상대적 다수가 지배하는 다수제 민주주의majoritarian democracy와 그 다수를 최대화maximization of majority한 합의제 민주주의consensus democracy로 개념화했다. 이를 측정하는 열 개의 제도적 지표들을 분석하였는데 그 중 선거제도, 정확히는 각 선거제도가 갖는 비례성의 정도는 정당체제와 함께 중요한 제도적 특징으로 간주되었다. 그의 연구 결과에 의하면 비례제 선거방식을 한 특징으로 하는 합의제 민주주의가 다수제 선거방식을 한 특징으로 하는 다수제 민주주의에 비해서 민주주의의 질, 경제적 발전 등 모든 면에서 결코 뒤떨어지지 않으며 오히려 우수한

성과를 나타냈다(Lijphart 1999).

하지만 기억해야 할 것은 각각의 사회가 갖는 문제가 동일하지는 않으며 그 문제들에 대한 제도적 처방, 예를 들면 적절한 선거제도란 것도 모두 다를 수 있다는 점이다. 따라서 흥미롭게도 선거 연구의 저명한 학자들은 그들이 가장 최선이라고 여기는 선거제도의 종류에 대해 서로 다른 입장들을 취하고 있다. 예를 들면 사르토리는 선택과 정치적 책임의 소재가 뚜렷하다는 점에서 결승투표제를(Sartori 1994), 레이파트는 비례제와 다수제의 특징을 고루 반영한 독일식의 혼합형 선거제도를(Lijphart 1994), 타게페라R. Taagepera와 슈가트M. Shugart, 그리고 파렐 등은 비례성과 유권자 선호도의 반영, 지역 대표성을 고려하여 단기이양식을 선호하고 있다(Taagepera and Shugart 1989; Farrell 1997). 이런 차이점은 선거체제의 선택이 백지에 그림을 그리는 것이 아니라 이미 존재하는 정치적 현실을 밑그림으로 하여 새로운 그림을 그리는 작업이기 때문이며 학자들은 서로 다른 그림을 그리고 있기 때문이다(안순철 1998, 207).

이처럼 선거제도의 장단점에 대한 연구와 특정 선거제도의 이론적/경험적 우수성이 알려졌지만 선거제도의 실질적인 변화와 개혁은 쉬운 문제가 아니다. 왜냐하면 선거제도는 민주주의 정치에 있어 게임의 규칙과 같은 것이므로 어떤 정파도 자신들에게 불리할 가능성이 있는 제도를 받아들이려 하지 않기 때문이다. 특히 현행 선거제도로 선출된 이들이 다수파를 형성하는 한 선거제도의 개혁은, 그것이 제도적으로 가장 손쉬운 것임에도 불구하고, 현실적으로 매우 어렵다. 따라서 제도가 변화한다 하더라도 정당간의 타협으로 점철된 불완전한 제도 변화가 대부분이었다. 하지만 90년대 중반 이후, 일본과 뉴질랜드의 예에서 보듯이 선거제도의 전면적인 변화가 지속적으로 이루어지고 있으며 영국과 같은 1위 대표제의 본산지에서도 선거제도의 개혁 논의가 끊이지 않고 다양한 층위의 선거에서 다른 선거방식이 사용되기 시작했다(홍재우 2006). 새로운 정치적 흐름이 선거를 통해 표출되고, 그것이 기존의 정치권력을 약화시키는 현상이 일어나면, 선거제도의 변화는 언제든지 일어날 수 있다.

제6절 투표행태

선거는 제도적인 측면 뿐 아니라 유권자의 행위로 완성된다. 따라서 투표행위에 대한 연구는 선거연구의 또 다른 절반이라 할 수 있다. 투표자의 행태에 대한 연구는 민주주의의 역사적 전개와 관계가 깊다. 근대 민주주의가 뿌리를 내리며 이전까지 정치에 대한 학문적 접근은 소수의 지배와 정치철학에 치중되어 있었다. 그러나 권력의 근원이 시민에게 돌아가자 일반시민의 행위, 특히 그들의 투표행태에 대한 이해와 분석이 본격화된 것은 자연스러운 일이었다. 정치학의 역사는 이런 변화를 '행태주의 혁명behavioral revolution'이라 부른다.

이런 목표에 따라 투표행태에 대한 연구의 퍼즐은 크게 두 가지로 구분할 수 있다. 첫째는 '누가 투표하는가?', 다시 말해 '왜 어떤 사람은 투표하고, 왜 어떤 사람은 투표하지 않는가?'라는 질문이다. 무엇이 사람들을 투표장에 나오게끔 하는가를 묻는 것이다. 두 번째 질문은 '누구에게 투표하는가?', 다시 말해 '후보 선택의 이유는 무엇인가?'라는 질문이다. 무엇이 투표자의 선택에 영향을 미치는가를 묻는 것이다.

이런 투표 연구의 퍼즐은 대의제 민주주의가 제대로 작동하는가를 살피는데 그 궁극적인 목표가 있다. 권력의 위임의 정당성과 위임 결과의 효율성이 만족되어야 대의제 민주주의는 지속될 가치와 동력을 갖게 될 것이다. 사람들의 투표참여가 저조하고 어떤 특정한 이유가 있다면 그 민주체제의 문제를 검토할 수 있을 것이다. 또 사람들의 투표선택이 특정한 원인에 종속되어 있다면 그 민주체제의 수준을 가늠할 수 있을 수 있다. 따라서 투표행태연구는 행위에 대한 단순한 이해가 아니라 전체 민주주의의 현실을 이해하는데 매우 중요한 분야이다.

정치학에서 투표행태에 연구가 폭발적으로 성장한 것은 계량화할 수 있는 여지가 컸기 때문이었다. 통계학에서의 새로운 분석기법의 발달과 마케팅 분야의 조사 방법의 발달, 그리고 심리학과 경제학으로부터 도입한 이론적 도구들은 투표 행태에 대한 연구를 통해 정치학의 과학화에 지대한 공헌을 해 왔다.

1. 투표참여의 이론

오늘날 오스트레일리아를 비롯한 몇몇 국가에서 의무투표제를 도입하고 있지만 전통적 시각에서는 투표를 거부하거나 행사하지 않는 것도 하나의 정치적 권리로 간주할 수 있을 것이다. 따라서 제도적 강제가 없는 상황에서 높은 투표율은 위임된 권리의 정당성의 측면에서 대의민주주의에 매우 중요한 조건이다. 그러나 여러 민주주의 국가에서 낮은 투표율은 심각한 문제로 대두되고 있다. 따라서 무엇이 투표참여를 이끄는가하는 질문은 중요한 규범적 목표를 갖고 있다. 투표행태의 연구들은 이에 대해 몇 가지 이론적, 경험적 연구를 통해 답변을 제시하고 있다.

(1) 사회경제적 조건socio-economic status

투표참여의 사회경제적 조건 이론은 유권자 개개인의 소득, 교육, 직업 등 사회 내에서의 개인이 차지하는 지위에 대한 총체적인 자료들을 바탕으로 한다. 이 이론에 의하면 사회 경제적으로 높은 지위와 좋은 조건에 처한 사람일수록 투표할 확률이 더 크다. 이런 이론에 부합하는 현상은 서구 민주주의 국가에서 지속적으로 검증되어 왔다(Verba and Nie 1972). 그 까닭은 사회 경제적인 조건이 좋은 사람일수록 정치와 관련된 정보를 습득하는 양이 많으며 또 그 정보를 얻고 처리하는 비용이 적게 든다는 것이다. 따라서 투표행사에 더 많은 의의를 두며 판단의 어려움 없이 선택을 한다는 것이다. 이 논리는 결국 정보라는 외부환경이 유권자의 결정을 장애를 주거나 왜곡할 수 있다는 것을 의미한다. 사회경제적으로 더 많은 것을 가진 사람들이 더 많이 투표하고 결국 그들의 의사에 따라 결정이 내려지기 때문에 그들의 정치적 효능감political efficacy은 더 높아 질 것이며 상대적으로 보다 열악한 환경에 가진 사람들의 효능감은 더 낮아질 것이다. 결국 낮은 효능감이 낮은 투표율로 이어지는 악순환은 계속 될 것이다. 따라서 민주주의의 평등성이 대의제의 위임 과정에서 쉽게 실현되기 어렵다는 사실을 보여준다.

(2) 동원 투표mobilized voting

유권자는 자발적 판단에 의한 투표뿐 아니라 외부의 압력과 그 압력에 조응하기 위한 방법으로 투표에 참여하기도 한다. 외부의 압력이란 정부의 권유나 압력과 함께 가족, 친족, 공동체 집단의 유형무형

간섭을 의미한다. 유권자는 자신의 자발적 의사가 아니라 이 같은 압력에 의해 아무런 가치 판단이나 정치적 의식 없이 혹은 압력으로 벗어나려는 자구적 행위로 투표에 참여하게 된다. 이런 투표는 일종의 동원된 투표로 볼 수 있는데 국가마다 수준과 외부압력의 종류는 틀리지만 대체로 민주주의가 덜 발달된 지역에서 자주 확인된다. 또 공동체적 관계가 더욱 밀접한 농촌의 경우에는 도시보다 투표참여에 대한 주변의 압력이 높다. 이것이 농촌이 도시에 비해 더 높은 투표율을 기록하는 주요한 원인이라는 것이다.

물론 이런 이론이 어느 사회에나 공통적으로 적용되는 것은 아니다. 동원투표 현상은 발달된 민주주의 국가나 도시에서는 찾아보기 어렵고, 사회경제적 지위 이론도 모든 국가에 공통적으로 적용되는 것은 아니다. 동원투표 이론과 사회경제적 투표 이론은 경우에 따라 서로 모순될 수도 있다. 동원이론에 기초한 연구들은 경제적 고통에 직면한 사회집단들이 정부의 개입을 통해 문제를 해결하기 위해 투표에 적극적으로 참여할 것이라 보았고 개발 도상국에서는 거시경제의 후퇴가 저소득층의 투표참여를 촉진시키기도 했다고 주장했다(Aguilar and Pacek 2000). 하지만 자원이론resource theory을 옹호하는 이들은 경제적 고통이 투표참여에 부담을 주며 정치참여의 능력을 감소시킨다고 보았다. 왜냐하면 경제적 고통을 받는 이가 개인의 희소한 자원을 정치에 소비하지 않을 것이기 때문이다(Rosenstone 1982). 이들의 다른 목소리는 사례와 구체적인 연구 주제에 따라 서로 다른 변인들의 역할에 주목했기 때문이다.

(3) 합리적 투표자rational voter

합리적 투표자의 가정은 투표참여의 이론 중 가장 주목을 끄는 것으로 '합리적 인간관'에 기반하고 있다. 인간은 모두 자신의 효용utility을 극대화하는 합리적 선택을 추구한다는 가정은 연역적인 일반 이론 체계를 구성하게 해서 다양한 하부 이론과 가설들을 도출하는 데 장점을 지닌다.

합리적 선택으로 투표행위를 설명한 것은 다운스A. Downs가 기대 효용expected utility모형을 제시하는 것으로부터 시작되었다(Downs 1957). 그에 의하면 유권자는 투표를 함으로써 얻는 기대 효용[EU(V): expected utility of voting]이 투표를 하지 않음으로써 얻는 기대 효용[EU(A): expected utility of absence]보다 클 때만 투표를 한다는 것이다. 이 가정은 EU(V) 〉 EU(A) 즉 EU(V)－EU(A) 〉 0 으로 표현할 수 있다.

보다 분석적으로 접근하기 위해 V=PB－C라는 모형을 세울 수 있다. V는 투표vote의 전체적 기대효율(혹은 기권의 기대효율)을 의미한다. 즉 여기서 V가 0보다 크면 투표를 하고 작으면 투표하지 않고 기권한다. P는 개인의 한 표가 선거의 결과를 바꿀 확률probability, 즉 후보자가 단 한 표 차로 당선되거나 동률이 되는 경우의 확률에 대한 유권자의 판단을 의미한다. B는 자신이 선택한 후보자가 당선되었을 때와 다른 후보가 당선되었을 때 얻을 수 있다고 기대하는 혜택benefit의 차이를 의미한다. 마지막으로 C는 투표에 소용되는 비용cost을 의미한다.

투표를 하기 위해서는 V=PB－C 〉 0 라는 조건이 충족되어야 한다. 하지만 문제는 대부분의 선거에서는 투표자의 수가 많기 때문에 자신의 한 표가 결과를 바꿀 수 있는 여지가, 즉 P가 거의 무시할 수 있을 만큼 작다는 점이다(유권자가 수 만 명이나 있는 선거에서 당선이 딱 한 표차로 결정날 가능성을 생각해보라). 따라서 B의 가치와는 큰 상관이 없이 PB≑0 이 된다. 모형은 이제 V= 0−C 가 된다. 하지만 어떤 경우든 선거에 참여하는 비용 (예를 들면 시간, 교통비, 투표를 함으로써 포기해야 하는 다른 혜택)이 존재하기 때문에 언제나 C 〉 0 일 수밖에 없고 결국 언제나 V 〈 0 이다. 결론적으로 어느 누구도 투표하지 않게 되며 투표를 하는 것은 비합리적인 행위가 된다. 합리적으로 자신의 기대효용의 극대화를 추구하는 유권자라면 기권하는 것이 마땅하다는 결과에 도달하게 된다.

그렇다면 투표장에 나타나는 그 수많은 비합리적 유권자들은 다 누구인가? 다운즈 자신도 자신의 모델이 현실을 제대로 반영하고 있지는 못하다고 생각했고 새로운 변수가 필요하다고 믿었다. 그것이 바로 D항목으로 흔히 시민적 의무civic duty라 부른다. 이제 V=PB−C+D 가 된다. 다운스에 의하면 많은 사람들은 민주주의 지속을 원하며 민주주의를 향유하고 있음으로 발생하는 사회적 책임감의 일환으로 투표에 참여한다.

다운즈의 일반 모형은 이후 라이커W. Riker와 오데슉P. Ordeshook과 같은 학자들에 의해 더욱 보강되었고 D항목에 대한 보충도 이루어졌다(Riker and Ordeshook, 1968). 단순한 체제에 대한 책임감 뿐 아니라 투표에 따른 여러 가지 만족감, 즉 정당이나 후보에 대한 자신의 정치적 지지를 표현했다는 만족감과 정치적 효능감의 실현 등 투표라는 표현 행위에 대한 만족감이 작용하며 이들도 D항목에 포함된다는 것이다. 하지만 여전히 다운즈의 모델을 적용할 때 두 가지의 문제점을 마주하게 되는데, 첫째는 시민적 의무라는 개념 자체가 합리적 선택론의 영향 밖에 존재하고(Barry 1970), 둘째 시민적 의무에 대한 이론적 부재와 함께 그것을 측정할 수 있는 방법을 개발하는 게 요원하다는 점이다. 다시 말해 D항목의 상대적 중요성이 너무 커져서 단지 D만으로 설명하는, 즉 "투표 해야 한다고 생각하기 때문에 투표 한다"는 의미 없는 결론에 도달하기가 쉽고 어떤 의무감과 만족감에 의한 것인지를 측정하기 쉽지 않다. 실제로 D항목 뿐 아니라 B항목도, 또 유권자 개인이 계산해야 하는 P항목도 직접적으로 알기 어렵다.

따라서 다운즈 모형은 그 자체로서가 아니라 구체적 연구의 분석틀을 제공한다는 점에서 가치가 있다 하겠다. 예를 들면, 정치적 급변기에는 정보처리의 비용이 적고 참여에 대한 의무감이 더 큰 의미가 있을 수도 있다. 인터넷의 보급으로 인한 정보처리의 비용에 관한 것이나, 인터넷 접속의 사회적 격차digital divide 현상에 결부되어 사회경제적 계층의 투표율 차이가 나타난다는 가설 등은 C에 초점을 둔 것이며 (Norris 1999), 2000년 미국 대선이 보여준 박빙의 승부와 극소수의 표차가 결과를 바꿀 수 있다는 사실 때문에 벌어진 재검표의 기억이 2004년 투표율을 높였다는 가설 등은 P에 대한 유권자들의 계산의 차이에 초점을 맞춘 것이라 할 수 있다. 또한 투표참여뿐 아니라 투표선택에도 적용될 수 있으며 특정 후보에 대한 투표 여부를 V항으로 놓고 공간이론spatial theory의 연구들처럼 후보자와 유권자들의 이념적 거리 등을 B항으로 대치하여 분석할 수도 있다.

2. 투표선택의 이론

투표행태 연구의 또 다른 관심사는 투표자의 투표선택에 관한 것이다. 유권자들이 왜 특정 정당의 후보자에게 투표하는가의 문제는 정치인 뿐 아니라 정치학자들 사이에서도 오랜 동안 관심의 대상이었다.

즉 종속변수로서의 투표선택과 그것을 추동한 독립변인을 규명하기 위한 노력이 지속되어 왔다. 투표참여와 마찬가지로 투표선택의 이론적, 경험적 연구를 이끌어 왔던 미시간 학파는 투표선택의 요인으로 정당일체감, 후보자 평가, 그리고 정책 평가를 꼽았다.

미시간 대학을 중심으로 만들어낸 『미국의 투표자American Voters』는 이 분야 연구의 선구적 업적이라 할 수 있으며 이후 반세기 동안 주로 미국을 중심으로 상당한 이론적, 경험적 연구 결과가 축적 되어 왔다 (Campbell A, and P. Converse, W. Miller, D. Stokes 1960).

(1) 정당일체감 변인

정당일체감party identification은 투표행위를 설명하는 초기 이론에 등장한 변인이자 현재까지도 강력한 설명력을 지닌 변인이다. 정당일체감은 유권자가 특정 정당에 대해 느끼는 심리적 애착심과 귀속의식을 의미한다. 이때의 유권자는 특정 정당을 자신의 당으로 간주하는 장기적인 지지자이다. 유권자가 정당일체감을 갖고 있다면 정책 쟁점이나 후보에 대한 정보가 불충분하고 확신이 없더라도 자신이 지지하는 정당의 후보라는 점 때문에 그 후보를 선택할 수 있다. 정당일체감은 정치사회화 과정과 밀접한 관계를 갖는데, 개인의 정당일체감은 대개 가족 구성원들과 동일한 경우가 많다. 따라서 정당일체감을 갖고 있는 사람이 그 정당에 투표하는 것은 정상적 투표행위로 간주될 수 있다. 여기서 이탈하는 것은 이론적으로 대개 단기적인 충격요소가 작용한 것이라 간주된다.

정당일체감은 주로 정당이 안정적이고 역사가 비교적 길며, 정당체계가 제도화되어 있는 국가에서 지속적으로 나타난다. 미국이나 영국,

캐나다 등의 100년이 넘도록 정당체계가 유지되는 정치 사회에서 정당일체감은 강하고 안정적으로 지속되는 경향을 보인다. 따라서 정당의 역사가 짧고, 정당체계가 불안한 신생민주주의 국가에서는 정당일체감을 찾기 어렵거나 정당일체감을 대체하는 다른 정서가 자리 잡고 있는 경우가 있다.

정당일체감이 안정된 민주주의 국가에서 주로 발견되지만 변화하지 않는 것은 아니다. 정당일체감의 변화는 유권자의 사회경제적 조건의 변화에 따라 또 사회 전체의 변화나 정당자체의 성격이 장기적으로 변하는 경우에도 발생한다. 전통적으로 민주당 지지를 보였던 미국 남부가 공화당 지지로 돌아선 것도 루즈벨트, 케네디, 존슨 등이 추구한 민주당의 진보적 변화와 밀접한 관계가 있으며 이런 현상을 정당지지의 재편성realignment라고 부른다.

여기서 이해해야 할 것은 정당일체감이 특정 정당에 대한 투표여부와 동일한 개념이 아니라는 점이다. 그 동안의 경험적 연구에 의하면 정당을 지지하는 것과 그 정당에 반드시 투표하는 것은 개념적으로도 또 경험적으로 다른 문제이다. 특히 정당체계가 안정된 사회에서도 후보자에 따라 또 정치이슈의 다른 요인들에 따라 특정 정당의 지지자들이 다른 정당의 후보를 지지하는 사례가 종종 발견된다. 1980년 미국 대통령 선거에서 레이건R. Reagan은 전통적으로 민주당에 정당일체감을 느끼는 유권자들로부터 많은 득표를 했는데 이들을 레이건 민주당 지지자Reagan Democrats라고 부른다. 이 같은 특징 때문에 정당일체감을 투표선택과 동일시하지 않고 투표선택을 불러 오는 한 변수로서 간주할 수 있는 것이다.

이 이론의 약점 중 하나는 모든 유권자가 정당일체감을 갖지는 않는다는 사실이다. 실제로 미국을 중심으로 정당일체감이 약화되고 무당파independents가 증가되는 경향이 장기적으로 나타났다. 무당파는 크게 두 부류인데 하나는 정치적 무관심층으로 이들의 투표참여율도 무척 낮다. 또 다른 부류는 정치적 관심이 많지만 당파적 경향을 가지않거나, 지지할 정당을 찾지 못한 사람들이다. 이들은 투표에 참여할 가능성은 높지만 특정 정당을 계속 지지할 가능성은 낮기 때문에 이 같은 무당파 유권자가 늘어나면 선거결과는 예측하기 어렵게 된다. 또 반대로 정치가 양극화의 경향을 겪게 되면 무당파의 수가 줄어들기도 한다. 2000년 이후 미국의 경우에는 지난 수십 년 간의 변화와는 달리 민주, 공화 양당을 중심으로 한 양극화가 심해져 무당파 층이 줄어들거나 최소한 증가세가 정체되는 경향을 보인다. 하지만 이러한 이유 때문에 역으로 소수 무당파의 선택이 정권의 향방을 가르게 될 가능성이 더 커질 수도 있다.

(2) 사회균열 변인

정당일체감에 대한 연구가 미국을 기반으로 형성되었기 때문에 다른 민주주의 국가에서도 적용될 수 있는가라는 질문이 나올 수 있다. 특히 다당제가 형성된 유럽 국가의 경우에는 정당 체계가 미국과는 다른 면모를 보이기 때문에 계급이나 이념 등이 더 중요한 요인으로 간주될 수 있다. 물론 계급이나 이념지향이 정당일체감과 완전히 모순되는 것은 아니며 많은 경우에 있어 긴밀하게 연결되어 있다. 하지만 최소한 유럽의 정당체계는 립셋과 로칸의 연구가 밝히듯이 사회적 균열Social Cleavage구조와 밀접한 관계를 가져왔다(Lipset and Rokkan 1967). 즉 정당일체감에 내재되어 있는 심리적인 귀속감보다도 사회 내에 존재하는 다양한 대립과 긴장을 반영하는 사회적 균열, 즉 집단의 정치·경제 구도상의 배열의 중요성이 강조된다. 가장 중요한 것은 계급, 인종, 성, 종교, 그리고 지역이다. 정당일체감과 마찬가지로 이런 정치경제적 요인에 의한 투표는 정치사회화의 과정과도 관계가 있으며 최소한 유럽에서 계급은 그것을 가장 분명하게 나타내는 요인일 것이다.

흔히, 유럽의 정당구조는 국가마다 차이가 있지만 대개 계급적 지지와 연관되어 있다. 대부분의 좌파 정당은 노조를 중심으로 노동자 계급과 역사적인 연대 관계에 놓여 있으며 우파 정당은 세속화된 종교적 이데올로기를 중심으로 중산층과 유산자 계급의 지지를 받고 있다. 하지만 이 사회균열적 요인은 개인의 선택과 합리성이 결여되었다는 비판을 받고 있다. 실제로 유럽 사회에서의 계급이탈과 계급적 투표비율의 지속적인 하락이 목도되어 왔다. 좌파 정당이 육체노동자가 아니라 비육체노동자로부터 더 많은 지지를 받거나, 새로운 사회적 가치관의 출현은 기존의 계급-정당의 연대관계를 심각하게 저해하기 시작했다. 예를 들면 탈물질주의의 등장과 환경보호의 가치들은 원자력 발전정책과 대규모 고용을 목적으로 하는 굴뚝산업에 대한 보호 등을 견지할 수밖에 없는 좌파정당에 대한 지지를 철회하고 녹색당과 같은 새로운 정당에 대한 지지로 나타났다.

비서구사회의 사회균열 구조는 보다 복잡한 양태로 나타난다. 계급에 기반한 사회적 균열이 맹아적 형태를 띠고 나타나는 경우도 있으나 대개는 인종과 종교 그리고 지역에 뿌리내린 균열 구조가 투표행태에 상당한 영향을 미치고 있다. 한국의 경우에도 최근까지 지역주의가 투표선택을 설명하는 가장 강력한 영향력을 갖는 요인으로 나타났다. 이런 계급 이외의 집단에 근거한 투표선택은 집단으로서의 합리적 선택이라는 요소와 함께 동원적 요소도 있다. 또한 그 사회의 산업화와 민주화가 진전될수록 다른 요인 즉 계급적, 이념적 균열구조가 등장하기 시작함으로써 투표선택의 양상은 더욱 복잡하고 불안정한 현상을 나타낸다.

(3) 정책쟁점 변인

투표선택에 있어 정책에 중심을 둔 연구들은 합리적 선택론에 기반하고 있다. 이 관점에서 볼 때 투표는 개별 유권자가 개인의 이익에 근거하여 정당을 선택하는 합리적인 행위이다. 정당일체감에서 보듯이 심리적이고 습관적인 것이 아니라 하나의 목적을 달성하기 위한 수단으로 간주한다. 따라서 정책쟁점이 투표행태에 영향을 미치려면 우선 정책쟁점이 유권자의 이익과 긴밀히 연결되어 있어야 하고, 유권자가 정책쟁점을 인지하고 평가할 수 있어야 한다. 그리고 쟁점이 부각되어야 하며, 후보자/정당이 차별적인 정책쟁점을 제시함으로써 유권자가 자신의 이익에 결부된 선택을 할 수 있어야 한다. 이 같은 조건이 마련되면 이른바 쟁점투표issue voting가 이루어질 수 있다.

쟁점투표는 쟁점 대상의 시간차에 따라 회고적 투표retrospective voting와 전망적 투표prospective voting로 나눌 수 있다. 전자는 집권당 혹은 현직의원의 정책수행 실적 중심으로 판단하는 것으로 이를 긍정적으로 볼 때는 집권당 혹은 현직의원을 그대로 지지하고 부정적일 때는 야당이나 도전자를 선택함으로써 심판을 가하는 행태의 투표이다. 후자는 반면에 정당이 제시한 미래에 대한 정책과 공약을 비교해서 자신의 이익과 결부되는 정당에 투표하는 경우를 의미한다. 다운즈에 의해 발전한 이래 쟁점에 관한 투표는 주로 회고적 투표를 의미하게 되었다(Fiorina 1981).

최근 서구에서는 계급투표와 정당일체감에 의한 투표가 약화되는 경향을 보이는데 이는 쟁점투표의 증가와 연관이 있다. 특정 정책에 관심을 갖는 이익집단과 시민단체가 증가하면서 정책쟁점이 투표결정의 중요한 요인이 되는 것이다(Dalton 1988). 정책쟁점의 중요한 분야는 경제적 쟁점으로 알려져 있다. 경제적 쟁점에 의해 선택되는 투표행위를 경제적 투표economic voting라고 부른다. 즉 유권자가 현재의 경제적 상황을 긍정적으로 판단하면 집권당을 지지하고 부정적으로 평가하면 야당을 지지한다는 것이다. 경제적 평가는 개념적으로 국가 전체의 경제적 상황과 유권자 개인의 경제적 상황에 대한 평가로 대별된다. 이를 분석하기 위해 사용되는 설문조사들은 주로 특정 과거 시점, 현 정부의 출범 시기 혹은 5년이나 10년 전과 비교해서 국가의 혹은 개인의 경제적 상황이 나아졌는가를 묻는다. 소위 주머니사정투표pocketbook voting라고 불리는 개인의 경제적 상황에 따른 투표선택은 유권자에게 낮은 수준의 정보만을 요구하기 때문에 가장 흔히 일어나는 투표선택으로 간주될 수 있지만 기존 연구에 의하면 유권자들은 국가의 거시적 경제지표를 보다 중요하게 생각하는 경향이 있다. 이런 회고적 투표는 경제지표라는 객관적인 증거가 아니라 개인의 주관적인 평가에 근거를 두고 있다. 따라서 경제적 투표는 유권자가 경제적 상황 변화의 책임이 정부/집권당에 있다는 점을 인식할 필요가 있다. 즉 개인의 경제사정 악화가 정부의 책임이 아니라 개인의 불행이나 직장 등의 탓이라고 여기면 유권자는 경제적 투표를 하지 않는다(Kinder and Mebane 1983). 마찬가지로 국가적 경제 상황에 대한 평가도 국가의 책임성에 대한 인지가 있어야 한다.

물론 경제적 쟁점은 전망적 투표에도 적용된다. 하지만 유권자에게 보다 구체적인 정보를 요구하기 때문에 전망적 투표가 회고적 투표만큼 일반적이라고 하기는 어렵다. 게다가 전망적 투표는 회고적 평가에 기반해 이루어질 수밖에 없다. 하지만 선거과정을 통해 보면 전망적 이슈에 대한 관심도 높은 편이다. 현역의원이나 집권당의 경우에는 단순한 과거 실적보다는 앞으로의 공약을 실천할 것이라는 믿음을 주어야만 성공할 수 있다. 대개 유권자들은 물가 안정이나 경제발전의 문제에 대해서는 보수 정당을, 실업과 복지 문제에 대해서는 진보 정당을 선택함으로써 정당들 간의 정책쟁점에 대한 차이를 비교해 투표선택에 임한다.

(4) 후보자 변인

후보자 요인은 후보자가 속한 정당이나 공약과는 무관하게 투표행태에 영향을 미치는 것이다. 즉 후보자의 구체적인 성격, 경력, 행정관리능력, 지적능력, 신뢰성, 성실성, 도덕성, 그리고 기타 개인적인 이미지 등이 유권자의 선택에 영향을 미친다는 것이다. 후보자가 복지정책을 주장하기 때문에 그에게 투표했다면 정책쟁점이 가장 중요한 요인이었을 테지만, 구체적인 정책이나 이념적 지향이 아닌, 단지 후보자가 유능하게 보이고 경험이 많기 때문에 지지하거나 "어떤 일을 잘할 것 같다"고 예상되기 때문에 지지했다면 후보자 요인이 중요한 변수임을 나타내는 것이다. 정치 신인에 대해서는 특히 선거운동기간 내의 평가가 투표 결정에 큰 영향을 끼친다. 매스 미디어에 대한 정치 캠페인이 발전하면서 매스 미디어가 만들어내는 후보자 요인도 상당하다. TV 토론의 경우 정책에 대한 정보를 제공하고 정치적 지식에 대한 학습 능력이 높이는 것으로 알려져 있으나 후보자의 이미지를 형성하는 데도 큰 영향력을 갖는다. 1960년 미 대선에서의 케네디와 닉슨의 TV 토론은 매스 미디어를 통한 후보자 이미지 형성이 얼마나 중요한가를 보여준 계기가 되었다.

후보자 요인은 선거제도의 종류와도 관계가 깊다. 비례제 보다는 1

위 대표제의 경우에 후보자에 대한 평가가 더욱 중요하다. 대통령 선거에 있어서도 후보자 자질에 대한 평가는 매우 중요하며 후보자 자질에 대한 평가와 정당 지지가 일치하지 않을 경우에는 의회가 행정부가 다른 정당의 지배하에 놓이는 분점 정부를 형성하게 된다. 의회중심제parliamentary system도 비례제와 결부될 경우 개별 후보의 영향력은 크지 않지만 차기 총리 후보인 각 정당의 지도자들이 갖는 후보자 요인은 무시하지 못할 요인으로 작용한다.

제9장 이익집단과 이익대표체계

손영우 (국립목포대학교)

제1절 이익집단

1. 개인과 집단

사회에서 개인들은 왜 집단을 형성하는가? 그것은 일차적으로 개인이 사회에서 모두 동등한 영향력을 발휘하지 않기 때문이다. 정치학에서는 개인을 정치적 영향력의 소유 여부에 따라 엘리트elite와 일반인 rank and file으로 구분한다. 이에 대한 다양한 연구가 있는데, 달(Dahl 1984)은 정치관심도와 권력접근성에 따라 정치적 무관심층, 정치적 관심층, 권력추구자, 권력자로 나눈 바 있고, 도이취(Deutsch 1980)는 엘리트를 다시 소유한 정치 영향력 정도에 따라 핵심 엘리트, 정상 엘리트, 중간 엘리트로 분류하기도 한다. 권력접근성이나 정치 영향력의 차이는 주관적인 정치관심뿐만 아니라, 동원할 수 있는 자원의 크기같이 주체가 가지고 있는 능력에도 영향을 받으며, 또한 자원의 중요성을 규정하는 정치적·시대적 환경에 따라 달라진다. 이렇게 개인들이 소유한 정치적 영향력의 차이가 큰 영향력을 지닌 개인과 갈등·

경쟁하기 위해 상대적으로 작은 영향력을 지닌 개인들로 하여금 집단group을 형성하도록 한다. 또한 지역별로 혹은 부문별로 구성된 소규모 집단들이 더욱 큰 영향력을 발휘하기 위해 '집단들의 집단'이라 할 수 있는 정상조직peak organization을 구성하기도 하고(Thomas 1993, 145), 이렇게 형성된 집단적 영향력에 맞서 자신의 이익을 보호·대항하기 위해 '대항집단'을 만들기도 한다.

이렇게 집단을 결정하는 계기에 대해, 일찍이 벤틀리는 이익관계와 결합시켰다. 그는 집단을 '동일한 이익활동을 중심으로 모인 사람들의 집합'이라고 정의하였다(Bentley 1904, 210). 또한 그는 개인으로서는 효율적인 이익을 추구할 수 없으며, 이익은 집단행위를 초래하고 모든 집단은 이익을 가진다고 가정하였다.

그렇다면 이익利益, interest이란 무엇인가? 우리는 흔히 재화의 획득같은 '물질적 이익'을 떠올리지만, 정치학에선 이익개념에 대해 좀 더 포괄적으로 정의한다. 트루먼은 이익이란 '한 집단이 공유하고 있는 입장shared attitudes'라고 추상적 정의를 내리기도 하고(Truman 1971, 33), 좀 더 구체적으로 라파롬바라는 '공공정책 또는 가치의 권위적 배분을 어떤 특정방향으로 움직이려는 의식적 욕구'로 규정하기도 한다.(La-Palombara 1964, 16) 심지어 구성원 이외의 타인을 위한 자선단체까지도 이익집단의 속성을 지닌다고 규정하기도 한다. 레이텀은 "집단이 조직되는 것은 그것을 구성하는 성원의 자기표현과 안전을 위해서이다. 설령 집단이 자선과 박애를 목적으로 하는 결사체로 회원 이외의 사람들의 생활 개선에 물심양면으로 공헌한다 해도 그러한 일 자체가 조직의 활동 목적이며 그것은 성원의 자기표현수단인 것이다"(Latham 1952, 28~29)라고 지적한다.

사회구성원들은 서로 다른 다양한 이익을 추구할 뿐만 아니라 각자가 희구하는 중요한 가치를 좀 더 유리하게 배분받기를 원하기 때문에 이들이 대립하는 갈등을 낳게 된다. 따라서 정치는 사회구성원 간의 다양한 이해관계를 조정하는 갈등 해결의 기능을 맡게 된다(Kann 1986). 사회구성원은 개별적으로 공식적인 정치제도 즉 정당이나 선거를 통해 자신의 입장을 표출하기도 하고, 때로는 유사한 이해관계를 지닌 사람간의 집단을 만들어 정치과정에 압력을 행사하기도 한다. 이렇게 보면, 정치에 있어 이익갈등은 매우 자연스러운 현상이며, 이익집단 간의 압력행사에 대한 공정한 제도를 마련하는 것이 곧 민주정치에 있어 핵심이기도 하다.

하지만, 집단은 곧 이익으로 동일시하는 주장은 1980년대를 거치면서 비판받는다. 하버마스J. Habermas는 1981년 발표한 『의사소통행위이론Theorie des kommunikativen Handelns』을 통해 인간의 의식적이고 사회적인 '행위'를 두 가지로 구분한다. 먼저 그 동안 정치학자들의 주요 연구대상이었던 행위로, 인간이 하나의 목적을 의식적으로 설정하고 그것을 달성하고자 하는 행위가 존재한다고 규정하고 그것을 '전략적 행위'로 명했다. 이에 반해 인간의 행위에는 이러한 성취를 지향하는 수단적 혹은 전략적 행위뿐만 아니라, 순수하게 다른 대상의 이해를 구하기 위한 행위들이 존재한다는 점을 밝혔다. 즉 성취 지향이 아닌 이해 지향의 행위가 존재한다는 것이다. 이렇게 인간들의 상호관계에서 서로의 이해를 위해 인간이 행하는 행위를 하버마스는 '소통적 행위'라고 규정한다(Habermas 1981, 94, 333).

소통적 행위의 구분은 집단이론에도 영향을 미치게 되는데, 개인들이 어떤 이익을 추구하고 달성하기 위해 집단을 형성할 뿐만 아니라, 인간의 상호관계에서의 이해를 목적으로 하는 집단의 발생 가능성을 제기하도록 하였다. 실재 인터넷과 무선통신을 정점으로 하는 의사소통 기술의 발전은 이해와 설명 혹은 정보전달을 목적으로 하는 다양한 모임들이 형성되는데 이바지하였다. 더불어 실제 정치과정에서도 이익의 효율적인 극대화만큼이나, 제 주체간의 소통에 기반한 이해, 신뢰, 공감 등의 요소들이 중요하게 되면서 소통적 행위의 중요성이 높아지고 있다. 물론 집단의 활동은 순수하게 '언어적으로 매개되는 의사소통'만을 내용하는 경우보다는 어떤 형식으로든 또 다른 '전략적 행위'가 동반되기 마련이지만, 일단 모든 인간의 의식적 활동 혹은 집단활동을 모두 이익과 매개시키려 하였던 초기 정치학자들의 주장에는 일정정도 한계가 있음을 지적할 수 있다.

그렇다면, 모든 개인들은 집단을 형성할 자유를 갖는가? 그렇지 않다. ① 특정한 사회적 위치에 있는 개인들에 대해 그들이 집단을 결성하는 것이 국가안전보장, 경제·사회 질서유지, 공공복리에 위협이 될 수 있다고 판단되는 경우, ② 개인이 특정한 위치에 있지 않더라도 결사의 목적이 반국가행위나 범죄를 목적으로 하는 경우, ③ 국가가 일시적으로 안보상 중대한 위험에 처한 경우, 국가는 개인들의 결사의 자유를 제한할 수 있다. 가령, 우리나라의 경우 군인, 경찰, 소방관 같은 직종에 종사자는 집단형성의 자유 즉 단결권이 제한되어 있고 기업들의 일종의 단결권으로 볼 수 있는 담합행위cartel 역시 소비자의 보호를 위해 규제된다. 또한 국가보안법, 범죄단체조직에 관한 형법 114조는 단체의 목적을 규제하고, 헌법 제77조는 대통령에게 계엄선포권을 주어 전시·사변 또는 이에 준하는 국가비상사태에 단체결성에 대한 제한을 가능케 하고 있다.

이러한 개인들의 집단형성에 대한 규제는 각 나라마다 상황을 달리하며, 시대상황에 따라 변하기 마련이다. 가령 18세기 프랑스의 경우, 모든 직업관련 결사를 법으로 금지한 경우도 있다. 1791년 제정된 '르 샤플리에Le Chapelier법안'은 노조뿐만 아니라, 직업과 관련한 모든 결사를 공공질서에 위해하다고 금지하여, 비영리단체의 결사는 1864년, 노조의 결성은 1884년까지 금지된 바 있다. 하지만, 오늘날 프랑스는 경찰이나, 소방관들의 단결권도 법으로 보장하는 등 비교적 넓은 직업결사를 허용한다.

2. 이익집단의 개념과 분류

이익집단의 개념과 관련하여, 먼저 벤틀리는 '집단'이란 '단순히 신체적인 집합이 아니고 활동을 하는 집합'(Bentley 1904, 211)이라고 정의한다. 트루먼은 집단의 개념에 대해 상호작용interaction을 중요한 요소로 추가하면서 집단은 '상호작용의 지속적인 유형'(Truman 1971, 24)이라고 규정한다. 더불어 그는 '이익집단'이란 "하나 혹은 그 이상의 공유하는 입장에 근거하여 사회의 다른 집단에 대해 특정한 요구를 주장하는 집단"(Truman, 33)으로 정의 내린다.

이익집단의 개념규정은 학자들마다 다양하다. 좁은 개념으로 공통된 경제적 이익을 목적으로 하고 주로 유사한 직업을 기초로 만들어진 경제적 이익집단 혹은 부문집단sectional group으로 그 개념을 한정하기도 하지만, 넓은 개념으로 정당을 제외한 정부부처, 지방자치단체 등 공식적인 제도 역시 이익집단으로 분류하기도 한다.(Thomas 1993, 145) 심지어는 제도적 이익집단institutional interest group을 분류하면서 정당을 포함한 사실상 모든 집단으로 확대되기도 한다(Almond and Powell 1978, 174).

하지만 일반적인 이익집단의 특성으로 ① 지속성 혹은 안정성, ② 상호작용, ③ 고유한 이익, ④ 요구의 표명, ⑤ 정치성 혹은 사회성을 들 수 있다. 가령, '버스 정류장에서 버스를 기다리는 사람들'은 그 1회적 성격으로 '집단'이라 할 수 없다. 또한 '매일 통근 버스를 기다리는 사람들'은 연속적 성격을 지니지만, 서로 간의 상호작용이 없다는 측면에서 '집단'이 되지 못한다. 하지만 이들 간의 빈번한 만남이 어떤 상호작용을 일으켜 친목을 도모하기 위한 '통근버스 타는 사람들의 모임'을 만들었다면, 이제 비로소 '집단'이라 할 수 있다. 나아가 이 모임이 자신의 권익을 위해 '통근버스 연장을 위한 모임' 혹은 '쾌적한 버스 운행을 위한 모임'이라는 식의 요구를 내걸었다면 '이익집단'이라 할 수 있을까? 정치학에서 이익집단이란 엄밀한 의미로 정치성을 지녀야 한다. 더욱 분명하게 어린 아이들이 집단적으로 부모에게 놀이동산에 데려가 달라고 한동안 지속적으로 요구하는 경우, 지속성, 상호작용, 요구라는 기준을 만족하지만, 이러한 집단과 요구가 정치성을 지니지 못하기 때문에 이를 정치학에서 이익집단으로 규정하기 어렵다.

한편, '고유한 이익proper interest'이 존재해야 한다는 측면은 다른 사람들의 이익을 대리하여 행동하는 집단을 이익집단이라고 규정하기 어렵다는 것이다. 다른 이익집단의 시위를 위해 광고를 제작하는 대행사의 경우, 언뜻 지속성, 상호작용, 이익, 요구, 정치성이 존재하지만, 이들이 제작한 요구와 자신들의 이익은 직접적인 연관이 없다. 결국 그 이익이 고유하다고 할 수 없다. 같은 예로 미국의 로비lobby전문회사는 로비를 전문으로 하지만 자신의 고유한 이익을 주장한다고 할 수 없기 때문에 이익집단으로 규정하기 어렵다(Denquin 1985, 39 8).

이익집단과 유사한 말로 압력단체pressure group가 있다. 이는 일상적으로 이익집단과 유사하게 사용되지만, 엄밀한 의미에서는 서로 다른 범주에 의해 규정된다는 차이를 갖는다. 즉 이익집단이 단체의 목적에 따른 구분이라면, 압력단체라는 개념은 정치과정에서 다루는 개념으로 입법·행정부나 정당을 제외한 투입이나 산출과정에서 영향력을 발휘하고자 하는 모든 집단을 일컫는다. 이러한 차이는 학자들이 비중을 두는 영역이나 각 나라의 연구 상황에 따라 차이를 보인다. 가령, 미국의 학술문헌에서는 오랫동안 '이익집단'이 주로 사용되어왔다면, 영국이나 다른 유럽국가들의 경우 다수의 문헌에서 '압력단체'로 언급되는 경향이 있다(Thomas 1993, 144).

이익집단은 일컫는 명칭뿐만 아니라, 각 나라의 문화와 상황에 따라 분류방식도 차이를 보인다. 대표적인 이익집단의 분류방법으로 멕켄지의 방법이 있는데, 그는 부문집단sectional group, 촉진집단promotional group, 그리고 기타집단으로 구분하고 있다(Mckenzie 1955, 11~12). 부문집단은 기업인연합, 노동조합, 농민조합처럼 경제적 이익을 목적으로 유사한 업종에 종사하는 개인들의 모임이라 할 수 있고, 촉진집단은 반핵운동단체, 동물애호단체처럼 주로 사회적 정치적 권익 신장을 위한 모임이라 할 수 있다. 기타집단으로 취미·친목단체들의 사회적 요구 및 참여를 들 수 있다.

이와 유사하게 이익집단을 공익집단public interest group과 사익집단private interest group, 혹은 경제적 이익집단과 사회·정치적 이익집단으로도 구분된다.[1] 특히 이 구분은 일반적으로 이익집단은 구성원의 사적 이익을 추구하지만, 공익집단처럼 구성원뿐만 아니라 사회전반적인 혹은 보편적 이익을 추구하는 단체가 존재한다는 측면에서 의미를 갖는다(Baugartner 1994, 1). 그런데 보편적 이익general interest은 국가에 의해서만 추구될 수 있다는 견해를 가진 학자들은 국가이외의 공익집단의 존재를 부정하기도 한다. 하지만 정치과정에서 최종결정이전에는 정부의 입장이 존재할 수 없으며, 다양한 개별집단 역시 공익을(혹은 공익의 이름으로) 주장할 수 있다는 측면에서 이러한 주장은 반박된다. 가령, 정부 내부에서도 부처 간의 알력다툼이나 중앙정부와 지방정부

---

1) 다양한 학자들의 이익집단에 대한 개념정의와 이익집단의 유형 분류에 대해선 김영래 1996a, 20, 31~34를 참조.

간의 긴장이 존재한다는 사실은 이러한 사실을 입증한다(Denquin 1985, 423).

한편 이익집단은 시민단체와 연관을 갖기도 한다. 일반적으로 사용자단체 같은 경제적 이익집단은 시민단체의 영역에서 제외되기도 하고, 또한 친목의 성격을 지닌 시민단체는 이익집단에서 제외되지만, 광의의 이익집단은 자신의 고유한 요구를 주장하는 일부 시민단체와 공유지점을 갖기도 한다. 한편, 시민단체는 특성에 따라 비영리단체 NPO, Non profit organization 또는 비정부단체NGO, Non governmental organization로 불리기도 한다. NGO의 개념 역시 이익집단이나 시민단체의 그것만큼이나 다양하다. 좁게는 비영리·비정부단체를 일컫지만, 넓게는 정당, 노조를 포함하는 모든 정부조직이 아닌 단체를 규정하기도 한다.

또한 협의의 이익집단은 원칙적으로 정치권력 획득을 목적으로 하는 정당과 구분된다. 키V.O. Key는 이익집단이란 "관직을 위한 경쟁이나 정부관리의 책임을 지기보다는 정부에 영향력을 행사함으로써 그들의 특수이익을 반영하고 증진시키려는 조직체"라고 규정하면서 정당과 구분하기도 한다(Key 1964, 21). 물론 정치권력을 추구하지 않는 정당 즉 권력에 대항하기contrepouvoir 위해 선거에 후보를 출마시키되 당선이나 집권을 목적으로 하지 않는 정당도 존재하고, 정치권력 형성에 참가하는 이익집단도 존재한다. 이것은 그 단체의 성격이 변하는 것이지, 개념 규정 자체가 변하는 것은 아니라고 본다. 더불어 사르토리처럼 사적이익을 표방하며 동시에 정치권력을 추구하는 집단을 파벌 faction로 분류할 수 있다면(Sartori 1976, 25), 추구하는 이익의 종류와 권력 추구여부를 기준으로 〈표 9-1〉과 같이 집단을 구분할 수 있다.

이러한 제 집단들은 자신의 이익과 영향력의 확대를 위해 때로는 대립하기도 혹은 때로는 연대하기도 한다. 정당과 이익집단 간의 결합은 정당의 대중성 확보와 이익집단의 효과적인 이익추구를 위해 빈번할 뿐만 아니라, 다른 이익집단의 빈축을 살 수 있기 때문에 민감한 사안이기도 하다.

〈표 9-1〉 이익의 종류와 권력추구 여부에 따른 집단의 분류

	정치권력 추구	정치권력 미추구
공익	정당	공익집단
사익	파벌	사익집단

또한 이익집단과 시민단체와의 연대 역시 종종 발견할 수 있다. 이익집단이 다수 여론에 호소하여 자신의 이익주장에 대한 사회적 정당성을 확보하기 위해 시민단체와의 결합을 추진하고, 시민단체는 대규모 구성원의 동원이나 경제적 자원 등 강력한 활동의 동력을 마련하기 위해 이익집단과 결합하기도 한다.

3. 이익집단의 행동양상

자신들의 목표를 성취하게 위해 이익집단이 행동하는 방법은 정치기회구조, 소유한 자원의 크기, 조직의 상황, 사건의 종류, 압력대상에 따라 매우 다양하다. 그리고 이익집단이 속한 사회의 정치·문화적 배경에 따라 제한 혹은 허용하는 정도에서 제도적 차이가 나며, 그 효과도 다르게 나타난다. 대표적인 수단을 살펴보면 다음과 같다.

① 직접설득 : 자신의 이익과 관련한 정책 결정 주체를 만나 설득하

는 방식으로 개인적 친교를 통해 핵심 정치인이나 고위 행정관료를 접견하는 방법, 대표단 파견, 토론회나 공청회를 개최하여 논의하는 방법이 있다. 특히 로비가 허용된 미국에서는 효과적인 설득을 위해 법률가나 변호사들로 구성된 전문 교섭자를 동원하기도 한다.

② 정치과정 참여 : 공식적인 정치과정에 참여하는 방법으로 청원, 대정부공청회 참여, 정당과의 공동선거강령 마련, 우호적인 후보당선 운동, 반대후보 낙선운동, 후보출마 등이 있다.

③ 여론 호소 : 여론에 호소하여 이익집단의 요구에 대해 사회적 정당성을 획득함으로써 관련 정치인이나 행정부에 간접적인 압력을 행사하는 방법으로 정책 자료집이나 홍보신문 제작·배포, 미디어를 이용한 광고, 시위 등이 있다. 또한 자신의 이익에 반대하는 견해를 피력하는 정치인이 속한 선거구민들에게 편지발송, 유인물 배포 등을 통해 압력을 행사하는 경우도 있다. 오늘날 정보통신기술 발전으로 인터넷, 이동전화, 트위터 등 새로운 여론 호소 방법이 탄생했을 뿐만 아니라, '사이버 여론'이라는 새로운 여론 주도층을 형성하였다. 그 결과 여론의 형성과 여론이 정치과정에 미치는 영향이 더욱 직접적이고, 신속하게 만들었다.

④ 물리적 압력 : 이익집단이 해당 대상에게 물리적 압력을 행사하는 경우도 있는데, 관련 기관시설에 대한 점거, 반대세력에 대한 협박·위협·폭력행사, 테러 등이 있다. 또한 노조의 경우 파업이나 태업 같은 쟁의행위를 통해 압력을 행사하기도 한다. 이것은 물리적 압력인 동시에 여론 호소 방식이며, 주로 경제적 이익을 목적으로 하지만, 정치적 목적을 위해서도 사용된다.

⑤ 법률 소송 : 이익집단이 법·제도 내의 활동을 통해 정책에 영향을 미치고자 하는 행위이다. 이익집단은 불리하거나 부당한 결정에 대해 그 부당함을 알리거나 확인받기 위해 소송을 제기할 수 있다. 이 방법은 상대적으로 시간·경제적 비용이 많이 들기 때문에 대상과의 타협을 이끌어 내기 위한 위협의 수단으로도 사용된다.

〈표 9-2〉 미국의 로비제도

우리나라에서는 간혹 '로비'라는 말이 '뇌물'과 연동되어 부정적으로 사용되는 경우가 있으나, 본질적으로 로비와 뇌물은 전혀 다르다. 로비란 말은 원래 건물 내 응접실과 통로 등을 겸한 넓은 공간을 뜻하는 말로 국회의사당 복도에서 회기 중 의원들과 이익집단 관련자들이 접촉한 것에서 유래한다.

로비활동lobbying이란 이익집단이 정부 혹은 의회에 대한 압력 행사에 있어 효율적인 설득을 위해 관련 문제에 전문성을 갖추고 있는 대리인을 고용하여 정책 결정자에 대해 영향력을 행사하는 행위를 의미한다. 이익집단이 자신의 주장을 펼침에 있어 설득의 성공을 위해서는 자신의 주장이 얼마나 정당한가에 대한 문제뿐만 아니라 보편적인 이익에도 어떻게 부합하는가를 설명할 수 있어야 유리하다.

이렇게 효과적인 설득을 위해서는 전문적인 자료와 논리가 요구됨에 따라 이를 담당할 전문가의 능력이 필요로 한다. 그리하여 정부는 이익집단이 자신의 논리를 대변하기 위한 대리인을 고용하는 것을 허가하고, 이러한 로비스트 활동의 투명성을 높이기 위해 정부가 나서서 이들을 관리, 규제하는 제도를 두는데 이것이 로비제도이다.

이익집단뿐만 아니라 로비스트나 로비회사가 로비과정에서 정책 결정의 대가로 관료나 정치인에게 자금을 제공하는 행위는 뇌물죄로 처벌된다. 로비스트와 로비회사는 공식적으로 기관에 등록되고, 이들의 활동은 공개되며, 이들과 관련한 자금의 흐름은 감시된다. 이들에 대한 감시는 사법기관뿐만 아니라, 커먼코즈Common Cause 같은 시민감시단체들에 의해 수행된다. 로비스트에는 전직 정부행정직 혹은 정치인 출신이나 이익집단 전문가들의 경우가 많다.

로비제도는 이익집단 간의 주장이 단지 힘겨루기 아닌 정책의 대결로 진행될 수 있도록 경쟁과 갈등의 합리화와 제도화를 꾀한다는 장점이 있는 반면, 경제적으로 능력있는 이익집단이 정치적 영향력이 높은 로비스트를 고용하여 정부의 정책결정에 주요한 영향력을 행사하게 된다는 측면에서 정치의 금권적 속성을 확대할 수 있다고 비판받기도 한다.

한편, 정부기능이 확대되고, 지역대표제가 한계에 봉착함에 따라 이익집단이 비대해지고 정치과정에서 압력행사가 빈번해지는 현상을 어떻게 바라볼 것인가의 문제가 제기된다. 즉 시민사회의 확장과 주체들의 역동성의 증가에 따른 민주주의의 증진으로 볼 것인가? 아니면 정치기능의 약화로 인한 정당민주주의의 쇠퇴 현상으로 볼 것인가? 이것은 구체적인 시대 상황과 각 나라들의 정치·사회적 조건에 근거한 이익집단의 활동양상에 따라 다르게 판단될 것이다. 프랑스인 토크빌A. Tocqueville이 미국을 여행하면서 놀랐던 왕성한 결사체들의 활동이 있다고 해서 그 당시 미국의 민주주의가 유럽의 것보다 발전하였다고 단정하기 힘들며, 또한 직능단체를 금지하였던 18세기 후반의 프랑스가 어느 때보다 정당기능이 성숙하고 발전되었던 시기라고 단정 짓기도 어렵다. 또한 특정한 정당·선거제도가 이익집단의 활동을 증진시키는 경우도 있다. 가령, 케이는 양대정당제와 소선거구제를 채택하고 있는 미국 같은 나라에서는 일반유권자에 의한 정당과 대의원 선택이 비교적 협소하게 한정되기 때문에 이익집단의 활동이 더욱 활발해 진다고 보았다(Key 1955, 152).

다만, 이익집단대표 혹은 직능대표의 기능이 지역대표기능과 어떻게 조응할 것인가의 문제로 귀결될 수 있다. 즉 '보통선거에 의해 지역구를 대표하여 구성된 의회가 아닌 또 다른 정당한 권위의 원천이 존재할 수 있는가?'라는 문제제기에 맞닥뜨린다. 만약 이익집단대표가 지역대표보다 민주주의 체계를 더욱 발전시킬 수 있다고 믿는다면, 이러한 접근은 독재자에 의해 국가통제의 독점을 더욱 정당화하기 위해 대중의 지지를 오도하기 위한 구실로 간주된다. 그리하여 오늘날 프랑스 같은 다수의 유럽 내륙 국가에서는 기능에 따른 대표제도가 존재하지만, 입법이나 행정절차의 부속기관으로 종속되는 지위를 지니며 보통선거에 의한 지역대표를 대체하는 것은 아니었다(Hayward 1996, 6). 이익대표체계의 구체적인 내용은 제3절에서 살펴보도록 한다.

제2절 이익집단의 행동과 발전에 관한 이론

1. 이익집단의 초기이론: 개인과 집단 그리고 이익집단의 사회적 역할

이익집단의 초기 이론은 개인과 집단 간의 이익을 매개한 연관성에 초점을 둔다. 일찍이 이익집단의 초기 이론가인 벤틀리는 "집단이익 없이 집단이 존재할 수 없다. 여기에서 사용되는 용어로서의 이익은 집단과 동의어이다"(Bentley 1908, 211)라고 이익과 집단을 동일시하였다. 또한 "개인이 그 자체로서 서술되고 그 자신의 것으로서 사회로부터 독립된 통일체를 갖추고 있다고 하는 것은 허구에 불과하다. 어떠한 사사로운 활동도 개인적 활동의 측면에서 또는 사회 집단적 활동의 측면에서 설명할 수 있다. 그러나 사회를 분석하는데 전자는 별다른 중요성을 갖고 있지 않으나 후자는 어느 경우에나 본질적이다"(Bentley, 215)라고 집단의 중요성에 대해 언급하였다. 결국 개인들이 이익집단을 형성하는 것은 공통의 이익이 존재하기 때문이다.

또한 이익집단들 간의 상호관계에 대해, 벤틀리는 "어떠한 이익집단도 다른 이익집단과 관계를 가지지 않는다면 그 존재 의미가 없다"(Bentley 271)라고 주장하며, 하나의 이익집단은 홀로 존재하는 것이 아니라, 다른 이익집단과의 경쟁과 조정으로서 서로 관계를 갖는 존재라는 점을 강조하였다. 이것은 단지 각각의 단체들 간의 문제뿐만 아니라 통치의 영역으로 까지 발전한다. "압력은 항상 집단적 현상이다. 그것은 집단 간의 압박과 저항을 의미한다. 집단압력의 균형이야말로 사회존립상태를 유지하도록 한다"(Bentley 258~259)는 벤틀리 이론에서 통치란 "이해의 조정 또는 균형"(Bentley 264)으로 간주된다.

결국, 벤틀리는 개인으로서는 이익을 효과적으로 추구할 수 없으며, 이익은 집단행위를 초래하고 모든 집단은 이익을 가진다고 가정하는 것이다. 또한 사회의 모든 사람을 포괄하는 집단이익은 존재하지 않다고 가정함으로써 정부활동에 관계하는 크고 작은 일체의 사건은 집단압력의 대립에 의해 결정된다고 주장할 수 있었다. 이러한 대립의 승패에 대해서 집단은 그의 성원 수에 비례한 권력 또는 압력을 소유하여, 다수의 더욱 일반적인 이익이 소수의 상대적으로 편협하고 특수한 이익을 압도하는 경향이 있다고 보았다.

벤틀리의 주장을 이어받은 트루먼D. Truman은 벤틀리 연구에서의 공백부분을 주의 깊게 고찰하였다. 사회가 이익집단 간의 갈등을 통해 발전한다는 벤틀리의 주장은 이러한 갈등이 사회의 안정성을 해칠 수 있고, 이익집단 간의 일시적 균형점이 아닌 안정적 구조로서의 제도는 어떻게 추구할 수 있는가에 대한 지적 등 이익집단의 위협성을 제기한 여러 이론에 맞서, 이익집단 발생의 필연성과 이익집단이 통치체제에 기여하는 바에 대해 증명하고자 했다. 그에 의하면, 현대사회는 "전문화가 심화되어 관련 기술이 급속하게 변화하는데, 이에 따라 그 결과에 대한 기대가 상승하고 또한 불만족도 상승하게 되어 결사체의 증가는 불가피하게 된다"(Truman 1958, 57). 결국 이러한 결사체 수의 '불가피한' 증가는 필연적으로 통치체제에 영향을 줄 것이고, 어떤 집단에 있어 정치가 중요하게 되면 그 집단은 정치제도의 작동에 반드시 관계를 갖게 될 것이다(Truman 52, 55).

트루먼은 여기에서 이익집단의 기능을 찾는데, 이익집단의 대립과 갈등이 무질서를 만들어내는 것이 아니라 사회에서 발생한 무질서와 혼란이 이익집단의 대립과 갈등을 통해 안정된다고 주장한다. 더불어 이익집단이 경제 영역에서 뚜렷하게 나타나게 되는 이유도 동일하다. "여러 경제 제도로부터 성장한 결사체가 광범위하게 일반된 것은 명백한 이유가 있다. 폴라니K. Polanyi가 지적한 대로, 시장을 완전한 자기조절체계로 보려는 유토피아적 시도는 일련의 무질서와 혼란을 초래했다. 이런 혼란이 필연적으로 자본가, 노동자, 농민들의 결사체를 만들어내었다. 결사체 결성의 목적은 관세, 보조금, 최저임금제, 사회보장 등의 여러 제도를 통해서 사회체계의 황폐를 막고 그것을 통제해야 할 정부에 영향을 주는 것이었다"(Truman 61). 결국, 완벽한 자기조절이 불가능한 시장이 발생시킨 무질서와 혼란이 이익집단을 통해 상호 견제되면서 사회는 안정성을 갖추어 나간다는 것이다. 이렇게

"결사체의 발전은 필연적인 것으로 결사체의 결성률은 사회 안정성의 지표"(Truman 57)가 된다고 판단한다.

이렇게 트루먼은 '집단압력이 사회체계의 궁극적인 균형상태를 결정하는 유일한 존재'라는 벤틀리의 신념을 계승하였을뿐만 아니라, 집단균형이 정당하고 가치 있는 것이라는 신념까지 어느 정도 공유하고 있다. 이러한 신념은 두 가지 이유에 근거하는데, 첫째로는 압력단체가 사회에 많은 것을 요구하지만 대부분 약하고 분할되어 있다는 점이다. 그 결과 구성원이 서로 다른 이해관계를 가지고 있는 집단에 '중복'으로 가입하고 있어 과도한 요구를 자제하는 경향이 있다는 것이다. 가령, 관세율의 인상을 요구하는 공장주는 동시에 소비자, 교회 신도 등이기 때문에 제조업자 결사체가 장기간 높은 가격을 고집한다면 그 구성원의 일부를 잃게 될 것이다. 둘째로 '잠재집단'의 존재이다. 만약 특수이익이 돌출한다면 이 이익에 대항하기 조직되는 잠재집단이 존재한다. 만약 관세를 지나치게 높게 주장한다면, 소비자들은 그것을 반대하는 로비를 조직할 수도 있다. 이러한 잠재집단의 존재 그리고 그들이 언제라도 조직될 수 있다는 두려움이 조직된 이익이 과도하게 제기되는 것을 막는다(Turman 506~516). 결국 트루먼은 "중복된 회원의 효과와 조직되지 않은 이익 및 잠재집단의 기능을 고려할 때만 정부활동은 집단활동의 성과 또는 산물로 논의될 수 있다. 광범위하게 존재하는 잠재집단과의 관계와 그 집단에 대한 영향력을 측정하지 않고 강력한 이익집단의 조직과 활동이 대의정부에 위협을 준다는 주장은 정치과정에 관한 불충분한 자료와 불완전한 개념에 근거하여 일반화되었다"(Truman 515~516)며 이익집단의 해악성에 대해 지적한 이론가들을 비판한다. 이러한 벤틀리와 트루먼의 이론은 사회·경제적 구조 변화에 대한 동인을 설명하면서 동시에 이익집단들의 균형과 상호작용을 강조하고 있어 실제 다원주의에 중요한 이론적 기반이 되었다.

2. 올슨의 '집단 내 개인의 행동 논리와 집단의 선택적 유인'

벤틀리와 트루먼은 이익집단 내의 개인들은 모두 동일한 이익을 추구한다는 가정에 기반한다. 그들에게 '개인'은 집단 밖에 존재하는 개인으로 일단 집단 내부로 진입하면 개인으로서의 정체성은 사라진다. 즉 개인은 집단을 형성하기 전의 원자화된 개인만이 존재할뿐 집단 내에서 이기적인 혹은 합리적인 주체로서의 개인은 간과되고 있는 것이다.

이점을 지적한 것이 멘슈어 올슨M. Olson이었다. 앞의 학자들이 '이익집단이 왜 발생하는가'에 답하기 위해 노력하였다면, 올슨은 집단이익이 존재하지만 '이익집단이 왜 발생하지 않는가'라는 의문을 제기하였다. 그는 『집단행동의 논리The Logic of Collective Action』라는 저서에서 '공통의 이해관계를 가지고 있다고 해서 모든 개인이 집단형성에 나서는 것은 아니다'라는 점에 눈을 돌린다. 무엇보다 자신의 이익을 최대화하는 것을 목적으로 하는 개인이 집단에 가입하는 것은 집단에 가입하고 활동하는데 드는 비용(조합비, 시간, 제반 위험성)보다 더욱 많은 이익을 획득할 수 있을 전망이 뚜렷할 때 이루어진다는 점이다.

더불어 올슨은 단체가 결성된 이후에도 집단이익을 개인의 이익과 등치할 수 없다고 강조한다. 특히 "벤틀리에게는 집단이익이 모든 것이기 때문에 개인의 이익 따위는 문제시되지 않았다. 집단의 공동이익만이 중요하고, 개인의 손익은 중요하지 않았다"(Olson 1966, 177)

고 주장한다. 올슨은 "'한 집단 내의 모든 개인들이 그들의 집단목적을 달성하게 된다면 개인적인 이익도 얻을 수 있기 때문에, 그들이 합리적이고 이기적일지라도 그 목적을 달성하려고 행동한다'는 사실은 틀렸다"(Olson 1966, 14)고 지적한다. 올슨은 이른바 '무임승차자free rider'의 문제를 제기한다. 구성원 중 일부는 자신이 집단행동에 참여하지 않더라도 집단행동이 성공하면 참여하지 않는 이들에게도 차별없이 골고루 혜택이 돌아갈 것이라는 사실을 알고 있기 때문에 개인은 집단행동에 참여하지 않을 것이라는 점이다(Olson 1966, 15). 가령 계절농장노동자, 납세자, 소비자 등 명백한 공통이익이 존재하는 거대한 집단이 있지만, 단순히 집단행동으로 얻는 이익이 그 행동비용을 초과할 것이라는 이유로 상술한 제 집단에 조직적 행동을 기대할 수는 없다(Olson, 239)는 것이다. 특히 대규모 집단의 구성원들이 합리적으로 그들의 개인적인 복지를 최대화하고자 한다 해도 그들은 그렇게 하도록 만드는 강제가 없거나 공통이익이나 집단이익의 달성과는 다른 얼마간의 개인적인 유인誘因들이 제공되지 않는다면 그들의 공통이익이나 집단이익의 진전을 위하여 행동하지 않는다는 점을 강조하였다. 더불어 집단의 크기가 크면 영향력이 높을 것이라는 벤틀리의 견해와는 달리, 올슨은 집단의 규모가 커질수록 그 집단은 집합재collective goods를 최적으로 공급하는 것이 어렵고 동시에 그 집합재의 획득과 개인의 노력 간의 간극이 넓어 무임승차자가 발생할 가능성이 높아진다고 주장한다(Olson 1966, 61). 그리하여 구성원의 이익을 배타적으로 보장할 여러 가지 조직기술과 수단에 대해 언급한다.

가령, 대규모 노동조합의 성공은 어떻게 이해할 수 있는가? 올슨은 "지금까지 대규모의 전국적인 조합들이 생존할 수 있었던 가장 중요한 요인들은 조합원 가입과 파업에 대한 지지가 상당할 정도로 강제적이었다"(Olson 1966, 104)는 점을 들며 "강제적 조합원자격제[2)]와 피켓라인은 노동조합주의의 본질이다"(Olson 1966, 109)라고 주장한다. 또한 전국적인 노동조합은 대규모집단이 아니라, 실제로는 지역 혹은 기업에서 조직된 소규모 집단의 연합으로 이는 "소집단의 이점을 갖고 있는 셈이다"(Olson 1966, 113)라고 첨언한다.

그런데 올슨은 이러한 강제장치에 대해 어떻게 정당화하였을까? 그는 이것을 병역 및 세금제도와 비교하는데, "모든 상황에서 개인이 노동권(노조에 회비를 내지 않고도 일할 기회를 얻을 수 있는 권리)을 갖고 있다면 확실히 그는 '싸우지 않을 권리'(병역을 회피할 권리) 및 '(자신의) 돈을 (자신에게) 쓰는 권리' (바라지 않는 정부사업에 세금을 지불하지 않을 권리)도 가지고 있어야 한다. 개인의 노조에 지지여부, 병역의무 수행여부, 그리고 세금 납부여부와 상관없이 해당 집단에 있는 모든 사람에게 그 '혜택'이 돌아간다는 점에서 단체교섭, 전쟁, 그리고 기본 정부사업 이 세 가지는 유사하다. 이 모두에는 강제성이 포함되어 있으며, 또 포함되지 않으면 안 된다"(Olson 1966, 136~137)라고 강제력의 사용을 정당화한다.

올슨은 특히 노동조합 활동에 관련한 노동자개인의 행위에 대한 연구에 초점을 둔다. '노동자의 90% 이상이 조합의 회합에 출석하지 않거나 혹은 조합의 일에 참여하지 않지만, 또한 90%를 넘는 노동자가 조합에 소속될 것과 조합에 상당한 액수의 회비를 지출할 것을 강요하는 조항 도입과 관련한 투표에 찬성표를 던지는 모순적 상황을 어떻게 이해할 것인가'(Olson 1966, 130)라는 질문을 제기한다. 이러한 역설적 대조에 대해 올슨은 이것이 일관성이 없는 것이 아니라 완전히 일관된 태도라는 것인데, 왜냐하면 "만일 조합원의 관심이 강력한

---

2) 참고로 한국의 노조법에선 고용 이후 노조가입을 의무화한 유니온 숍제도 Union shop가 부분적으로 허용되고 있다. 사업장의 노동자 3분의 2 이상이 노조(들)에 가입해 있다면 그 노조(들)은 유니온 숍제도를 단체협약의 내용으로 체결할 수 있다(노조법 제81조 제2호).

노조에 있다면 조합원들은 아마 출석자가 많아질수록 만족해 할 것이다. 그러나 (회합 결석에 따라 벌금부과가 없다면) 개별 노동자는 회합에 출석하는데 경제적 동기를 전혀 갖지 않을 것"(Olson 1966, 131)이기 때문이다.

이러한 주장은 '부산물이론by-product theory'으로 이어진다. 올슨은 결국 운영이 어려운 대규모 집단은 운영을 위해 그 본래의 목적 즉 '집합재'를 위한 활동뿐만 아니라 구성원에게 더욱 직접적이고 중요한 또 다른 별도의 기능을 수행하고 있음을 지적한다. 이른바 "조직을 유지하기 위해 부산물들을 제공하는데, 이런 이유로 많은 조직은 로비 기능과 경제 기능, 사교 기능을 혼합하여 진행한다"(Olson, 198)는 것이다. 가령, 미국의사협회ANA는 회원에게 '의료착오에 대한 방위체제', 최신 정보를 담고 있는 미국의사회 잡지의 배타적 보급을 통해 회원에게 선택적 또는 개인적 이익을 제공하는데, 이를 통해 잠재 회원들이 조직에 가입할 동기를 부여하고 있다.

3. 올슨을 넘어서: 자원동원론과 정치적 기회구조론

1968년 이후 유럽에서 발생한 거대한 사회운동과 60·70년대 미국의 흑인·반전·여성운동은 올슨이 주장한 대규모 집단에서 개인의 참여가 있기 위해선 개인에 대한 '선택적 유인selective incentives'이 있어야 한다는 당위를 무색하게 만들었다. 이러한 거대한 사회운동은 이익집단이론에도 많은 영향을 미치게 되어 '특정한 사회·정치적 조건에서는 이익집단이 수월하게 결성되고, 영향력을 확대된다'는 새로운 연구 주제를 제공하였다. 즉 올슨이 '집단 내 개인'의 문제를 다루었다면 이제는

'사회 내 집단'으로 그 초점이 이동한다.

이러한 경향을 대표하는 이론이 자원동원론resource mobilization theory과 정치적 기회구조론theory of political opportunity structure이다. 자원동원론은 목적도달을 위해 집단이 동원해야 할 주요 자원은 무엇이며, 이를 어떻게 동원할 수 있는가에 대해 초점을 맞추고 있다. 이것은 잘드와 맥카시(Zald and McCarthy 1977)와 우심B. Useem이나 애쉬R. Ash같은 그들의 동료들에 의해 발전된 이론으로 사회집단이 지지자로부터 획득해야 하는 자원, 인력, 재정, 그리고 언론의 주목 등을 연구대상으로 하고 있다. 이에 반해 정치적 기회구조론은 집단의 전략형성이나 효과에 영향을 제공하는 사회·정치구조에 대해서도 분석한다. 자원동원론이 주체에 중점을 두고 있다면, 정치적 기회구조론은 환경과 구조에 중점을 두고 있다고 할 수 있다. 이러한 이론들은 원래 사회운동을 분석하기 위한 방법론으로 고안된 것이지만, 자신의 이익을 요구하고 이것을 획득하고자 노력하는 이익집단운동에도 많은 영향을 미쳤다.

(1) 자원동원론

자원동원론은 이익집단의 영향력 크기를 좌우할 수 있는 요소들을 집단의 필요 '자원'으로 규정하고 이를 동원할 수 있는 능력이 바로 영향력의 크기를 결정한다고 주장한다. '동원動員, mobilization'이란 말은 '예비군 동원훈련'에서의 쓰임새처럼 원래는 '전시 또는 국가 비상시에 군대를 활동적인 복무체제로 조직하는 것'을 의미하는 군사용어이다. 하지만 정치학에서는 이러한 뜻을 국가나 군대가 아닌 일반단체에도 적용하여, '기존의 혹은 새로운 삶의 범주를 옹호 혹은 주장하는 조직을 중심으로 만들어지는 다양한 형태의 집합'(Mann 1991, 94)으로 확장하면서, '사회운동 및 집단행동에 참여하는 행위자들의 조직화, 운동 형성 및 인적·물적 자원의 축적 및 사용'을 의미하게 되었다.

한편, 여기에서 자원이란 개념은 "공동의 이익을 위한 행동에 유익한 모든 것"(Tilly 1978, 7)으로 "물질적 자원부터 비물질적 자원(권위, 도덕적 책임감, 신념, 우정, 능력)에 이르기까지를 망라"(Oberschall 1973, 28)한다. 특히 맥카시와 잘드는 미디어, 권력(특히 사회 통제 대리 기관인 경찰), 다른 정당과의 관계, 그리고 다른 사회운동 간의 상호작용으로 확대하기도 한다(Zald and McCarthy 1977).

이러한 자원들은 ① 제도적 자원, ② 인적자원, ③ 전략적 자원으로 세분되기도 한다. 제도적 자원이란 이익집단이 제도적인 면에서 안정적으로 재생산되는 데 필요한 자원으로 가령 노동조합에서 조합원 강제 가입제도나 조합비일괄징수제도check-off같이 조합원과 재정의 재생산과 관련된 제도이다. 인적자원이란 이익집단 구성원의 규모와 인구학적 혹은 사회경제적 구성 요소를 의미한다. 또한 전략적 자원이란 이익집단의 목표 설정 및 추진 능력을 의미한다. 구성원들의 이견을 조정하여 단일한 목표를 설정하거나 집단적 내부학습을 통하여 목표 수행의 효율성을 도모하는 데 유리한 자원을 의미한다. 결국, 이익집단의 조직능력은 조직자원의 요인과 동원 수준에 의해 결정되는데, 조직자원의 요인들이 많을수록, 자원동원 수준이 높을수록 커진다. 또한 이익집단의 조직능력이 어떤 요인에 주로 의존하는가에 따라 제도적 자원동원형, 인적 자원동원형, 전략적 자원동원형으로 유형화할 수 있다. 이러한 조직자원은 내부정치와 리더십을 매개로 조직능력에 영향을 미친다(김재훈 2004, 252~253).

이렇게 자원동원이론은 집단행동을 이끄는 운동 조직 및 행위자의 실천전략에 초점을 맞추고 있다. 특히 맥카시와 잘드는 그들의 자원동원이론에서 '올슨의 패러독스'에서 '선택적 동인'이나 강제력이 행사되어야 동원될 수 있는 개인과는 다른 새로운 운동참여자의 범주를 제시한다. 그것은 '도덕적 구성원conscience adherents' 혹은 '도덕적 지원자conscience constituents'로서 이들은 자신들의 행동의 성공으로부터 직접적인 이익을 기대하지 않고, 자신의 의식적이고 도덕적인 이유로 운동에 자원을 제공하는 사람들이다(McCarty and Zald 1977, 1222). 80년대 한국 학생운동의 이른바 민중지원운동, 종교인들의 빈민지원활동 등이 이에 해당한다. 그리하여 개인의 집단활동에 참여가 단지 참여자의 이익뿐만 아니라 의식적 차원의 결정을 통한 참여도 존재함을 제시하였다.

(2) 정치적 기회구조론

한편, 이익집단의 영향력은 집단이 주체적으로 동원할 수 있는 자원뿐만 아니라 다른 외부환경에도 영향을 받는다. 이러한 집단행동에 영향을 주는 외부환경에 대한 연구가 정치적 기회구조론이다. 키첼트에 의하면, 정치적 기회구조는 '저항운동의 발전을 어떤 측면에서는 용이하게 하고, 또 다른 측면에서는 억압하기도 하는 자원들, 제도적 장치, 사회적 동원의 역사적 과정 등의 특별한 구성'(Kitschelt 1986, 58)을 의미한다.

이전의 이론가들은 집단보다 넓은 개념, 가령 국가나 구조 혹은 제도에 대해 별다른 관심을 두지 않았다. 가령 벤틀리는 "개인의 이익이 허구인 것처럼 국가 이익도 허구이다. 모든 집단 이익은 국가 또는 사회의 일부만을 구성하는 제 집단에 귀속하게 된다"(Bentley, 20 3)고 주장하였으며, 올슨은 "국가 그 자체는 이 연구에서 중요한 요소가 될 수 없다. 그것은 '사회적 전체' 같은 것이며, 우리는 국가 그 자체에는 관심이 없고, 국가 내부에서 일어나는 제 과정에 관심을 가질 뿐이다"(Olson 1966, 177~178)라고 연구대상을 한 국가내부의 집단과 개인으로 한정하였다.

이에 반해 정치적 기회구조에 대한 연구는 한 국가차원 혹은 그 이상의 차원에서 구조와 집단행동의 특성과 관계에 대해 초점을 맞춘다. 즉 특정 이익집단에게 정치적 접근의 기회구조가 우호적이면 그 집단의 조직력과 자원동원능력이 상대적으로 부족하다고 해도 그 이상의 효과적인 영향력을 행사할 수 있게 된다. 대표적으로 1987년 이후 권위주의 정부의 해체와 민주화 바람으로 형성된 정치적 기회구조는 한국에 시민사회단체의 증가를 촉진시켰다. 더불어 1999년 '비영리민간단체지원법'의 제정으로 이른바 비영리민간단체는 다른 단체에 비해 상대적으로 수월하게 자원을 확보할 수 있게 되는 제도를 획득하기도 하였다.

정치적 기회구조의 요소에 대해서는 학자들마다 약간씩 상이한 내용을 제기하는데, 정치적 기회구조를 공식적인 제도에 한정하는가 하면(McAdam 1998), 또는 정치적 동맹의 안정성이나 엘리트의 분열 정도(Tarrow 1994)로 확대하는 경우도 존재한다. 나아가 주체의 자원동원능력을 제외한 제반 외부적 환경을 통틀어 지칭되기도 한다. 하지만 일반적으로 제도적 측면에서 정책결정과정에 참여 가능성과 정책결정 과정에 참여하는 행위자가 자원을 동원할 수 있는 유리한 역학구조로 본다.

제3절 이익집단대표체계

1. 이익대표체계의 접근방법

이익집단은 국가와 깊은 관련을 맺는다. 국가는 이익집단 간의 갈등을 안정적으로 조정하고, 이익집단의 요구를 효율적이고 상시적으로 수용하기 위해 정치과정에서 이들의 요구가 수렴될 수 있는 통로를 구축하게 되는데, 이를 '이익집단대표체계'라 한다. 이익대표체계는 바라보는 관점에 따라 다원주의, 마르크스주의, 코포라티즘 접근법으로 구분할 수 있다.

(1) 다원주의 접근법

다원주의pluralism의 기원은 미국 건국의 아버지라 불리는 매디슨, 제이, 해밀턴이 작성한 '연방주의자 논설The Federalist Papers'에서 찾을 수 있다. 특히 매디슨이 작성한 '제10편 내적 파벌과 반란에 대한 수호자로서 연방'에서 다원주의의 발생을 파벌faction의 해악에 대한 치료법에서 찾고 있다. 그는 치료법으로 두 가지를 들고 있는데, 하나는 파벌의 원인을 제거하는 방법이고 다른 하나는 그들의 영향력을 통제하는 방법이다. 먼저 파벌의 원인을 제거하는 방법에 대해 파벌의 결사를 금지하거나 모든 시민들이 동일한 의견, 동일한 열정, 동일한 이익을 갖도록 하여 파벌의 형성 원인을 제거하는 것이 있을 수 있지만, "결사의 자유를 박탈하는 것은 질병보다 해악하고.....모든 시민들이 동일한 의견을 갖도록 하는 것은 실현불가능하다(Madison 1787, 17~

18)라고 그 어려움을 설명하면서, "파벌의 원인을 제거할 수 없다면 결국 통치자는 파벌의 영향력을 통제하는 데 전념할 수밖에 없다"(Madison 1787, 19)라고 주장한다. 그것은 정기적으로 치르는 선거를 통해 사악한 기술의 대표자들을 걸러내고, 대의제를 통해 개인의 목소리가 더욱 공적 이익과 조화롭게 세련되도록 하는 데 있다. "만약 파벌이 다수를 형성하고 있지 못하다면, 정기적인 선거를 통해 다수가 그런 사악한 견해를 물리칠 수 있도록 하는 공화국 원리에 의해 통치자가 채워질 수 있다. 파벌이 행정부를 가로막고, 사회를 뒤흔들지 모른다. 하지만 입헌제도하에서 그들은 폭력을 실행하거나 숨길 수 없을 것이다. 반면에 다수가 파벌에 가담하고 있을 때, 인민정부의 형태는 파벌의 지배열망과 이익으로 공익public good과 다른 시민의 권리 모두를 희생시킬 수 있다"(Madison 1787, 19). 이러한 파벌의 위험에 대항하여 사적권리와 공공재를 보장하는 것, 동시에 인민정부의 형태와 정신을 보전하기 위해 매디슨은 대표의 체계scheme of representation가 설립된 공화정republic에서 그 해법을 찾는다.

메디슨에 의하면 다원주의는 여러 장점이 있다. 첫째, 다원적 대의체계의 매개를 통해 공적 견해는 시민들이 선택한 정체 속에서 다듬어지고 확대된다. 이를 통해 시민들은 무엇이 진정으로 국가에 이익인가를 깨닫는다. 나아가 애국심과 정의감은 일시적이고 부분적인 고려에 의해 그 이익이 희생되지 않도록 한다. 인민의 대표가 표현하는 대중의 목소리는 인민 스스로가 표현하는 것보다 공익과 조화롭고 공적 목적에 더욱 근접할 것이다. 둘째, 당파적 기질, 지역적 선입견 또는 사악한 의도를 가진 인간이 음모나 부패 혹은 다른 방법으로 득표하여 인민의 이익을 배신할 수도 있다. 그러나 크건 작건 간에 공화국은 공공의 복리에 적당한 수호자를 선출하는데 더욱 유리하다. 왜냐하면 ① 작은 공화국은 소수의 음모에 대항하여 공익을 수호하기 위해 대표자들의 수를 증가할 것이고, 큰 공화국은 대중의 혼란을 피하기 위해 그 수를 제한할 것이기 때문이다. 두 경우에서 보듯 대표자의 수가 유권자의 수에 비례하는 것이 아니며, 작은 공화국에서 상대적으로 늘어날 것이다. 또한 ② 작은 공화국보다 큰 공화국에서 대표들은 보다 많은 시민에 의해 선택을 받아야 하는 데, 선거가 빈번하고 인민들의 투표가 더욱 자유롭게 될 때 볼품없는 후보자가 사악한 기술을 성공적으로 구사하기는 어렵게 되며, 이목을 끄는 장점을 갖고 있고 파급력이 높고 건설적인 특성을 지닌 후보가 유리할 것이다(Madison 1787, 20).

다원주의는 네 가지의 기본적인 가정에 근거하고 있다. ① 집단이나 개인이 정치과정과 정책결정의 장에 차별 없이 참여하고, ② 정책결정을 위한 하나의 갈등적이고 경쟁적인 과정이 존재해야 하고, ③ (정치적으로 광범위하고 압도적인 중계자가 없이) 정치시장에서 세력들이 분열되어 있으며, ④ 국가가 중립성을 가지고 있을 때 다원주의는 성립할 수 있다(Thomas 1993, 149). 또한 다원주의사회에서 결정되는 공공정책이란 그 사회에서 활동하는 이익집단 상호간의 경쟁과 이익집단들 간에 상대적인 영향력의 차이에 따른 결과로 이루어진 균형상태로 이해된다. 이렇게 '견제와 균형의 체계system of checks and balances'로 이해되는 다원주의는 어느 정도 완전 경쟁이 이루어지는 '정치시장political marketplace'을 전제로 하는데, 이 시장에서 다수의 개인, 정당 또는 이익집단이 정부를 대상으로 자신의 견해가 수용되도록 그리고 자신들의 정책이 채택되거나 구현될 수 있도록 경쟁한다. 이 과정에서 국가는 중립에 서 있으며, 이익집단의 갈등에서 벗어나 있다(Cawson 1985, 2).

이러한 다원주의의 창의성에 대해 "갈등하는 이들의 이익과 권리를 배제하지 않고, 오늘날의 민주주의 기본 원리인 정치참여를 최대한 허용하는 데서 출발하되, 다수 지배를 스스로 견제하는 체제를 만들었다는 사실에 있다"고 지적되기도 한다(최장집 2004, 19). 하지만 1950년대 이후 다원주의가 발전해 온 이래 이에 대한 비판도 성장하였다. 로버트 달은 다원주의적 민주주의 역시 ① 정치적 불평등의 기반 하에 안정을 유지하고 있으며, ② 조직의 복합성, 이익의 다원성은 인정하나 이것이 시민의 양심을 해칠 우려가 있고, ③ 이익집단의 영향력 때문에 공익문제를 왜곡시키는 경우가 있다고 문제점 등을 지적(Dahl 1982, 40~45)하면서 다원주의를 수정·발전시켰다.

(2) 마르크스주의 접근법

다원주의의 맞은편에 있는 것이 마르크스주의자들이라 할 수 있다. 이들의 논의는 상당히 다양하지만 공통적인 부분은 간추리면, ① 현대 자본주의 사회는 자원 특히 생산수단을 특정 개인들이 배타적으로 소유하고 있고, 이에 근거하여 정치적 영향력을 행사하는 사회이다. 그 결과 생산수단을 배타적으로 소유한 집단과 생산수단으로부터 배제된 집단 간의 소유의 불평등이 발생하고 이는 정치적 영향력의 불평등으로 이어진다. ② 국가의 속성은 이러한 불평등 구조를 유지하는데 있으므로, 국가가 중립적이라는 다원주의적 주장은 그 타당성을 상실한다.

하지만 이러한 마르크주의에 대한 반비판 역시 뒤따른다. 대표적으로 ① 현대민주주의에서의 이익은 모두 경제적 이익 또는 계급적 이익으로부터 도출되는 것은 아니라는 점이다. 위의 마르크스주의자들은 현대자본주의사회에서 비경제적 이익과 비계급적 이익을 무시하는 경향이 있다. ② 다원화된 현대사회에서 사회적 계급이 마르크스주의

자의 주장처럼 그렇게 분명하게 구분되는 것이 아니다. ③ 국가가 자본가에 의해 통제되고 그들의 이익만을 배타적으로 증진한다는 주장 역시 사회주의 정당의 집권, 사회법의 성장이나 사회복지의 발달로 그 타당성은 퇴색된다. 그 결과 더욱 복잡해진 계급상황을 분석하기 위한 논의, 국가의 자율성에 관련한 논의 등으로 마르크스주의 역시 수정되면서 발전한다.

(3) 코포라티즘 접근법

사회적 주체 간의 불평등 심화됨에 따라 이익집단들이 비제도적인 방법을 동원할 시 사회적 갈등이 증폭될 위험이 존재함으로 국가가 이러한 갈등을 지속적이고 안정적인 방법으로 조정 혹은 통제할 필요성이 대두되었다. 코포라티즘corporatism은 이러한 이익집단 간의 갈등, 그리고 정부와의 갈등을 통제 혹은 조정하기 위해 고안된 통치방식이면서, 동시에 정부와 특정이익집단과의 협력관계를 설명하기 위한 이론이다(Thomas 1993, 151). 특정 정책을 수립함에 있어 안정성과 예측가능성을 목적으로 제기되는 코포라티즘은 주로 경제정책을 둘러싸고 사용자와 노동자 간의 교섭에 적용된다. 하지만 반드시 경제정책에만 적용된 것은 아니다. 슈미트의 유명한 코포라티즘의 개념을 살펴보면 다음과 같다.

> “코포라티즘은 하나의 이익대표체계로서 한정된 수의 조직으로 구성되며, 강제성을 지니고, 비경쟁적이며, 위계적으로 지시되고, 기능적으로 구별되는 범주들로 조직된다. 이들 조직들은 국가에 의해 (만약 형성된 것이 아니라면) 인정되고, 허가되며, 그들은 자신의 지도자의 선출과 자신들의 요구와 지지를 표명함에 있어 국가의 통제

를 받아들이는 대가로 그들 각각의 범주에서 독점적인 논의대표권을 부여받는다"(Schmitter 1974, 93~94).

이를 설명하기 위한 핵심 개념으로 챌머스는 '대표체계system of representation'와 '독점monopoly'를 들고 있다(Chalmers 1985). 바로 코포라티즘은 개별 집단이 국가와 관계하는 방식이라는 것이고, 이때 국가는 특정 범위에서 개인들의 이익을 위해 논의할 대표 자격을 특정집단에게 독점적으로 부여하는 것이다. 그리하여 코포라티즘이 수용되기 위해서는 어떤 특정한 문화적이거나 구조적 선행조건을 내포하고 있다고 논의되어 왔다. 슈미터는 그것은 "독점적이고 위계적이며 공식적으로 인정된 이익대표들의 중앙집중적인 구조"(Schmitter 1974)라고 규정하고 있다.

다원주의와 비교한다면 다원주의는 집단들 사이의 협상과 대결에 중심을 두고 있지만, 코포라티즘은 이들 갈등과 협력의 관계는 법률 같은 공식적인 필요에 의해 통제된다고 가정하고 집단의 생명은 국가와의 교환관계에 달려있다고 전제한다(Chalmers 1985, 59). 이와 같은 이유로 코포라티즘은 국가에 의해 이익집단들이 조종되는 파시즘과 친화력이 높았다. 하지만 반대로 이익집단들이 상대적으로 국가에 대해 독립적이고, 영향력이 높다면 이익집단들이 국가를 주도하는 방향으로 나타날 수도 있다. 이에 대해 슈미터는 전자를 '국가코포라티즘state corporatism'으로 후자를 '사회코포라티즘societal corporatism'으로 구분하였다(Schmitter 1974, 104). 이후 사회코포라티즘은 다양한 언어로 표현되었는데, 네오코포라티즘, 자유적 코포라티즘, 민주적 코포라티즘, 다원적 코포라티즘, 코포라티즘적 다원주의 등이 그것이다. 또한 코포라티즘이 적용되는 수준에 따라, 거시macro, 중간meso, 미시micro로 구분하기도 한다. 거시는 국가나 체계차원의 교섭을, 중간은 산업별 수준의 교섭을, 미시는 기업차원의 국가개입을 지칭한다(Cawson 1985, 12~21).

이러한 이익대표체계의 논의에서 오늘날 핵심적으로 등장하는 것은 노사 간의 대표체계이다. 이같은 이유는 노사 간의 문제가 현대 사회의 대표적인 불평등 관계이기 때문이기도 하겠지만, 가장 중요하게는 국가 운영에서 이 관계가 가장 안정적으로 규제되어야 하는 부분이기 때문일 것이다. 넓은 의미에서 코포라티즘은 중앙집중적이고 독점적인 단체들의 존재를 전제로 하는 특정 이익대표구조를 지칭하는 동시에 하나의 정치결정 과정을 일컫는다. 70~80년대 초기 코포라티즘 관련 저작에서는 개념규정을 놓고 대립한다. 슈미터(Schmitter 1974)는 이익대표구조의 조직적 특성을 강조하는 반면, 렘브루크(Lehmbruch 1977)는 공공정책의 형성 과정에 초점을 두고 있다. 이러한 혼란을 피하기 위해, 훗날 슈미터는 전자를 '코포라티즘corporatism', 후자를 '협의concertation'로 칭할 것을 제안하기도 한다(Schmitter 1982, 263).

그런데, 이후 바카로는 이익대표체계의 특별한 구조로서 코포라티즘과 정치 협력 과정으로의 협의를 구분할 것을 주장하며, 현재 이익대표체계로서의 코포라티즘은 사라지고 있지만, 정치 협력 과정으로서의 협의는 세계 여러 나라에서 발전하고 있음을 보여주고 있다(Baccaro 2003). 이러한 초점의 이동은 매우 중요한 의미를 갖는다. 이제부터 사회적 협의는 앞에서 언급한 선행 조건들보다 다양한 조직적 구조들과 결합 가능하게 되었다. 특히 결사의 자유, 단체교섭 또는 표현의 자유 등과 같은 민주주의 기본권과 함께 전통적인 코포라티즘적 구조보다 더욱 잘 조응할 수 있는 가능성을 열어놓기도 하였다(Streeck 1993; Schreiner 1994).

실제로 아일랜드(94·97), 이탈리아(93·96), 포르투갈(97), 스페인

(96·97), 한국(98)처럼, 90년대 중반 이후 사회적 협약으로 일정 정도 성과를 거둔 나라들은 모두 이익대표체계의 구조가 비교적 파편화되어 있고, 협의 주체들의 중앙 집중성 역시 상당히 한계적인 것으로 알려진 국가들이었다(Fajertag and Pochet 1997; ILO 1998). 비록 중앙 집중적인 정치를 위해 내부적 합의를 충분히 거쳐야 하는 것은 여전히 주요한 핵심문제로 남아있지만, 더이상 전일적인 이익대표체계가 정치협력을 위한 선행조건은 아닌 것이 되었다.

이와 함께 사회적 코포라티즘 체계에서 주요 논의 주제가 변화함에 따라 새로운 규정의 코포라티즘 논의가 제기되었다. 그것은 초기 사회적 코포라티즘이 재정의 확대, 국유화, 사회보장망의 확대를 다루는 등 주요하게 노동시장에서 수요측면에 관여하였다는 의미로 이를 수요측면demand-side 코포라티즘으로, 90년대 들어 등장한 직업교육, 고용확대, 소득보전 등 공급측면에 초점을 두고 있다는 면에서 공급측면supply-side 코포라티즘으로 구분하면서 새로운 변화를 지적하기도 한다(Traxler 1995). 결국 제도와 구조라는 선결 조건을 만족시켜야만 가능하다고 인식되었던 '사회적 협의'가 정부를 포함한 사회적 주체들이 일시적으로 혹은 전략적으로 선택할 수 있는 유연하고 역동적인 전술이 되었으며, 또한 특정한 사회·경제적 상황에서 정부는 단기간에 우호적인 조건을 형성함으로써 사회적 협의를 증진시키는 것이 가능하게 되었다.

그렇다면 어떠한 조건이 사회적 협의 과정을 선택하는데 우호적인 조건을 형성하는 것일까? 먼저, 노조를 사회적 대화 테이블에 지속적으로 머물게 하고, 협약에 서명하도록 하는 정부의 의지와 전략이 중요하다(Baccaro 2003, 701; Regini 2003). 하지만 정부의 의지가 분명하다고 하였을 때, 사회적 협의의 발전을 위해 어떤 전략을 사용할 것인가라는 질문과 함께 사회적 협의의 주요한 동반자인 노조의 상황과 위치가 주요한 변수로 떠오른다.

2. 이익집단의 또 다른 제도화 - 경제사회환경위원회 (프랑스 사례를 중심으로)

다수의 유럽 국가들은 다양한 이익집단의 의견을 상시적으로 정부 정책에 반영하기 위해 '경제사회위원회'를 두고 있다. 나라마다 명칭은 벨기에의 중앙경제위원회CCE, 이탈리아의 전국경제노동위원회CNEL 등으로 약간씩 상이하지만, 기능은 이익집단의 대표단들이 위원회에 참석하여 정부의 정책에 대해 자문한다는 유사한 성격을 지닌다. 구성 역시 벨기에, 이탈리아, 네덜란드의 경우처럼 노사가 중심이 되기도 하고, 프랑스, 그리스, 아일랜드, 룩셈부르크, 포르투갈, 스페인의 사례처럼 노동부문외의 농업 및 다른 기타부문도 포함하는 곳도 있다.

특히 프랑스의 경우는 경제사회위원회라는 명칭으로 일찍이 1946년에 설립되어 많은 다른 유럽 나라에서 사회적 협의기구 형성에 모범 사례가 되었을 뿐만 아니라, 유럽연합 내 경제사회위원회의 시원적 모델이 되기도 하였다. 더욱이 2004년 3월 우리나라의 노사정위원회가 프랑스의 경제사회위원회와 '교류·협력을 위한 협의각서'를 체결함으로써 그에 대한 관심이 높아지고 있다. 하지만 경제사회위원회는 노동조합이라는 이익집단이 기업 단체와 함께 정치 제도화된 경우라는 점에서 우리나라의 노사정위원회나 사회적 코포라티즘의 제도와 유사한 면이 있지만, 경제사회위원회는 일반적으로 기업수준의 사회갈등에 대한 중재나 노사 간의 사회적 협약을 위한 기구가 아니라 정부정책에 대한 자문 역할을 주로 수행한다는 측면에서 차별성을 갖는다(손영우 2005, 193).

2008년 경제사회환경위원회CESE, Conseil économique, social et environnement로 명칭을 개정한 이 기구는 '세 번째 의회Troisième Chambre' 혹은 '경제 의회assemblée èconomique'라고 불릴 만큼 국민들의 경제생활을 정치적으로 대변하는 기능을 하지만, 상원이나 하원과는 달리 법률을 입안하거나 결정하지 않는 자문기구라는 특징을 갖는다(손영우 2005, 193). 이 위원회는 정부에 의해 기능하고, 법, 시행령, 칙령의 계획, 정부 소관 법안에 대한 의견을 제시한다. 위원회 위원은 소관 계획이나 제안에 대해 위원회의 의견을 국회에 발표할 수 있다. 또한 위원회는 모든 경제사회 관련문제에 대해 정부에 자문을 요청받을 수 있고, 경제 사회 관련 모든 법의 계획과 구성안에 대한 의견을 제출할 수 있다. 한편 구성은 노사부문을 넘어서 농민, 자유직, 사회단체, 재외국민, 사회 제영역의 전문가 등 범위가 다양하게 구성된다. 위원회가 포괄하는 직업단체는 10개의 범주로 상당히 넓다. 이 위원회의 역할은 다음과 같이 정리할 수 있다(손영우 2005).

첫째, '사회적 실험실' 역할이다. 정부는 위원회에 정부위탁활동을 요청함으로써 여러 의안들이 국회에서 통과되어 사회로 영향력을 발휘하기 전에 위원회를 통해서 사회적 견해를 두루 접할 수 있어, 법안이 미칠 사회적 파급력을 정부가 미리 상세하게 예측하게 할 수 있다. 또한 위원회의 의견이나 연구는 정부나 국회의 입안과정에서 정치인에 의해 공신력이 있고 중요한 여론 자료로 인용되기도 한다(Frayssint 1996, 122).

둘째, 정보의 '교차로' 역할이다. 위원회의 위원들이 주로 분과Section와 그룹Group을 통해 활동하는데 분과가 조사 대상에 따라 구분되고 위원들의 전문 능력에 따라 배정받는 곳이라면, 그룹은 사상적인 성향 혹은 방어하거나 대변하여야 하는 이해의 경향에 따라 조직된다. 본회의에서 정부에게 전달할 의견에 대한 최종 투표를 할 때에 자신의 입장을 정리하고, 다른 그룹들과 연대하여 자신의 의견을 관철하기 위해 노력하는 과정에서 서로의 상황에 대한 정보와 입장을 교류하게 된다.

셋째, '사회적 윤활유' 역할이다. 위원회 내 분과활동과 그룹 간의 활동 등 긴밀한 접촉과 일상적인 대화를 통해 사회의 대표적 직업단체가 서로의 어려움과 사정을 잘 이해하게 됨에 따라 발생하는 사회적인 통합 기능이라는 추가적 기능이 발생한다.

그 외 경제사회위원회는 여론형성을 위해 기관지 발간과 보고서 발간을 통해 연구자들과 시민단체에 경제사회분야에 대한 여론을 형성하는데 기여하기도 하고, 지역경제사회위원회와 함께 지역적 연대를 추진하거나, 다른 나라 유사 단체와 함께 국제적 차원의 연대를 진행하기도 한다.

3. 국제기구와 이익집단

(1) 국제연합UN과 이익집단

국제연합에서 이익집단은 특히 경제사회이사회Economic and Social Council, ECOSOC와 관련된다. 이사회는 이익집단과의 관계 설정을 위해 두 가지 주요 과정을 둔다. 첫째는 비정부단체NGO 등록 과정이다. 이사회의 비정부단체 명단은 공문서의 성격을 지닌다. 둘째는 경제사회이사회의 자문단체 선정 과정이다. 비정부기구가 자문단체가 되면 회의에 참가하여 서면공지와 의견을 제시할 수 있는 기회가 제공된다. 비정부단체 등록 명단을 관리하는 이사회 내 비정부단체위원회는 4년마다 비정부단체의 활동보고에 따라 자문단체를 선정한다.

(2) 유럽연합EU의 이익집단 정책

유럽연합에서의 이익집단과의 관계를 공식화하는 규정은 없다. 유럽연합은 이익집단의 활동과 관련한 다원주의의 좋은 사례로 꼽힌다(Hayward 1996, 17). 먼저 유럽위원회European Commission는 로비에 대해 상당히 수용하는 입장을 보이는데, 이것은 유럽위원회가 가능한 다수의 단체들과 폭넓은 대화를 하고자 하는 그들의 이해가 놓여 있기 때문이다. 이 때문에 이익집단과의 만남에 대한 규제를 두지 않고 있다. 이러한 정책기조는 1992년 12월 2일 "유럽위원회와 이익집단 간의 조직되고 개방된 대화"[3]라는 공지에 소개되어 있는데, 여기에서는 이들 간의 투명성을 보장하기 위한 최소한의 형식을 규정하고 있다.

여기에서는 이익집단을 영리 목적 추구에 따라 '비영리단체'와 '영리단체'로 구분한다. 또한 대표적인 영리단체로 직업단체를, 그리고 비영리단체는 제3자의 이익을 고려하고 보장하기 위한 단체를 예로 들고 있다. 위원회는 비영리단체의 단일 목록을 만들고, 영리단체들은 자신의 고유 목록을 만들도록 지원하고 있다. 또한 이익집단이 유럽위원회의 최소규정인 부록II을 토대로 자발적으로 자신의 행동 지

3) Commission European, "An open and structured dialogue between the Commission and special interest groups", 93/C 63/02.

침을 제정할 것을 권장한다.

유럽위원회에 비해 유럽의회는 좀 더 제한적이다. 내규에 의하면 유럽의원에게 정보를 제공하기 위해 의회 사무실을 찾는 사람은 관련 법과 9.2조와 부록 IX에 따른 등록을 하여야 한다고 규정한다. 이익집단의 성장과 중요도가 확대됨에 따라 그들의 활동에 더욱 높은 투명성을 부과하고 있다.

유럽연합의 행동지침에 따르면, 유럽연합 공무원들은 기관의 허가 없이 개인이나 가족의 이익 혹은 자신의 독립성을 훼손할 수 있는 어떤 사건에도 직·간접적으로 관여해서는 안 되며, 임기 중 활동의 결과로 외부에서 어떠한 명예, 훈장, 우대, 기부금, 사례금을 받을 수 없다(유럽연합 공무원의 지위 article 11). 또한 퇴직 후 2년 동안 자신의 직업활동에 대해 이전 소속 기관에 통지하여야 하고, 지난 3년간 활동과 연관된 단체에서 일하는 것이 금지되어 있다(article 16).

제4절 한국의 이익집단

1. 한국 이익집단의 성장

한국에서는 이익집단의 개념이 매우 좁은 의미로 흔히 사용된다. 주로 경제적 혹은 사적 이익집단을 지칭하며, 사회나 정치적 권익집단이라도 구성원과 집단의 목적이 직접적인 이익을 매개한 집단을 의미한다. 반면 일반적인 사회·정치적 이슈를 제기하는 집단은 이익집단과 구분되어 흔히 '시민단체'라는 이름으로 사용되거나 법률상으로는 '비영리민간단체'라는 말을 사용하기도 한다. 또한 시민단체가 사적이익과 결부되는 모습에 대해 부정적인 의견이 지배적이다. 이러한 경향에 대해 최장집은 다음과 같이 원인을 설명한다.

> "시민사회를 자율적 결사체들이 조직되는 영역이라고 정의했을 때 그것은 본질적으로 사적 이익과 그에 기반을 둔 것으로서 공적 이슈에 대한 관심과 아울러 공적 영역에 참여함은 물론 사익의 증진을 도모하는 내용을 담는다. 이에 반해 한국에서 형성된 시민사회는 시민 일반의 보편적 권리 혹은 공공의 이익을 위한 운동이 행해지는 공간이라는 의미를 갖게 되고 그 곳에서의 개인은 공익을 위해 참여하는 적극적 시민으로 이해되는 것이라 하겠다. 그것은 사적 이익의 표출과 그에 기반한 조직적 활동에 대해 매우 부정적인 인식을 만들어냈다"(최장집 2002, 183).

한국의 이익집단과 시민단체의 개념은 민주화와 함께 발전하였다. 198 7년 민주화 항쟁과 노동자 대투쟁은 한국 이익집단 역사의 새로운 장을 열었다. 민주화 항쟁을 통한 민주화 바람은 그 동안 억압·통제되었던 이익집단의 요구가 분출하고 이익집단의 급격한 증가를 가져오는데 중요한 환경을 제공하였다.

특히 양적인 변화를 들 수 있다. 노동부에 따르면, 87년 6·29선언 이후 새로 설립된 단위노조는 70일간 1060개에 이른다. 이 숫자는 6·29선언 이전 기존 노조 수의 38.9%에 달하는 것으로(기사연 1987, 48) 노동조합의 설립이 가히 폭발적이었다고 할 수 있다. 이러한 상황은 노동조합에만 국한된 것은 아니다. 경제적 이익집단뿐만 아니라, 사회경제정의, 소비자보호, 환경보존 등과 같은 시민단체의 설립 역시 확대되었다. 대표적으로 경제정의실천시민연합, 환경운동연합, 참여사회시민연대, 전국에이즈예방운동본부 등을 들 수 있다.

그 다음은 양적인 변화에 따른 질적인 변화를 동반하였는데, 이익집단의 조직양상이 더욱 분화되었을 뿐만 아니라 이익추구의 내용도 변화되었다. 특히 노동분야에서 민주노조 건설운동을 통해 자주적 노조가 1990년 전국노동조합협의회전노협이라는 정상조직의 모태를 설립하였으며, 또한 사무직 같은 비제조업 노동자는 전국업종노동조합회의로, 대기업 노조들은 대기업연대회의로 각각 조직되는 등 조직양상이 전문화되었다. 이러한 흐름은 95년 전국민주노동조합총연맹민주노총이라는 정상조직의 출범으로 이어진다. 한편 이익추구 내용의 측면에서도 추상적이기보다는 구체적인 이익을 내건 집단들이 출현하였다. 사회 각 분야의 개인들이 자신의 처지와 상황에 따른 이익추구를 위해 전국도시노점상연합회, 전국철거민연합회 등과 같은 경제적 이익집단을 중심으로 조직되었을 뿐만 아니라, 90년대 초반 노래방 신고업자들을 중심으로 대한 노래연습장업중앙회가 결성되자 이에 미신고 노래방업자들이 전국미신고노래연습장협회중앙회를 조직하는 등 동일 이익에 대한 상호갈등적인 단체가 조직되기도 하였다(김영래 1996a, 69).

또한 한국 상황의 특수성으로 학생 집단의 높은 영향력을 지적할 수 있다. 이것은 ① 외세의 침입이나 독재와 맞서 항거하였던 역사성, ② 경제적으로는 생산관계에 직접적으로 포괄되지 않았다는 존재의 자유, ③ 학교에서 진보적이고 개혁적인 학문을 접할 수 있는 기회가 상대적으로 많다는 상황은 학생집단이 민주화과정에서 가장 거대한 사회운동집단으로 자리매김할 수 있었던 조건이다. 하지만 민주화가 확대됨에 따라, 개인화의 확대, 학생의 사회적 지위의 하락과 사회진출을 위한 경쟁심화 같은 요인들은 사회운동세력으로서의 학생집단의 성격을 약화시켰다.

2. 한국의 이익대표체계의 형성: 노사정위원회의 사례

1998년부터 진행된 한국 노사정위원회의 경험은 사회적 협의 조건이 비교적 성숙되어 있지 않은 조건이라도 특정한 상황에 따른 사회주체들의 합리적 혹은 전략적 판단을 통해 사회적 협의가 이루어 질 수 있다는 사실을 보여주는 중요한 사례로 지적되고 있다(Baccaro and Lim, 2007). 1998년 경제위기라는 긴급한 상황에서 '경제위기 극복을 위한 노사정 협약'이 극적으로 타결되어 위기극복에 중요한 동력을 마련하였다.

이러한 노사정위원회를 설립할 수 있었던 배경으로는 ① 87년 이후부터 꾸준히 성장한 '민주노동운동세력'이 95년 민주노조의 '정상조직'으로서 전국민주노동조합총연맹(이하 민주노총)을 만들면서 나름의 중앙집중화가 선행되었다는 점과 정권교체로 인하여 노동진영에서 개혁적 정부에 대한 기대가 높았다는 점, ② 경제위기로 인해 평소 사회적 협의에 미온적이었던 사용자단체는 정부의 보증이 절실하여 사회적 대화에 나설 수밖에 없는 조건이었다는 점, ③ 정부는 경제위기에 따른 경제구조조정을 산업평화의 전제 속에서 진행할 필요가 절실하였고, 새로운 정부는 의회에서 소수당이라는 상황에서 의회 외부에서 사회적으로 개혁을 정당화기재가 요구하였다는 점을 그 배경으로 들 수 있다.

하지만 노사정위원회에 대한 평가가 긍정적인 것만은 아니다. "사회합의주의의 외피를 갖춘 신자유주의적 구조조정을 위한 도구"(노중기, 2003)라는 평가가 있는 반면에, "노사정위원회는 시장경제화라는 시대적 추세와 맞지 않을 뿐만 아니라 노사관계의 정치화를 야기하여 노사관계의 불확실성을 증대시켰다"(박덕제 1998)라는 양 극단의 평가가 존재한다. 또한 1998년 이래 추진되어 온 노사정위원회는 모순적이게도 형식적 제도화가 진전될수록 점차 활력을 잃어가는 모습을 보여 왔다. 특히 노사정위원회의 이익중재체계는 외견상 안정화된 것으로 보이지만 실질적으로는 협애화되어 간다고 비판하며, 이는 "비정규직 노동자들이 포괄되지 못하는 허약한 노동의 대표체계의 문제에 기인하므로, 비정규직을 포괄하는 조직률의 증대, 단체협약 효력 확장, 기업별 노조 조직에서 중층적 노조 조직체계로의 확장 등"(이덕재 2009, 163~164)을 그 방안으로 제시하고 있기도 하다.

제10장 정치문화와 정치사회화

안승국 (비교민주주의연구센터)

제1절 정치문화

1. 정치문화의 등장배경

정치의 주관적 또는 정서적 측면은 정치학에 있어서 오랜 관심의 대상이었다. 플라톤이나 루소와 같은 정치철학자들은 바람직한 정치생활에 적합한 대중의 정서에 중요성을 부여했으며 토크빌A. Tocqueville도 정치에 있어서 가치와 상징, 정서와 같은 요소의 역할을 강조했다. 이에 대한 초기의 연구들은 직관적이고 비경험적인 연구로 진행되었으나 설문조사와 같은 경험적 자료를 획득할 수 있는 방법이 개발되면서 정치문화 연구는 크게 진전될 수 있었다. 이러한 과학적 연구방법이 도입되면서 정치문화의 개념규정이 보다 명료화되고 구체화되었으며 교차국가분석이 가능하게 되었던 것이다. 정치학분야에 정치문화 개념을 선구적으로 도입했던 알먼드와 버바G. Almond and S. Verba는 정치체계들 간의 유사성과 상이성을 규명하려는 시도에서 국민성과 같은 전통적인 개념보다는 정치문화라는 개념을 선호하였다. 그들이 정치문화 개념을 선호한 이유는 사회학, 인류학, 심리학을 비롯한 사회과학 전반에서 도출된 개념들과의 호환이 가능했기 때문이었다. 따라서 알먼드와 버바는 사회학 분야에서의 문화에 대한 논의를 수용하면서 거시적 차원에서 정치문화에 대한 이론을 제시하였다. 그들의 정치문화 개념은 개인의 심리적 정향이나 인지, 감정, 평가 등과 관련된다(Almond and Verba 1963, 4~11).

정치문화는 다음과 같은 배경에서 등장하게 되었다. 첫째, 선진국에서 민주주의 발전과 선거의 활성화로 일반 국민의 정치적 영향력이 증대됨에 따라 정치행위가 이루어지는 주관적 맥락 내지는 배경에 대한 관심이 집중되었다. 둘째, 행태주의의 영향으로 정치학의 분석단위로서 정치행태가 주목을 받게 되어 행태의 원인규명이 추구되었다. 셋째, 과학적 방법의 도입에 따른 실증적 분석의 필요성이 요청되었다.

알먼드는 『정치체계의 비교』라는 논문에서 정치문화 개념을 도입하였다. 알먼드에 따르면 정치체계에 있어서의 정치행위는 특정한 유형의 정향에 기초해 있다는 것이다(Almond 1956). 따라서 정치체계의 차이는 기본적으로 이러한 정향유형의 차이에서 기인되는 것이다. 예컨대, 미국의 정치체계와 유럽의 정치체계간 차이는 동질성과 분절성이라는 정치문화의 상이성에서 비롯된다는 것이다.

2. 정치문화의 개념

문화라는 용어는 다양한 의미를 갖고 있으나 사회과학에서는 행위(또는 행태)의 맥락이 되는 가치 및 규범체계를 지칭한다. 따라서 정치문화는 정치체계에 있어서 정치에 대해 개인이 갖는 태도와 정향의 양태로서 정치행태의 기초가 되는 것이다. 행태는 상황(환경)과 인간간 상호작용의 결과로 현실에 대한 주관적 인식에 의해 영향을 받기 때문이다. 즉, 정치문화는 정치세계에 대한 태도, 느낌, 바램, 가치의 총체인 것이다.

정치문화의 개념은 다양하게 정의될 수 있다. 비어S. Beer는 일반적 문화의 한 측면으로서 정치문화를 정부가 어떻게 행동하고 무엇을 추구해야 하는가와 관련하여 정의했다(Beer 1962, 32~34). 또한 알먼드와 버바는 정치행위가 이루어지는 상황을 규정하는 신념, 상징, 가치의 체계로 문화를 정의했다. 이와 동일한 맥락에서 파이L. W. Pye는 정치문화를 정치과정에 질서와 의미를 부여하고 정치체계 내의 행위를 지배하는 기본 전제와 규칙에 대한 일련의 태도, 신조, 감정으로 정의했다(Pye 1968, 218). 알먼드와 버바는 정치체계의 주요 대상과 개인의 역할에 관한 정향들로 구성되는 것으로 정치문화를 해석했다. 그들에 따르면 정치문화는 정치적 대상에 대한 개인의 가치정향을 배분한 것이다. 알먼드와 버바는 『시민문화Civic Culture』에서 정치문화의 개념을 5개국에서 실시한 정치적 태도에 관한 경험적 조사에 적용했다. 즉, 그들은 『시민문화』에서 개인의 정치정향과 태도라는 관점에서 정치문화를 정의했던 것이다. 알먼드와 버바에 따르면 정치문화는 개인의 인지, 감정, 평가 속에 내면화된 정치체계이다. 그들은 이러한 정향들에 대한 공유성과 지속성이 높음을 가정했다. 정치문화는 사회 내에서 개인들에 의해 광범위하게 공유되는 핵심가치로 구성된다는 것이다(Inglehart 1990). 또한 지속성이 있고 쉽게 변화하지 않는 특성을 갖는 것으로 정의되고 있다. 따라서 정치문화는 정치체계에 있어서 개인들이 공통적으로 공유하고 있는 목적과 수용한 규칙으로 정의될 수 있다.

정치문화는 다음과 같은 특징을 갖고 있다. 첫째, 정치문화는 기본적으로 집단적인 속성을 갖는다. 즉, 정치문화는 사회구성원 대부분이 상호주관적으로 공유하는 신념, 가치, 정서에 초점을 맞춘다. 따라서 정치문화는 개인으로 환원될 수 없으며 개인적 신념체계와는 개념적으로 구분되는 것이다.

둘째, 정치문화는 변별성을 갖는다. 한 집단의 문화는 다른 사회 또는 집단의 정치문화와 동일하지 않으며 양자 간에는 커다란 차이가 존재한다. 이러한 측면에서 서구(사회)와 비서구(사회)의 정치문화, 엘리트(집단)와 대중(집단)의 정치문화는 상이할 수 있다. 이러한 맥락에서 정치문화는 단순히 정치행태 자체만을 설명하기 위해서는 고려할 필요가 없을지도 모르지만 동일한 사회경제적 구조에 있어서 상이하게 나타나는 정치행태를 설명하는 데 있어서는 중요성을 갖게 되는 것이다.

셋째, 정치문화는 상대적으로 안정적이며 매우 완만하게 변화한다. 물론 극적인 사건이나 극단적인 경험의 결과로 중요한 변화가 나타날 수도 있지만 정치문화는 사회경제적 구조에 대한 주관적 인식의 단순한 반영이 아니다.

정치문화는 다음과 같은 이유에서 급격히 변화되기 힘들다. 첫째, 정치문화가 광범위하게 공유되었다는 것은 다른 정치문화적 요소의 영향이 상대적으로 적으며 이러한 요소들은 거의 지지를 받지 못하므로 기존의 신념이나 가치를 대체할 가능성은 제한되는 것이다. 둘째, 정치문화는 규범적이고 정서적인 요소로 구성되므로 부정되거나 반박되기가 어렵다. 셋째, 기존의 정치문화와 상치되는 요소들은 일관성을 추구하는 심리적 요인과 양립할 수 없다. 따라서 기존의 정치문화를 강화하는 요소들은 수용되지만 모순되는 요소들은 거부되거나 기존 문화에 부합하도록 변형되는 것이다.

3. 정치문화의 구성요소

(1) 정치적 정향

정치문화의 속성은 정치에 대한 태도, 신념, 정서, 관념, 의미, 규범, 정향, 상징, 가치, 세계관과 같은 용어로 묘사된다. 정치문화라는 용어는 정치세계에 대한 주관적 정향을 지칭하는 것이다. 즉, 정치문화는 특정 사회의 구성원들을 특징지우고 정치행태를 교도한다. 정치문화는 인지적 정향, 감정적 정향, 평가적 정향이라는 세 개의 기본요소로 구성된다(Almond and Verba 1963, 17~20). 정치적 정향은 정치적 행위에 대한 정향으로 전통이나 규범, 정서, 상징에 의해 결정되는 것이다. 첫 번째 요소는 정치체계에 대한 지식과 인식을 포함하는 인지적 정향cognitive orientation이다. 인지적 정향은 일종의 경험적 지식과 신념, 정치현실에 대한 이해로 구성된다. 인지적 정향은 국가, 정부 또는 정치체계가 어떻게 구성되고 유지되는가에 대한 인식이다. 예컨대, 대통령과 국회의원의 임기, 정부형태가 내각제인가 대통령제인가? 대통령직은 단임인가 중임인가에 대해서 알고 있는지의 여부이다.

〈표 10-1〉 인지적 정향의 측정

대통령의 임기는 얼마 동안인가? 국회의원의 임기는 얼마 동안인가? 우리 지역구 소속의 의원은 누구인가? 의회에서 다수당은 어떤 당인가? 대통령의 소속정당은 어떤 당인가?

두 번째 요소는 정서적 집착, 정체성과 충성심의 형태, 친화, 무관심, 혐오와 같은 감정을 포함하는 감정적 정향affective orientation이다. 즉, 감정적 정향은 인지된 정치적 대상에 대한 선호나 혐오와 같은 감정적 반응인 것이다. 세 번째 요소는 가치, 규범, 도덕적 판단을 포함하는 평가적 정향evaluative orientation이다. 즉, 평가적 정향은 정치가 추구해야 할 공적인 목표와 정치에 의해 실현 내지는 보장되어야 할 개인의 이익에 관한 신념인 것이다.

(2) 정치적 태도

정치적 태도는 주로 권위에 관한 태도에 초점을 맞추며 평등적 태도, 존중적 태도, 순종적 태도로 나누어 볼 수 있다. 평등적 태도는 사람들의 정치적 판단능력이 비교적 균등하다고 가정하며 정책결정 과정에 일반 국민들이 광범위하게 참여해야 한다고 본다. 따라서 정치엘리트의 역할은 최소화되어야 하며 이들에 대한 대중적 통제는 최대화되어야 한다는 것이다. 존중적 태도는 사람들의 정치적 판단능력이 균등하지 않으며 따라서 정치엘리트의 역할이 중요하다고 본다. 그러나 정치엘리트들은 국민의 이익을 실현하기 위해서 통치해야 하며 권위에 대한 복종은 이러한 이익들이 추구되는 조건에서 유지되어야 한다는 입장이다. 셋째, 순종적 태도는 정치엘리트들의 정치적 판단이 일반 국민보다 월등하게 우월하므로 일반 국민들은 조건없이 정치엘리트들에게 복종해야 한다는 것이다. 이러한 태도들은 정치현실에 대한 국민들의 인식과 엘리트와 대중 간의 관계에 대한 인식에 따라 다르게 나타난다.

(3) 정치적 신념

정치적 신념은 정치적 쟁점에 대해 이데올로기적 신념을 갖는가 아니면 실용주의적 신념을 갖는가와 관련된다. 이데올로기적 신념은 모호하고 추상적인 원리에 따라 정책대안을 선택하는 경향을 말한다. 실용주의는 실제로 특정 목표를 실현할 수 있는지의 기준에 따라 행위과정을 선택하려는 경향을 말한다.

정책결정 과정에 있어서 정치적 신념은 어느 정도 작용된다. 실제 정치체계는 두 개의 정치적 신념이라는 이념형의 연속선 상에 위치할 것이다. 또한 어떠한 경우에는 실용주의적 신념이 중시되다가 다른 경우에는 이데올로기적 신념이 중시될 수도 있다. 이데올로기적 신념은 반대와 이탈에 대한 관용이 약하다.

(4) 정치적 신뢰와 정치적 효능

어떠한 정치체계 또는 국가(정부)이든 간에 국민들의 광범위한 신뢰를 필요로 한다. 정치적 신뢰political trust는 정부에 대한 믿음과 기대 또는 정치체계나 정치제도가 생산한 산출의 질(정책)에 대해 국민들이 가지는 믿음과 기대로 볼 수 있다. 즉, 국민들은 정부 또는 의회의 행위가 공정하고 개인적 집단적 이익에 기여할 것이라는 기대를 갖게 되는 것이다. 민주주의체제에 있어서 정치적 신뢰가 중요한 이유는 독재체제처럼 강제에 의존하는 것이 아니라 국민의 동의를 기반으로 하기 때문이다(안승국 2007, 126).

정치적 효능political efficacy은 개인의 정치행동이 정치과정에 영향을 미칠 수 있다는 느낌을 의미한다(Agnus, Gerlad and Miller 1965, 18

7). 이러한 느낌은 공직담당자에 대한 관심, 정부에 대한 이해, 정부에 대한 영향력, 정치참여에 있어서 투표의 중요성 등이 포함된다.

페이지J. M. Paige는 정치체계의 투입과정에 대한 신념을 정치적 효능으로 산출과정에 대한 신념을 정치적 신뢰로 정의하고 정치적 신뢰와 정치적 효능을 결합하여 네 개의 유형을 제시하였다. 첫째, 정치적 신뢰와 정치적 효능이 모두 높은 경우에는 충성의 태도를 갖게 되어 정부가 국민의 이익을 위해 활동하고 있으며 필요한 경우에는 국민이 정부에 영향력을 행사할 수 있다고 믿으므로 정부에 대해 능동적인 지지자가 된다는 것이다(Paige 1971, 810~820). 이 태도 유형은 민주주의 정치체제에서 전형적으로 나타난다. 둘째, 정치적 신뢰는 높으나 정치적 효능이 낮은 경우에는 종속의 태도를 갖게 되어 정부가 근본적으로 국민의 이익을 위해 활동하고 있다고 믿으나, 국민의 요구가 이익집단이나 정당을 통해 제대로 정부에 전달되지 못하고 정부 또한 국민의 요구에 관심을 기울이지 않는다고 믿는다. 이 태도 유형은 전통적인 정치체제에서 나타난다.

셋째, 정치적 효능은 높으나 정치적 신뢰가 낮은 경우에는 이의의 태도를 갖게 되어 정부를 불신하고 무엇인가 변화가 일어나야 하며 또 그 변화가 가능하다고 믿으므로 급진적인 행동이 초래된다. 이 태도 유형은 불안정한 정치체제에서 나타난다. 넷째, 정치적 효능과 정치적 신뢰가 모두 낮은 경우에는 소외의 태도를 갖게 되어 정부를 불신하고 정부에 대한 무관심을 갖게 된다는 것이며 이와 같은 태도 유형은 전체주의 정치체제에서 나타난다.

4. 정치문화의 대상과 유형

(1) 정치문화의 대상

정치문화의 대상은 정치체계, 투입, 산출, 정치행위자로서의 자신으로 구분할 수 있다. 첫째, 특정 정치체계가 안정과 효율성을 가지려면 국민으로서 개인이 국가 또는 정치체계에 대해 정체성을 가질 필요가 있다. 즉, 개인이 계층, 지역, 종교에 대해서 보다 국가 또는 정치체계에 대해 소속감이나 충성심을 가져야 하는 것이다. 정치체계에 대한 정체성은 개인이 정치체계의 성원이라는 의식으로 국민형성의 토대이다. 따라서 정치체계에 일체감이 전제될 때 충성이나 지지가 가능하다.

둘째, 정치체계에 대한 투입으로 정책형성에 있어서 구조, 역할, 정치엘리트, 정책입안에 대한 개인의 태도 및 정향으로 특정 정책에 대한 요구와 지지로 나타난다. 선진국일수록 정책에 대한 기대감이 높고 전근대사회에서는 기대감이 거의 없다. 셋째, 정치체계에 대한 산출로 정책집행에 대하여 또 이와 관련된 구조, 개인, 결정에 대한 태도와 정향을 의미하며 구체적인 정책에 대한 평가로 이루어진다. 넷째는 정치행위자로서 자신으로 개인이 자신 또는 자신의 권리와 의무, 능력에 대해 갖는 태도와 정향이다.

(2) 정치문화의 유형

정치문화는 정체체계 전반에 나타나는 정치정향으로 정의될 수 있다. 알먼드와 버바는 이념형으로서 지방형parochial, 신민형subject, 참여형participant으로 분류했다. 정치정향이 모든 정치대상에 대해 긍정적이라면 참여형 정치문화이며 영국, 미국과 같은 선진국들이 이에 포함된다. 개인과 정치체계와의 관계가 수동적이고 개인이 정치체계에 영향력을 갖지 못하는 경우는 신민형이다. 개인이 정치체계를 인식하지 못하는 경우의 유형은 지방형이다. 실제로 특정 정치체계에서 나타나는 정치문화는 각 유형들이 혼합되어 나타난다.[4)]

〈표 10-2〉 정치문화 유형의 구조

	민주주의 산업 사회	권위주의 과도기 사회	전근대적 전통 사회
참여형	60%	15%	10%
신민형	30%	55%	35%
지방형	10%	35%	55%

첫째, 지방형 정치문화에서 개인은 정치체계에 대한 기대와 인식이 낮다. 또한 정치체계에 대한 요구가 없으므로 정치참여의 수준은 낮다. 즉, 지방형 정치문화에 있어서 개인은 정치체계에 대한 일체감 내지는 정체성을 갖지 못하고 정치에 대한 전반적인 지식이나 이해가 부족하기 때문에 자신의 정치적 역할을 인식하지 못하고 있다. 따라서 지방형 정치문화에서는 전문화된 정치적 역할이 존재하지 않고 개인의 정치정향도 사회적 정향과 구분되지 않는다. 아프리카 국가에서와 같이 정치체계에 대한 일체감이 없고 부족집단이나 거주지역에 대한 일체감이 강하다.

4) 서구의 산업 사회에서는 참여형과 신민형의 비율이 높고 비서구의 과도기 사회에서는 신민형과 지방형의 비율이 높으며, 비서구의 전근대 사회에서는 지방형의 비율이 높다.

둘째, 신민형 정치문화에서 개인은 정치체계와 산출, 즉 성과에 대해서는 인식을 하고 있지만 투입과 참여자로서 자신에 대한 정치정향은 갖고 있지 않다. 다시 말해서 자신을 적극적 정치참여자로서 간주하지 않는 것이다. 즉, 신민형은 최소한 정치체계를 인식하고 정책에 대한 관심을 갖고 있기 때문에 지방형보다 정치문화의 수준이 높다고 할 수 있을 것이다. 그러나 투입에 대한 정치적 정향이 존재하지 않아 적극적인 정치적 역할이 결여되어 있다는 점에서는 지방형과 동일하다고 할 수 있다.

따라서 지방형 정치문화에서 개인은 정부가 하는 일(산출)에는 관심이 있지만, 자신의 의사나 이익을 정책에 반영되도록 하는 것(투입)에는 관심이 없다. 따라서 산출에 대한 정향만 존재하기 때문에 정치체계와의 관계는 수동적이며 정치체계의 권위를 인식하고 복종하려는 경향이 강하다.

셋째, 참여형 정치문화에서 개인은 네 개의 대상에 대해 정향을 갖고 있다. 특히 개인은 산출뿐만 아니라 투입에까지 명확한 의식을 갖고 있다. 즉, 참여형은 정치체계 전반에 대한 지식과 이해, 정치체계에 대한 정체성을 특징으로 하기 때문에 개인은 투입과 산출을 포함하는 과정에 적극적으로 참여하는 것이다.

알먼드와 버바에 따르면 이러한 유형은 각기 사회의 특정 유형에 상응한다. 즉, 투입과 산출, 정치체계, 행위자로서의 자신에 대한 정치정향이 존재하지 않는 지방형은 전통 사회에서 나타나고 이와 달리 모든 대상에 대해 정치정향이 존재하는 참여형은 근대 산업 사회에서 나타난다. 또한 중간적 위치에 있는 신민형은 과도기 사회에서 나타난다(Almond and Verba 1963, 14~23). 따라서 전통 사회에서 근대 산업 사회로 이행하는 과정에서 개인은 정치체계에 대한 인식을 갖게 되며 점차 정치 참여에 대해 적극적인 태도를 갖게 되는 것이다.

〈표 10-3〉 정치문화의 유형비교

	정치체계	투 입	산 출	정치행위자로서의 자신
지방형	X	X	X	X
신민형	O	X	O	X
참여형	O	O	O	O

출처 : Gabriel and Almond 1963, 17

5. 정치문화와 정치행태

정치문화론의 목적은 정치문화가 정치행태에 영향을 미치는 인과적 기제를 추론하는 것이다. 그러나 정치문화론의 설명은 정치문화를 어떻게 규정하느냐에 따라 다양하게 제시될 수 있다. 그럼에도 불구하고 문화가 직접적으로 정치체계의 집단적 행태에 영향을 미치는 방식을 규명할 필요가 있다.

첫째, 정치문화는 정치체계 또는 집단의 기본적 목표를 설정하는데 영향을 미친다. 정치문화는 정치적 정체성 또는 사회적 정체성을 형성시키고 이러한 자기 정체성의 특정한 구성에 의존하는 이익을 형성시키는 것이다. 또한 정치체계가 성취해야 할 바람직한 목표를 수립하는 것으로 문화 내에 배태된 가치를 생각해 볼 수 있다. 즉, 정치문화는 정치체계에서 추구되는 정책의 목표를 결정하는 데 영향을 미치는 것이다.

둘째, 정치문화는 외부환경에 대한 인지를 형성시킨다. 다시 말해서 개인의 관심 대상이 되는 정책쟁점의 범주를 조건지우는 것이다. 즉, 정치문화는 개인이 특정의 현상에 대해서는 주목하고 다른 현상에 대해서는 무시하도록 영향을 미치는 것이다. 정치문화는 개인이 외부환경의 이러한 특징들을 해석하고 이해하는 데 영향을 미친다. 즉, 정치문화는 이익에 대한 기회와 도전과 관련해서 행위가 이루어지는 상황을 규정해 준다.

셋째, 정치문화는 특정한 맥락에서 정치체계 또는 집단의 이익을 추구하거나 보호하는 행태를 형성시킨다. 즉, 정치문화는 개인이 선택할 수 있는 행위의 범주를 설정한다. 문화는 취해져야할 선택의 유형을 결정함으로써 어떤 유형의 행위는 대안으로 고려되고 다른 유형의 행위는 거부되도록 한다. 따라서 정치문화는 특정한 정책유형을 수용하고 정당화시키는 도구의 역할을 수행하게 되는 것이다.

넷째, 정치문화는 고려할 수 있는 정책대안들과 그것의 선택에 대한 평가에 영향을 미친다. 즉, 정치문화는 정책대안의 편익과 비용에 대한 평가뿐만 아니라 산출의 효과가 바람직한지를 판단하는데 영향을 미치는 것이다.

이와 같이 정치행태에 대한 정치문화의 전반적인 영향은 특정 행위와 정책에 대한 태도와 정향을 형성시킨다. 즉, 정치문화는 개인적 수준에서 정치행태의 기준을 제시해 주고 집단적 수준에서는 제도나 조직의 규범을 제시해 주는 것이다. 그러므로 어떤 행위나 정책은 적합한 것으로 수용될 수 있고, 또 다른 행위나 정책은 부절적한 것으로 거부될 수도 있다. 따라서 정치문화는 결정론적으로 정치행태나 정책을 규정하는 것은 아니지만 주어진 환경에서 채택될 수 있는 행태와 정책의 범위를 대략적으로 구획한다.

이와 같이 정치문화는 개인의 정치적 행태뿐만 아니라 정치제도, 나아가서 정치질서에까지 영향을 미치기 때문에 정치에 대한 주요 변수로 간주되고 있다. 정치문화에 영향을 받은 정치행태의 산물은 정치질서와 정치제도로 표출된다. 따라서 정치문화의 수준은 정치의 전반적인 수준에 영향을 미치게 되는 것이다.

또한 정치문화는 정치행태의 지속성을 촉진하기도 한다. 정치행태의 지속성은 정치문화의 상대적 안정성에서 비롯되는 것이다. 외부환경이 변화되더라도 정치행위자들이나 정책결정자들은 기존의 방식으로 정책쟁점을 수립할 수도 있으며 새로운 쟁점을 제기함에 있어서도 기존의 방식을 선호할 수도 있다. 따라서 정치문화는 정치행태와 정책의 지속성을 설명하는 데 유용한 것이다.

정치문화의 개념은 다양한 정치체계에 있어서 정치행태의 유형을 설명하기 위해 무비판적으로 도입되었다는 비판을 받아왔다. 사실 정치문화에 대한 초기의 연구들은 엄밀한 사실에 바탕을 두었다기 보다는 직관이나 추론에 의존했었다. 이러한 비판의 결과 정치문화 연구에 설문조사, 내용분석, 인터뷰와 같은 보다 체계적인 방법이 도입되었다. 그러나 그 결과 근본적으로 주관적이고 다차원적인 문화라는 개념을 포착하고 측정할 수 있는지의 문제가 제기되었다.

구체적인 사실에 기초한 설명이 가능하지 않다면 정치문화는 정치행태로부터 추론할 수밖에 없는 동어반복적인 개념이 될 것이다. 따라서 정치문화의 개념에서 행태적 요소를 제거하고 문화적 맥락의 내용으로 정의하는 것이 필요하다. 정치문화의 개념에 대한 가장 중대한 비판은 조작정의나 측정과 관련되는 모호성이다. 물론 이러한 모호성은 정치행태의 광범위한 유형을 특정한 정치문화 내에서 설명해야 했기 때문에 불가피한 것일 수도 있다. 그러나 그 결과 정치행태에 대한 문화적 설명은 검증에 있어서 어려움에 직면하게 되었다.

결론적으로 정치문화(론)에 대해서는 다음과 같은 평가를 내릴 수 있다. 첫째, 정치문화에 대한 연구가 알먼드와 버바를 비롯한 서구학자들에 의해서 진행되었기 때문에 정치문화론은 서구중심적 시각에 놓여 있다. 따라서 정치문화론의 연구결과는 미국이나 유럽국가의 국민들은 정치참여에 적극적이며 정치현실에 영향을 미치려고 하지만 아시아나 남미 또는 아프리카 국가들의 국민들은 정치참여에 수동적이며 정치현실을 운명적인 것으로 수용하는 경향으로 간주한다. 또한 개인의 태도나 감정이 정치체계에 영향을 미친다고 가정하여 정치의식의 수준을 정치체계와 연계시키고 있다. 예컨대, 미국의 정치문화와 민주주의체제 또는 독일의 정치문화와 나치체제가 상관성이 있는 것으로 간주하는 것이다. 특히, 알먼드는 정치문화를 독립변수로 간주하여 문화의 독자성을 강조하면서 서구정치체계의 우월성이 합리적이고 민주적인 서구의 정치문화에서 비롯되는 것이라는 서구중심적 입장을 제시하였다.

둘째, 정치문화는 설명보다는 서술이나 분류를 목적으로 한 개념이며 유형화가 단순하여 실제적인 현실을 반영하지 못한 측면이 있었다. 즉, 알먼드와 버바가 제시한 정치문화의 유형론은 분석적이기 보다는 서술적인 성격이 강하며 정치문화의 개념은 정치현상을 설명하고 예측하는 데 한계가 있는 것이다. 이러한 비판에 대해 알먼드와 버바는 정치문화가 하나의 이론이 아니라 이론 구축에 도입되는 변인과 연관되며 정치문화 개념이 정치학의 심리적이고 주관적 차원을 이해하는 데 기여하고 있다고 주장했다. 또한 정치문화의 설명력은 가설 검증에 개방되어 있기 때문에 실증적임을 강조했다(Almond and Verba 1980, 26).

셋째, 정치문화론의 기본 가정은 정치문화가 민주적이면 정치제도와 질서도 민주적이 된다는 것이다. 또한 문화적 특성과 정치제도적 특성이 상응되어야 정치체계가 안정된다는 내용을 함축하고 있다. 특히 정치문화에 있어서 동질성의 확보는 정치안정을 이루기 위한 필수조건이라고 할 수 있다. 따라서 분열을 지양하고 다양성을 인정하면서도 합의를 중시하는 정치문화를 추구할 때 비로소 정치안정과 국민

통합을 이룩할 수 있을 것이다.

제2절 정치사회화

1. 정치사회화의 개념

정치체계가 유지될 수 있는 것은 일정한 유형의 정치행위나 정향이 존재하기 때문이다. 이와 같은 행위나 정향의 유형은 이전세대로부터 전승된 것이며 또한 다음 세대로 전수된다. 따라서 개인이 정상적인 정치행위를 하기 위해서는 기존의 가치체계나 신념체계 또는 행위양식을 학습할 필요가 있다. 이처럼 개인이 제도화된 규범이나 가치, 절차를 내면화함으로써 정치체계에 적응해 가는 과정을 정치사회화political socialization라고 한다.

개인은 정치사회화에 의해 정치문화로 유도되어 일정한 정치정향을 형성하게 된다(Almond and Coleman 1960, 27). 즉, 개인의 정치정향은 선천적이고 본능적인 것이 아니라 정치사회화에 의해 학습되는 것이다. 이를 통해 개인은 정치사회화를 통해 형성된 정치정향을 기준으로 정치행위나 정치적 선택을 하게 된다. 따라서 정치행위는 정치문화에 의해 규제되기 때문에 어떠한 조건에서 정치문화가 형성되는가 하는 것이 관심의 대상이 된다. 즉, 개인이 어떠한 과정에 의해 자신의 정치적 견해와 정치적 태도를 형성시키고 발전시켰는가가 연구의 대상이 되는 것이다.

정치사회화는 가정, 학교, 동료집단, 대중매체 등을 통해 개인이 정치에 관련되는 정향과 행위 유형을 학습하는 과정이다(Langton 1969, 5). 즉, 정치사회화에 의해 정치에 대한 지식, 가치, 믿음이 형성되는 것이다. 정치사회화의 특징을 살펴보면, 첫째, 정치사회화는 정치적 태도와 행동양식이 학습되는 과정이다. 둘째, 정치사회화는 개인이 정치현실에 적응하는데 기여한다. 셋째, 정치사회화는 한 세대의 정치적 신념과 규범을 다음 세대에 전수한다. 넷째, 정치사회화는 학습에 의해 이루어진다. 학습에 의한 정치사회화는 학교교육과 같은 직접학습과 가정이나 사회에서의 경험에 의한 간접학습이 있다. 다섯째, 정치사회화는 평생교육이다. 일단 형성된 정치적 태도 및 정향은 새로운 환경에 적응하기 위해 변화될 수 있다. 즉, 특정 정당에 대한 선호는 나중에 다른 정치사회화의 영향을 받음으로써 변화될 수 있는 것이다.

정치사회화의 과정에서 개인은 정치와 정부에 관한 구체적인 지식을 얻게되고 정부와 사회집단의 차이를 구분할 수 있게 된다.[5] 또한 선거와 같은 정치적 경험을 하게 되면서 개인은 정치인이나 정당에 대한 이해와 감정을 갖게 되는 것이다. 이와 같이 정치사회화의 전개과정을 통해 개인은 점차 복잡한 정치과정과 정치구조를 파악할 수 있게 된다.

개인의 정치정향과 태도가 형성되는 과정에서는 집단의 영향력이 작용되는 경우가 많다. 특히, 가족, 동료집단과 같은 1차집단primary

---

5) 다수의 연구에 따르면 대부분의 초등학생들은 대통령이나 지방자치단체장의 이름을 알고 있으며 그들 중 일부는 대통령이나 지방자치단체장의 정치적 역할을 이해하고 있다. 또한 10대의 후반이 되면 정치적 인식이 더욱 확고해지는 것으로 조사되었다. 이에 대한 선구적 연구로는 Greenstein(1960), Froman(1962), Hess and Judith(1967), Easton and Dennis(1969), Dawson and Rewitt (1969)등이 있다.

group은 이른바 대면적인 관계에 의해 구성되기 때문에 영향력이 강하다. 즉, 일상생활에서 개인은 부모나 친구, 직장동료들과 유사한 견해를 갖게 되기 쉽다. 다시 말해서 개인이 특정집단의 구성원이라는 사실은 정치현상에 대한 그들의 견해에 영향을 미치게 되는 것이다. 따라서 개인들이 어떠한 집단에 속해 있는가에 따라서 정치체계가 산출하는 정책이 누구의 이익에 부합되는가에 대한 견해가 상이할 것이다.

2. 정치사회화 기관

(1) 가정

가정의 존재가 정치사회화만을 목적으로 하고 있지는 않지만 개인의 기본적인 정치정향을 형성시키는 기관이라고 할 수 있다. 가정은 유년기부터 개인의 정치사회화에 영향을 미치기 때문에 그 영향력은 강력하며 지속성이 있다. 대체로 개인은 가정에서 정치체계에 대한 태도가 형성된다. 예컨대, 복종이 강요되고 거부하면 처벌을 받는 권위주의적 가정에서는 신민형 정치문화의 태도가 형성되기 쉽다. 또한 의사결정 과정에 참여가 장려되는 민주주의적 가정에서는 적극적인 정치 참여를 특징으로 하는 참여형 정치문화의 태도가 형성되는 것이다.

특히, 가정은 개인의 정치적 자아의 형성 초기에 거의 독점적인 영향력을 행사하기 때문에 정치사회화에 큰 영향을 미치게 되며 이 시기에 형성된 정치적 태도와 정향은 상당기간 지속되고 이후의 정치사회화에도 영향을 미치게 된다. 또한 가정이 놓여 있는 인종적, 지역적, 종교적, 경제적, 사회적 배경은 개인의 정치적 태도에 영향을 미친다. 즉, 종교나 계층, 생활수준, 교육수준에 따라 정치적 태도가 달라지는 것이다. 대체로 개인은 부모와 동일한 정치적 성향(정당이나 인물의 선호)을 갖게 되기 쉽다. 기존의 연구에 따르면 특히 정당에 대한 태도로서 정당일체감에 있어서 부모와 자식들간에는 상당히 일치하는 경향을 보여준다는 것이다. 정치사회화에 있어서 가정의 영향력은 가족구성원의 정치적 견해가 동일하고 가족구성원의 관계가 긴밀하며 접촉(의사소통)이 활발한 경우, 공식적 사회화기관이 활성화되지 않는 경우에 특히 강하다.

(2) 학교

정치체계에 대한 태도와 정향은 교육수준에 따라 상이하다. 즉, 교육을 많이 받을수록 정부의 영향을 잘 인식하고 있고 정치에 관심이 많으며 정치 참여에 적극적이다. 학교는 정치체계 또는 정치제도에 관한 구체적 지식을 전달함으로써 개인에게 정치적 역할을 인식시킨다.

학교의 정치사회화는 가정보다 더 체계적이라는 것이 특징이다. 학교의 정치사회화는 민주주의 국가에서의 시민교육과 권위주의 국가에서의 정치홍보로 나누어 볼 수 있다.

정치체계에 대한 정당성이 확보된 민주주의 국가에서의 정치사회화는 정치체계에 대한 지식과 시민의 역할에 중점을 두는 시민교육이 된다. 그러나 정치체계에 대한 정당성이 확보되지 않은 권위주의 국가에서는 정치체계의 정당화에 중점을 두는 정치홍보가 되는 것이다. 어떠한 정치체계든 개인이 충성심과 규칙에 대한 복종을 갖게 하려고 한다. 민주주의 국가에서는 정치참여가 고취되고 독재국가에서는 독재자의 권력행사를 정당화하는 것이다. 따라서 민주주의 국가나 독재국가는 국민들에게 적합한 정치정향이나 태도를 형성시키기 위해 학교 교육에 의존하게 되는 것이다. 개인들은 유년기부터 시작해서 청년기까지 학교 교육을 받게 된다. 따라서 학교는 젊은 세대의 정치정향과 태도를 형성하는 데 영향을 미친다.

학교의 영향력은 현실적으로도 입증이 되고 있다. 즉, 교육의 수준이 높을수록 정치현실에 대해 많은 관심을 갖고 있고 정치 참여에 있어서도 적극적이다. 그러나 학교 교육이 개인의 정치정향과 태도를 형성시키는 유일한 기관은 아니며 그 영향력이 지속적이라는 보장도 없다. 즉, 학교의 영향력은 학교 교육이 전달하는 내용이 효과적으로 전달될 수 있을 때 강하게 나타나지만 그렇지 못한 경우에는 가족이나 동료집단의 영향력이 더 강하게 작용할 것이다.

(3) 동료집단

개인은 동등하고 친밀한 관계에 있는 친구나 동료와의 접촉을 통해 동료집단의 가치를 학습한다. 비슷한 연령과 직업, 지위로 구성되는 집단인 동료집단은 집단의 규범과 가치에 순응하도록 개인에게 압력을 가한다. 이들 중에서 특히 동일한 가치와 태도를 갖는 연령집단의 개인의 정치사회화에 미치는 동료집단의 영향력은 청소년기에 특히 중요하다.

청소년기에는 가족이나 학교가 정치사회화에 미쳤던 영향력이 점차 감소되고 영향력이 증대된다. 또한 청소년기 이후 개인의 연령이 증가함에 따라 실질적으로 학교 교육이 종료되기 때문에 동료집단의 영향력이 더욱 강하게 작용한다.

따라서 동료집단은 가정에서의 초기 사회화 내용을 강화시키기도 하고 변화시키기도 한다. 개인은 동료들과 정치체계에 대한 정보와 의견교환을 통해 정치정향과 태도를 형성하게 되는 것이다. 그러나 동료집단의 영향력은 근대화나 산업화의 수준에 따라 상이하다. 즉, 근대화나 산업화가 진전된 경우에는 동료집단을 포함한 다양한 집단들이 개인의 정치사회화에 영향력을 갖는다. 그러나 근대화와 산업화의 수준이 낮은 경우에는 대인관계가 가족에 한정되기 때문에 가족 이외의 집단은 영향력을 행사하기가 힘들다. 따라서 산업화가 진전될수록 가족의 영향력은 약화되고 동료집단과 같은 가족 이외의 집단의 영향력이 증대된다.

(4) 대중매체

신문, 잡지, 라디오, 텔레비전과 같은 대중매체는 구체적인 정치적 사건에 대한 정보를 제공함으로써 정치정향과 태도를 형성시킨다. 정치사회화에 있어서 대중매체의 특징은 독자적으로 정치적 규범을 전달하지 않고 다른 기관이 생산한 내용을 전달하기 때문에 정보의 원천은 매체 외부에 존재한다는 점이다. 대중매체가 전달하는 내용은 직접적으로 개인에게 영향을 미치기도 하지만 또한 정보에 관심이 많은 여론지도자opinion leader에게 전달된다. 여론 지도자들은 정보를 해석하고 재구성해서 자기가 영향을 미치는 개인이나 집단에게 전달한다.

대부분의 사람들은 유년기부터 텔레비전을 시청하며 이것은 성년기까지 지속된다. 또한 대부분의 사람들이 신문이나 잡지를 읽는다. 개인은 이러한 대중매체를 통해서 정치에 관련된 정보를 획득하며 정보의 정확성을 신뢰한다. 민주주의국가에서는 언론의 자유가 보장되기 때문에 정치적 사건들에 대한 객관적인 보도가 가능하고 비판 또한 가능하다. 따라서 개인은 보도나 논평을 통해서 정치정향이나 태도를 습득할 수 있다. 언론의 자유가 보장되지 않는 독재국가에서도 대중매체는 매우 중요하다. 왜냐하면 독재자는 전국적인 파급효과를 가진 대중매체를 수단으로 국민들의 정치적 태도를 자신에게 유리하게 변화시키려고 하기 때문이다.

물론 대중매체가 단순한 정보만을 전달하는 것은 아니다. 대중매체는 각기 특정한 관점에서 정치현상이나 정치적 사건을 해석하고 평가해서 개인에게 전달한다. 따라서 대중매체의 관점이 그대로 개인에게 전달되기 때문에 개인은 무비판적으로 이러한 관점을 수용할 수도 있다. 따라서 대중매체가 전달해 주는 정보의 내용과 해석을 정확하게 판단할 수 있는 개인의 능력이 요청된다. 특히 언론의 자유가 보장되지 않는 독재국가의 경우 대중매체의 보도 내용을 비판적으로 수용할 수 있는 능력이 없다면 개인은 대중매체를 독점한 독재체제의 조작 대상으로 전락할 수 있는 것이다.

3. 정치사회화와 정치문화의 관계

정치사회화는 정치체계가 안정적일 때 일관성을 갖고 진행된다. 즉, 정치사회화는 사회구성원들에 대한 기존의 규범과 가치를 전수함으로써 이미 형성되어 있는 정치문화를 유지시킨다. 그러나 정치체계의 변동이 초래되었을 때는 변화된 상황에 맞는 내용을 전달하는 이른바 재사회화가 진행된다. 따라서 정치체계나 정치제도의 속성이 변화하면 결과적으로 정치문화의 변화가 나타나게 되는 것이다.

특히 안정적인 서구사회와는 달리 정치적 변화가 초래되고 있는 비서구사회에 있어서 개인이나 집단은 의식이나 가치의 혼란에 직면하게 되며 이에 따라 개인 간, 집단 간의 갈등과 대립이 심화될 수 있다. 이러한 상황은 개인이나 집단이 공유해 왔던 동질적인 정치문화를 해체시키고 새로운 정치문화를 형성시키기도 한다. 이와 같이 정치체계와 제도의 변화로 인해 형성된 새로운 정치문화는 사회구성원들의 정치행태를 변화시킴으로써 다시 정치체계와 정치제도에 영향을 미친다.

이와 같이 정치사회화는 정치문화를 유지하기도 하지만 급격한 환경변화에 따라 이전에는 존재하지 않던 새로운 정치문화를 창출하기도 한다. 따라서 정치문화와 정치사회화는 상호연속적 과정인 동시에 순환과정이다. 즉, 정치문화는 정치사회화의 산물이기도 하지만 정치사회화는 정치문화에 의해 조건 지워지고 영향을 받는 것이다. 이와 같이 정치문화와 정치사회화는 상호의존적이므로 각기 독립변인인 동시에 종속변인이 될 수 있다.

정치사회화가 정치적 태도를 형성시키는 동적인 과정이라면 정치문화는 이미 정치적 태도가 형성된 정적인 성격이다. 따라서 정치체계에 대해서 어떠한 태도를 갖고 있느냐의 문제는 정치문화의 차원이고 그러한 태도가 어떻게 형성되었느냐의 문제는 정치사회화의 차원이 되는 것이다.

제4부

정치사상과 국제정치

제11장 정치사상과 정치적 삶

김용민 (한국외국어대학교)

제1절 정치사상의 기본성격

1. 시민의 행복과 정치사상

인간의 삶은 정치의 영향을 많이 받는다. 우리가 어떤 정치체제를 지니고 있는가, 또는 어떤 법규범을 지니고 있는가에 따라 우리의 일상생활은 변하게 된다. 일례로 박정희의 유신정권 하에서 국민들은 두려움에 떨면서 암울한 국가의 미래를 걱정하고 어둡고 비탄조의 노래와 음악을 즐겼으나, 이와는 대조적으로 자유화와 민주화가 확립된 현시대의 국민들은 자유를 만끽하고 풍요를 구가하면서, 내일의 세계에 대한 밝은 희망을 품고 자신들의 감정을 표현하고 발산할 수 있는 온갖 종류의 음악적 장르를 즐기고 있다. 공포로 상징되는 유신시대에 암울한 학창생활을 경험했던 과거의 대학생과, 주체할 수 없을 정도의 자유로 상징되는 민주화시대에 자유분방한 학창생활을 보내고 있는 현재의 대학생 사이에는 같은 한국인이라고 부를 수 없을 정도의 성격의 차이, 가치의 차이, 문화의 차이가 존재하고 있다. 정치가 우리의 생각과 음악, 그리고 일상적 삶에 지대한 영향을 미치고 있다면, 우리 모두는 자신의 삶을 주체적으로 영위하고 행복한 삶을 누리기 위해서 정치가 무엇인지 또한 정치적 지평 위에 우리 자신이 어떤 위상이나 좌표를 차지하고 있는지 알아야 할 필요가 있다. 우리는 행복해지기 위해서 정치라는 전체와 그 구성부분으로서의 우리와의 관계를 정확히 파악할 수 있어야 한다.

정치체제가 형성되고 법이 만들어지는 근본원리를 우리가 알 때, 우리는 우리의 권리와 이익을 적극적으로 보장하는 방법을 모색할 수 있게 된다. 즉, 정치적 원리를 안다는 것은 우리의 현실적 행복과 직결되는 것이다. 정치사상이라는 학문분야는 우리에게 시민으로서 누릴 수 있는 행복의 원리를 가르쳐 주고 있다.[1] 예를 들어 플라톤Platon, 427~347 B.C.은 『국가Republic』에서 '좋음의 이데아The Idea of the Good'를 깨우친 철인왕philosopher-king이 정의에 기초하여 통치할 때 시민에게 행복이 가능해진다고 주장하고 있으며,[2] 아리스토텔레스Aristoteles, 384-322 B.C.는 『정치학Politics』에서 중용의 원리에 근거한 혼합정체polity가 시민들의 행복을 보다 잘 보장해 준다고 주장하고 있다. 크세노폰Xenophon, c.430-c.354

---

1) 정치사상과 정치철학은 많은 경우 동의어로 사용되고 있다. 그러나 보다 엄격하게 구분해 본다면, 정치사상은 포괄적이고 느슨한 입장에서 정치적 현상과 사물에 관한 올바른 의견을 탐구하는 분야이며, 정치철학은 분석적이고 엄밀한 입장에서 지식을 추구하는 분야이다. 올바른 의견과 지식이 일치되는 경우에는 정치사상은 곧 정치철학이 된다. 본문에서는 특별하게 구분이 필요한 경우가 아니면, 정치사상과 정치철학을 동의어로 사용하고자 한다.

2) 좋음의 이데아가 플라톤 철학의 핵심개념이라는 것은 주지의 사실이다. 좋음의 이데아는 흔히 선의 이데아로 번역되고 있는데, 이는 적확하지 못한 번역이다. 우리는 일상적으로 좋은 책, 좋은 친구, 좋은 물건, 좋은 집 등등의 표현을 자주 쓰고 있는데, 이런 표현에서 형용사로 쓰이고 있는 '좋은'이란 용어가 지향하고 있는 것이 바로 '좋음'이란 이데아이다. '좋음'은 사물의 도덕적인 면을 지칭하는 것이 아니라, 사물의 쓸모 있음, 유용성, 탁월성 등을 지칭한다. 선한 책, 선한 집이라는 표현이 쓰일 수 없다면, 선의 이데아라는 용어보다는 좋음의 이데아라는 용어를 사용해야 할 것이다.

B.C.은 『키루스의 교육Education of Cyrus』이라는 역사소설에서 정치의 원리를 계산된 우정으로 파악하고 있는데, 그는 시민의 평등성을 전제로 하여 시민들 간에 물질적 이득을 주고받는 가운데 생성되는 그러한 우정이 시민결합의 원리로 작동되는 사회를 행복한 사회로 그리고 있다(김용민 2000 참조).

만약 우리가 플라톤, 아리스토텔레스, 크세노폰의 정치사상을 모른다고 가정해 보자. 그렇다면 우리는 우리 스스로 우리의 시민적 행복을 보장해 줄 수 있는 정치질서를 설계해야 하는데, 과연 우리가 그러한 능력을 지닐 수 있을까? 우리는 막연하게 자유, 평등, 정의, 복지가 실현되는 사회를 추구해야 한다고 주장할 수는 있을 것이다. 하지만, 이런 사회의 모습을 보다 구체적이며 이론적으로 기술하라는 요청을 받는다면, 우리는 어디서부터 어떻게 시작해서 무슨 말을 해야 하는지 몰라서 막막한 심정을 느끼게 될 것이다. 그러나 만약 우리가 누군가의 정치사상을 배워서 알고 있다면, 그의 이론을 전적으로 수긍하든 그렇지 않든 간에 그 이론을 사고의 준거로 삼아 나름대로의 논리를 전개해 나갈 수 있을 것이다. 물론, 정치사상을 모르고서도 우리는 사회에서 삶을 영위할 수 있다. 그렇지만 그러한 삶은 자유롭고 평등하며 행복한 삶이 될 수 없다. 우리가 정치사상의 도움을 받을 때, 일견 막연해 보이는 우리의 삶은 방향과 목표를 지닌 적극적 삶, 정치적인 삶으로 전환될 수 있다. 개인과 사회의 행복과 정의는 정치사상이 주는 지혜에 의존하지 않고서는 제대로 추구될 수 없다.

2. 정치사상의 핵심주제

정치사상은 "어떻게 국가 안에서 사람들이 더불어 잘 살 수 있겠는가 하는 문제를 합리적으로 탐구하는 분야the rational inquiry of how to live well together in a state"라고 정의내릴 수 있다. 이러한 정의를 분석적으로 살펴보자.

첫째, 정치사상은 단순히 '인간생존의 문제live merely'만을 다루지 않고, 잘 사는 문제, 다시 말해 생존차원을 뛰어 넘어서서 존재하는 '풍족하고 여유 있는 삶의 문제live well'에 큰 관심을 갖는다. 플라톤이 절제 있는 삶live moderately, 검소하고 질박한 삶을 좋은 삶으로 제시하고 있다면, 아리스토텔레스는 풍족하고 여유 있는 삶을 좋은 삶으로 제시하고 있다는 면에서 대조를 이룬다. 고대 철학자들과는 달리 홉스T. Hobbes, 1588~1679, 로크J. Locke, 1632-1704, 루소J.-J. Rousseau, 1712-1778와 같은 사회계약론자들은 자기 보존의 본성을 지닌 사람들이 생존을 보장하기 위한 수단으로 사회계약을 통해서 국가를 인위적으로 만들었다고 주장한다. 하지만, 이들 사회계약론자들에 있어서 국가는 단순한 생존뿐만 아니라 궁극적으로 물질적 번영도 보장하는 공동권력으로 나타나게 된다. 고대정치사상에 있어 좋은 삶은 정신적인 측면과 물질적인 측면, 다시 말해 영혼과 육체가 조화되어서 이루어지는 것으로 나타나는데 비해, 근대정치사상에 있어 좋은 삶은 정신적인 측면, 즉 영혼의 문제는 사상되고, 물질적인 측면, 즉 육체의 문제만 부각되어서 나타나는 부조화를 보여주고 있다.

둘째, 정치사상은 사람들이 '더불어 사는 문제live together'에 주목한다. 이것은 '혼자서 사는 문제live alone'는 정치사상의 고려 대상에서 제외된다는 것을 의미한다. 로빈슨 크루소처럼 무인도에서 혼자 사는 사람이나, 남을 고려함이 없이 자기 이익만을 추구하려는 극단적으로 이기적인 사람에게 정치사상은 아무런 도움도 줄 수 없다. 정치적 관계는 나와 남이 있을 때 생기기 시작하며, 정치적 관계를 떠나서 존재하는 사람은 아리스토텔레스의 말을 빌리자면 신이거나 금수에 불과한 것이다. '더불어 잘 산다는 것live well together'은 다름 아닌 공동선common good을 의미하며, 공동선은 개인과 사회의 행복을 보장한다.

셋째, 정치사상은 국가state 안에서 공동선의 실현에 관심을 기울인다. 정치사상은 가족이나 씨족, 부족과 같은 소규모 집단 안에서 인간이 어떻게 행복해질 수 있는가의 문제를 궁극적으로 추구하고 있는 것은 아니다. 아리스토텔레스는 국가는 자급자족이 가능한 최소한의 단위라고 정의하고 있는데, 정치사상은 바로 국가라는 정치적 단위 안에서 인간이 어떻게 행복을 실현할 수 있는가의 문제에 관심을 갖고 있다. 정치사상은 세속적 국가 안에서 시민의 행복을 추구한다는 면에서, 현세가 아닌 내세에서, 즉 신국神國에서의 행복의 추구에 관심을 갖고 있는 신학이나 종교와 구별된다.

넷째, 정치사상은 이성을 기반으로 하여 시민의 행복을 합리적으로 추구한다는 면에서 계시에 기반을 두고 신앙을 통해 인류의 행복을 추구하는 종교와 구별된다. 서양사상의 흐름에 있어 이성-철학-좋음의 이데아-아테네가 한 축을 형성한다면, 계시-종교-신-예루살렘은 또 다른 한 축을 형성한다(Strauss 1983). 철학의 본질은 끊임없이 질문을 던짐으로써 이성을 명료화clarification of reason하는 데 놓여 있다. N개의 진리가 존재하고 있다면, N개의 진리에 만족하지 않고 N+1번째의 질문을 던져 끊임없이 '명석하고 판명한 개념a clear and distinct idea'을 추구하는 것이 철학의 본령이다. 서양철학의 시조라고 여겨지는 소크라테스Socrates, 469~399 B.C.는 흔히 끊임없이 질문을 던지는 철학자로 묘사된다. 사상이나 철학과는 달리 종교에는 신이 주신 진리가 계시를 통해 이미 존재한다. 철학이 의심 속에 존재하고 있다면, 종교는 복종 속에 존재하고 있다. 종교를 믿는 신자들은 주어진 종교적 진리를 절대로 의심해서는 안 되며, 이 진리를 믿고 따라야만 한다. 이러한 의미에서 종교는 지배받기를 본성적으로 싫어하는 인간에게 있어 복종심의 원천이 된다.

요약하면, 정치사상은 공동선을 보장하는 원칙으로 '정의正義, Justice'를 제시한다. 정의는 다름 아닌 행복을 보장하는 원칙인 것이다. 정의가 구체적으로 무엇인가에 대해서는 역사적으로 다양한 입장과 관점이 존재한다. 간단히 살펴보면, 우선 플라톤은 시민 각자가 자기 일을 하는 것을 정의라고 규정하고 있다. 아리스토텔레스는 정의를 일반적 정의와 개별적 정의의 두 종류로 나누고 있는데, 일반적 정의는 법을 준수하는 것이고, 개별적 정의는 형평성을 지향하는 것이라고 말하면서 개별적 정의를 다시 분배적 정의와 시정적 정의로 나누어 설명하고 있다. 근대 자유주의자들은 정의 원칙으로 능력에 따른 분배를 주장하고 있으며, 마르크스K. Marx, 1818~1883와 같은 공산주의자는 부익부 빈익빈을 심화시키는 자유주의적 분배원칙에 반대하여 사회적 필요에 따른 분배를 정의 원칙으로 제시하고 있다. 현대의 대표적인 자유주의 철학자인 롤즈J. Rawls, 1921~2002는 자신의 저서인 『정의론A Theory of Justice』에서 평등한 자유의 원칙, 기회균등의 원칙, 최소수혜자에게 최대이득을 보장하는 차등 원칙을 정의 원칙으로 제시하고 있다.[3]

3) Rawls(1971)의 번역서로서 롤즈 『정의론』(황경식 역, 2003) 참조.

3. 정치사상의 철학적 위상

정의로운 정치질서에 대한 탐구는 자연스럽게 우주질서에 대한 탐구와 연결된다. 서양의 철학사를 보면, 오히려 우주질서에 대한 탐구, 다시 말해서 전체에 대한 탐구는 정치사상보다 앞서서 발전해 왔던 것을 알 수 있다. 흔히 우주, 천체, 자연 등으로 표현되는 전체가 무엇이며, 전체와 부분은 어떤 관계가 있고, 전체는 좋은 것인지, 전체는 인간의 이성으로 파악할 수 있는 것인지 등의 문제는 철학적 탐구의 주요 대상이 되어 왔다. 만약에 전체가 좋게 만들어져 있고, 전체가 질서에 따라 조화롭게 움직이고 있고, 이러한 질서를 인간의 이성으로써 파악할 수 있다면, 인간은 전체의 질서를 모방하여 국가의 질서를 만듦으로써 국가 안에서 타인들과 조화를 이루면서 행복하게 살 수 있을 것이라고 고대 철학자들은 생각했다.

인간은 자연, 또는 우주로 표현되는 전체 속에서 살고 있다. 인간이 자기를 둘러싸고 있는 전체를 의식하지 못하고 전체의 질서 속에 동화되어서 살았다면 철학은 발달하지 않았을 것이다. 하지만 인간의 호기심은 작동되기 시작했고 전체를 대상으로 인식하기 시작했다. 전체를 신의 조화라고 믿기 시작했을 때 신화와 종교가 발달되기 시작하였으며, 전체를 이성적으로 탐구하기 시작했을 때 철학은 발달되기 시작하였다. 이성적으로 사고를 하기 시작한 인간의 관심은 주로 해, 달, 별, 지구, 자연환경 등의 운동과 변화에 놓이게 되었는데, 여기에서 철학의 초기형태인 자연철학이 탄생하게 되었다. 그리스철학의 역사를 볼 때, 탈레스Thales, 헤라클레이토스Herakleitos, 엠페도클레스Empedokles, 아낙시만드로스Anaximandros 등으로 대표되는 일군의 자연철학자들은 이때에 등장했다.

전체에 대한 관심을 국가와 인간에 대한 관심으로 돌린 철학자가 바로 소크라테스이다. 소크라테스는 인간의 문제를 철학적 사유의 중심에 놓았다. 그는 인간과 인간을 둘러싼 작은 전체인 국가에 관심을 가졌으며, 인간과 국가, 우주를 유기적으로 연관시켜 생각하였다. 그는 좋음의 이데아라고 불리는 전체 질서의 구성 원리를 국가의 질서, 개인의 질서, 영혼의 질서에 실현하려고 하였다. 이처럼 소크라테스의 등장을 계기로 하여 정치와 윤리는 철학의 중요한 문제로 부각되었으며, 정치사상의 전통이 세워지기 시작하였다.

전체는 부분들로써 구성되고, 또한 부분들이 모여서 전체를 이룬다면 전체와 부분들 간에는 일정한 관계가 성립된다고 볼 수 있다. 전체는 그 자체가 모든 것이므로 변화하지 않는 하나 혹은 일자一者, one이며, 부분들은 다양한 변화를 겪고 있는 다자多者, many이다. 전체가 일자, 존재, 진리, 본질, 본성, 정지 등을 의미한다면 부분은 다자, 생성 변화, 의견, 외양, 현상, 운동 등을 의미한다. 존재론자, 혹은 관념론자는 현상의 외양을 뛰어 넘어 존재하는 영구불변의 이데아가 있음을 주장하는데 비하여, 생성론자, 혹은 운동론자는 외양이나 운동만이 사물의 본성이며, 영원히 변하지 않는 이데아라는 개념은 존재할 수 없다고 주장한다. 좋음의 이데아의 존재를 주장하는 플라톤은 전자의 입장을 대표하는 철학자이며, 인간은 만물의 척도라고 주장한 프로타고라스Protagoras는 후자의 입장을 대표하는 소피스트이다.

플라톤의 정치철학에서 정의가 중요한 이유는 정의를 통해서 우주의 질서, 국가의 질서, 개인의 질서가 조화를 이루기 때문이다. 정의로운 국가의 모습은 정의로운 개인의 모습과 닮은 것으로 설명되며, 정의는 시민과 국가에게 행복을 가져오는 것으로 기술된다. 좋음의 이데아에 근거를 둔 정의의 실현은 시민에게 좋음과 행복을 가져다준다. 그러나 국가에서 정의는 저절로 실현되지 않는다. 정의가 실현되기 위해서는 인위적인 정치의 기술art of politics이 필요하게 되며, 정치의 기술은 지식과 권력의 결합, 철학과 정치의 결합을 요구한다. 지식과 권력을 겸비한 철인왕은 다름 아닌 우주질서의 원리인 좋음의 이데아를 국가 안에 실현시키는 통치자이다.

전체에 대한 탐구, 좋음에 대한 탐구는 고대정치사상에만 국한되는 것은 아니다. 근대정치사상의 문을 연 마키아벨리N. Machiavelli, 1469~1527 역시 인간을 둘러싸고 있는 전체를 생각했고, 인간에게 좋음을 실현할 수 있는 정치기술을 새롭게 제시했다. 마키아벨리는 흔히 권모술수의 화신으로 알려져 있다. 그러나 그가 분열된 이탈리아의 통일을 위하여, 또한 전쟁의 무질서로부터 이탈리아를 구원하기 위하여 『군주론The Prince』을 썼다는 사실을 우리가 진정으로 이해할 때, 우리는 그가 모든 폭력적 수단을 무차별적으로 사용할 것을 단순하게 옹호하지 않았다는 점을 알 수 있다. 마키아벨리를 마키아벨리즘이란 용어가 풍기는 뉘앙스와 같이 악의 화신처럼 생각해서는 안 된다. 마키아벨리는 당시 이탈리아의 정치현실을 생각하면서 과연 무엇이 군주와 신민 모두에게 좋은지를 고민했던 것이다. 마키아벨리는 정치를 도덕이나 윤리로부터 해방시킴으로써 좋음에 대한 해결책을 찾았는데, 이러한 그의 정치적 관점은 정치와 도덕을 분리시키지 못했던 고대적 관점을 뛰어넘는 혁명적인 것이었다. 플라톤의 철인왕은 악을 통치의 수단으로 사용할 수 없다. 하지만 인간을 "배은망덕하고, 변덕스럽고, 거짓말쟁이이며 사기꾼이고, 위험회피자이며, 탐욕스러운" 존재로 파악하고 있는 마키아벨리는, 이렇듯 사악한 인간들을 통치하기 위해서는 잔인함과 같은 악도 필요에 따라 서슴지 않고 통치수단으로 사용할 수 있는 영악한 군주가 등장해야 할 필요성을 역설한다.

마키아벨리 이외에도 데카르트R. Descartes, 1596~1650는 신의 존재 증명을 통해, 또한 스피노자B. Spinoza, 1632~1677는 실체론의 주장을 통해 전체의 문제에 천착하고 있음을 보여주고 있다. 그리고 홉스, 로크, 루소로 대표되는 사회계약론자들도 자연상태라는 개념을 통해 전체를 파악하고자 했고, 이들은 자신들이 파악한 전체에 대한 이해를 기반으로 하여 인간에게 좋음을 실현할 수 있는 방법을 제시하고 있다.

4. 정치사상의 진보가능성

정치사상이란 과목에 접할 때 우리는 흔히 시대 순에 따라 개별사상가의 철학을 배우게 된다. 일반적으로 우리는 고대사상을 배운 후에 근대사상을 배우고 또 그 후에 현대사상을 배운다. 그렇다면 시대적인 순서를 따르지 않고 정치사상을 배운다면 우리는 인식의 혼란에 빠질 것인가? 만약에 역순으로 정치사상을 배우면 안 되는 것인가? 이러한 질문은 궁극적으로 정치사상은 역사적으로 진보해 왔는가의 문제로 귀결된다. 정치사상이 진보해 왔다면 우리는 초기 단계의 사상으로부터 시작하여 차근차근히 후기 단계의 사상을 배워가야 할 것이다. 그러나 정치사상은 진보하지 않았다고 한다면 우리가 어느 시대의 사상으로부터 출발하더라도 큰 문제가 없을 것이다.

의학이나 물리학, 화학, 생물학과 같은 학문분야는 역사적으로 진보해왔음을 부인할 수 없다. 예를 들어 불치의 병이라고 여겨졌던 그러한 병에 대한 새로운 치료법이 계속하여 개발되고 있다는 사실은 의학 분야에서 진보가 이루어지고 있다는 사실을 보여주는 좋은 증거이다. 이러한 의미에서 진보는 벽돌쌓기에 비유될 수 있다. 밑에서부터 차곡차곡 벽돌을 쌓아 올라가야만 우리는 높은 담을 완성할 수 있다. 그러나 음악, 회화, 조각, 건축 등의 분야가 역사적으로 진보해 왔는가 하는 문제는 논란의 대상이 될 수 있다. 바하, 베토벤, 헨델, 모차르트의 작곡기술, 미켈란젤로의 조각기술, 레오나르도 다빈치의 회화기술, 고대 파르테논 신전에 나타난 건축기술 등은 구태의연하며 현시대에서는 더 이상 사용될 수 없는 시대에 뒤처진 기술이라고 말할 수 있는가? 이 질문에 대해 '아니다'라고 대답한다면, 우리는 역사적으로 진보하지 않는 학문분야가 있음을 시인해야 한다. 음악을 예로 들어 말하면, 클래식, 팝송, 랩송 등의 여러 음악적 장르는 진보의 결과가 아니라, 인간이 내적인 아름다움을 표현하기 위한 방식으로 다양하게 개발한 것이라고 할 수 있다. 따라서 우리는 클래식을 몰라도 팝송을 이해할 수 있으며, 클래식은 클래식 나름대로의 아름다움이 있고, 팝송은 팝송 나름대로의 아름다움이 있음을 느낄 수 있다.

그렇다면 정치사상이란 학문분야는 의학처럼 역사적으로 진보해 온 것일까 아니면 음악처럼 진보와 상관없는 분야일까? 이 질문에 대한 답을 얻기 위하여 고대 그리스의 대표적 철학자인 플라톤과 아리스토텔레스의 관계에 대해 살펴보기로 하자. 주지하다시피 아리스토텔레스는 플라톤의 제자이다. 그러나 과연 그가, 위 벽돌이 아래 벽돌에 의지하여 서 있듯이, 스승인 플라톤의 어깨 위에 서 있는지는 관해서는 의문의 여지가 있다. 아리스토텔레스는 자신의 스승인 플라톤의 초월적 이데아설을 계승발전시키기보다는 그것을 부인하면서 개별사물이 지닌 내재적 이데아설을 주장하고 있는데, 여기서 우리는 아리스토텔레스가 진리를 추구한다는 목적 아래 스승인 플라톤의 어깨 위에 서 있기를 거부하면서 자신이 새롭게 발견한 진리를 주장하고 있음을 확인할 수 있다. 플라톤과 아리스토텔레스의 관계에 잘 나타나 있고, 자연상태에 대한 홉스, 로크, 루소의 상이한 관점에 잘 나타나 있듯이, 정치사상이란 분야는 역사적으로 진보해 왔다고 볼 수 없으며, 이 분야는 진리에 대한 다양한 관점이 시간의 흐름에 따라 나타나는 분야라고 볼 수 있다. 이런 면에서 정치사상이란 분야는 진보가 필연적이지 않다는 면에서 음악이나 미술과 같은 예술의 분야와 유사점을 갖는다. 아름다움을 표현하는 양식이 다양하게 존재하듯이, 진리에 대한 관점도 다양하게 존재하는 것이다.

정의로운 정치체제가 어떤 모습을 띠어야 하는지에 대해 플라톤, 아리스토텔레스, 마키아벨리, 홉스, 루소, 롤즈 등이 각기 다른 대안을 제시하고 있고 각각의 대안이 나름대로 의미를 갖고 있다는 것을 고려해 본다면, 정치사상이 진보해 왔다고 말할 수는 없을 것이다. 만약에 정치사상이 진보해 왔다면 우리는 과거의 정치사상을 배울 필요 없이 최신의 정치사상만 배우면 될 것이다. 이런 면을 고려할 때, 우리는 꼭 시대 순으로 정치사상을 배울 필요가 없다는 것을 깨달을 수 있다.

5. 정치사상의 연구방법

정치사상은 흔히 두 가지 방법으로 연구된다. 하나는 개별사상가의 이론을 연구하는 것이고, 다른 하나는 공통된 주제를 중심으로 하여 통시적인 관점에서 각 사상가의 입장이나 주장을 검토하는 것이다. 전자의 방법은 개별 사상가를 깊게 탐구하여 그 사상가의 철학체계를 드러내는 방법을 취한다. 거스리W. K. C. Guthrie나 프리드랜더P. Friedländer의 플라톤에 관한 연구가 이에 속한다고 할 수 있다(Guthrie 1981; Friedländer 〈translated by Hans Meyerhoff〉 1973). 후자의 방법은 예를 들면 자유주의 연구나 공동체주의 연구와 같이 하나의 주제에 관련된 사상가들의 입장을 종합적으로 혹은 분석적으로 비교 연구하는 방법을 취한다. 물론 이러한 두 가지 연구방법이 상호배타적인 것은 아니며, 오히려 상호보완적인 것이라 할 수 있다. 개별사상가에 대한 연구가 집적되어 있어야만 하나의 주제에 대한 각 사상가의 관점을 확실히 알 수 있으며, 통시적 연구가 집적되어 있어야만 개별사상가들의 사상적 위상과 그 관련성을 확인할 수 있는 것이다.

개별사상가의 이론을 연구하는 방법은 크게 두 가지로 구분된다. 사상가의 철학적 의도를 알기 위해서는 그가 쓴 저서만 보면 된다는 텍스트주의textualism와 사상가가 살았던 역사적 배경과 연관시켜 그의 저서를 독해해야 한다는 컨텍스트주의contextualism가 대립되어 있다. 전자의 방법을 택한 대표적인 학자로 스트라우스L. Strauss를 들 수 있으며, 후자의 방법을 택한 학자로 스키너Q. Skinner나 포콕J. G. A. Pocock을 들 수 있다. 텍스트주의자는 작품의 내용 자체가 작가의 의도를 말해준다는 입장이나, 컨텍스트주의자는 작가의 의도는 그가 살던 역사적 상황과 거기에서 나온 현실적 문제점과 관련되어 있다는 입장을 취한다. 예를 들어 플라톤의 『국가』를 해석하는 데 있어서, 텍스트주의자는 플라톤의 시대적 배경과는 상관없이 보편적인 입장에서 좋음의 이데아와 이상국가의 의미를 파악해야 한다고 주장하는데 반하여, 컨텍스트주의자는 당시 아테네의 파행적 민주주의의 모습에 낙담한 플라톤이 민주주의를 대신할 새로운 정치체제를 옹호하기 위해서 『국가』를 저술하게 됐다고 주장한다. 작자의 의도를 알기 위해서는 두 가지 접근방법이 모두 필요하며, 대부분의 경우 두 가지 접근방법은 상호보완적인 것으로 나타나고 있다. 하지만 한 사상가의 사고가 역사적 구속을 벗어날 수 있는가 없는가의 강조여부에 따라 작품에 담긴 사상가의 의도에 대한 최종적이며 궁극적인 해석은 다르게 나타날 가능성이 크다.

스트라우스는 한 사상가의 사고가 역사적으로 구속될 수밖에 없음을 주장하는 역사주의historicism에 반대한다. 그는 위대한 철학자는 역사 속에서 주어지는 문제를 다룬 것이 아니라, 시대와 장소를 떠나서 존재하는 보편적이며 영속적인 문제-예를 들면 정의의 문제-를 다루어 왔음을 강조한다. 이와는 달리 컨텍스트주의자는 역사주의를 신봉하며, 보편적이고 영속적인 문제는 존재하지 않는다고 주장한다. 역사주의적 시각에서 볼 때 인류사회에는 시공을 초월한 사물의 본질 또는 보편적 원리란 있을 수 없고 특정한 시기의 특정한 사회에만 적용되는 원리가 있을 뿐이다. 텍스트주의자는 사상가가 처해 있는 역사적 배경을 최소한으로 언급할 뿐이며, 사상가의 텍스트에 나타난 표현 하나하나를 치밀하며 논리적이고 이성적으로 분석하여 그의 의도를 밝혀내고자 한다. 이런 입장에서 스트라우스는 우주, 자연 혹은 전체가 이성적 질서에 따라 구성되었듯이, 다양한 대화편들로 구성되어 있는 플라톤의 작품세계도 플라톤 자신의 로고스logos에 근거하여 언표적 필연성logographic necessity에 따라 한마디 언어의 낭비 없이 치밀하게 조직되어 있다는 전제 아래, 신중하고 심오한 독서를 통해 플라톤의 철학세계에 관한 연구를 수행한 바 있다. 스트라우스는 말년에 병고에 시달리는 가운데서도 플라톤의 『법률Laws』을 50번이나 독파하고 『플라톤의 법률론』의 집필을 마쳤다고 한다. 이 책은 그의 사후 출판되었다.

컨텍스트주의자는 사상가가 처해 있는 역사적 배경을 최대한으로 기술하고자 하며, 사상가가 고민하는 문제가 사상가 자신의 사적인 삶과 당시 시대 상황에 직접, 간접적으로 연관되어 있음을 밝히고자 한다. 텍스트주의자의 해석이 추상적이고 논증적이고 보편적이라고 한다면, 컨텍스트주의자의 해석은 구체적이고 경험적이며 역사적이라 할 수 있다. 전자의 글은 연구대상이 되는 사상가의 전 작품을 다 읽고 웬만큼 의미를 파악하기 전에는 이해하기 어렵다는 난점을 지니며,

후자의 글은 사상가를 둘러싼 역사를 모르면 이해하기 어렵다는 난점을 지니게 된다.

두 가지 연구방법은 원론적인 입장에서 상호보완되어야 할 필요성이 있다. 우리는 사상가를 작곡가에 그리고 그의 작품을 읽고 해석하려는 우리 자신을 연주자에 비유할 수 있다. 한 작곡가의 작품세계를 제대로 이해하고 해석해서 우리 자신이 그 곡을 연주할 수 있기 위해서는, 우선적으로 우리는 그 작곡가가 살았던 시대적 배경 및 그 작곡가만이 지닌 독특한 음악성을 알아야 할 것이다. 그러나 우리가 작곡가가 살았던 시대적 배경을 모른다고, 그 작곡가의 작품을 제대로 이해하고 해석할 수 없다고 말할 수 있을 것인가? 만약에 한국에 태어난 우리가 서양 사람인 베토벤이 도대체 어느 시대에 살았었는지는 모르지만 그의 작품을 열심히 듣고 그의 음악세계를 이해하고 해석할 수 있다면, 작곡가를 이해하는 과정에서 더욱 중요한 것은 그 작곡가의 작품세계에 대한 몰입이라고 할 수 있다. 플라톤의 『국가』와 아리스토텔레스의 『정치학』을 이해하기 위해서 반드시 당시 아테네의 역사를 꿰뚫고 있어야 하는가? 필자는 역사를 몰라도 두 작품은 충분히 이해될 수 있다고 생각한다. 만약에 우리가 『국가』나 『정치학』의 저자들이 기원전 4세기경에 아테네에 살았던 사람들이라는 사실을 모른다고 치더라도, 우리가 두 작품을 이해하는 데는 전혀 문제가 없으리라고 생각한다. 결론적으로 말하면, 텍스트주의와 컨텍스트주의는 상호보완의 필요성이 있지만, 양자 간에 해석상의 갈등이 생긴 경우, 최종적인 권위는 텍스트주의적 해석에 두어야 할 것이다.

제2절 정치사상, 국가, 시민

1. 국가와 시민

정치사상은 국가와 시민이 서로 어떤 관계를 지녀야 하는가에 대한 이상적이고 규범적인 접근이라고 할 수 있다. 국가와 시민 간의 발생하는 모든 정태적이며 역동적 관계가 정치라면, 정치사상은 두 주체 간의 이상적인 관계를 제시하는데 그 존재 의의를 갖고 있다. 정치사상의 고전인 플라톤의 『국가』나 아리스토텔레스의 『정치학』의 핵심적인 주제는 다름 아닌 국가와 시민간의 관계를 어떻게 이상적으로 규정짓는가 하는 것이었다. 아리스토텔레스의 고전적 정의를 따르면 "심의와 결정이 요구되는 관직에 참여할 자격이 있는 사람이 시민이며, 도시국가는 자족적인 삶을 수행할 목적으로 만든 시민들의 결합"인데, 정치사상은 시민의 행복과 국가의 행복을 조화시킬 수 있는 이상적인 정치원칙을 밝혀낼 것을 주요 목적으로 삼고 있다.

시민의 행복이 항상 국가의 행복과 일치한다면, 다시 말해 인간사회에서 개인과 전체가 항상 갈등 없이 조화를 이룬다면, 정치는 필요하지 않을 것이다. 인간에게 정의로 향하는 본성이 내재되어 있다면, 이러한 인간이 모인 사회는 천사의 사회와 같을 것이며, 정치의 기술의 도움 없이도 정의와 행복이 보장될 것이다. 그러나 마키아벨리와 홉스가 잘 지적하고 있듯이 현실의 인간은 근본적으로 지배받기를 싫어하는 존재이며, 자기의 생존과 번영만을 이기적으로 추구하는 존재이다. 이기적 인간을 결합시켜 정치적 의무에 복종하는 시민으로 만들기 위하여 중요한 수단으로 사용되어 온 것이 종교, 신화, 지혜, 우정, 사랑, 동의, 효용, 복지, 부(또는 재산), 폭력 등이라 할 수 있다.

종교는 신화에 기반하고 있으며, 신화는 인간에게 복종심을 생성시키는 근원적 기반으로 작용해 왔다. 플라톤은 신화와 대립적 관계에 있는 철학적 지혜에 근거하여 국가와 시민 간의 관계를 정립하려 하였으며, 아리스토텔레스는 우정에 근거하여 정치공동체를 설립하고자 하였다. 기독교인들의 사랑에 입각해 신국이 존재하듯이, 루소는 시민들의 사랑, 특히 애국심에 입각해서 정의로운 국가를 만들고자 하였다. 홉스, 로크로 대표되는 사회계약론자들은 자유로운 개인의 동의에 근거하여 시민의 결사체를 만들고자 하였으며, 벤담J. Bentham, 1748~1832, 밀J. Mill, 1773~1836로 대표되는 공리주의자들은 효용의 극대화, 즉, 최대다수의 최대행복이 시민결합의 원리가 되어야 한다고 주장했다. 비스마르크는 노동자들을 회유하고자 사회정책을 최초로 실시하였는데, 이후 복지는 시민을 결합시키는 중요한 수단으로 자리 잡게 되었다. 마르크스는 사유재산이 시민을 복종시키는 강력한 수단이 되어 왔음을 역사적으로 보여주었으며, 마키아벨리는 폭력이 권력을 지탱하는 최후의 보루임을 누누이 강조했다. 부르주아 지배가 초래하는 부정의와 모순은 사회주의자나 공산주의자에 의해서 철저히 분석되고 비판되었으며, 폭력에 입각한 공포정치는 무솔리니의 파시즘, 히틀러의 나치즘, 스탈린의 독재정치와 같은 참혹한 역사적 경험에 잘 나타났듯이 인간의 기본권과 존엄성을 말살하는 가장 혐오스러운 지배체제로 인식되어 왔다.

2. 시민결합의 원리

(1) 신화와 지혜

신화와 지혜는 상호 대립적인 시민 결합의 원리이다. 예루살렘과 아테네는 종교와 철학, 계시와 이성이라는 측면에서 상호 대립되는 입장에 놓여 있는데, 두 도시로 대표되는 계시의 왕국과 지혜의 왕국은 인간에게 진정한 행복의 조건이 무엇인지를 극단적으로 보여주고 있다. 지혜와 신화의 대립은 플라톤의 표현을 빌면 '철학과 시의 오래된 싸움'이다(Plato. Republic. 607b). 이 싸움은 '정치와 문화'의 싸움이라고 볼 수 있는데, 왜냐하면 정치는 철학에 근거하며, 문화의 기원은 종교에 있기 때문이다.

근대 계몽주의는 탈신화화로부터 시작되었는데, 탈신화화는 종교-계시가 지배하던 시대에 대신하여 철학-진리-정치가 지배하는 시대를 열었다. 합리화의 시대로 표현되는 계몽의 시대에는 인간의 이성에 부합되지 않는 문화는 저급하고 야만적인 것으로 취급되었고, 문화는 정치적 질서의 울타리 안에서 존재하였다. 하지만 최근의 포스트모더니즘은 문화를 이성의 지배로부터 분리시켜 개별적인 문화에 독자성을 부여하고 있으며, 객관적 이성의 세계대신 주관성의 세계, 감성의 세계를 인간성 발현을 위한 새로운 영역으로 구축하고 있다. 포스트모던 시대의 문화는 신화의 역할을 대신하고 있으며 그것은 중세에 종교가 그러한 역할을 했듯이 정치의 존재를 위협하는 비이성非理性, unreason으로 작용하고 있다. 해체된 인간의 이성을 복원하고, 복원된 이성에 근거해서 거대 신화화된 문화에 대항하면서 이성과 문화, 정치와 문화와의 조화와 균형을 찾고, 인간이 정치적 지평에 또다시 우뚝 서기 위해서는, 강력한 시민의식의 형성이 필요하며, 시민의식의 형성은 사랑과 우정의 도움에 의해서만 가능하리라고 보여진다.

(2) 우정과 사랑, 그리고 동의와 효용

우정friendship과 사랑love을 시민결합의 원리로 강조할 때 우리는 공동체주의와 만나게 되며, 동의와 효용을 결합원리로 강조할 때 자유주의와 만나게 된다. 우정과 사랑은 시민적 덕과 공공선의 확립을 목적하고 있으며 동의와 효용은 시민적 자유의 확립과 물질적 번영을 목적으로 하고 있다. 고전적인 의미에서의 덕은 인간의 탁월한 성품을 의미하는데 그것은 고귀하고 숭고한 것으로 보통 사람들에게는 실현하기 어려운 것으로 나타난다. 생존과 번영을 위한 수단으로 자유를 강조하고 법치주의를 통해 시민의 생명, 자유, 재산의 보호에만 치중하는 근대 자유주의국가는 교육을 통해서만이 완성될 수 있는 시민의 덕에 대해서 더 이상 관심을 갖고 있지 않다. '덕의 상실'은 근대 자유주의의 가장 큰 약점으로 드러나고 있다.

현대 자유민주주의에 대해 철학적 토대를 마련하고 있는 롤즈는 전통적인 자유주의이론이 자유와 평등을 중요한 가치로 정립시키는 데는 성공적이었지만 박애(혹은 우애)에 대한 고려가 소홀했음을 지적하면서, 자신의 정의의 두 원칙은 박애에 대한 고려를 충분히 하고 있음을 주장한다. 롤즈가 박애에 대한 중요성을 인식하고 있다는 것은 자유주의이론에 있어 진보를 가져올 가능성을 열어놓고 있으나, 그가 정의로운 제도의 설립을 통하여 박애의 정신을 정치적으로 실천에 옮길 수 있다고 믿고 있다는 점에서 자유주의자로서의 한계를 노정하고 있다. 많은 자유주의자가 그렇듯이 롤즈는 사랑과 우정을 시민이 지녀야 할 자연적 의무의 범주에 단순히 포함시켜 놓고 있으며, 사랑과 우정이 교육을 통해 함양되고 또한 그것이 시민결합의 강한 원동력으로 사용될 수 있음을 간과하고 있다.

(3) 공적 이성

근대 계몽의 역사에서 중요한 위치를 점하고 있는 자유주의의 등장이 개인의 자유, 평등, 자율성 등을 신장시키고 법치주의를 확립시키며 물질적 번영을 구가하는데, 커다란 기여를 해 왔음은 주지의 사실이다. 자유주의의 낙관적 미래를 후쿠야마F. Fukuyama는 확신하고 있는데, 그는 향후의 역사 발전이 자유민주주의를 넘어서 더 이상 진행될 수 없다는 의미의 역사의 종언을 선언하고 있다(Fukuyama 1992). 그는 자유주의가 그 구성원에게 자유와 평등이 보장된 가운데 사적인 영역에서 자기만족적이고 안온한 부르주아의 삶을 영위하게끔 하는데 성공하고 있다고 힘주어 강조한다. 하지만 사적 영역에 매몰되어 자아도취적인 행복에 빠진 '최후의 인간'을 우리 인류의 바람직한 미래 모습으로 받아들여야 할 것인가에 대해서는 많은 비판이 제기되고 있다.

현대의 자유주의를 대표하는 철학자인 롤즈나 하버마스J. Habermas는 '공적 이성public reason'의 권위를 철학적으로 확립함으로써 20세기 들어 수세적 입장에 몰렸던 자유주의를 새롭게 옹호하고 있다. 롤즈의 '원초적 입장'이나 하버마스의 '이상적 담화 상황'은 공적 이성을 도출하기 위한 중요한 이론적 장치로 쓰이고 있다. 그러나 만약 인간이 합리적 선택을 통해서 도출된 결론과 이성적 대화를 통해서 도출된 결론을 항상 적극적으로 수용하고 실천에 옮기는 그러한 이성적 존재가 아니라면, 두 철학자의 자유주의 옹호 논리는 상당 부분 설득력을 상실하게 될 것이다. 우리는 공적 이성의 확립을 통하여 법치주의와 '비인격적이며 절차적인 정의impersonal and procedural justice'가 실현되는 사회에는 접근해 갈 수는 있으나, 이것에만 근거해서는 인간적 유대감을 존중하고 강화하는 그런 공동체적 사회로까지는 나아갈 수 없다. 루소는 '정의는 인간에 대한 사랑'이라고 규정짓고 있는데, 이러한 정의관에 의해서만 절차적 정의를 뛰어넘는 사회의 구현이 가능해질 수 있다. 자유주의적 전통인 공적 이성에 근거한 절차적 법치주의의 원리와 공동체주의적 전통인 사랑과 우정의 원리가 결합되어 작동되는 사회는, 자유와 덕이 조화를 이루는 이상적 사회의 한 모델이 될 수 있다.

제3절 정치사상의 역사

서양정치사상사는 일반적으로 고대정치사상사, 중세정치사상사, 근대정치사상사, 현대정치사상사의 네 부분으로 구성되어 있다. 하지만 중세는 종교적 권위가 정치적 권위보다 우월했고, 정치가 종교에 종속된 시대였기 때문에, 중세정치사상사는 정치사상사 연구에서 흔히 간과되고 있다. 아래에서는 주로 고대, 근대, 현대의 정치사상을 중심으로 각 시대의 사상적 특성 및 중요 사상가의 이론을 살펴보고자 한다.

1. 고대정치사상

(1) 소크라테스 이전의 철학

고대 그리스 역사는 소크라테스와 플라톤으로부터 비롯되는 정치철학이 등장하기 이전에 종교와 신화적 사고, 자연철학, 소피스트를 중심으로 한 인간 중심적 사고가 발달해 왔음을 보여주고 있다. 그리스에서 종교가와 신화론자는 신 중심적 관점에서 인간의 삶을 파악하고자 하였다. 그들은 자연과 인간사회에서 나타나는 모든 좋고 나쁜 일은 인간이 감히 거역할 수 없는 신의 섭리이고 운명적인 필연이라고 생각했다. 종교가는 기적이나 계시를 통하여 신의 섭리를 확신할 수 있다고 믿었다. 당시의 그리스 사회를 이해하기 위하여 눈여겨 보아야 할 집단이 바로 시인들이다. 시인들은 신화적 사고를 대변하는 계급이었다. 후대의 철학자들이 이성을 통하여 지혜를 얻고자 했음에 비하여, 시인들은 '직관'이나 '영감'을 통해 초월적인 신의 질서, 우주의 질서를 이해하고자 하였으며, 시를 통해 신의 영광을 칭송하고 자신의 지혜를 표현하며 과시하고자 하였다. 시인의 직관이나 영감도 지혜를 얻는 중요한 수단임에는 틀림없지만, 이 같은 직관이나 영감은 논리적으로 일관된 체계적인 지식을 산출하는 합리성의 근거로 사용될 수 없다는 한계점을 지닌다.

플라톤은 『국가』에서 '철학과 시의 오래된 싸움'에 대해 언급하고 있는데, 호머와 헤시오드로 대표되는 시인들은 신에 대하여 상황에 따라 모순된 말을 하고 있기 때문에 그들의 말을 진리로 받아들여서는 안 된다고 말하면서, 이상국가에서는 검열을 통해 시인들의 말을 통제해야 한다고 주장하고 있다. 시인들의 영감은 철학자의 합리적

이성을 위협하는 가장 무서운 적이었던 것이다.

호머와 기타 신화론자들 이후에 등장한 자연철학자들은 인간의 삶을 자연과의 연관성 속에서 찾으려 하였다. 시인들의 사고 중심에 신이 위치하고 있었다면, 자연철학자들의 사고 중심에 '자연'이 위치하고 있었다. 이들은 자연을 신처럼 초월적인 것이 아니고 근원적이고 본질적인 실재로서 인식하였으며, 자연현상 속에 궁극적인 원인으로 작용하고 있는 어떤 내적 원리로서 존재자와 존재자들을 드러내는 근원적인 힘을 가리켜 피시스physis라 명명하였다.[4] 이러한 혁신적 사고의 시발은 이오니아지방의 밀레토스 사람인 탈레스에게서 찾아볼 수 있는데, 그는 만물이 물로 이루어졌다고 주장하였다. 그는 아낙시만드로스와 아낙시메네시Anaximenes와 더불어 밀레토스 학파를 구성하였다. 또한 피타고라스Pythagoras는 만물은 수로 구성되어 있다고 주장하였다. 자연철학자들은 신화론자의 사유를 합리적인 방식에 입각하여 설득력 있게 존재론적으로 사유했으며, 신화론자들이 생각한 영원한 신적 존재는 자연철학자에 의해 피시스로 대체되어 탐구되었다(김내균 1996, 14~28).

자연철학자들의 관심이 주로 자연에 머무는데 비하여, 기원전 5세기 중엽부터 나타나기 시작한 소피스트들은 그들의 관심을 인간 자체에 두었다. 프로타고라스나 고르기아스Gorgias는 당대의 대표적인 소피스트였는데, 특히 프로타고라스는 "인간은 만물의 척도이다"라는 명제를 내세움으로써 인간 중심적 사고의 기틀을 마련하였다. 소피스트들

4) 피시스와 대립되는 개념이 노모스nomos이다. 피시스는 자연nature에 가까운 개념으로 이것은 발견되는 것이며, 노모스는 법 혹은 규약이라는 개념에 가까운 것으로 사람들의 동의나 승인에 의하여 인위적으로 만들어지는 것이다. 예를 들어 자연과학의 법칙의 하나인 만유인력의 법칙은 발견되는 것이지 다수 사람의 동의로 만들어질 수 없는 반면, 좌측통행과 같은 교통규칙은 사회의 동의를 통해 만들어지는 것이지 발견되어지는 것이 아니다.

이 인간과 사회에 대한 관심이 많았고 실천적인 유용성을 지닌 지식을 가르치고 보급하는데 기여를 했다는 것은 사실이지만, 그들은 지식을 돈 벌기 위한 수단적인 가치로 여기고, 도덕에 대한 진지한 사유를 결여했으며, 사회현상에 대한 체계적인 지식을 구축하지 못했다는 면에서 약점을 노정하고 있다.

소크라테스는 소피스트의 상대주의와 경험주의에 대항해, 불변의 진리가 존재한다는 절대주의와 이성 중심주의를 주창함으로써 철학의 굳건한 토대를 마련하였다. 소피스트들은 철학적 관심의 대상을 자연에서 인간으로 전환시키는데 기여했지만, 이들의 인간 중심적인 관점은 인간과 국가가 어떠한 관계를 설정해야 하는 가에까지 확장되지는 못하였다. 인간을 '시민'으로 파악하고 그들에게 정의가 필요함을 강조한 최초의 철학자가 바로 소크라테스였던 것이다.

(2) 플라톤, 아리스토텔레스, 크세노폰, 키케로의 정치사상

정치학을 이념을 중시하는 정치철학과 처방과 실천을 중시하는 정치과학으로 나누어 본다면, 플라톤의 『국가』는 최초의 정치철학서이며 아리스토텔레스의 『정치학』은 최초의 정치과학서라고 말할 수 있다. 플라톤이 말하는 동굴의 우화에서 우리는 플라톤의 정치학의 성격을 파악할 수 있는데, 그에 있어서 정치학은 동굴을 벗어나 '좋음의 이데아'를 깨달은 철학자가 동굴로 다시 돌아오면서 비로소 시작되는 것이다. 플라톤에 있어서 정치학은 현실을 이해하고 파악하는데 도움을 주는 학문이 아니라 현실을 구성하고 이끌어 나가는데 도움을 주는 이념적 학문으로 자리 매김을 하게 된다. 플라톤의 정치에 관한 대화편 가운데 상대적으로 가장 정치과학적 성격을 띤 것이 『법률』이다. 『법률』은 동굴의 다양하고 구체적인 환경에 따라 융통성 있게 법과 제도를 만들어야 할 것을 강조한다. 『법률』에 나오는 주요 화자인 아테네에서 온 이방인은 특정한 국가에 맞는 법률을 제정하기 위해서 무엇보다도 그 국가가 어떤 자연적 환경에 놓여 있는가를 파악하는 것이 중요하다고 말하며, 자연지형, 인종, 인구, 국가의 규모 등이 법률의 제정에 있어 우선적으로 고려되어야 함을 주장한다. 아리스토텔레스의 『정치학』은 플라톤의 『법률』을 보다 사회과학적이며 체계적으로 발전시킨 연장선 위에 있다고 볼 수 있다.

소크라테스-플라톤의 전통을 따라서 영혼과 육체의 이분법을 받아들이고 있는 아리스토텔레스에게 육체의 만족을 충족시키는 기술을 제공하는 경제학은 영혼의 문제를 다루는 정치학에 비해 종속적이며 또한 열등한 학문으로 나타난다. 그에 있어서 좋은 삶은 육체의 문제가 아니라 영혼의 문제와 관계되는 것이며, 정치학은 바로 영혼에게 좋음을 가져다 줄 수 있는 방법을 연구하고 제시하고 실천하는 학문이기에 최고의 학문이며 만학의 왕으로 자리 잡게 된다. 개인적인 차원에서 좋고 올바른 삶의 실현방법을 가르쳐주고 있는 것이 『니코마코스 윤리학Nicomachean Ethics』이라고 한다면, 공적인 차원에서 좋고 올바른 삶의 실현방법을 가르쳐주고 있는 것이 『정치학』이다. 정치학은 윤리학을 포함한다.

고대 정치사상을 논의하는 가운데 흔히 간과되는 중요한 저술이 크세노폰이 쓴 『키루스의 교육』이다. 크세노폰은 이 책에서 기원전 6세기 중반에 메디아와 페르시아를 통합하여 페르시아 제국을 건설했던 '키루스 대제Cyrus the Great, 재위 558-529 B.C.'를 주인공으로 하여, 키루스가 우정을 바탕으로 대제국을 이루는 과정을 역사소설의 형식으로 묘사하고 있다. 플라톤과 크세노폰은 모두 소크라테스의 제자로서 소크라테스의 가르침을 이해하는 데는 같이 하지만, 그것을 표현하고 전달하는 데는 차이를 보여주고 있다. 크세노폰은 플라톤보다는 좀 더 현실적인 입장에서 정치를 접근하고 있다는 점에서 차이를 보이지만, 그 또한 정치질서의 수립을 위해서는 덕이 필요하다고 주장하는 면에서 플라톤의 입장과 유사함을 보이고 있다.

크세노폰의 『키루스의 교육』은 플라톤의 『국가』에 비견될 수 있는 정치철학서라고 할 수 있는데, 두 작품은 다음과 같은 점에서 대조를 이룬다. 첫째, 『키루스의 교육』은 역사소설이란 형식을 취하고 있는데 반해, 『국가』는 대화란 형식을 취하고 있다. 둘째, 전자는 진정한 우정이 아닌 약간 타락한 형태의 우정을 정치의 원리로 보고 있는데 반해,[5] 후자는 엄격한 '정의'를 정치의 원리로 보고 있다. 셋째, 전자는 거대한 제국의 형성과정을 그리고 있는데 반해, 후자는 작은 규모의 안정된 도시국가의 모습을 그리고 있다. 넷째, 전자는 키루스와 같은 '정치가statesman'의 모습을 바람직한 지배자 상으로 제시하고 있는데 반해, 후자는 '철인왕philosopher-king'의 모습을 바람직한 지배자 상으로 제시하고 있다.[6]

플라톤과 아리스토텔레스로 대표되는 그리스의 정치사상은 그리스 멸망 이후 로마로 전파된다. 키케로M. Cicero, 106-43 B.C.는 두 철학자의 사상을 적극적으로 받아들인 로마시대의 대표적인 정치철학자이다(김용민 2007 참조). 키케로는 앞에서 언급한 소크라테스, 플라톤, 크세

---

5) 아리스토텔레스는 『니코마커스 윤리학』 8권과 9권에서 우정을 상호이해를 기반으로 하는 진정한 우정, 쾌락을 위한 우정, 이익을 위한 우정의 세 가지 유형으로 나누고 있다. 이런 분류를 따른다면 크세노폰은 정치를 위해서는 이익을 위한 우정이 필요함을 역설하고 있는 것이다.

6) 플라톤은 지혜를 갖고 있는 세 가지 인간 유형으로 철학자, 정치가, 소피스트를 제시하고 있으며, 이 중 철학자(혹은 철인왕)를 '인간의 가능성human possibility' 이 가장 최고도로 실현된 인간 유형으로 생각하고 있다.

노폰, 아리스토텔레스의 네 명의 철학자와 크게 두 가지 점에서 다르다. 첫째, 위 네 명의 철학자의 활동 시기는 기원전 4~5세기인데 비하여 키케로의 활동 시기는 기원전 1세기로 그 활동시기에 큰 차이가 있다. 둘째, 위 네 명의 철학자는 그리스인으로 주로 아테네를 중심으로 활동을 한데 비하여, 키케로는 로마인으로 당시 쇄락일로에 있던 로마공화정을 주요 정치무대로 삼아 활동을 했다는 점에서 차이가 있다.

키케로는 플라톤을 열광적으로 숭배했다. 키케로의 대표적인 정치철학적 작품은 『국가』와 『법률』인데, 이 작품들은 같은 이름을 지닌 플라톤의 대화편인 『국가』와 『법률』을 각각 모방하고 있다. 그러나 키케로는 플라톤을 단순히 모방하는데 그치지 않고, 로마인의 관점에서 로마공화국의 경험과 역사를 바탕으로 해서 혼합정체를 갖춘 로마공화국을 이상국가로 제시하고 있는 점에서 철인왕정을 이상국가로 제시하고 있는 플라톤과 크게 구별된다. 키케로가 이상국가의 모델로 삼고 있는 로마공화국의 혼합정체는 인민의 자유와 사유 재산의 보호를 그 궁극적 목적으로 하고 있고, 자연법에 근거해서 제2차적 자연법인 시민법에 정당성을 부여하고 있다. 키케로는 플라톤이나 아리스토텔레스보다도 더욱 현실적인 이상국가의 대안을 제시하며, 또한 자유, 사유재산, 법적 정당성의 원천으로서의 자연법 등의 개념을 보다 명백히 하고 있다. 키케로는 이러한 개념을 사용하여 국가를 정의하고 있는데, 우리는 여기에서 그가 고대 정치철학의 발달에 독창적으로 기여하고 있는 점을 확인할 수 있다.

2. 근대정치사상

(1) 근대성과 마키아벨리

중세의 정치사상은 성 아우구스티누스St. Augustinus, 354-430에서 출발하여 토마스 아퀴나스T. Aquinas, 1225~1274에 이르기까지 번성하였다고 볼 수 있다. 아우구스티누스는 오직 신의 은총 하에서만 인간은 행복해질 수 있다고 하면서, 신국에 가기 위하여 인간은 신의 뜻에 복종해야 한다고 가르치고 있다. 토마스 아퀴나스는 아리스토텔레스의 사상을 원용하여 보다 정치적이고 이성적인 관점에서 이성과 신앙을 결합시키려 하였다는 면에서 탈중세적 특징을 보이기도 하지만, 그 역시 궁극적으로 인간은 신의 뜻에 복종해야만 행복을 누릴 수 있음을 강조하고 있다는 면에서 중세적 성격을 벗어나지 못하고 있다. 기독교인으로서 아퀴나스는 인간성의 완성이 국가 안에서 일어난다는 생각을 받아들일 수 없었지만, 그래도 그는 정치가 창출하는 질서는 하나님에게 인도하는 우주의 질서와 직접 연결된다고 믿었다. 중세에 기독교가 구축하였던 신 중심적이고 종교우위적인 정치질서는 르네상스와 종교개혁을 통해 인간중심적 정치질서로 대체되었으며, 새로운 정치적 지평 위에 자유의지를 지닌 개인이 근대적 주체로 등장하였다.

근대modernity는 개체성의 시대age of individuality이다. 근대에 이르러 마침내 인간은 자유의지와 이성을 지닌 존엄한 인격체로 등장하기 시작했다. 근대의 기점은 일반적으로 '역사적 대사건의 발생'과 '정신의 변화change of mind'라는 두 가지 관점에서 논의되어진다. 우선, 근대의 시작을 신대륙의 발견 및 과학의 발달에서 찾아볼 수 있다. 신대륙의 발견은 구대륙이 정치, 경제적인 측면에서 처한 구조적인 위기를 극복하는 하나의 전기를 마련했으며, 다른 한편 레오나르도 다빈치, 갈릴레이 갈릴레오, 프란시스 베이컨 등의 근대적 과학자들을 통하여 발달된 과학적 방법과 지식은 자연을 극복하는 수단을 제공하였다. 프란시스 베이컨은 '아는 것이 힘'이라고 주장하면서, 진리를 알기 위해서는 '자연을 고문해야 한다'고 말할 정도로 과학을 통한 적극적인 자연 정복의 필요성을 강조했다. 신대륙의 발견 및 과학의 발달도 근대의 문을 연 중요한 요소임에 틀림없으나 정신의 변화, 또는 인식의 변화라는 요소는 근대성을 규정짓는 더욱 중요한 특징이라 할 수 있다.

인식의 변화의 핵심적인 내용은 다름 아닌 개체의 발견이다. 고대-중세의 시기에 인간은 전체성 혹은 신성에 매몰된 존재에 불과했었다. 플라톤과 아리스토텔레스는 개인보다 정치공동체의 우선성을 강조했으며, 아우구스티누스와 아퀴나스는 신의 섭리는 인간의 이성을 초월하여 존재하는 것이라는 믿음을 설파했다. 고대사상의 특징인 목적론에 의해서 규정된 인간, 중세적 특징인 신의 뜻에 의해서 결정된 인간의 모습은 수동적이며, 복종적이며, 소극적이고, 제한적으로 나타난다. 개체성의 발현이라 함은 바로 이러한 목적론적, 종교적인 사슬을 끊고 자유의지를 지닌 인간으로 태어나는 것을 말한다. 르네상스와 종교개혁은 근대적 개체성을 탄생시켰으며, 이후 인간은 증명될 수 없는 형이상학적인 원칙이나 신에 의해서 더 이상 얽매이거나 구속받는 존재로 남아 있지 않게 되었다. 이에 따라 인간의 창조성, 능동성, 적극성, 자유분방함 등은 새롭고 강력한 가치로 존중되기 시작하였다.

정치사상의 발달이라는 측면에서 볼 때, 마키아벨리는 인간의 창조성과 능동성을 강조하여 정치를 바라보는 인식의 변화를 불러온 최초의 근대 사상가이다. 그는 종교, 윤리, 도덕의 영역으로부터 정치를 분리했고, 자율적이고 능동적인 정치영역이 있음을 새롭게 강조하였다. 그가 현실적인 정치영역에서 정치의 주체로 발견한 것은 자유의식을 지니고, 윤리적이고 도덕적인 속박에서 벗어나 욕망과 열정을 아무런 제한 없이 발산하면서, 물질적 안정과 번영을 추구하는 개인들이었다. 마키아벨리는 자유의 원칙에 의해서 지배되는 공화국을 바람직한 정치체제로 생각했는데, '자유를 한 번 맛본 시민은 정복할 수 없다'는 그의 표현에서 우리는 그가 시민적 자유의 가치를 얼마나 중요하게 평가하고 있는지를 확인할 수 있다. 그러나 아직도 그에 있어서 자유는 확실한 개체성에 입각하여 철학적이고 체계적인 의미를 지니고 있는 그러한 자유는 아니었다.

(2) 근대 자유주의의 발전

르네상스는 말 그대로 휴머니즘의 부활이지만, 휴머니즘이 좀 더 보편적인 의미에서 확대되기 시작한 것은 '자유주의liberalism'와 '계몽주의enlightenment'의 대두와 연관된다. 자유주의가 인간의 자유롭고 합리적인 선택을 강조하고 다양한 개인들의 상충할 수 있는 선택을 관용성을 가지고 수용해야 한다는 '세계관Weltanschauung'이라면, 계몽주의는 인간의 이성적 능력에 굳건한 확신을 가지고 지식의 보편적 확산과 역사의 진보를 믿는 진보적이며 낙관적인 신념체계이다. 아래에서 자유주의 발달에 큰 영향을 미쳤던 사회계약론자들의 이론, 계몽주의의 철학적 토대를 마련한 데카르트의 이론, 그리고 자유주의에 대한 역사적 평가를 간단히 살펴보기로 하자.

근대에 있어서 자유의 의미가 개인주의에 기초하여 좀더 철학적 체계를 지니게 된 것은 바로 홉스, 로크, 루소로 대표되는 사회계약론자의 이론에 의해서였으며, 개인주의는 자유주의를 구성하는 중심원리가 되었다. 파레크B. Parekh에 따르면, 자유주의는 개인을 사회의 궁극적이며 환원할 수 없는 단위로 간주하며 사회를 개인의 관점에서 설명하고 있다. 즉, 자유주의적 사고의 중심에는 개인은 개념적으로, 존재론적으로 사회에 우선하고 개인은 원칙적으로 사회와는 독립적으로 개념화되며 정의될 수 있다는 개인주의가 놓여 있다는 것이다(Parekh 1993, 157).

자연상태라는 개념은 사회계약론자들의 이론의 출발점이다. 자연상태는 국가가 없는 상태로서, 여기서 인간은 자기보존을 위해서 오직 자신의 판단과 힘만을 의존해야 한다. 모든 개인이 자신의 사적인 판단에 따라 행동할 때, 전쟁상태가 도래한다. 사적인 판단이 횡행하는 곳, 그래서 행동의 고질적인 불확실성이 존재하고 전체가 수용하는 행위규칙이 없는 곳에서는 질서가 있을 수 없고, 안정도 있을 수 없으며, 결과의 확실성도 존재할 수 없다. 이처럼 참지 못할 자연상태의 특성들은 질서가 없어서 생기기 때문에, 사람들이 스스로 질서 있는 상태로 들어갈 때에만 피할 수 있다. 질서 있는 상태로 들어가야 할 필요성은 사람들이 자기보전과 관련하여 개인적인 판단의 권리를 포기하는 것을 의미한다. 또한 그것은 분명하고 의심의 여지가 없는 공적 판단의 근원을 창출할 것을 요구한다.

홉스는 이 공적 판단을 위한 대리자를 '리바이어던Leviathan'이라고 이름 지었는데, 이것은 사람이 만든 것으로서 자연상태에서의 불확실성과 불화를 해소하고 확실함과 평화의 세계를 구축할 권력을 가진 존재이다. 홉스의 리바이어던은 절대군주로 군림하게 된다. 왜냐하면 사람과 사람들 사이에 리바이어던을 만들자는 계약이 있을 뿐, 리바이어던과 인민들 사이에는 계약이 없으므로 일단 만들어진 리바이어던은 아무런 제약 없이 사람들 위에 군림할 수 있기 때문이다. 홉스와는 달리, 로크는 공적 판단의 권위를 지닌 국가는 개인의 재산권을 보장하기 위하여 필요한 권력을 위임받고, 국가가 재산보호의 임무를 소홀히 했을 때 인민들은 국가권력에 저항할 수 있다는 제한군주론을 주창한다.

홉스나 로크에 있어서 권력의 정당성은 개인의 동의를 통한 사회계약에서 도출된다. 자기이익의 추구에만 혈안이 되어 있는 자연상태의 개인은 자신의 생존과 번영을 보장하기 위한 수단으로 계약을 통해 공동권력을 창출하게 되는데, 시민은 '자기이익의 계산calculations of self-interest'에 따라 공동권력에 복종하거나 거부하기 때문에, 이러한 권력은 조건적인 권력에 불과하게 된다. '리바이어던'을 구성하는 홉스적인 시민은 자기이익의 극대화를 추구하기 위하여 호시탐탐 법망을 피해가고자 하며, 합리적이고 근면한 로크적인 시민은-그는 맥퍼슨C. B. Macpherson의 말을 빌면 '소유지향의 개인주의'를 내면화한 대표적인 근대적 인간유형이며, 루소가 비판해 마지않았던 부르주아인데-자신의 유일한 관심사인 재산의 보호와 증식을 위해 공동권력을 수단적으로 사용하고자 한다. 시민 개개인의 이익을 보장하기 위해 창출된 권력은 그것이 조건적인 권력인 한에서 그 목적이 고상할noble 수 없고, 자기 정당화의 굳건한 도덕적 토대를 가질 수 없다. 홉스와 로크에 있어서 자유는 생존과 번영을 위한 수단적 가치로 존재할 뿐이지, 덕을 실현하기 위한 고상한 수단으로 존재하지 않는다.

루소는 사회계약이 인민들 간에 이루어지지만 그 실질적인 내용은 개인 각자가 자신들이 포함되어 있는 전체와 계약을 맺는 것이며 이것은 바로 자기 자신과의 약속이라고 주장한다. 루소에 의하면 우리라는 전체로 구성되는 국가의 권력은 국민 개개인으로부터 나오게 되는데, 바로 여기에서 인민주권론이 성립되는 것이다. 일반의지는 개인 각자가 우리라는 전체가 요구하는 정도에 따라 신체와 재산을 포함하는 모든 것을 양도할 때, 이 모든 공동의 것을 지배하는 우리의 최고의지이다. 한 개인이 일반의지에 따라 행동하는 한, 그는 항상 자유로울 뿐 아니라 동시에 남의 자유도 보장하게 된다. 루소에 있어서 자유는 도덕성의 본질이며, 덕의 조건이나 결과이기보다는 덕 그자체로 나타난다. 일반의지가 지닌 도덕성은 본질은 우선 그것이 의지라는 면에서 자유를 기반으로 하고 있다는 점과, 또한 평등을 추구하고 있다는 점이다. 평등이 필요한 이유는 평등 없이는 자유가 유지될 수 없기 때문이다. 자유와 평등은 모두 일반의지가 지닌 확고한 도덕성의 기반을 제공한다.[7)]

근대 자유주의가 지닌 개인주의적 성격에 철학적인 토대를 부여하고, 근대적 합리성의 근간이 되는 이성을 과학적으로 정립하고자 했던 사람이 데카르트이다. 그는 모든 전통적인 신념에 의문을 던지고, 철학적 방법론의 도움을 받아 모든 것의 진위를 '도움 받지 않은 이성unassisted reason'에 따라 판단하고자 했다. 그의 이성에 대한 강조는 '정신의 절대화absolutization of the mind'로 연결되고, 절대화된 정신은 계몽주의의 확산과 더불어 보편화되는 과정을 겪게 된다. 그의 철학이 지닌 개인주의적 성격은 그 유명한 '코기토cogito'-즉, "나는 생각한다. 고로, 나는 존재한다."-에 잘 나타나 있는데, 여기서 유의해야 할 점은 생각하는 주체는 남이 아닌 바로 '나'라는 사실이다. 물론, 데카르트는 이러한 '나'를 인류일반으로 보편화하고자 하지만, '나'라는 주체를 강조하다 보면 그것은 필연적으로 개인주의로 흐르게 마련이다. 이와 관련하여 바아버B. Barber는 데카르트철학의 영향을 받은 자유주의 정치사상은 근본적으로 환원론적이고, 사변적이고, 유아론적임을 지적하고 있다(Barber 1984, 51).

근대 자유주의의 발전은 인간의 이기심을 충동질하고 옹호함으로써 자유로운 교역을 통한 상업의 발달을 촉진하였다. 이 같은 자유주의의 발전에 대하여 낙관적인 견해와 비관적인 견해가 교차한다. 낙관적인 견해를 지닌 사람으로 로크, 몽테스키외Montesquieu, 1689~1755 등을

7) 루소의 일반의지에 관한 자세한 설명은 김용민(2004) 참조하라.

들 수 있고, 비관적인 견해를 지닌 사람으로 루소, 마르크스, 니체F. Nietzsche, 1844~1900 등을 들 수 있다. 몽테스키외는 '이해관계interests'가 지배하는 상업사회의 도래와 함께, 사람들 간에는 '온유함'이 존재케 되었고, 이러한 온유함은 한편으로는 안정된 민주적 정치질서의 수립과 다른 한편으로는 경제적 부의 증진에 기여하게 되었다고 주장하고 있다. 이와는 대조적으로 루소는 이해관계에 기초하고 있는 사회는 "사람들이 돈에 대해서만 이야기하고 더 이상 덕에 대해서 이야기하지 않는 사회"임을 주장하면서, 이렇듯 타락한 사회가 정치와 교육에 의해서 근본적으로 수정되지 않는 한 인간성의 파멸은 가속화될 것이라는 경종을 울리고 있다.

마르크스는 자본주의적인 상업사회는 인간성의 회복과 발전을 위하여 작동하기보다는 소외와 착취와 같은 인간성의 파괴를 획책하고 있다고 비판한다. 니체는 신이 죽은 이후 인간의 삶은 두 가지 근본적인 대안을 갖게 되었다고 말하면서, 그 하나는 우리가 인간성의 저 밑바닥까지 내려가서 가축과 같은 존재인 '최후의 인간the last man'이 되는 것이고, 다른 하나는 우리가 우리 자신을 초극하여 인간 이상의 존재 즉 '초인the super man'이 되는 것임을 밝히고 있다. 니체는 사적인 영역에 매몰된 부르주아를 '가축적인 인간herd people' 또는 최후의 인간으로 칭하고 있는데, 그에 따르면, 이성과 자유의지를 갖고 출발한 근대인은 결국 삶의 위대한 목적을 상실하고 자유와 평등에 안주하는 최후의 인간이 되어 버렸다는 것이다.

근대정치사상의 정점에 마르크스와 니체가 자리 잡고 있다. 이 두 철학자는 부르주아 사회의 한계와 모순을 비판하고, 새로운 대안사회를 제시하고 있다는 점에서는 유사성을 갖고 있으나, 그 비판의 구체적 내용과 제시된 대안사회의 모습에는 상당한 차이점이 존재한다. 20세기의 정치사상은 한편으로는 마르크시즘의 확산 및 이에 대한 자유주의의 대응과, 다른 한편으로는 니체와 하이데거M. Heidegger, 1889~1976를 진원지로 하는 포스트모더니즘post-modernism의 등장으로 점철되어진다.

3. 현대정치사상

(1) 롤즈의 정의론

현대정치사상이란 용어에서 현대라는 말을 영어로 옮기면 'mode-rn'이다. 20세기 후반부에 나타난 새로운 사조인 포스트모더니즘이란 용어에도 'modern'이라는 단어가 들어가고 있다는 사실을 유념할 때, 21세기를 맞이한 우리는 영어식으로 표현하면 아직도 'modern age'에 살고 있는 것이다. 우리 식의 용어인 현대정치사상은 근대정치사상과 확연히 구별되는 독자적인 특징을 지니고 있는 것은 아니다. 현대정치사상은 근대정치사상의 연장선상에 위치하고 있는 것이다. 마르크시즘은 1917년 러시아에서의 공산혁명을 시발로 하여 20세기 대부분의 기간 동안에 인류역사의 전개에 큰 영향을 미쳐왔지만, 소련과 동유럽에서의 공산정권의 몰락과 더불어 역사의 뒤안길에 묻혀가고 있는 실정이다. 마르크시즘을 논외로 한다면, 현대의 주요 정치사상으로 롤즈와 하버마스를 중심으로 제기되는 자유주의 옹호론과, 이에 대한 대항이론인 공동체주의론, 그리고 니체와 하이데거의 영향을 받고 데리다와 푸코를 중심으로 담론화된 포스트모더니즘을 거론할 수 있다.

롤즈의 『정의론』은 1971년에 출판되면서 철학계 일반에 커다란 반향을 불러 일으켰다. 롤즈는 전체 복지의 극대화를 목적으로 삼고 있는 공리주의적 정의관을 극복하기 위해, 옳음이 좋음에 우선한다는 의무론적 토대 위에 자유주의적 정의원칙을 제시하고 있다. 그의 정의원칙은 루소와 칸트I. Kant, 1724~1804로 대변되는 계약론적 정치철학의 전통을 계승하고 있다. 롤즈는 계약론자가 가정하는 자연상태와 유사한 '원초적 입장original position'이라는 가상적 상황을 고안하여 정의 이론의 출발점으로 삼고 있다. 원초적 입장에서 무지의 베일이 내려져 자신의 개별적 특성을 모르는 개인들이 타인에 대해 시기심이나 동정심을 갖지 않고 상호 무관심하게 합리적으로 사고한다면, 그들은 자신의 기본적인 권리와 의무를 할당하고 사회협동체의 이득과 부담에 대한 적절한 분배를 정해줄 정의원칙에 동의하게 될 것이라고 롤즈는 주장한다. 롤즈가 제시한 정의의 두 원칙은 다음과 같다(Rawls 1971, 302).

- 제1원칙: 각인은 모든 사람에 대한 유사한 자유의 체계와 양립 가능한 평등한 기본적 자유의 가장 광범위한 총체 체계에 대한 평등한 권리를 가져야 한다.
- 제2원칙: 사회적 · 경제적 불평등은 다음과 같은 두 조건을 만족시키도록 편성되어야 한다.
  (가) 최소 수혜자에게 최대의 이득이 되고,
  (나) 기회 균등의 원칙하에 모든 이에게 개방된 직책과 직위가 결부되어야 한다.

흔히 제1원칙은 자유우선의 원칙, 제2원칙의 (가)는 차등의 원칙, (나)는 기회균등의 원칙으로 말해지는데, 원칙의 적용에 있어 제1원칙은 제2원칙에 우선하며, 기회균등의 원칙은 차등의 원칙에 우선하는 축차적 서열을 이룬다. 차등의 원칙은 평등한 분배가 최선이지만 불평등한 분배가 있음으로써 한 사회 내에서 수혜를 적게 받는 계층에게 최대의 이득이 돌아가게 된다면 그러한 불평등은 용인해야 한다는 원칙이다.

롤즈의 정의이론을 계기로 하여 1970년대 철학계에서는 공리주의자, 사회주의자, 자유주의자 간에 열띤 논쟁이 붙었으며, 이런 논쟁의 과정을 거치면서 자유주의이론은 더 한층 정교화되었다. 1980년대에 이르러 롤즈적인 자유주의는 또 하나의 세찬 도전을 받게 되는데, 그것은 공동체의 가치와 전통을 중요시하는 공동체주의자로부터의 도전이다. 1960년대에 행해진 자유주의에 대한 주요 반격은 마르크스 이론에 근거한 것이었다면, 1980년대에 들어 공동체주의자에 의한 자유주의에 대한 반격은 아리스토텔레스, 루소, 헤겔G. Hegel, 1770~1831의 이론에 근거한 것이었다. 대표적인 공동체주의자로 매킨타이어A. MacIntyre, 샌들M. Sandel, 테일러C. Taylor, 왈저M. Walzer 등을 손꼽을 수 있다.[8)]

---

8) 자유주의와 공동체주의에 관한 개괄적 소개서로는 스테판 뮬홀 · 애덤 스위프트의 『자유주의와 공동체주의』(김해성 · 조영달 역. 서울: 한울. 2001)을 참조하라. 요즈음 한국사회에서 베스트셀러가 되어 있는 샌들의 『정의란 무엇인가』(이창신 역. 서울: 김영사. 2010)는 롤즈의 『정의론』 이후 불붙기 시작한 정의에 대한 논의의 연장선상에 있는 책으로, 샌들은 이 책에서 정의에 대한 다양한 관점을 구체적 실례를 들어가면서 쉽게 풀어내고 있다. 샌들의 공동체주의적 입장은 그의 책 말미에서 확인할 수 있다. "좋은 삶에 관한 문제에 관한 문제에 공적으로 개입하는 행위는 시민의 삶을 침해하는 행위이자 자유주의적 공적 이성의 범위를 넘어서는 행위라고 여기는 사람도 있다. 우리는 흔히 정치와 법은 도덕적, 종교적 논쟁에 휘말리지 말아야 한다고 생각한다. 강압과 배타성을 우려해서다. 일리 있는 우려다. 다문화 사회의 시민들은 도덕과 종교에 이견을 보인다. 앞에서 주장했듯이 정부가 이러한 이견 사이에서 중립을 지키기란 불가능하지만, 적어도 상호 존중을 바탕으로 한 정치는 가능하지 않을까? … (중략) … 도덕적 이견에 좀더 적극적으로 개입한다면 상호 존중의 토대를 약화시키기는커녕 오히려 더 강화시킬 수 있다. 우리는, 도료 시민이 공적 삶에서 드러내는 도덕적·종교적 신념을 피하기보다는 때로는 그것에 도전하고 경쟁하면서, 때로는 그것을 경청하고 학습하면서, 더욱 직접적으로 개입해야 한다(369~370쪽)."

자유주의자와 공동체주의자의 근본적인 대립은 인간을 보는 관점의 차이에서 기원한다. 자유주의자는 합리적인 인간의 자유로운 선택에 우선성을 부여한다. 자유주의적 인간은 이기주의적이고, 비사회적이고, 원자적이며, 개인주의적으로 나타나는데, 그는 자신에게 주어진 자유를 수단으로 물질적 번영의 추구에 매진한다. 공동체주의자는 인간은 근본적으로 사회적인 존재이고, 인간의 행위는 그들의 존재하고 있는 사회의 가치에 명시적 혹은 묵시적으로 영향을 받아서 이루어진다는 것을 강력하게 주장하고 있다. 인간은 사회에서 분리되어 존재할 수 있는 추상적이며 합리적인 개체가 아니라, 한 국가의 시민으로서, 한 사회의 전통의 담지자로서 존재할 수밖에 없는 정치적 동물이라는 것이 공동체주의자의 인간관이다.

자유주의자와 공동체주의자의 논쟁은 '개인적 자유Individual Freedom'와 '사회적 덕Social Virtue'이라는 두 가지 가치 중에서 무엇이 사회의 우선적 가치가 되어야 하는 가에 대한 논쟁이다. 본질적으로 자유와 덕은 양립불가능한 가치가 아니다. 자유주의자가 덕의 존재를 무시하는 것은 아니며, 공동체주의자가 자유의 중요성을 무시하는 것은 아니다. 자유주의자와 공동체주의자 모두 자유와 덕을 중요시하고 있다는 면에서 서양정치사상의 전통에 기반하고 있다. 이 둘 간의 논쟁의 초점은 자유와 덕이 상충될 경우, 어떤 가치에 우선성을 둘 것인가에 놓여있다. 이 논쟁을 통해 자유와 덕의 의미는 심화되었고, 자유와 사회적 덕을 조화시킬 수 있는 철학적 기반은 넓혀졌으며, 그 결과 자유주의자와 공동체주의자는 서로를 포용하는 상태에 이르렀다.

(2) 하버마스의 소통이론

롤즈가 원초적 입장이란 개념을 가지고 전통적인 정치철학의 부흥을 꾀했듯이, 하버마스는 이상적인 담화상황이란 개념을 가지고 근대 계몽기획의 완성과 자유주의의 정립을 꾀하고 있다. 하버마스는 이상적 담화상황이란 모든 참가자가 자유롭게 토론하고 심의할 수 있는 상황이라고 정의하면서, 토론참가자들의 합의를 통해 도덕적이며 정치적인 규범을 도출할 수 있다고 주장하고 있다. 이상적 대화상황에서 모든 참가자는 다른 사람의 의견을 경청하고 그에 답변하려는 개방성을 가지고 토론에 임해야 하고, 토론참가자는 자기 자신이나 타인을 속일 의도를 가져서는 안 되며 토론의 상대자를 판단력이 있고 성실한 주체로 인정하고 동등한 인격으로 대해야 한다. 그리고 토론 과정에서 제기된 질문에 대해 어떤 금기도 적용되어서는 안 되고 누구든지 질문에서 제외되는 특권적 불가침권이 허용되어서는 안 된다. 또한 대화에서 인종적 편견이나 계급의 선입견에 의해 다른 사람의 말을 막기 위한 억압적 수단을 사용하면 안 된다. 하버마스는 이러한 특성을 지닌 이상적 담화상황에서 '의사소통적 합리성communicative rationality'이 보장된다고 보고 있다.

하버마스는 이상적 담화상황이란 모델은 역사적으로 실현되어 왔음을 지적하고 있다. 그는 18세기에 나타난 부르주아적 정치적 '공론장public sphere'의 형성, 의회민주주의의 발달, 정당의 결성, 법치국가의 확립은 모두 공론장 발전의 결과로 설명한다. 그는 공론장의 발전과 함께 생활세계의 합리화가 이루어졌지만, 자본주의의 발달은 화폐와 권력이라는 조정매체를 통하여 국가가 생활세계를 통제하려는 체계의 확장도 동시에 이루어냈다고 지적하면서, 체계의 확장은 의사소통의 왜곡과 생활세계의 식민지화라는 병폐를 야기했다고 비판한다. 이와 같은 진단 아래 하버마스는 의사소통적 합리성의 구현이란 수단을 통해서, 이미 왜곡된 공론장을 바로 잡고, 포괄적 이성에 근거한 근대 계몽기획을 완성하고자 노력하고 있다. 하버마스에 있어 자유주의적 공론장의 확립은 법치주의, 절차적 민주주의의 확립을 위한 필요조건으로 등장한다.

(3) 포스트모더니즘

포스트모더니즘의 시대에는 아무도 개체성이 지닌 중요한 가치를 부인하지 않는다. 근대는 자유롭고 개인주의적인 인간의 발견과 더불어 시작되었으며, 개인적 권리의 불가침성이라는 개념으로 한층 더 성숙되었다. '개체성을 위한 개체성'이라는 표어는 자본주의의 발달, 물질적 번영, 세련된 문화, 과학과 기술에서의 획기적 진보, 사치, 다양성, 섬세한 예술, 확고한 시민적 자유 등 눈부신 업적을 이루는데 기여해 왔다. 그러나 이 표어는 사랑, 우정, 애국심과 같은 사회적 가치에 의해서 공동체적 유대가 유지되는 그러한 정감적 공동체를 산출하는 데는 실패하고 있다(김용민 2002, 108).

포스트모더니스트들은 획일적인 거대 이성에 근거한 계몽주의 철학과 합리주의 철학을 비판하고 거부하며, 인간은 목적합리성의 원칙에 따라 행위하며, 개인의 자율과 자유 의지를 존중하고, 과학적 지식의 주체로서 객관적 진리에 의거하여 인간해방이란 정치적 목표를 추구하는 주체라고 규정짓는 근대적 주체의 관념을 해체하고자 한다. 그들은 근대적 주체는 이데올로기의 구성물로서 주체-객체의 이분법에 근거한 자유주의적 휴머니즘의 산물이라고 파악한다. 그들은 거대 이성과 근대적 주체를 해체함으로써 근대적 질서의 획일성과 억압성을 극복할 수 있고, 근대성에 의해 주변화되고 억압되고 소외된 '타자'에게 다양성, 다원성, 동등성을 부여할 수 있다고 주장한다. 근대적 주체가 형이상학적 기초를 가지는 추상화된 존재라면 포스트모더니스트가 내세우는 탈근대적 개인은 감정을 가지고 문화적 맥락에서 살아

숨쉬는 유동적 개인이다. 탈근대적 개인은 획일적 정체성을 거부하고 우연성과 불확실성의 세계를 살아가며, 감성적이고 내면지향적이며 자기의 주관에 따라 자아실현을 추구하는 존재로 나타난다.

획일적 주체관념을 부정하고 다원적 세계관을 주창하는 포스트모더니즘은 사회 내의 다양한 요구에 정당성을 부여하며, 이에 따라 정치의 영역을 넘어서는 보다 근본적인 사회문화적 영역에서의 민주화에 기여하는 중요한 이론적 자원으로 인식될 수 있다(유홍림 1996, 132; 2003, 6장 참조). 하지만 포스트모더니즘은 다양한 요구를 옹호하고 정당화시킬 수 있는 이론적 근거를 제공하는 데는 성공하고 있으나, 그 정당한 요구들을 질서지울 수 있는 건설적 대안을 제공하지 못하고 있다는 한계점을 노정하고 있다.

롤스와 하버마스가 주장하는 자유주의적 정치적 질서와 매킨타이어, 샌들, 테일러, 왈저 등의 공동체주의자들이 주장하는 공동선, 그리고 푸코M. Foucault나 로티R. Rorty 등의 포스트모더니스트들이 주장하는 다양한 문화적 가치를 조화시킬 수 있는 방법을 찾는 것이 현대정치사상이 당면한 과제라고 하겠다.

제12장 국제관계의 시각과 쟁점

이상환 (한국외국어대학교)

국제관계international relations를 연구하는 정치학의 한 학문분야를 우리는 국제정치international politics 혹은 세계정치world politics 혹은 범지구적 정치global politics라고 일컫는다. 어느 용어를 사용하든 국제관계를 다룬다는 것은 부인할 수 없으며, 다만 그 관계의 주체와 성격에 대해 약간의 차별화된 인식이 존재한다고 할 수 있다.

국제관계의 주체를 협의적으로 정의하면 국가state actor에 한정할 수 있으나, 광의적으로 정의하면 국가와 더불어 국제기구·다국적기업 등을 포함하는 비국가 행위자들을 모두 일컫는다. 또한 정치학 분야에서 국제관계의 성격을 협의적으로 정의하면 정치·군사·안보적 관계에 한정되나 광의적으로는 여기에 경제·사회·문화적인 관계를 포함하는 다양한 관계를 말한다. 오늘날 국제관계를 이해함에 있어서 우리는 그 주체와 성격을 광의적으로 파악함이 타당하다. 한마디로 말하여, 국제관계학(국제정치학, 세계정치학, 지구정치학)이란 국제사회에 있어서 국가 혹은 비국가 행위자들 사이의 정치·군사·안보적 및 경제·사회·문화적 관계를 다루는 학문분야라고 할 수 있다.

우리는 이러한 국제관계를 각기 다른 분석수준에서 다양한 접근방법으로 연구하게 된다. 연구대상을 중심으로 한 분석수준을 언급하면, 개별 정책결정 담당자 수준에서의 연구인 개인 수준의 분석individual level of analysis, 국가 수준에서의 연구인 국가 수준의 분석state level of analysis, 그리고 양극 혹은 다극 등 다양한 체제 수준에서의 연구인 국제체제 수준의 분석international system level of analysis이 있다. 또한 그 접근방법으로 전통적 접근법traditional approach과 행태적 접근법behavioral approach이 있으며, 이중 전통적 접근법은 국제관계에 대해 주로 규범적인 접근을 행하며, 행태적 접근법은 전쟁과 세계평화 혹은 전세계적인 부와 빈곤 등의 원인을 살펴봄에 있어 주로 양적 방법quantitative method을 활용한다.

정치학의 분야를 한국정치, 정치 사상 및 이론, 비교정치 및 지역연구, 국제정치, 행정 및 정책학 등 다섯 가지로 나눌 수 있는데, 여기서 국제정치는 앞에서 언급했듯이 광의적 의미의 국제관계를 다루는 정치학의 한 학문분야인 것이다. 국제정치를 영문으로 world politics라 칭한다면 국제정치는 전쟁war과 세계평화peace의 문제를 다루는 국제안보international security와 전세계적인 부wealth와 빈곤poverty의 문제를 다루는 국제정치경제international political economy로 나눌 수 있다. 공교롭게도 그 첫 글자가 모두 'w'와 'p'인 것이다. 나아가 우리가 지향하는 국제사회의 모습이 부wealth와 평화peace가 넘치는 국제사회라는 점에서 그 또한 'w'와 'p'로 시작됨을 알 수 있다.

우선 국제안보 영역인 전쟁과 세계평화의 문제를 그 시각perspective과 쟁점issue의 측면에서 살펴보면 다음과 같다. 국제관계를 설명하는 세 가지 기제instrument로 힘power, 제도institution, 구조structure가 있다. 각 기제를 강조하는 거시적인 시각을 언급하면 현실주의realism, 자유주의 혹은 제도주의liberalism 혹은 institutionalism, 구조주의structuralism 등을 들 수 있다. 이러한 맥락에서 상대적으로 미시적인 국제안보 관련 시각을 나열하면 세력균형balance of power이론, 세력전이power transition이론, 공포균형balance of terror이론, 집단안전보장collective security이론, 민주평화democratic peace 이론 등을 말할 수 있다.

국제안보 영역의 쟁점들을 다루기 위해서는 20세기 양차의 대전 중 제2차 세계대전 이후 국제관계의 변화를 이해함이 요구된다. 즉 냉전기Cold War, 1950~60년대, 긴장완화기Detente, 1970년대, 신냉전기New Cold War, 1979~83년, 탈냉전기Post Cold War, 1980년대 중반 이후로 이어지는 국제사회의 흐름에 대한 지식이 필요한 것이다.

한편 국제정치경제 영역인 전세계적인 부와 빈곤의 문제는 그 상대적인 미시적 시각으로 상호의존interdependence이론, 종속dependence이론, 국가주의statist이론 등을 다루게 되며, 그 주요 쟁점으로 통상trade, 금융finance, 환경environment, 노동labor, 부패corruption, 인권human rights 등 여섯 가지 의제를 다루게 된다. 이들 쟁점들을 전개함에 있어서 국제정치경제체제를 구분하는 브레튼우즈Brettonwoods 체제와 후기 브레튼우즈Post-Brettonwoods 체제에 대한 이해가 요구된다.

앞서 언급한 여섯 가지 의제들을 다룸에 있어서 주로 1980년대 중반이후 강조된 시기와 그 세부 의제들에 초점이 맞추어지며, 이를 다자간 협상에 걸맞게 배열하면 우루과이라운드(Uruguay Round; 통상), 그린라운드(Green Round; 환경), 블루라운드(Blue Round; 노동), 금융라운드Finance Round, 반부패라운드Anti-Corruption Round, 인권라운드Human Rights Round 등의 순서가 된다. 통상을 논의함에 있어 오늘날의 국제경제통합의 흐름이 주요 의제가 되며, 금융의 경우 국제금융시장의 변화와 통화·환율 제도 및 외채문제 등이 그 주요 관심사가 된다. 또한 환경문제와 관련한 국제적 갈등, 동북아 환경협력, 환경파괴를 이유로 통상규제 문제 등이 국제환경 관련 세부 의제이며, 국제노동기준과 통상규제의 연계 및 이주노동자 문제 등이 국제노동 관련 세부 의제인 것이다. 새로이 대두된 의제로서 부패 문제는 OECD 뇌물거래방지협정에 따른 부패와 통상의 연계 및 부패지수 관련 투명성 논의를 중심으로 행해지며, 인권 논의 역시 그 개념 인식 및 국제적 기준 설정 문제 나아가 인권

외교 등을 중심으로 행해진다.

위에 비추어보건대, 국제사회는 항시 두 가지 해결해야 할 과제를 안고 변화하여왔다. 그 하나는 전쟁 문제이며 다른 하나는 빈곤 문제이다. 역으로 말하여, 평화와 부를 창출해야 할 과제에 직면해 있는 것이다. 20세기말 이래 세계화의 흐름은 우리에게 바람직한 국제사회의 미래를 제시하고 있으나 그 가는 길이 순탄하지만은 않을 것임을 예고하고 있다. 낙관적으로 전망한다면, 최근 지역주의의 흐름은 세계화와 상충되는 것으로 이해되기 쉬우나 지역주의의 성격이 폐쇄적인 것이 아니라 개방적인 것으로서 지구촌의 형성을 지향한다면 바람직하다고 볼 수 있는 것이다. 따라서 지역주의의 발전과정이 지역패권주의로 흐르지 않도록 지역블록간 상호협력의 심화가 요구된다고 할 수 있다.

궁극적으로 말하여, 바람직한 국제사회의 모습은 부와 평화가 넘치는 '세계민주공동체world democratic community'가 되어야 하는 것이다. 균등한 부와 완벽한 평화가 보장되는 국제사회를 현실적으로 달성하기 어려우므로 국제사회의 운영원리(힘이 아닌 제도·규범의 우위)의 민주화를 통해 즉 국제사회 내 의사결정과정의 민주화를 통해 세계민주공동체를 형성해야 할 것이다. 이 글에서는 국제관계(정치) 분야를 처음 접하는 학생들의 이해를 돕고자 국제관계 연구의 시각과 쟁점을 중심으로 논의를 전개하고자 한다.

제1절 국제관계의 시각Perspectives

1. 국제관계에서의 힘Power, 제도Institution 그리고 구조Structure

국제관계를 지배하는 주요한 기제는 힘, 제도,[1] 구조라고 할 수 있다. 국가 간의 관계는 힘의 우열관계로 설명할 수 있고, 국제적 규범의 틀을 중심으로도 분석이 가능하며, 나아가 그 관계가 위치하는 구조적 현실을 토대로 해석이 가능하다. 어느 기제에 강조점을 두느냐에 따라서 그 시각은 현실주의, 자유주의(제도주의), 구조주의로 나뉠 수 있다. 이중 힘과 제도를 둘러싼 이견이 국제정치이론 논쟁을 이끌어왔다.

국제관계를 이해하기 위해서 우리는 힘 즉 '국력national power'이라는 개념을 논의해야 한다. 국력이란 특정국가가 갖고 있는 능력을 의미하며, 군사적·경제적·인구학상의 자원을 모두 포함하는 개념이다. 이를 측정하기 위해서 싱어(Singer 1989)는 인구(전체 및 도시 인구), 산업능력(에너지소비량 및 철강생산력), 군사능력(군사비지출 및 화력) 등을 활용하고, 오간스키(Organski 1981)는 국민총생산(GNP)과 정치발전을 가늠하는 납세수준tax effort 등을 토대로 국력을 파악한다. 이러한 국력에 기초하여 그 역학관계를 중심으로 국제관계를 설명하고자 하는 부류의 학자들을 우리는 현실주의자라 부르며, 반면 국력보다는 국제 규범을 토대로 국제관계를 파악하려는 부류의 학자들을 자유주

1) 제도란 역할을 명령하고 활동을 규제하며 기대하는 바를 규정짓는 공식적 그리고 비공식적인 지속적이고 상호 연관된 일련의 규칙을 일컫는다.

의(제도주의)자라고 일컫는다.

현실주의realism는 국제체제의 무정부성과 국가의 권력추구욕을 지적하고, 국가 간의 갈등 현상과 협력의 제한성을 강조한다. 즉 국제사회의 권력 정치power politics적 성격을 설명하고자 한다. 자유주의liberalism는 국가를 포함한 다양한 행위자들 간의 상호의존과 협력을 강조하며 국제제도의 역할을 지적한다. 이에 비하여 신현실주의neo-realism와 신자유주의neo-liberalism는 각각 현실주의 및 자유주의와 기본적으로 같은 입장을 취하나 분석수준에 있어서 분석의 초점이 주로 국제체제 혹은 국가 간의 관계에 주어진다. 신자유주의는 어떻게 자기중심적인 행위자들이 무정부 상태 속에서 그리고 서로의 중요한 이해관계가 상충하는 가운데 협력을 할 수 있을까를 다루며, 국가 간의 협력이 이기적인 국가 사이에서도 일어날 수 있고, 이러한 협력을 위해 중요한 역할을 국제사회 국제기구나 국제제도라고 한다. 즉 제도화가 중요함을 강조한다.

한편 신현실주의는 국가 간 협력의 장애요인으로 타국의 배신에 대한 우려와 상대적인 이익의 성취에 대한 우려를 지적한다. 또한 상대적인 이익을 중시하여 절대적인 이익이 있어도 협력이 일어나기 힘들다는 논리를 전개한다. 무정부성은 단순히 규범을 이행시킬 대리 기관의 부재가 아닌 다른 국가에 의해 잠재적이고 현실적인 폭력의 위협에 처해있는 상황을 의미한다고 말한다(Jervis 1982). 이들 시각을 단순화하여 비교하면, 현실주의와 신현실주의는 무정부 상태 속에서의 갈등conflict under anarchy을, 자유주의는 상호의존 속의 협력coperration under interdependence을, 신자유주의는 무정부 상태 속에서의 제한된 협력limited cooperation under anarchy을 각각 강조하는 것이다.

신현실주의자인 월츠(Waltz 1967, 1979, 1993)는 국제체계의 무정부적 구조성을 발견하고 국가의 행동을 이들의 속성이 아닌 체제의 수준에서 설명한다. 모겐소는(Morgenthau 1967)는 국제적 무정부 상태라는 특징을 인간성에 관한 좀 더 근본적이고 선험적인 가정으로부터 이끌어내나, 월츠는 국제체제 수준에서의 가정으로부터 출발하는 것이다. 따라서 이를 구조적 현실주의 혹은 신현실주의라 일컫는다. 월츠에 의하면, 불평등한 단위로 이루어진 세계는 상호의존적일 수 없으며, 국가 간의 상호의존성은 협력을 이루는 조건이라기보다 오히려 한 국가의 자율성과 생존을 위협하는 현상이라는 것이다. 극단적 상호의존성은 오히려 전쟁을 촉진하는 원인이 되며, 국제체제의 구조적 성격을 찾아내고 이것이 어떻게 국가들의 행동에 대해 영향을 미치는가를 알아내야 한다는 것이다.

이러한 월츠에 대해 신자유주의자인 코헤인(Keohane 1984, 1989)은 월츠가 국가권력을 정치력·경제력·군사력을 포함하는 총체적인 개념으로 보기 때문에 국제경제관계를 제대로 설명하기 힘들다고 지적한다. 경제력 배분에 따른 국제구조를 설정해야 한다는 것이다. 즉 국가 간 상호의존의 증가가 곧바로 경제적 갈등으로 이어지는 것은 아니며 갈등이 발생하더라도 국가이익의 상호조정과 교섭을 통해 얼마든지 국가 간의 협력을 달성할 수 있다는 것이다. 코헤인의 주장은 국제제도가 국가간의 협력을 촉진시킬 수 있다는 믿음에 기초하고 있다.

2. 신현실주의Neo-realism-신자유주의Neo-liberalism 시각 논쟁

볼드윈(Baldwin 1993)이 제시한 여섯 가지의 기준을 토대로 신현실주의와 신자유주의를 비교하여 논의하면 다음과 같다.

첫째, 무정부 상태의 성격과 결과에 있어서 신현실주의는 갈등을 전제로 하고 신자유주의는 협력을 전제로 한다. 즉 신현실주의는 무정부 상태를 국가의 안보·생존에 대한 위협으로 인식하며, 신자유주의는 약속이행의 불확실성 문제를 중시한다.

둘째, 협력 달성 가능성에 관하여 신현실주의는 달성의 어려움을 강조하나 신자유주의는 달성이 가능함을 강조한다. 신현실주의는 국가들이 안보에 일차적인 관심이 있기 때문에 국력의 상대적 차이와 이에 따른 상대적 이익을 강조하나, 신자유주의는 국가들이 상호주의적 전략을 통하여 상대방을 감시하고 비협력적 태도에 대하여 처벌을 할 수 있기 때문에 그리고 국제제도들의 존재로 인하여 국제협력이 용이하다고 한다.

셋째, 상대적 이익relative gains과 절대적 이익absolute gains 추구의 차이를 둘러싼 논쟁에 있어서 신현실주의는 국가들이 상대적 이익을 중시한다고 한 반면 신자유주의는 상대적 이익과 절대적 이익은 궁극적으로 차이가 없다고 말한다. 신자유주의적 입장에서 스나이덜(Snidal 1985, 1991)은 상대적 이익 추구에 관한 가설은 절대적 이익의 용어로 보다 잘 표현될 수 있다고 주장하며, 밀너(Milner 1987)도 절대이익의 추구와 상호주의 전략의 결합은 상대이익 추구와 동일하기 때문에 상대이익의 추구가 협력을 방해하지 않을 수 있다고 말한다.

넷째, 강조하는 국제관계의 이슈영역에 있어서 신현실주의는 상대적으로 국제안보적 이슈를 강조하고, 신자유주의는 상대적으로 국제정치경제 이슈를 강조한다. 즉 안보 영역에 있어서 상당수의 학자들은 신현실주의적 입장을 취하고 있으며, 반면 경제 영역에 있어서 상당수의 학자들은 신자유주의적 입장을 취하고 있다. 이는 안보 영역에 있어서보다 경제 영역에 있어서 협력의 가능성이 높은 데 기인한 것이라고 할 수 있다.

다섯째, 국가 간 관계에 있어서 상대국의 의도intention와 능력capability에 대한 입장을 비교하면, 신현실주의는 상대국의 미래 의도에 관한 불확실성으로 인해 능력을 강조하고, 신자유주의는 힘의 분배에 대한 관심보다는 의도를 강조한다. 즉 신현실주의는 상대방의 미래 의도에 대해서 누구도 확신할 수 없기 때문에 국력의 차이를 중시할 수밖에 없다는 것이며, 신자유주의는 특정국가의 안보문제와 상대적 이익에 대한 민감성은 상대방의 의도 및 선호에 대한 인식에 따라 중요한 차이가 있다고 한다.

마지막으로, 국제 레짐[2]과 제도의 중요성에 대해 신현실주의와 신자유주의는 다른 인식을 하고 있다. 즉 신현실주의는 국제레짐의 중요성을 무시하거나 주변적인 것으로밖에 인정하지 않으나, 신자유주의는 국제제도들의 역할을 강조하고 국제제도가 국제협력의 어려움을 상당부분 해결해 줄 수 있다고 주장한다. 신자유주의적 입장에서 액설로드(Axelrod 1985)와 코헤인(Keohane 1984, 1989)은 제도란 행위자들이 직면하고 있는 수익구조를 바꾸고 미래의 그림자를 길게 할 수 있으며 다수 행위자들 사이의 게임을 소수 행위자들 사이의 게임으로 분리시킬 수 있다고 말한다.

결국 국제관계는 (신)현실주의와 (신)자유주의 중 어느 한 시각만 가지고 설명이 불가능하며 양 시각을 모두 고려하여야 한다. 국제관

---

2) 국제레짐이란 국제관계의 특정영역에서 행위자의 기대하는 바가 수렴되는 명시적 혹은 묵시적인 원칙, 규범, 규칙, 그리고 정책결정절차를 말한다. 여기서, 원칙principle은 사실과 인과관계 그리고 옳고 그름에 대한 믿음을 말하여, 규범norm은 일반적인 권리와 의무의 관점에서 정의된 행위의 준거를 일컫는다. 규칙rule은 무엇을 해야 한다는 구체적인 명령과 무엇을 해서는 안 된다는 구체적인 금지를 의미하며, 정책결정절차decision-making procedure란 집단적인 선택을 하고 이러한 선택을 이행하는 일반적인 관행을 말한다. 이러한 규범은 원칙에 어긋나서는 안되며, 규칙은 이러한 규범과 상반되면 안 된다. 원칙과 규범의 변화는 레짐의 붕괴를 초래하며, 규칙과 정책결정절차의 변화는 레짐 내의 변화를 의미한다.

계는 협력과 갈등이라는 두 가지 속성을 공유하고 있다. 갈등만을 강조하다보면 협력의 가능성을 간과하는 우를 범하게 되고, 한편 협력만을 강조하다보면 갈등을 외면한 현실감이 결여된 판단을 하게 된다. 따라서 양 시각을 수렴한 혹은 사례별로 양 시각을 분리하여 적용하려는 노력이 요구된다고 할 수 있다. 한마디로 말하여, 힘과 제도 즉 국력과 국제규범이라는 두 가지 측면의 고려가 국제관계를 이해하는데 필수적인 것이다.

3. 국제안보 시각Perspectives in International Security

(1) 세력균형Balance of Power

국제안보 즉 국제사회의 전쟁과 평화의 문제를 다룸에 있어 국가간 역학구조와 구조적 틀을 강조하는 대표적인 시각으로 세력균형Balance of Power 이론과 세력전이Power Transition 이론 등이 있다. 이들을 그 가정과 주장을 토대로 각각 설명하면 다음과 같다(Morgenthau 1967; Organski 1981).

세력균형이론의 가정은, 첫째, 각국은 그 자신의 국력을 극대화시키려하며, 둘째, 각국은 그 자신의 희생의 대가를 치러서라도 상대국의 패권적 야망을 막아내려 하고, 셋째, 일국의 힘만으로 패권적인 야망을 갖고 있는 국가를 제거하기는 힘들며, 마지막으로, 일국은 그 자신의 국력을 증가시키거나 적의 국력을 약화시킴으로써 힘의 균형을 유지(군비증강, 영토점유, 완충지대설정, 동맹결성, 개입 등)할는지 모른다는 것이다.

이 이론의 주장에 의하면, 각국은 그 자신의 국력을 극대화시키고 상대국을 견제함으로써 힘의 균형 상태를 이루고자 하며, 어느 국가도 패권적 지위를 허용하지 않으려 한다. 즉 어느 국가도 초월적인 힘을 갖지 못하며, 이러한 불확실성이 공격 즉 전쟁개시를 쉽사리 못하게 한다는 것이다. 따라서 세력균형이 약소국의 독립을 가능하게 하고, 평화를 보증하게 한다고 한다. 이와 같이 세력균형이론은 국가 간 힘의 균형 상태 유무를 기초로 전쟁의 원인과 평화의 조건을 제시하고자 한다. 예를 들어, 세력균형이론에 의하면 제2차 세계대전 후 세계평화는 미국과 소련 간 세력균형이 유지되었기에 가능한 것이었고, 한반도 평화 또한 주변 4대 강국 및 남북한 간 혹은 미국을 균형자로 한 남북한 간 세력균형이 있었기에 유지될 수 있었던 것이다.

(2) 세력전이Power Transition

세력전이이론의 가정을 살펴보면 다음과 같다. 첫째, 국력을 증가시킴에 있어서 동맹과 같은 외적인 요인들보다 산업 능력 같은 내적인 요인들이 중요하다. 둘째, 각국은 국력전환의 세 국면－잠재적 힘의 단계, 과도기적 성장 단계, 힘의 성숙 단계－을 거쳐서 진화한다. 셋째, 국제체제는 국력을 기준으로 각기 다른 위치를 점하는 국가군－패권국, 강대국, 중진국, 약소국－으로 구성되어 있다. 넷째, 국제체제는 현존체제에 만족하는 국가군과 불만족하는 국가군으로 구성되어 있다. 마지막으로, 현존체제에 불만스러워하는 따라서 새로운 국제체제를 설립하기 위해서 패권국을 공격하는 도전국이 국제체제에 존재한다.

세력전이이론은 다음과 같은 주장을 한다. 첫째, 동맹은 힘의 균형

상태 유지를 위해 쉽게 이합집산하지 않는다. 예를 들어, 이념적 결속력이 세력균형 논리를 훼손한다. 둘째, 도전국은 힘의 성숙단계 이전에 패권국에 대해 공격을 개시할 것이다. 셋째, 힘의 균형상태(도전국이 패권국의 힘에 버금가는 상태)가 전쟁의 가능성을 증가시키고, 패권적인 국가의 존재가 오히려 전쟁의 가능성을 낮춘다. 마지막으로, 만약 패권국이 현존체제에 만족해하는 또다른 패권국에 의해 대체되면 평화로운 국제체제 전환이 가능하다. 이러한 주장에 의하면, 결국 패권국의 존재(패권구조) 유무가 평화 유지에 관건이 되는 것이다. 예를 들어, 세력전이이론에 의하면 제2차 세계대전 후 동서체제에 있어서 평화가 유지될 수 있었던 것은 미국과 소련이라는 패권국이 그 패권구조를 적절히 관리해왔기 때문이라고 할 수 있다. 설사 미국을 중심으로 한 자본주의 패권체제가 일본·독일 등의 도전에 직면해 왔을지라도 전쟁의 발발 가능성을 매우 낮게 평가하는 것은 이들 도전세력이 현존체제를 지지하는 국가군에 속해 있기 때문인 것이다.

(3) 공포균형Balance of Terror

공포균형Balance of Terror 이론은 핵균형 여부 즉 핵무기 보유 여부가 평화유지의 관건이라고 한다. 특히 경쟁적인 인접국가간 핵무기의 보유는 전쟁발발 가능성을 줄일 수 있는 조건이 된다. 이 이론에 의하면 제2차 세계대전 후 세계평화의 유지는 미소 간 핵균형이 존재했기 때문에 가능했던 것이다. 즉 핵전쟁이 공멸을 의미하는 상황에서 전쟁의 승리자는 있을 수 없다는 판단에서 합리적 행위자라면 전쟁을 개시하지 않을 것이라는 믿음을 강조한다.

(4) 집단안전보장Collective Security

세계평화를 유지하기 위한 방안으로 국제규범을 강조하는 대표적인 이론인 집단안전보장이론은 집단안전보장을 위한 도덕적 유인과 강제적 압박을 전제로 한다. 이 이론에 의하면, 평화애호 국가군(회원국들)의 힘이 도전국보다 훨씬 우세할 때 집단안전보장은 작동하며, 누가 평화 파괴자이냐에 대한 일치된 견해가 있어야 집단안전보장은 작동할 수 있다. 아울러 회원국들이 평화 파괴행위에 대해 집단안보를 위한 무력사용의 의지가 있어야 집단안전보장은 작동할 수 있는 것이다.

국제규범에 의해 세계평화를 유지한다는 것은 가장 바람직하나 과거에는 잘 작동하지 않았던 것이 사실이다. 국제연맹의 실패와 각종 평화조약이 힘의 논리에 의해 파괴된 예는 이를 잘 대변해 준다. 그러나 20세기말 탈냉전의 흐름과 21세기 새로운 다자안보체제의 수립 노력 속에서 국제안보레짐 구축 논의는 규범에 의한 세계평화의 가능성을 증폭시키고 있다. 예를 들어, 최근 북한 핵문제를 둘러싼 6자회담 논의는 국제규범에 의한 동북아 평화체제 유지에 기여하게 될 것이다. 물론 그러한 규범에 의한 안보 관리가 힘의 공백 상태에서 이루어지는 것은 아니나 주변국들의 안보 공동체 의식을 어느 정도 가늠할 수 있는 좋은 사례가 되는 것이다.

(5) 민주평화Democratic Peace

최근 부각되고 있는 민주평화론 역시 이러한 낙관주의적인 세계관에 근거하고 있다. 그 시각의 골자는 국제사회에서 민주 정부가 비민주 정부보다 전쟁을 일으킬 가능성이 상대적으로 적다는 것이다. 민주 정부는 평화애호국일 가능성이 크며 전쟁개시 결정을 내리는 과정에 있어서 그 민주성으로 인해 보다 합리적인 판단과 사려 깊은 행동을 하게 된다는 것이다. 요컨대, 전쟁 결정을 하기가 상대적으로 어렵다는 것이다. 지난 클린턴 행정부는 미국의 대외전략의 기조로서 '관여와 확산engagement and enlargement'이라는 틀을 제시한 바 있다. 여기서 관여란 미국의 사활적 이익이 달린 지역에 대한 개입주의를 말하며, 확산이란 미국식 가치 즉 미국식 민주주의(정치생활양식)와 자본주의(경제생활양식)의 확산을 의미한다. 결국 미국은 미국식 생활양식의 보편화가 궁극적으로 세계평화를 가져올 것이라는 믿음 하에서 세계전략을 수행해가는 것이다. 현 부시행정부하의 이라크 침공은 석유라는 부존자원을 많이 보유하고 중동지역의 중심에 자리 잡은 이라크가 미국의 사활적 이익이 달린 지역이라는 판단 하에, 친미정권 수립을 위해 다른 말로 미국식 가치를 공유할 수 있는 정권을 수립하여 중동지역을 평화적으로 관리 운영해보고자 하는 미국의 의사표현이라고 할 수 있다. 고전적 자유주의의 부활이라고 할 수 있는 민주평화론은 바로 이러한 생각에 기초하고 있는 것이다.

〈표 12-1〉 국제안보의 주요 시각

	세력균형 시각 Balance of Power	세력전이 시각 Power Transition	공포균형 시각 Balance of Terror	집단안전보장 시각 Collective Security	민주평화 시각 Democratic Peace
국력의 원천 Source of Power	동맹 Allies	산업능력 Internal Capabilities	핵무기 보유 Nuclear Weapons	국제적 동맹 International Alliance	경제 발전 Economic Development
전쟁의 원인 Source of War	힘의 불균형 상태 Inequality	힘의 균형 상태 Equality	힘의 불균형 상태 Inequality	힘의 균형 상태 Equality = Aggressor can stand up to the collective	비민주국가의 호전성 War Inclination of Non-Democratic Countries
평화의 원인 Source of Peace	힘의 균형 상태 Equality	힘의 불균형 상태 Inequality	힘의 균형 상태 Equality	힘의 불균형 상태 Inequality = Collective Dominance	전세계적인 민주화 Global Democratization
공격자 Aggressor	강자 Strong	약자 Weak	강자 Strong	약자 Weak relative to others	비민주국가 Non-democratic Countries
동맹 중요성 Allies Importance	중요함 Yes	중요하지 않음 No	중요하지 않음 No	중요함 Yes	중요하지 않음 No
국력의 조작 가능성 Power Manipulation	가능함 Yes	불가능함 No	가능함 Yes	가능함 Yes	불가능함 No
국가 목표 Goals	국력 극대화 Maximizing Power	체제지지 혹은 체제파괴 System Support / System Destruction	국력 극대화 Maximizing Power	평화 유지 Peace	평화 유지 Peace
연구 초점 Focus of Study	외교 Diplomacy	경제발전 Development	핵무기개발 여부 Nuclear Weapons	외교 / 국제기구 Diplomacy / International Organization	외교 / 민주화 Diplomacy/ Democratization

4. 국제정치경제 시각

Perspectives in International Political Economy

(1) 상호의존Interdependence

서구선진자본주의 국가 간의 관계를 설명하고 국제정치경제적 관계에서 제도를 강조하는 상호의존이론Interdependence Theory은 국제정치경제의 자유주의적 경제적 주장으로, 스미스A. Smith의 '보이지 않는 손invisible hand'에 기초한 정치와 경제의 분리 그리고 중상주의적 경제정책에 대한 반발을 기초로 한다. 이는 독립경제주체간의 자발적인 협력관계를 강조하며, 모든 참여국의 적정한 경제 성장과 혜택을 토대로 수요공급 원칙에 따른 개방경제체제에 근거한 자유무역을 옹호한다. 월러리R. Walleri에 의하면 자유주의 세계는 자유방임적 자본주의, 재산권, 제한된 정부, 그리고 사회적 진화론을 강조하며, 완벽한 경쟁하에서 시장은 최대의 경제성장, 발전, 그리고 일반복지를 창출하는 것이다(Walleri 1978, 592~593). 또한 모오스E. Morse도 자유시장에서의 개인자유체제는 중상주의 하에서보다 고수준의 물질적 이익을 가져다준다고 강조한다(Morse 1976, 661).

이 이론의 가정은 다음과 같다. 첫째, 개인은 가장 창조적인 존재로 합리적이며 이익의 극대화를 도모한다는 것이다. 이는 인간 본성에 대한 낙관적인 견해인 것이다. 둘째, 사회는 자기조절적이라서 전혀 간섭할 필요가 없다는 것이다. 보이지 않는 손에 의해서 적절히 움직여진다는 것을 의미한다. 셋째, 정부는 비효율적인 집단이라는 것이다. 정부는 완전경쟁을 위해 불완전한 시장에 개입해야하나, 그 이상은 아닌 것이다. 넷째, 경제적 거래의 성격은 조화롭고 상호주의적이다. 다섯째, 경제적 거래는 양의 합 게임positive sum game에 근거한다. 이 이론이 다루는 국제관계의 주요 행위자는 개인 기업주들(자본가들), 기업들(주로 다국적기업들), 그리고 국제기구들(IMF·GATT 등)이다. 이들이 국제레짐international regime을 구성한다. 여기서, 레짐이란 "국제정치경제의 특정한 영역(무역, 재정, 통신, 환율 등)을 지배하는(규칙제정, 행위·규칙 증진, 통제유지 등) 관련 행위자들의 연결구조"를 의미한다. 자유주의적 시각에서 보면, 레짐은 국제관계의 모든 분야에서 존재하며, 국제관계의 모든 행위자들은 그들 행위를 구속하는 각종 원칙, 규범 및 규정들에 의해 영향 받게 된다(Keohane and Nye 1977, 19~22).

상호의존이론에 의하면, 국가 간 거래의 동기는 한마디로 상호이익 즉 돈이익·부에 있고, 그 주된 주장은 증가된 경제관계가 모든 참여국들을 위해 이롭다는 것이다. 즉, 국가 간 거래는 하면 할수록 보다 더 많은 이득을 가져오고, 이러한 관계의 확산이 지구촌을 형성한다는 것이다. 개발도상국은 그 과정에서 발전된다는 것이다. 선진국으로부터 개발도상국으로의 자연적인 자본·기술·관리적 노하우의 이전이 가능하다는 것이다. 이러한 이론의 문제점은 내적인 모순인 사회가 자기조절적인가하는 데서 오는 것과 실제 세계의 문제인 거래의 동기는 이익극대화인데, 참여하는 모든 국가가 이득을 보아야한다는 것이 사실인가 하는 것이다. 또한, 정치와 경제를 분리하고, 경제를 우선하고 정치는 그 다음으로 하는데 둘을 진정으로 분리할 수 있는가하는 데서 오는 의문이다.

하나의 분석적 개념으로서 상호의존은 거래의 상호적 득실과 체계적 연관성을 강조하는 공동의 의존을 의미한다. 코헤인과 나이는 세계정치현실은 복잡한 상호의존으로서 묘사될 수 있다고 주장한다. 그 개념은 세 가지 특징을 토대로 한다. 첫째, 관계의 다양한 채널이 존재한다는 것이다. 이는 정부·비정부 엘리트와 국가 간 기구들 사이의 비공식적 연결과 국가·정부 간의 공식적 연결 등을 포함한다. 둘째, 다양한 이슈가 유연하게 존재한다는 것이다. 국내·대외 정책의 구별이 덜 명확해지며, 군사·안보문제의 중요성이 감퇴한다. 셋째, 정책수단으로서 군사력의 약화된 역할을 내포한다. 예를 들어, 군사적 수단을 가지고 무역분쟁을 해결할 수도 없고 하지도 않는다. 비록 복잡한 상호의존의 의미가 상호작용에 근거할지라도, 상호의존은 항시 참여의 비용과 관련한다. 가장 뚜렷한 비용은 감소된 자율성autonomy에 있다. 일국은 자신의 행위의 자율성에 대한 제한을 대가로 특정한 경제적 이익을 얻으려 할런지 모른다는 것이다(Keohane and Nye 1977, 8~11).

그런데 이러한 국제관계에 있어서의 상호의존이라는 개념은 세력균형에서와 같이 행위자들이 필요상 의도적으로 상호의존관계를 형성하는 것이 아니라, 국제체제의 본질적 변화에서 자연적으로 파생되는 국제관계의 행위자 간에 존재하는 정치경제적 상호의존관계를 말하는 것이다. 예를 들어, 서구선진제국들 중 일국의 정치상황과 경제정책이 상대국의 국내 정치 및 경제에 불가피하게 영향을 미치게 되고, 또한 그 역도 성립할 때 그들은 정치경제적으로 상호의존 되어있다고 말할 수 있다. 이러한 선진자본주의 국가들 간의 상호의존관계는 주로 대칭적 상호의존관계로 나타나며, 이는 의존관계를 맺고 있는 국가의 상대적 중요성이 비교적 대등함을 의미한다. 이때 상호의존관계가 꼭 동일한 분야에서 동등하게 이루어질 필요는 없는 것으로, 한 국가가 상대 국가에게 경제적으로 의존할 수 있는 반면에 상대국은 그 국가에 군사·안보적 측면에 있어 의존하고 있을 때도 그 관계는 상호의존관계라고 볼 수 있다. 따라서 상호의존이론이 말하는 상호의존관계란 비교적 대칭적 상호의존관계를 칭하는 것이며, 이는 선진자본주의 국가들이 자국은 물론 상대국의 정책에도 깊은 관심을 갖게 되고 상호이익의 극대화를 위해 노력하는 상황이라고 할 수 있다(박경서 1985, 75~79).

결론적으로 상호의존이론은 최소한의 정치적 개입을 가진 상품의 자유로운 이동으로 상징되는 개방무역체제가 가장 효율적인 경제체제를 가져온다고 주장한다. 다시 말하면, 이러한 개방체제가 무역참여국 및 전체 세계를 위해 최대한의 경제적 복지를 낳는다는 것이다. 상호의존이론은 국제통상관계가 비교우위의 경제적 인식에 의해 행해지며 자유무역체제하에서 각국은 최대한의 경제적 성장과 혜택을 얻을 수 있다고 설명한다.

(2) 종속Dependence

종속이론Dependence Theory의 주관심사인 제3세계의 경제발전문제는 부유한 국가와 빈곤한 국가 사이의 관계에 관한 논의에 초점이 모아진다. 전세계적인 부와 빈곤의 문제는 상대적으로 저발전에 허덕이고 있는 제3세계 국가들이 그들의 빈곤의 원인으로 선진국에 의한 경제적 착취를 강조하고 있다는 데에 있다. 제2차 대전 후 정치적 독립과 경제적 부를 얻기 위해 신생국은 민주적 정치체제와 자유주의적 기업체제를 채택하였으며, 1950년대의 발전이론은 신생국의 내적 변화의 중요성을 강조하였다. 신생국의 빈곤은 외국원조를 필요로 하게끔 하였고 이는 경제적 종속이라는 현상을 낳았으며, 아울러 민주주의의 준비부족으로 인한 반민주적 정권의 등장은 국가의 경제적 발전과 더불어 정치적 독립의 필요성을 대두시켰다. 결국 서구적 민주주의는 경제적 부를 필요로 하는 것이었고, 경제적 곤경이 비민주주의를 심화시켜 대부분의 제3세계 국가들은 비민주주의적이 되어버렸다(이상환 1996b, 38).

이러한 시대적 흐름 속에서 남미를 중심으로 한 제3세계 학자들에 의해서 주장된 것이 종속이론이며, 이를 살펴보면 다음과 같다. 선진국의 경제발전은 저개발국가의 착취에 근거하며, 부유국은 빈곤국을 더욱 궁핍하게 함으로써 부유해진다는 것이다. 남북체제는 선진공업국과 아시아, 아프리카, 그리고 라틴아메리카의 개도국 간에 이루어지고 있는 경제관계를 말하는 것으로서, 서서관계가 비교적 동등한 수준의 국가 간에 이루어지는 평등관계라면, 남북관계는 경제발달의 수준 및 규범에 있어 현격한 차이가 나는 국가 간의 불평등관계라 할 수 있다. 그리고 이러한 불평등관계의 가장 큰 문제점은 종속현상의 발생인 것이다. 서서관계에 있어서의 경제적 상호의존성은 높은 수준의 상호거래와 상호민감성을 띠게 되는 데 반하여, 종속관계는 일방적 의존현상을 초래하여 불평등한 거래와 일방적 민감성을 야기하게 되는 것이다. 다시 말해서 북북체제의 상호경제관계가 대칭관계라면, 남북경제관계는 비대칭관계라 할 수 있다. 이러한 비대칭관계에 의한 종속현상은 무역종속, 투자종속, 통화종속, 원조종속 등이고, 최근에 이르러 종속현상은 더욱 확대되어 기술종속과 경영종속의 문제까지 야기되고 있다. 따라서 남북문제에 있어서의 주요 연구대상은 이러한 각종 종속관계와 이를 탈피하고자 제3세계가 주장하는 신국제경제질서와 남북경제관계에 가장 큰 역할을 담당하고 있는 다국적기업의 활동 등의 문제라 할 수 있다.

상호의존이론은 현 국제경제질서를 경제적 부가 점차 발전된 중심지로부터 저발전의 주변지로 확산되고 있는 시혜적 관계로 보고 있는 반면, 종속이론은 경제적 부가 오히려 주변국으로부터 선진국으로 역류되는 수탈적 관계로 보고 있다. 따라서 종속이론의 핵심적 주장은 종속관계가 심화되면 종속국가의 정치·사회체제를 왜곡시켜 자국의 대중보다는 강대국의 엘리트와 이해관계를 같이 하는 종속국가의 권력엘리트가 탄생되어 이들이 결정하는 정책은 자연히 강대국이 원하는 방향으로 될 수밖에 없다는 것이다.

종속이론에서 말하는 종속은 "국가들 사이의 불평등한 거래를 강조하는 비대칭적 관계" 혹은 "일국이 다른 국가에 의해 통제되는 상황"을 의미한다. 종속이론은 저발전이 제국주의 혹은 신제국주의의 산물이라 주장하며, 개발도상국의 저발전문제를 다룬다. 이 이론은 선진국의 저개발국에 대한 착취를 강조하며 개발도상국의 저발전의 원인과 결과를 설명함에 있어 그 대외적 요인에 중점을 둔 경제적 설명이다. 지적배경은 신마르크스사상 학파에 속하며, 침투의 국제경제적 힘에 대한 강조와 발전의 정치적 힘(정부의 통제력)을 등한시한다. 그 이론의 가정은, 첫째, 국가 간의 관계는 갈등적·경쟁적이라는 것, 둘째, 국제사회는 성격상 제로섬 사회라는 것, 셋째, 국제경제체제는 자본주의 원칙에 의해 지배된다는 것, 넷째, 세계정치경제체제는 자본주의 국가 사이의 경제적으로 종속된 상황이라는 것, 다섯째, 국제경제체제는 제한된 자원에 기초한다는 것, 마지막으로 국제정치경제체제의 구조는 각기 다른 수준의 발전 단계에 있는 국가들로 구성된 핵심-반주변-주변국 구조core-semiperipheral-peripheral structure라는 것이다.

종속이론가들을 살펴보면, 종속이론의 견지에서 선진국과 라틴아메리카제국 간의 불평등한 거래를 살펴보고 국가의 자기통제하의 발전이 외국의 영향 하의 발전보다 바람직함을 강조하는 카르도소와 팔레토(Cardoso and Faletto 1978), 세계경제를 중심-반주변-주변core-semiperiphery-periphery 국가로 나누고 세계자본주의 경제체제에서 중심국은 그들의 국익을 위해 국가들 사이의 무역을 조작·통제한다고 주장하는 월러스틴(Wallerstein 1974 & 1980), 세 가지 관점에서 국가발전의 문제를 언급하면서 즉 사회적 분화로서의 발전·가치의 제정으로서의 발전·종속으로부터의 해방으로서의 발전을 말하며, 발전이란 외적통제와 그것을 증진시키는 불평등의 내적 구조로부터의 자유로 구성된다고 주장하는 포르테스(Portes 1976, 55~85), 국가내의 사회변화는 국제적 수준에서의 사회변화를 고려함이 없이 적절히 이해될 수 없다고 주장하면서 폐쇄발전closed development은 자본주의 세계체제로부터의 철회를 의미하며 자율적이고 그러므로 자본주의 세계체제에 덜 종속적인 균형된 경제발전을 위한 값비싼 노력을 의미하고 개발도상국이 종속의 위험을 탈피하기 위해 폐쇄발전의 양식을 따라야하느냐 하는 것을 고려해 볼 가치가 있다고 말하는 셔로우(Chirot 1977), 브라질의 경제성장과 그 권위주의적 정치가 국내사기업, 다국적기업, 그리고 정부 관리자 사이의 복잡한 교섭의 함수관계에 있다고 말하면서 그들의 이해관계의 합치가 3각동맹tripod alliance의 협력을 초래했다는 에반스(Evans 1979), 종속접근법이 근대 산업화 시각보다 근본적인 이점을 갖는다고 주장하는 발렌주엘라(Valenzuela and Valenzuela 1978, 535~557) 등이다.

종속이론은 1970년대를 중심으로 전후기로 구분되는데, 전기의 주장은 다음과 같다. 첫째, 종속관계는 단지 저발전을 가져온다는 것이다. 반주변국·주변국에 대한 중심국의 착취로 중심국만이 이득을 보며 주변국은 손해를 본다는 것이다. 둘째, 종속관계에 의해 만들어진 경제구조는 발전을 위한 장애요인이 된다는 것이다. 이러한 구조가 선진국에 의한 시장과 가격 통제에 매우 취약하다는 것이다. 셋째, 국가자율성의 억제문제인데, 선진외국자본의 침투로 인해 균형발전을 위한 주변국의 국민의지를 억압하여 외국의 영향이 그 국가의 이익추구를 위한 주변국정부의 의지를 해친다는 것이다. 즉 불균형 저발전과 소득불균형을 생산한다. 후기의 주장은 종속된 몇몇 국가들의 경제성장에 대한 종속이론의 타당성 비판에 대항한 반론으로, 반주변국을 설명하면서 종속관계는 특정국가에 약간의 발전을 가져올는지 모르나 그럼에도 불구하고 이러한 현상은 보편적이 아니며 예외적인 경우라는 것이다. 물론 종속발전을 인정할지라도 그 부정적 결과를 간과하지 말아야 한다는 것이다. 즉, 주변국의 종속경제 심화, 외채와 그 상환 증가, 소득불균형, 그리고 권위주의적 정권(반민주주의적 정권)의 출현 등이다.

이러한 종속이론의 한계는 첫째, 국제관계의 갈등적·경쟁적·제로섬적인 측면을 지나치게 강조하고 있다는 것이다. 즉, 국제관계의 상호의존적·상호협력적·상호이익적인 면을 간과하고 있다는 것이다. 둘째, 자본주의 국가 사이의 경제적 종속관계만을 다룬다는 것으로 공산주의 국가사이의 종속관계를 무시한다는 것이다. 셋째, 국가 경제발전단계의 세 가지 수준에서 세계경제체제를 분석함에 있어 발전의 정치적인 힘·요소 등을 등한시한다는 것이다. 넷째, 발전의 외적·국제적 요인을 지나치게 강조하여 정치적·역사적·문화적 결정요소들을 고려함이 없이 경제적 요소에만 중점을 둔다는 것이다. 마지막으로, 방법론적으로 역사를 고찰한 후 그 이론의 타당성을 주장하지 않고 그 이론에 합당한 역사적 사실만을 제시하면서 타당성을 주장함으로써 경험적 방법론을 통한 분석이 빈약하다는 것이다.

결론적으로 종속이론은 세계무역체제는 선진국과 개발도상국 사이의 상품의 불균등한 교환으로 특징지어진다고 주장한다. 즉 선진국과 개도국 사이의 통상관계는 선진국에게만 경제적 이익을 가져다준다는 것이다. 종속경제는 선진국 경제의 발전과 확장에 의해 통제·조절된다는 것이다. 선진국의 경제적 조건과 상황이 통상관계의 성격과 양을 지배한다는 것이다. 선진국의 경제상황의 변화가 개도국의 대 선진국 수입침투에 직접 관련되어져 있다는 것이다.

(3) 국가주의Statism

국제정치경제 관계에서 힘을 강조하는 신중상주의Neo-Mercantilism는 경제적 요소보다 정치적 요소를 강조한다. 중상주의는 특별한 타입의 현실주의이다. 이 시각에 의하면 국가가 국제정치경제의 중심 행위자이며, 특정한 이익/목적을 가진다는 것이다. 신중상주의의 지지자들은 길핀(Gilpin 1975, 1987), 허쉬만(Hirschman 1970, 1980), 그리고 월츠(Waltz 1967, 1979, 1993) 등이다. 이 이론은 결집된 이론적 주장이라기보다는 국제관계의 규범적 정책·처방의 집합이다. 길핀은 국제경제 관계가 사실상 정치 관계라고 주장하며 신중상주의는 각국이 자신의 이익극대화를 위해 경제적 계약을 조정하는 정부의 시도를 의미한다고 한다.

신중상주의이론 혹은 국가주의이론의 가정은 다음과 같다. 우선 부는 국력증가를 위한 절대적으로 근본적인 수단이며 국력은 부의 유지 혹은 획득을 위한 수단으로서 근본적이며 가치 있는 것이다. 부와 국력의 증가는 국가가 추구하는 궁극적인 목적인 것이다. 이 이론에 의하면 국가는 국제경제 관계에서 지배적이며 단일한 행위자이다. 군사력으로 대변되는 국력은 정책의 가장 효과적이며 유용한 수단인 것이다. 국력의 수준이 정책에 대한 각국의 입장을 결정한다. 즉 얼마나 많은 국력을 보유하느냐가 그 국가의 정책적 입장에 영향을 끼친다는 것이다.

허쉬만은 외국과의 무역이 국력을 증가시킴에 있어 중요한 역할을 한다고 주장한다. 그는 일국의 국력에 입각한 외국 무역의 두 가지 주요한 영향을 언급한다. 그 첫째 영향은 무역이 보다 많은 상품공급을 함으로써 혹은 필요한 상품을 교환함으로써 일국의 잠재적 군사력을 증진시킨다는 것이며, 그 두 번째 영향은 일국의 부를 증가시킴으로써 국력 증강의 직접적인 원천이 될는지 모른다는 것이다. 짧게 말하여, 외국무역은 국력을 확장시키는 수단으로서 간주될 수 있는 것이다(Hirschman 1980, 13~17).

국가주의적 시각이 보는 국제체제는 패권적인 구조이다. 즉 중심부에 패권국이 존재하고 주변부에 종속국이 존재하는 패권적인 체제를 가진다는 것이다. 여기서 패권국은 체제를 유지하고 지배할 수 있는 혹은 하려는 의지를 가진 가장 강력한 국가를 말한다. 종속국은 그 상대적 국력에 있어 뒤떨어지는 국가를 의미한다. 길핀은 정치적 패권과 외국투자 사이에 초점을 맞춤으로써 자유국제경제 체제의 흥망을 설명한다. 그는 자유주의 세계경제질서는 그 체제를 관리하고 안정시키는 패권국의 개입 없이는 자기파괴적인 것이라 주장한다. 그러므로 자유주의적 국제경제는 정치적으로 지배적이고 경제적으로 능력 있는 한 국가를 요한다는 것이다. 길핀은 패권국을 자유주의 세계경제체제의 수호자로서 간주하고, 그 지배적인 국가는 기술혁신을 통해서 그 패권적 지위를 보존하기 위해 외국 무역에 힘써야 한다고 주장한다(Gilpin 1975).

신중상주의이론에 의하면 각국은 그 자신의 이익을 반영한 경제정책을 추구한다는 것이다. 일국은 그 자신의 이익추구가 다른 국가의 희생에 기인하든 안하든 간에 그 자신의 이익극대화를 위해 부와 권력의 정책을 추구한다. 국가는 부의 극대화, 상품과 서비스의 소비 극대화, 생산과 소비의 극대화, 가격의 급격한 상승 통제, 외국시장에의 도달 및 외국상품의 국내침투 보호를 통해 통상관계에 관여한다. 결국, 증가된 경제관계는 필연적으로 '지구촌global village'을 초래하는 것이 아니라 국가 간에 경제적 갈등을 증폭시킬는지 모른다는 것이다. 신중상주의이론이 설명하는 국제정치경제 구조는 미국의 안보·경제 이익을 증진시키는 미국의 패권구조라고 할 수 있다. 그 근본적 의제의 하나는 미국의 패권체제 후 무엇이 다음에 오느냐하는 것이다.

〈표 12-2〉 국제정치경제의 주요 시각

	상호의존적 시각 Interdependence	종속적 시각 Dependence	국가주의적 시각 Statist
지적인 토대 Intellectual Foundation	신자유주의 Neo-Liberalism	신마르크스주의 Neo-Marxism	신중상주의 Neo-Mercantilism
강조점 Emphasis	경제적/외적 요소 Economic/ External Factors	경제적/외적 요소 Economic/ External Factors	정치적/내적 요소 Political/ Internal Factors
주요 행위자 Major Actor	다국적 기업/국제기구 Multi-National Corporations/ International Organizations	다국적 기업 Multi-National Corporations	국가 State
구조 Structure	국제레짐 구조 International Regime	핵심-주변국 구조 Core-Peripheral	패권 구조 Hegemonic
수혜자 Whose Benefit	상호적 이익 Mutual	일방적 이익 Unilateral	상호적/ 일방적 이익 Mutual/ Unilateral(self-interested)
설명 가능한 체제 System Explained	북북체제 North-North	남북체제 North-South	북북체제North-North 혹은 남북체제North-South
미래 전망 Future	낙관적 전망 Optimistic/ Global Village	비관적 전망 Pessimistic/ Exploitation	낙관적 혹은 비관적 전망 Optimistic or Pessimistic/ Stability or Conflict

제2절 국제관계의 쟁점

1. 국제안보 쟁점Issues in International Security

(1) 국가안보National Security

냉전기 동서 정치군사적 관계의 주요이슈는 초강대국간의 대결, 국가안보문제, 군사전략, 군비와 관련된 협상문제, 그리고 핵확산 문제 등을 들 수 있다. 1980년대 후반 미소관계의 극적인 변화와 동서이념 분쟁의 종식은 새로운 관계의 발전을 예고하고 있다. 냉전기 동서관계는 두 초강대국 사이의 경쟁관계로 해석되며, 초기의 미소관계는 다음의 세 가지에 기초한다. 즉, 트루만독트린Truman Doctrine, 마샬플랜Marshall Plan, 그리고 나토NATO 등이다.

냉전의 미국적 시각은 트루만독트린에 의거, 미국은 어려움 속에 있는 반공 정권을 지원하는 것으로, 그 두 가지 근본 원칙은 전 세계적인 자유화global freedom 즉 반공주의anti-communism와 반소주의anti-Sovietism 이다. 그러한 소련에 대한 미국의 외교정책은 일련의 모순의 충돌인 것이다. 소련과의 평화적 관계를 유지·증진시키면서 소련의 공격에 대비해 미국의 국방력을 강화하고, 냉전을 유지하면서 인권 확산과 증진을 위한 미국의 도덕적 의무를 강조하며, 제3세계에 대한 지속적인 소련의 간섭을 비난하면서 그 지역에 대한 미국의 간섭을 희망했던 것이다. 미국의 정책은 이러한 모순적 특징에 기초한다.

1950년대 동안, 미국의 전략은 두 개념에 기초하는데 이는 롤백Rollback 즉 동유럽국가들을 공산주의로부터 자유화시키는 것이 미국의 의무라는 것과 대량보복Massive Retaliation 즉 만약 소련이 공격하면, 미국은 대규모로 핵보복을 가할 것이라는 것이다. 1960년대 이래, 미국은 상호완전파괴Mutually Assured Destruction의 개념에 의존하여 미·소 쌍방 모두 상대방의 대량보복능력을 두려워하는 가운데 평화를 유지해왔다(Dougherty and Pfaltzgraff 1981, 368~386).

국제안보 쟁점의 핵심은 냉전기나 탈냉전기 모두 국가안보 문제이다. 결국 주권 수호가 각 국가가 직면한 최고의 안보 과제인 것이다. 국민국가 체제가 계속되는 한 이는 지속될 것이나, 21세기 이래 세계화 및 정보화의 흐름은 이러한 인식에 있어 변화를 예고하고 있다.

(2) 인간안보Human Security

국제분쟁을 그 원인을 중심으로 나누면 영토 및 국경 분쟁, 냉전 분쟁, 독립 분쟁, 국내 관할권 분쟁, 민족종교 분쟁 등으로 나눌 수 있다. 첫째, 영토 및 국경 분쟁은 국가 간에 일정영토에 대한 주장이나 반대주장 또는 국경선을 정하는 데에 따른 국가 간 분쟁을 말한다. 분쟁지역의 원주민이 지원하지 아니하는 국가로부터는 언제나 거부된다. 예를 들어, 캐시미르사태는 인도와 파키스탄 사이의 캐시미르를 둘러싼 영토분쟁이다. 둘째, 냉전 분쟁은 제2차 대전 직후에 전개된 냉전 상태 속에서 형성된 이념적인 대립, 평화조약에 대한 불합의, 군사동맹체제의 형성, 군비경쟁 등에 따른 분쟁을 일컫는다. 한국전쟁은 그 대표적인 예이다. 셋째, 독립 분쟁은 독립문제로 인한 분쟁이다. 아시아, 아프리카 및 중동지역의 많은 국가들의 반식민운동이 국제적인 분쟁의 내용을 구성한다. 전식민국가와의 갈등 또는 새로운 독립국들 간의 경제 및 군사적인 문제들이 그 원인이 된다. 넷째, 국내관할권 분쟁은 단일국가내에서 발생한 분쟁으로 남아공에서의 소수 인종에 대한 차별에 따른 분쟁 발발이 그 예가 된다. 마지막으로, 민족종교 분쟁은 이민족 간 혹은 이종교도 간 주도권을 둘러싼 갈등에서 비롯된 분쟁이다. 이스라엘과 아랍국가 간의 갈등은 그 대표적인 예이며 가장 해결되기 힘든 분쟁이다.

이들 중 탈냉전기의 양상은 민족종교 분쟁이 지속되고 있으며, 냉전의 와해에 따른 새로운 독립 분쟁과 국내 관할권 분쟁이 대두되고 있다. 2003년 이라크 전쟁은 민족종교 분쟁적 성격과 함께 21세기 미국의 세계전략에 따른 인간안보와 예방전쟁이라는 속성을 동시에 안고 있다. 여기서 인간안보란 인권보호를 위한 주권 제한을 의미하고, 예방전쟁이란 대량살상무기 개발 등 예견되는 추후의 전쟁발발을 미연에 방지하기 위해 감행되는 전쟁 개시를 의미한다. 9.11 테러 사건 이후 미국의 세계전략은 반테러리즘이라는 미명하에 이를 척결하기 위한 국제적인 연대를 강조하고 있다. 미국이 지목하고 있는 불량국가들rogue staes에 대한 제재조처를 통해 국제사회에 잔존하는 테러리즘의 징후를 색출·처단하고자 하는 의지를 보이고 있다. 냉전기의 국가안보national security 논리와는 다른 인간안보human security 논리가 탈냉전기의 국제사회에서 부각되고 있는 것이 현실이다. 즉 국적과 무관하게 자행되는 인류의 생존을 위협하는 테러 등 폭력 행위에 대해 인권을 보호한다는 차원에서 안보 문제를 다룬다는 것이다.

따라서 국제연합UN의 역할이 그 어느 때보다도 강조되는 시기라고 아니할 수 없다. 제2차 세계대전의 산물인 UN이 21세기를 맞이하여 현 세계질서와 걸맞게 재편될 필요가 있는 것이다. 최근 논의되어 온 안전보장이사회 개편 문제도 결국 새로운 국제사회의 역학구조를 반영하려는 의지의 표현이다. 새로운 상임이사국으로 부각된 독일과 일본 및 기타 3개국의 선정이 UN 재편의 서막이 될 것이며, 집단안전보장 기구로서 UN의 실질적인 역할 강화를 위한 논의들이 이어질 것이다. 이 과정 속에서 수의 횡포 문제, 재정 문제 등 전통적인 골칫거리들이 논의될 것이다.

세계화와 정보화가 국제적으로는 국민국가의 장벽을 허물고 있고, 국내적으로는 국가내의 특수한 집단들의 요구에 부응할 수 없는 상황이 되었다. 즉 개별 국가는 국제적인 문제를 다루기 위하여 주권의 제한을 수반하는 국가 간의 협력을 필요로 하였고, 국내적인 문제를 다루기 위하여 시민사회 단체들의 참여를 허용하였다. 국내외적인 문제 해결을 위해 비공식적인 채널의 역할이 강조되었고, 그 주요한 행위자는 비정부기구Non-Government Organization; NGO 혹은 시민사회단체Civil Society Organization; CSO인 것이다. '전 세계적인 결사체 혁명Global Associational Revolution'이라고 일컬어지는 국가 위기의 그 근본 이유는 선진국에 있어 전통적인 사회복지정책에 대한 의구심, 개발도상국에 있어 국가주도의 개발에 대한 실망, 중동부유럽에 있어 국가사회주의 실험의 붕괴 등에 기인하며, 각국이 직면하고 있는 사회복지·개발·환경 문제들을 다루는 국가능력의 한계, 과거 20년간 이루어진 통신혁명, 정치경제적 표현의 부재에 의해 좌절된 교육받은 중간계급의 획기적인 확대 등에 따른 것이다(Geithner 1999; Salamon and Associates 1999, 4~5).

〈그림 12-1〉 제2차 대전 후 국제안보International Security 체제의 변화

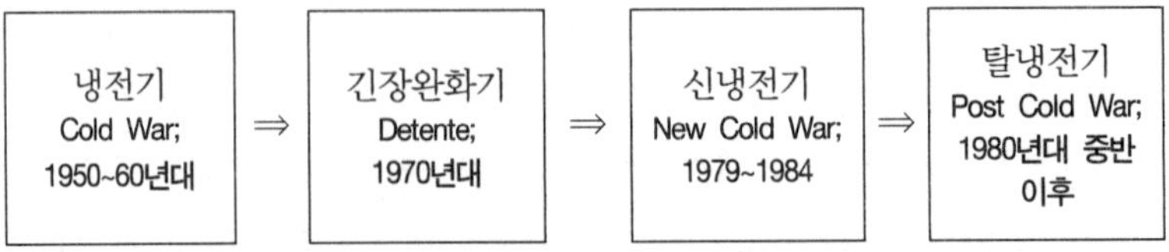

(3) 남북관계Inter-Korean Relations와 동북아안보Northeast Asian Security

동북아에서 국제안보 관련 레짐 논의를 살펴보면, 안보영역에 있어서 국제레짐의 유형은 규모에 따라 크게 국제적 수준, 지역적 수준, 국가 간 수준으로 분류할 수 있고, 국제안보 레짐이 수행하는 기능에 따라 군비통제레짐, 검증레짐, 비확산레짐, 사찰레짐, 위기관리레짐, 분쟁관리레짐 등으로도 분류할 수 있다. 그러나 국제안보 레짐은 보통 안보의 수단에 따라 집단무력레짐 및 협력안보레짐으로 크게 구분한다.(홍기준 1997, 177~178)

집단무력레짐은 집단적 무력을 사용하거나 사용 의사를 밝힘으로써 전쟁을 억지 또는 종식시키는 것을 목적으로 한다. 또한 집단무력레짐은 집단방위레짐과 집단안보레짐으로 구분할 수 있다. 협력안보레짐은 다양한 안보영역에서 평화적 혹은 협력적 수단을 통하여 공동으로 평화를 증진시키는 것을 목적으로 한다. 그 하위 레짐으로는 군비통제레짐, 비확산레짐, 검증레짐, 위기관리레짐 등이 있다.

동북아 안보레짐의 가능한 유형은 위에 언급한 집단무력레짐과 협력안보레짐 중 평화적·협력적 조처에 기초한 협력안보레짐이라고 할 수 있다. 따라서, 군비통제레짐, 비확산레짐, 검증레짐 및 위기관리레짐을 그 내용으로 하고 있다. 냉전적 요소가 잔존하고 있는 동북아에서 집단방위레짐 및 집단안보레짐 등을 포함하는 집단무력레짐의 형성은 불가능하며 바람직하지도 않다. 결국 군비통제레짐과 비확산레짐(CWC, BWC, NPT, CTBT 등 관련)을 주축으로 한 포괄적인 지역적 협력안보레짐의 구축이 그 목표가 되어야 하는 것이다. 비확산레짐을 통한 대량살상무기의 통제, 그리고 군비통제레짐을 통한 군비경쟁의 완화가 이 지역의 안보 불확실성을 해결할 수 있는 근간이 되는 것이다.

동북아 국가들의 안보 관심사를 국가별로 언급하면, 우선 중국은 지속적인 경제발전을 위한 안정된 지역적 안보환경을 추구하고 있다. 현재 중국의 지역 안보 관심사는 미국의 군사적 지역패권 음모를 견제하고 일본의 군비증강을 감시하며 아울러 북한의 핵무기 개발을 포기하게 하는 것이다. 안정된 지역정세를 위하여 중국은 북한의 갑작스런 붕괴와 북미·남북한 간의 전쟁 혹은 갑작스런 주한미군의 철수 등을 경계하고 있다. 무엇보다도 중국이 관심을 두고 있는 안보사항은 일본의 '정상국가화'이다. 즉 21세기 군사적 강국으로서 부상하려는 일본을 적절히 견제하는데 심혈을 기울이고 있다. 따라서 지역적 안보레짐의 구축을 이러한 문제들을 해결하기 위한 가능한 대안으로 상정하고 있다.

일본은 20세기 잔재 청산을 통해 21세기 진정한 강국으로 부상하는데 전력을 다하고 있다. 그 선결과제로 주변국들과 영토분쟁을 평화적으로 해결하고자 하며, 중국 및 러시아의 군사적 능력을 견제하고 북한의 핵무기 개발을 저지하고자 한다. 일본이 지역 안보협력체 구상을 긍정적으로 바라보는 이유는 북한 핵무기 개발 저지와 주변국들과의 영토분쟁 해결에 도움이 될 것이라는 판단 때문이다.

러시아 역시 경제발전을 위한 안정된 동북아 안보환경을 유지하고자 한다. 동북아에서의 미국의 군사적 패권을 견제하면서 지역안보 불확실성을 제거하는데 관심을 두고 있다. 동북아 지역의 위기관리 체제를 위한 지역 안보협력에 긍정적인 자세를 취하고 있다.

미국의 최근 주요 지역적 안보 관심사는 두말할 나위 없이 북한의 핵무기 개발 저지이다. 평화적인 방법으로 이를 해결하기 위해 미국은 중국과 러시아의 북한에 대한 외교적 압박을 요구하며 이를 원활히 수행하기 위해 동북아 안보레짐의 필요성을 인식하고 있다.

한국의 주요 안보 관심사는 북한의 핵무기 개발을 저지하는 것과 중-일간의 군사적 대결구도 속에서 그 활로를 모색하는 것이다. 북한의 핵개발 저지를 위해 지역 안보레짐의 형성을 모색하고 있으며, 미래의 가상적이 될 수도 있는 중국과 일본의 틈바구니 속에서 현실감 없는 군비경쟁을 한다기보다 한-미동맹의 틀을 기초로 동북아 안보레짐 하에서 안보딜레마를 해결하고자 한다.

동북아에서 현재 유일하게 다자주의적인 틀에 대해서 거부감을 갖고 있는 국가는 북한뿐이다. 북한은 지역안보레짐의 구축이 북한의 정권안보를 손상시키는 구속으로 작동할까봐 이에 부정적인 자세를 취하고 있다. 북-미 간의 양자적 틀 속에서 안보문제를 협상해가며 전통적인 동반자 관계인 중국과 러시아와 공조를 취하는 것이다.

한반도 주변 6개 국가의 입장을 간략히 정리하면, 북한을 제외하고는 모두 다자주의·규범주의 틀 속에서 안보문제를 해결하고자 한다. 그러기 위해 동북아 안보레짐의 형성이 요구되는 것이다. 그러나 이러한 국제레짐의 형성 및 유지의 요인들이 그 하위레짐인 국제안보레짐에도 적용될 수 있는지 살펴보아야 한다. 저비스Robert Jervis에 따르면, 다음의 네 가지 조건이 충족되어야 안보레짐이 형성되고 유지될 수 있다고 주장한다. 첫째, 강대국들이 안보레짐의 창출을 선호해야 한다. 둘째, 행위자들은 다른 행위자들도 상호 안보 및 협력에 대해 가치를 부여하고 있다는 확신을 가져야 한다. 셋째, 모든 중요한 행위자들이 현상유지를 선호하지만 소수의 행위자들이 안보는 팽창에 의해 가장 잘 달성된다고 믿는 한 안보레짐은 형성될 수 없다. 넷째, 전쟁과 개별적 안보 추구가 고비용이 소요될 것이라는 믿음을 가질 때 안보레짐은 형성된다.(R. Jervis 1982, 357)

동북아 안보레짐의 형성 가능성을 저비스의 기준에 따라 다음과 같이 평가할 수 있다. 첫째, 강대국들이 안보레짐의 창출을 선호하는가? 한반도 주변 4강은 이에 대해 긍정적이다. 특히 북한의 핵개발 위기에 직면하여 더욱 그러하다. 둘째, 각 행위자가 다른 행위자들도 상호 안보 및 협력에 대해 가치를 부여하고 있다고 확신하는가? 이에 대한 답도 긍정적이다. 중국과 러시아의 경우 당면 과제인 경제발전을 위해 안정적인 지역질서를 원하고 있으며, 이를 미국과 일본이 인지하고 있다. 아울러 안정적인 지역질서 유지를 위한 미국과 일본의 노력 또한 중국과 러시아가 인정하고 있다. 문제는 불안요인으로서 작용하는 북한의 태도이다. 셋째, 안보는 팽창에 의해 가장 잘 달성된다고 믿는 행위자가 존재하는가? 정권안보를 위해 핵무기 개발을 추구하는 북한이 가장 커다란 장애요인이며, 아울러 중국과 일본 간의 대결·경쟁구도가 군비경쟁으로 이어지면 부정적인 결과를 낳을 것이다. 넷째, 행위자들이 개별적 안보 추구가 고비용이 소요될 것이라는 믿음을 가지고 있는가? 이에 대한 답은 대체로 긍정적이다. 종합해보면, 동북아 안보레짐에 장애가 되는 요인은 북한의 핵개발 노력과 향후 부정적으로 발전될는지 모르는 중국과 일본 간의 대결구도라고 할 수 있다. 따라서 북한 핵무기 개발이 강대국의 외교적 노력에 의해 종식된다면 이는 동북아 안보레짐의 형성을 앞당기는 계기가 될 것이며, 중국과 일본의 대결·경쟁구도가 경제적 상호의존의 심화에 의해 완화된다면, 그 레짐 형성에 긍정적으로 작동할 것이다.

현재 지적될 수 있는 동북아 안보레짐 형성에 장애가 되는 요인들을 나열하면 다음과 같다. 첫째, 위에 언급했듯이 중국과 일본 간의 대립·경쟁구도이다. 신현실주의 시각에 기초한 상대적 이익relative interest의 논리 속에서 각국이 지역국제관계를 운용한다면 협력의 가능성은 낮아지며 안보레짐의 형성 가능성은 희박해진다. 둘째, 북한의 핵무기 개발이 어떤 식으로 해결되느냐가 중요하다. 일단 북한의 핵무기 개발 위협이 주변 강대국의 안보협력을 야기하는 긍정적인 측면도 없지 않다. 다만 이러한 안보협력이 긍정적인 결실을 거두지 못하는 경우 상황은 걷잡을 수 없이 악화될 수 있다. 예를 들어, 북한의 핵무기 개발이 기정사실화된다면 일본의 핵무기 개발도 막을 수 없게 되며 이는 핵무기 개발 도미노 현상을 동북아에서 초래하게 되고 궁극적으로 한국과 대만의 핵무기 개발이 정당화되는 상황을 야기할 것이다. 이럴 경우 동북아 안보레짐은 그 필요성과 실효성이 유명무실해진다. 셋째, 일본에 대한 주변국의 역사적인 반감이 동북아 안보레짐 형성에 부정적인 영향을 미치고 있다. 일본에 대한 불신이 아직 잔존하며 동북아 안보협력을 어렵게 할 수 있다. 마지막으로, 주한 및 주일 미군의 존재가 동북아 안보레짐 형성에 부정적인 요인이 될 수도 있다. 지금의 미군 배치는 전후 냉전적 구도 하에서 이루어진 것이며, 탈냉전적 구도 하에서 이러한 미군의 존재가 레짐형성에 부담으로 작용할 수 있다. 중국과 러시아, 북한의 입장에서 보면 향후 레짐형성의 선결조건으로 이에 대한 변화를 요구할 수도 있다.

2. 국제정치경제 쟁점Issues in International Political Economy

제2차 대전 후 서구자본주의체제는 동구사회주의체제와의 대결 속에서 군사적으로는 북대서양조약기구NATO라는 군사협력체제로, 정치경제적으로는 브레튼우즈Bretton Woods체제라는 경제협력체제로 그 활로를 모색하였다. 따라서 전후 서구자본주의체제의 변모는 1944년 미국의 뉴햄프셔주 브레튼우즈에서 44개국의 대표가 모여 설정한 경제규정들로 출범한 브레튼우즈Bretton Woods체제라는 국제경제질서의 형성과

이의 약화 및 새로운 질서의 등장으로 묘사될 수 있다. 이 체제의 3대 지주는 국제통화기금International Monetary Fund; IMF, 후에 세계은행World Bank으로 개칭한 국제부흥개발은행International Bank for Reconstruction and Development; IBRD, 그리고 관세와 무역에 관한 일반협정General Agreement on Tariffs and Trade; GATT이다.

이러한 브레튼우즈체제는 유럽경제공동체European Economic Community의 배타적 관세동맹과 일본의 보호무역주의에 대한 미국의 경제력 우위에 기초한 묵인으로 1950·60년대 동안 잘 운용되었다. 1970년대에 들어서자, 미국은 경상수지와 무역수지 위기를 경험하였다. 이에 따른 미국의 협조요청이 유럽과 일본에 의해 무시되자, 1971년 8월 15일 닉슨 대통령은 체제변혁의 일환으로 금태환제 정지와 변동환율제 실시를 천명하였다. 아울러, 미국으로의 수입품에 10% 관세를 일괄부과하기로 결정하였다. 혹자는 이를 브레튼우즈체제의 종말이라 표현하였다. 1970년대는 두 차례의 오일쇼크에 의해 커다란 경제적 혼란을 경험케 하였다. 즉, 1973년 석유수출기구OPEC에 의한 400% 유가인상은 개발도상국들의 외채증가와 산유국들의 경제력 향상을 가져왔고, 1979년 2차 오일쇼크는 세계경제의 보호주의적 경향을 강화시켰다. 이는 또한 미국의 패권적 지위의 약화를 가져왔다. 이러한 패권의 약화를 케네디P. Kennedy는 그의 저서 『강대국의 흥망The Rise and Fall of Great Powers』에서 패권적 국가로서 미국의 '지나친 군사적 개입imperial overstretch', 즉 미국의 세계문제에 대한 개입이 국력의 한계를 넘어섬으로써 미국의 패권이 종결되었다고 주장하였다(Kennedy 198 7, 515). 제2차 대전 후 가장 큰 채권국이 가장 큰 채무국으로 전락하였고, 미국의 연방정부예산적자는 누적되어 1990년에 3조 달러에 이르게 되었다. 1990년대 초 미국 연방정부 재정파산에 따른 연방정부의 잠정휴업은 이러한 심각성을 잘 대변해 주는 것이다.

〈그림 12-2〉 제2차 대전 후 국제정치경제International Political Economy 체제의 변화

브레튼우즈체제 시기 (Bretton Woods; 1950~60년대)	⇒	브레튼우즈체제 이후 시기 (Post Bretton Woods; 1970년대 이후)

현존 최강국으로서 미국의 지위를 인정할지라도 과거의 패권적 지위는 이제 더 이상 미국의 모습이 아니라고 말할 수 있다. 서구선진자본주의 국가들 사이의 관계도 미국의 연방적자 및 무역적자의 심화가 계속된다면 그리고 EU의 출범과 더불어 그들의 배타적 보호무역주의가 시행된다면 어두운 미래를 보일 것이다. 이와는 반대로, 1986년 시작된 우루과이라운드Uruguay Round; UR회담의 결과 탄생된 세계무역기구World Trade Organization; WTO체제의 출범은 서구선진자본주의 국가들 사이의 협력적 관계를 기대케 한다.

(1) 국제통상Trade

제2차 세계대전 후 국제경제질서는 브레튼우즈 체제하에서 운영되었으며 이를 떠받치는 3대지주는 GATT, IMF, IBRD였다. 이중 GATT는 통상 문제를 IMF와 IBRD는 금융 문제를 다루어왔다. GATT가 추구했던 통상 관련 제도적 대원칙은 자유무역주의와 공정무역주의라고 할 수 있다. 문제는 WTO가 출범하기 전 GATT는 이러한 대원칙을 엄정하게 지켜나갈 수 없었다. 그 이유는 두 가지로 요약될 수 있다. 하나는 GA TT 규범이 갖고 있는 한계이다. 예를 들어, GATT는 조부권grandfather rights을 인정하여 GATT 규범 이전의 개별국가의 국내법을 우선시하였으며, 규제대상 품목을 주로 유형의 상품에 한정하여 농산물 및 지적재산권 등에 관하여는 그 원칙을 잘 시행하지 못하였다. 다른 하나는 냉전기적 상황이 경제보다는 안보에 관심을 두게 하였고, 안보논리에 묻혀서 경제원리는 국가 간의 경제관계를 완전히 지배하지 못하였다. 안보적 고려가 왜곡된 시장원리를 야기하였다. 이들 두 가지를 연유로 GATT는 유명무실하게 되었고, 새로운 변화를 요구하게 되었다.

엄밀히 말하여, GATT는 레짐의 형태로 존재했던 것이며 쌍무주의의 틀 속에서 빛을 발하지 못하였다. 1986년 제8차 다자간 통상협상인 우루과이 라운드의 출범은 탈냉전의 흐름 속에서 자유무역과 공정무역을 실현하려는 현실적인 요구를 반영한 것이었다. 위에 언급한 GATT의 현실적 한계를 극복하고 냉전기적 안보논리를 제거한 가운데 진정한 시장논리 즉 규범주의 하에서 전세계 모든 나라들이 모여 다자주의의 틀 속에서 논의를 하고자 하였다. 이러한 UR 협정의 주요 내용은 WTO의 수립, 보다 포괄적이며 실제적인 다자적 규범의 수립, 분쟁해결절차의 강화 등이다. 1986년 시작된 UR은 1993년 12월에 타결되었고, 이에 따라 WTO는 1995년 1월에 출범하였다. 이러한 WTO의 출범은 국제통상관계를 규범주의와 다자주의의 틀에서 해결하려는 노력의 반영인 것이다. 물론 WTO 협정은 미완의 규범으로 그 한계를 보완하기 위해 뉴라운드가 진행 중에 있다. 도하개발의제DDA에 따른 최근의 논의는 1993년 UR 타결시 해결하지 못하였던 사항(기설정 의제)에 대해 그리고 대략 지난 10여 년 간 WTO가 보여준 한계점을 극복하기 위해서 행해지고 있는 것이다.

국제협력은 상호이해 증진을 위한 교류를 전제조건으로 하며, 이러한 교류로는 문화교류·학문 및 교육교류·스포츠교류·관광교류 등이 있다. 국제경제협력의 유형은 구성국 수를 기준으로 양자(국)간 협력과 다자(국)간 협력으로 나뉘며, 그 성격을 기준으로 정부 간 협력과 민간협력으로, 그 대상을 기준으로 자본협력과 기술협력으로, 협력조건을 기준으로 유상협력과 무상협력으로 나뉜다. 또한 사업성격에 따라 계획사업원조와 비계획사업원조로 나뉜다.

국제경제통합이란 지리적으로 인접한 다수의 국가가 동맹을 결성하여 상호 간에 무역의 자유화를 꾀하며 역외 국가에 대해서는 공동으로 무역제한을 가하는 형태의 국가 간 결합을 일컫는다. 그러한 통합이 가능하기 위한 전제조건으로는 지리적 인접성, 비슷한 경제발전 정도, 비슷한 사회문화 구조, 각종 대외정책의 공통성, 유사한 인종 및 혈통 등을 들 수 있다. 국제경제통합 유형을 단계별로 설명하면, 첫째, 자유무역지대free trade area 설정은 역내 국가간 상품의 자유무역을 보장하고 역외 국가에 대해 독자적인 관세정책 및 무역제한조치를 취할 수 있게 한다. 둘째, 관세동맹customs union은 역외 국가에 대해 공동(수입)관세를 부과하고 역내 국가간 상품의 자유무역을 보장한다. 셋째, 공동시장common market 설정은 역내 국가간 재화뿐만 아니라 노동 및 자본과 같은 생산요소의 자유이동을 보장하고 역외 국가에 대해 각국이 공동의 관세제도를 취한다. 넷째, 경제연합economic union은 공동시장의 경우에다가 가맹국간 경제정책의 조정과 협력을 강화하기 위해 공동 경제정책을 실시함을 더한다. 마지막으로, 완전한 경제통합 complete economic integration은 가맹국 상호간에 초국가적 기구를 설치하여 그 기구로 하여금 각 가맹국의 모든 사회경제정책을 조정·통합·관리하는 형태의 통합을 말한다.

오늘날 세계 각 지역별로 경제블록화가 가속화되고 있으며, 대표적인 예로 유럽연합EU은 이러한 국제경제통합의 유형 중 가장 앞선 형태의 하나가 된다. 북미의 북미자유무역협정NAFTA, 중남미의 중남미공동시장MERCOSUR, 동남아의 동남아국가연합ASEAN 등 각 지역별로 경제협력체가 구성되어 있으나 아직 동북아에는 이렇다 할 경제통합의 모습이 가시화되지 않고 있다. 다만 한미 FTA 협상 타결이 한국과 중국 혹은 한국과 일본 간 나아가 동북아 국가 간 FTA로 이어질지는 미지수이나 동북아에 경제통합의 물꼬를 튼 것은 사실이다.

(2) 국제금융Finance

1800년대의 금본위제도를 시작으로 1980년대 후반의 루브르협정까지 국제통화제도는 여러 가지 환율제도를 기반으로 하여 운영되었다.[3)] 19 80년대는 금융에 관해서도 국가 간 지리적 장벽이 붕괴되고, 세계금융시장이 등장하였다. 1990년대는 이에 따른 여러 가지 조정의 문제로 어려움을 겪었고, 1997년 동아시아 금융위기도 1980년대 국제금융시장의 완전자유화와 개방화에 따른 부적응의 여파라고 할 수 있다.

국제금융international finance으로부터 세계금융global finance으로의 변화는 유럽과 일본경제의 부상과 신흥공업국들의 성장, 그리고 석유수출국기구OPEC의 역할이 강화되면서 유로-달러시장과 동남아의 엔화권이 형성되고, 석유가의 획기적 인상으로 인한 석유달러의 집중화로 이의 재순환의 문제가 국제금융시장의 성격과 구조를 근본적으로 변화시킴

---

3) **고정환율제도:**
금본위제도(the Gold Standard, 1821-1914)→불안정한 변동환율제도(**양차대전 사이**)→브레튼우즈 체제(**금-외환본위제도**, the Gold Exchange Standard = **좁은 변동 폭의 고정환율제도** Fixed Rates with Narrow Bands, 1944-71)→스미소니언 체제(**넓은 변동 폭의 고정환율제도** = Fixed Rates with Wide Bands, 1971-73).
변동환율제도:
자유변동환율제도(Free or Clean Float, 1973. 3)→킹스턴체제(**관리변동환율제도** managed float, 1976. 1)→플라자협정(**관리변동환율제도하의 조율 시도**, 1985. 8)→루브르협정(**관리변동환율제도하에서 이루어진 합의**, 1987. 2)

으로써 야기된 것이다. 1980년대 초에 이르러 전후 국가규제 하에 운영되었던 국가중심 금융체제로부터 고전적 자유주의의 자유방임주의 정책으로 금융정책이 변화된 것이다. 대처M. Thatcher와 레이건R. Reagan이 국내금융시장은 물론 국제금융시장의 규제를 본격적으로 완화시키면서 국제금융시장이 시장원리에 의해 운영되기 시작하였다.

이러한 세계금융체제의 등장은 기술혁명이 가능케 하였다. 장거리 무선통신과 컴퓨터의 발달은 지구촌 곳곳의 금융거래를 실시간으로 가능케 하였고, 세계를 하나의 금융시장으로 통합시켰다. 금융시장이 국가의 기능보다 시장기능에 의해 운영되도록 하였다. 세계금융시장의 민간기능이 확대되면서 금융의 자유개방화는 국가 간 정책조정과 협력을 더욱 필요로 하였다.

오늘날 기축통화로서 여전히 미국달러가 중요한 역할을 담당하고 있지만 다른 화폐들 특히 유로화와 위안화의 역할이 증가되어왔고, 특히 유로의 등장은 국제금융체제를 일극체제에서 양극체제로 전환시키고 있다. 현재의 환율체제는 매우 복잡한 양상을 보이고 있으며, 국제금융시장에서의 거래규모가 기하급수적으로 증가하고 있고, 이에 따라 안정화를 위한 정부개입의 효과를 기대하기 어려운 상태이다.

외채는 한 국가(또는 거주자)가 다른 국가(또는 비거주자)에게 대하여 이행하여야 하는 채무계약을 말하며, 한 국가의 정부 또는 민간부문에서 다른 국가의 정부 또는 민간부문에 대하여 갚아야 하는 빚을 의미한다. 외국인이 소유한 국내의 건물, 공장, 그리고 그 밖의 부동산 등도 모두 외채이며, 외채는 반드시 외국의 은행이나 IMF나 세계은행 같은 공적기관으로부터의 대출만을 의미하는 것은 아니다. '외국인이 소유한 국내 자산의 합'을 말한다.

개도국에서 부채의 상환불능debt default; moratorium 상태가 발생한 이유는 다음과 같다. 개도국은 1970년대와 1980년대 경제개발에 따른 자본수요를 충당하고자 선진국의 민간 및 공공 차관을 도입하였으나 경제발전은 예상만큼 이루어지지 않아 부채의 원리금 상환이 큰 재정부담이 되었다. 멕시코와 베네주엘라의 경우 국제석유가의 급격한 하락으로 국가의 수출소득이 대폭 감소되어 계획됐던 부채의 상환이 어렵게 되었다. 수출소득에 국가의 경제성장을 전적으로 의지했던 많은 저발전 국가들은 선진공업국들의 잇단 보호무역주의 장벽에 부딪혀 예정했던 수출소득을 올리지 못하고 국제수지균형을 맞추기 어려워진 것이다. 또한, 제3세계의 정치적 부패는 발전을 위해 도입한 외채를 효율적으로 관리하지 못하고 낭비하게 하여 경제는 침체되고 부채는 증가되는 최악의 결과를 야기하였다.

이러한 외채문제는 채무국만의 문제는 아니며 지불불능사태는 채권국의 경제에도 타격을 주게 된다. 이를 탈피하기 위한 방안으로 베이커플랜과 브래디플랜이 있다. 베이커플랜(the Baker Plan, 1985년 미 재무장관)은 외채의 상환일정 조정에 필요한 공적 자금지원을 그 주요 내용으로 한다. 외채 탕감은 아니며, IMF와 세계은행이 필요한 재원을 제공한다. 채무국들로 하여금 경제정책을 수정하도록 하고, IMF와 합의한 채무국들은 구조개혁과 경제정책의 수정을 통하여 장기적으로 외채를 상환할 수 있도록 하여야만 한다.

한편 브래디플랜(the Brady Plan, 1989년 미 재무장관)은 베이커플랜에 외채감면relief, 삭감reduction, 또는 탕감forgiveness이라는 새로운 제안을 포함한다. 국제금융시장에서 개도국들의 외채상환 가능성을 대단히 낮게 보고 있다. 개도국들의 현존하는 외채 규모가 너무 커서 이들 국가들이 부채를 상환할 수 있을 정도 수준의 경제성장은 전혀 불가능하다는 판단에 기초한 것이다.

(3) 국제환경Environment

전 세계적인 자유무역의 실현을 위한 우루과이라운드UR가 타결된 후, 1995년 1월 세계무역기구WTO체제의 출범과 함께, 이번에는 '그린 라운드Green Round; GR'라는 다자간 환경협상이 대두되고 있다. 앞으로 환경문제의 국제화는 더욱 빠른 속도로 진행될 것이며, 우리의 경제에도 많은 영향을 미치게 될 것이다. 즉, 환경오염의 국제적 광역화로 인하여 환경오염을 둘러싼 인접국과의 분쟁이 예상되며, 아울러 범세계적 차원의 환경보전을 위한 압력이 더욱 거세어질 것으로 전망된다.

지구환경보전에 대한 인식을 새로이 하게 한 국제적 노력은 1972년 스톡홀름에서 소집된 '유엔인간환경회의'이며, 이 회의에서 채택된 '스톡홀름선언'은 지구환경회의의 기본헌장으로 원용되고 있고, 이에 따라 창설된 '유엔환경계획UNEP'은 케냐의 나이로비에 본부를 두고 있는 환경보전을 위한 가장 중심적인 국제기구이다. 이 기구의 목적은 환경분야에서의 국제협력 촉진, 환경오염에 관한 지식 함양, 그리고 세계의 환경본부 파악을 위한 지구감시Earth Watch에 있다. 지구환경문제에 대한 국제적 인식이 국제사회에 재 부각된 것은 스톡홀름선언이 채택된 후 10년이 지난 1982년 'UN 세계자연헌장World Charter for Nature'을 채택하였을 때이다. 환경문제에 대한 전 세계적인 인식과 대응자세도 그 이전에는 경제발전과 환경보전의 양자 간에 어디에 더 우선가치를 두어야 할 것인가에 관한 '개발·보전의 양자택일론'이 지배적이다가, 1980년대로 들어오면서부터는 환경의 질을 손상하지 않고 지속적인 성장을 해나가야 한다는 '개발·보전의 균형조화론'으로 전환되었다고 할 수 있다.

환경문제에 대한 전 세계적인 관심은 1992년 6월 브라질의 리우데자네이로에서 열린 '유엔환경개발회의'에 세계 60개국의 정상, 170개국의 정부 대표, 2만 여 명의 환경전문가, 그리고 민간 환경 단체 대표들이 참가하여 환경보전의 기본원칙을 규정하는 '리우선언Rio Declaration on Environment and Development'과 21세기를 향한 환경보전의 구체적 행동지침인 '의제 21Agenda 21'을 채택한 데에 잘 나타나 있다. 리우선언이 환경과 개발의 조화를 추구하기 위한 기본원칙이라 한다면, 의제 21은 환경문제의 발생원인과 해결방안을 규정하고 이의 실효적인 이행상황을 평가・감시하는 장치를 포함하고 있는 21세기를 향한 종합실천계획이라 할 수 있다. 1997년 6월 유엔본부에서 개최된 '유엔환경특별총회'에는 60여개국의 국가정상이 참석하여 1992년 브라질 리우에서 열렸던 '지구정상회의Earth Summit'에서 합의한 공약의 이행상황을 평가하고, 보다 효과적인 지구환경보전에 필요한 정치적인 의지를 결집하였다. 그 결과 채택된 '의제 21의 추가이행 프로그램'은 '의제 21'의 효과적인 이행을 위한 중점 추진분야를 선정하고 각 분야별 구체적 추진방향을 제시하였다. 2002년 남아공의 요하네스버그에서 개최된 세계환경회의에서 합의된 사항은 오늘날 지구환경논의의 지침역할을 담당하고 있다. 이는 지속가능한 발전sustainable development의 3대 축인 환경보호 및 경제·사회발전의 상호 의존성과 보완성을 강화하고 전진시키기 위한 공동의 책임을 강조하고 있다.

환경문제와 관련한 국가들 사이의 갈등은 크게 두 가지 유형을 띠고 있다. 하나는 인접국가 간의 갈등이며 다른 하나는 선진국 대 개도국 간의 갈등이다.

첫 번째 유형인 인접국가 간의 갈등은 특정지역의 환경문제를 야기한 원인제공국가의 규명과 그 책임 정도를 결정하는 문제와 관련된 지역적 혹은 양자간 환경갈등을 의미한다. 그러나 그 원인제공국가에 의한 피해가 정확히 어느 정도인지에 대한 평가가 결코 간단한 일이 아니며, 그 국가가 얼마를 책임져야할 지를 결정하는 문제가 쉽지 않기 때문에 이들 피해에 대한 지역적 혹은 양자간 물질적 배상의 합의는 더더욱 쉽지 않은 것이다.

두 번째 유형은 환경문제에 대한 선진국과 개발도상국 간의 갈등으로 그 근본적인 시각 차가 현격하고, 대립양상도 첨예하여 인접국가 간의 갈등보다 더욱 대결적인 양상을 띠고 있다. 이는 선진국·개도국 모두 지구환경 보전의 중요성에 대한 인식은 같이하고 있지만, 그 실행을 위한 구체적 방법에서는 커다란 의견 차이를 보이고 있음에 기인한다. 먼저, 선진국의 경우 기득권 고수를 위한 환경보호의 관점에서 지구환경파괴는 개도국들의 재생불가능한 천연자원 또는 생태계 파괴적인 자원의 수출에 의존하는 환경 파괴적인 '지속불가능한 개발방식unsustainable development'에 있다고 규정하고 있는데 반하여 개도국의 경우 생산과 소비의 차원에서 선진국들이 과도하게 방만하고 자원 낭비적인 '지속불가능한 생활양식unsustainable life style'을 누림으로써 심각한 환경문제를 유발하고 있다고 주장한다.

그들 간의 또 다른 의견대립은 책임에 따른 지원의 관점에서 찾아볼 수 있다. 지금까지의 환경파괴에 대한 책임문제는 재정적·기술적 지원수준에서의 대립이다. 첫째로 자금지원 문제의 경우, 개도국들은 역사적 환경파괴 책임에 대한 오염자부담원칙을 적용하여 지금까지의 선진국의 대 개도국 원조자금인 '공적개발원조자금ODA'과는 별도로 새롭고 충분한 환경관련 기금의 제공을 요구하는 데 반하여, 선진국들은 ODA 추가지원을 내세우고 있다. 둘째로 기술이전 문제의 경우, 특히 한국과 같은 선발 개도국들의 관심분야인데, 개도국들은 비상업적 non-commercial이고 특혜적인preferential 기술이전을 요구하고 있으나, 선진국들은 대부분의 기술이 민간기업 소유이며 지적소유권에 의해 보호되고 있음을 지적하여 개도국이 요구하는 비상업적 특혜적 기술이전을 거부하며 민간기업간의 기술협력을 강조하고 있다. 요컨대, 환경문제를 둘러싼 남북갈등은 환경보전을 앞세워 후진국의 개발을 규제하고 자국의 환경기술을 수출하며 자국에 적용되는 환경규제제도를 이용하여 무역에서의 국제경쟁력을 강화시키고자 하는 선진국 입장과, 가능한 한 개발권을 침해받지 않으면서 환경보전을 위한 선진기술 및 재정지원을 좀더 많이 확보하고 환경·무역 규제로부터 벗어나려는 후진국 입장이 첨예하게 대립되는 데서 그 본질을 찾을 수 있다.

국제무역과 환경보전은 큰 관계가 없는 것처럼 보이지만 실제로 서로 대립하고 있다. UR협정은 자유무역을 위해 대부분의 무역제한조치 철폐를 목적으로 하고 있는 반면에 지구환경 보호를 위한 대부분의 국제환경협약들은 환경보호를 효과적으로 하기 위해 무역규제조치를 요구하고 있어 서로 정면으로 충돌하고 있다. 이 문제를 해결하기 위해 GATT 이후의 신설 무역기구인 WTO는 UR 이후 다음 번 다자간 통상협상에서 그린라운드를 핵심적 의제로 다루고 있다. 그린라운드란 지구환경 보호를 위해 공해유발 제품 및 생태계 훼손행위에 대해 다자간 협상방식으로 통상규제 원칙을 제정하려는 국제적 움직임을 포괄적으로 지칭하는 용어이다.

환경-통상 갈등의 발단은 여러 국가들이 국내적 환경규제를 자국산업의 보호를 위한 비관세장벽으로 활용하려는 데 있다. 환경기준은 그 국가가 처한 사회적, 경제적, 기술적 여건에 따라 다를 수밖에 없음에도 불구하고 많은 국가들이 자국의 국내 환경기준을 수입품 등 모든 상품에 일방적으로 적용하려 하고 있다. 특히 국가 간 환경통제기술의 차이가 심각한 경우 이런 움직임은 기술 수준이 낮은 국가에게는 치명적인 문제가 될 수 있다.

(4) 국제노동Labor

블루라운드란 노동기준과 무역을 연계시키기 위한 것이다. 기본적 인권과 관련하여 모든 나라들이 준수해야 할 일정한 기준의 노동기준이 있어야 한다는 것이다. 개발도상국들이 저수준의 노동기준 하에서 생산한 상품을 수출하는 행위를 사회적 덤핑으로 간주하여 이러한 불공정한 행위를 무역제재의 수단을 통해 시정해야 한다는 것이다. 선진국들은 자신들의 심각한 실업문제가 개발도상국이 싼 임금으로 만든 상품 때문에 생겨난 것으로 인식하고, 개도국의 빈약한 노동기준에 대해 무역제재를 가할 수 있다면 자국 상품의 경쟁력이 살아나고 고용도 증대될 수 있다는 발상에서 계속적인 문제를 제기한다. 선진국들은 국제적인 노동기준을 설정하고 이 기준에 미달하는 국가의 상품에 대해서는 무역제재조치를 취하려고 한 것이다. 개도국들은 아동노동 및 죄수노동 금지, 결사의 자유보장 등 인도적 차원의 명분을 내세운 선진국들의 주장을 개도국의 저임금 경쟁력을 겨냥한 위장된 보호주의라고 반박하고, 노동기준에 관한 문제는 ILO에서 논의될 내용일 뿐이라고 주장한다.

국제노동기준은 국제적으로 근로조건과 노사관계를 지배하는 규율이다. 구체적 내용으로는 강제노동금지, 아동노동금지, 결사의 자유, 단체교섭권과 같은 기본인권에 관한 사항, 최저임금제, 최대 근무시간 제한, 작업장의 위생 및 안전 등과 같은 경제적 후생수준과 관련있는 근무여건에 관한 사항 등이 있다. 그러나 오늘날 이러한 노동기준의 준수를 강제할 법적·제도적 장치는 미흡한 실정이다. 무역과 연계시킬 수 있는 노동기준에 대해서 국제사회의 구체적인 합의 도출이 부재한 것이 현실이다. 물론 핵심적 노동기준(기본적 인권)에 대한 합의는 가능하다. ILO의 결사의 자유, 단체교섭권, 강제노동금지, 아동노동금지 등은 1995년 3월 덴마크 코펜하겐에서 개최된 세계사회개발정상회의에서 핵심적 노동기준으로 인정된 바 있다

현실적으로 국제적 노동기준의 효과는 부정적이다. 노동기준의 설정여부와 관계없이 노동기준은 노동시장에서 내생적으로 결정되는 것이다. 단체교섭제도나 노동관행은 국가마다 고유한 성격이 있으며, 개도국에 광범위하게 존재하는 아동노동은 아무리 노동기준을 인위적으로 설정한다고 하더라도 해결할 수 없다. 강제노동은 강제적으로 노동을 해야 하는 근로자가 효용극대화를 추구할 수 없고 또한 직업선택의 자유를 가지지 못하기 때문에 자원배분을 왜곡시켜 경제적 효율성의 손실을 발생시킨다.

노동기준에 대한 보호수준이 다른 국가 간의 경쟁은 특히 고기준의 국가와 저기준의 국가가 직접 경쟁하는 부문에서 선진국에게 불리하게 작용될 수 있다는 점이 지적된다. 이는 과도하게 낮은 노동기준이 특별한 비교우위를 창출하고 이것이 수출을 자극하고 외국인 직접투자의 유입을 가져온다는 믿음에 근거한다. 예를 들어, 1987년에 행해진 한국과 대만의 규제적 노동정책의 완화는 노동부족과 결부되어 임금을 상승시키는 결과를 초래하였으며, 결과적으로 일시적인 수출부진을 야기한다. 장기적으로 자유로운 노동정책으로부터 야기되는 고임금은 높은 생산성을 수반하기 때문에 노동기준의 개선이 무역성과에 미치는 명확한 패턴은 나타나지 않는다. 개도국과의 무역이 선진국의 고용과 임금에 미치는 영향에 대해서 정확히 평가하기는 현실적으로 어려운 상황이다.

(5) 국제부패Corruption

최근 들어 경제협력개발기구Organization for Economic Cooperation and Development; OECD 등 국제기구들을 중심으로 국제적 상거래에 있어서 뇌물거래방지 즉 반부패 논의가 진행되고 있다. 이와 같은 최근 국제기구들의 부패방지 논의는 국제상거래과정에서 발생하는 뇌물공여행위가 공정한 경쟁을 제한함으로써 궁극적으로 국제 무역과 투자의 증진을 저해하는 결과를 초래한다는 인식에서 출발하고 있다. 최근에 일고 있는 국제적인 반부패 논의의 중심축은 미국이 담당하고 있으며, 이러한 논의가 부패와 무역의 연계성을 강조하고 있다는 점에서 주목할 가치가 있다고 말할 수 있다.

'반부패라운드Anti-Corruption Round'란 세계무역기구(World Trade Organization; WTO체제 하에서 새로운 이슈로 거론되고 있는 부패와 무역의 연계문제와 관련하여 국제적 상거래에 있어서 부패 관행의 규제를 위해 국제적 규범의 마련을 위한 다자간 협상을 의미한다. 하지만 WTO에 속해 있는 개도국들이 이에 반대하고 있어 아직까지 이를 전세계적 차원의 뇌물방지 논의로 보기는 어려운 것이 현실이다.

국제적 반부패 논의는 당초 미국의 역사적 경험으로부터 파생된 것이다. 미국의 닉슨대통령을 사임토록 했던 워터게이트Watergate 사건을 수사하던 특별검사는 수사과정에서 미국기업들의 불법선거헌금 사실을 밝혀냈을 뿐만 아니라 이들 미국기업들이 해외영업을 하면서 외국정부의 결정에 영향력을 행사하기 위해 해당 외국공무원들에게 뇌물을 공여한 사실을 적발해내게 되었다. 이는 당시로서 매우 충격적인 사건이었고, 이러한 일련의 분위기를 반영하여 외국정부의 결정에 영향을 미칠 의도에서 행해진 당해 외국 정부인사에 대한 금품의 공여에 대한 규제를 목적으로 하는 해외부패관행법Foreign Corruption Practices Act이 1977년에 제정되었다. 결과적으로 1970년대 초에 있었던 워터게이트 사건은 미국으로 하여금 해외부패관행법을 제정토록 하는 계기가 되었고, 이는 더 나아가 국제적으로 다자차원의 해외부패관행의 규제를 위한 국제적 논의의 계기가 되었다고 말할 수 있다.

OECD가 국제투자, 환경, 경쟁정책, 노동, 반부패 등 향후 WTO체제에서 중요하게 부각될 소위 신통상 이슈들에 대한 규범을 제정하는데 있어 주도적 역할을 하고 있음은 이미 잘 알려진 사실이다. 1993년 OECD 이사회는 산하 국제투자 및 다국적기업위원회에 대하여 '국제무역 및 투자에 있어 불법적 지불행위 방지 권고안' 작성을 요청하였다. 이에 따라 1994년 OECD 이사회에서 '국제상거래에 있어서 뇌물에 관한 권고'를 채택하였고, 이어 1996년 OECD 이사회에서 '외국공무원에 대한 뇌물의 손금처리에 관한 권고'를 채택하였다. 1997년 5월 OECD 이사회에서 '국제상거래에 있어 뇌물방지에 관한 개정권고'를 채택하였고, 외국공무원에 대한 뇌물제공자의 형사처벌을 위한 국제협약 협상을 즉시 개시토록 결정하였다. 따라서 이러한 권고 내용에 따라 OECD는 1997년 12월 '뇌물방지협약'을 체결하였고, 각국의 비준을 거쳐서 1999년 2월 발효하였다. 공식 명칭은 '국제상거래에 있어서 외국공직자에 대한 뇌물공여방지에 관한 협약(약칭 OECD부패방지협약)'으로, 이 협약은 뇌물을 제공받은 관리에 의해 저질러지는 범죄행위인 '수동적 뇌물수령passive bribery'과 대조되는 의미에서 일부 국가에서 '능동적 뇌물공여active bribery'라고 칭해지고 있는 뇌물을 약속하거나 제공하는 자에 의해 저질러지는 범죄행위를 다루고 있다.

지금까지 부패방지를 위한 논의는 OECD 외에 WTO, UN, World Bank, IMF, OAS, EU 등에서도 활발하게 전개되어 왔지만, OECD가 주도적인 역할을 하여 왔으며, 앞으로도 OECD는 보다 심도 있는 전문적인 논의를 통해 다른 국제기구들의 논의를 이끌어나갈 것으로 예상된다. 특히 OECD 논의는 여타 기구에서의 논의와 달리 국제상거래에서 제공되는 뇌물에 초점을 맞추고 있고 회원국 대부분이 세계 주요 교역국이며 이들 회원국 기업이 주요 뇌물제공자들이기 때문에 더욱 OECD에서의 논의가 중요하다고 할 수 있다.

물론 반부패라운드의 실효성에 대한 의문도 제기되고 있다. 반부패 국제협정을 체결하더라도 선언적인 의미 이상의 강제력을 갖기 어렵다는 이유로 국제기구에서의 논의에 대해 부정적인 반응을 보이는 국가들도 있다. 또한 현재의 반부패논의가 뇌물 '공급'에만 초점을 맞추고 있을 뿐 '수요'를 무시하고 있다는 지적도 있다. 진정한 성공을 위해서는 '뇌물수요처'인 개발도상국들의 국내개혁이 병행되어야 한다는 것이다.

(6) 국제인권Human Rights

17세기 후반 유럽의 지적 혁명과 함께 싹튼 인권사상은 그 후 영국, 프랑스, 미국 혁명의 정신적 밑거름이 되었고, 2차 대전 중 홀로코스트Holocaust와 같은 비극을 통해 인간이 인간에게 얼마나 잔인할 수 있는지를 경험하고 난 후 인권은 전 세계적인 이슈가 되었다. 인권유린을 막기 위한 국제사회의 노력은 1948년 국제연합UN의 세계인권선언Universal Declaration of Human Rights을 시작으로 구체화되었고 이 선언문에 포함된 인간의 권리는 이제 보편적 가치로 받아들여지고 있다. 그러나 여러 가지 권리가 동시에 성취될 수 없을 경우, 보호해야 할 권리의 순서를 논리적으로 정하는 것은 쉽지 않다. 중국의 주장처럼 권리의 우선순위를 결정하는 보편적 혹은 일률적 기준을 도출하기란 지극히 어려운 문제이다. 중국은 바로 이러한 점을 이용하여 미국이 중국의 인권문제를 거론하는 것에 대해 내정간섭이라며 반발하였다. 또한 유고 공습에서처럼 미국이 인권외교를 추구하는 방법에 대해서도 논란의 여지가 있을 수 있다. 예컨대, 인권침해국에 대한 제재의 수단이 피제재국 국민들의 또 다른 인권을 침해하는 상황을 야기할 수도 있기 때문이다.

중국의 천안문 사태 이후 중국의 인권문제에 대해 비난의 화살이 집중되면서 아시아의 인권은 인권 담론의 핵심적인 주제가 되었다. 먼저 인권상황의 개선을 요구하는 서구의 외교적 압력이 가해졌고 이에 대항하여 아시아 국가들은 서구 중심적 인권 개념에 대해 도전하였다. 서구에서 생성된 인권과 자유의 원칙이 역사적, 문화적 배경을 달리하는 비서구 지역에 그대로 적용될 수 없다는 것이다.

1993년 방콕선언은 "인권이 그 본질에 있어서 보편적이지만 국제적 규범의 설정이 역동적이고 진화 중이라는 맥락에서 국가별, 지역별 특성과 역사적, 문화적, 그리고 종교적 배경이 가지는 다양한 의미를 염두에 두고 인권을 고려하여야만 한다"고 하였다. 이러한 방콕 선언문이 진정으로 말하고자 하였던 것은 아시아적 특수성으로 인해 서구의 것과는 근본적으로 다른 아시아적 인권 개념을 창조하겠으며 또한 그렇게 하는 것이 정당하고, 인권문제에 매달리는 서구의 외교정책은 아시아를 지배하려는 패권적 음모에 불과하다는 것이다.

방콕선언 이후 '아시아적 인권'은 좀 더 세련된 모습으로 포장되었다. 한마디로 배타적 상대주의에 기초하고 있다. 배타적 상대주의는 인권의 절대성과 보편성을 부정하고 인권의 개별화와 서열화가 가능하다고 믿는 것이다. 인권의 개별화와 서열화란 인간의 여러 권리를 각각 독립적인 것으로 간주하고 권리들 간에 우선 순위를 설정하는 것을 말한다. 여기에서 권리들 간의 서열을 매기는 결정적 변수는 역사적, 문화적 특성이고, 서열에 따라 덜 중요하다고 간주되는 권리는 더 중요하다고 간주되는 권리의 확보를 위해 얼마든지 포기될 수 있다는 것이 논의의 핵심이다. 이러한 논리를 바탕으로 리콴유와 마하티르는 궁핍으로부터의 탈출, 나아가 물질적 풍요, 그리고 조화로운 사회 건설의 이름 아래 '서구적 인권' 개념이 결코 보편적 인권이 될 수 없음을 강조하였다. 즉 개인의 자유와 권리에 앞서 전체의 생존문제를 해결하는 경제발전이 더욱 중요하기 때문에 시민적, 정치적 권리는 유보될 수 있고 유보되어야 한다는 것이다.

그러나 경제발전을 위해서 왜 인권이 반드시 제한되어야 하는지에 대해서는 아무런 설명도 하지 않으며 단지 자국의 '특수한 경험'만을 근거로 할뿐이다. 사실 자유의 제한과 경제발전 사이에는 일반화될 수 있는 상관관계가 전혀 없다는 것이 많은 연구 결과들이 공통적으로 내리는 결론이다. 즉, 인권을 탄압하는 정부가 경제발전을 보장한다고 믿을 경험적 근거가 없다는 것이다.

물론 모든 민주주의 체제가 획일적으로 조직되어 있지 않다는 것은 분명하다. 다양한 역사적, 문화적 환경에 따라 형성된 다양한 민주주의 체제가 존재하고 있다. 그러나 그러한 체제의 다양성은 모두 민주주의 원칙이 정하는 경계 내에 존재하는 다양성인 것이다. 보편성을 부정할 수 없는 이유는 민주주의의 이론과 원칙이 이미 존재하는 정치체제를 합리화하기 위한 목적으로 형성된 것이 아니라 '선험적 가치관 혹은 원칙들'에서 출발한 이론이자 이상이기 때문이다.

인간이라면 누구나 단지 인간이라는 이유만으로 소중한 존재라는 명제, 즉 인권은 결코 부정될 수도 없고 되어서도 안 된다. 이러한 보편적 관점에서 보자면 인권 확보와 신장을 위한 국제사회의 노력 그 자체는 도덕적으로 타당한 것이다. 그러나 인권 신장을 위한 전략적 차원에서 보았을 때 서구적 인권 개념을 비서구 지역에 그대로 강요하는 전략은 재고의 여지가 있다. 만약 문화적, 역사적 특성에 따라 인권에 대한 다양한 인식이 존재하는 것이 현실이라면 서구에서 생산된 인권 개념을 일률적으로 적용하는 것은 인권을 신장하기 위한 최상의 방법이 아니라는 주장이 설득력을 가진다. "인권에 대한 강제되지 않은 합의"가 필요한 것이다. 인권에 대한 '통문명적intercivilizational' 접근을 통해 상이한 문화 속에서 근사한 개념들의 교합점을 찾는 것이 절실하다고 할 수 있다. 바꾸어 표현하자면, 아시아 지역의 인권을 신장하기 위한 노력은 아시아의 문화와 전통에 도전하기보다 토착적 인권 전통을 발굴하여 그것을 바탕으로 아시아인들이 인권의 가치에 자발적으로 동의하도록 설득할 수 있어야 한다는 것이다.

제5부

새로운 정치학의 지평

제13장 환경정치학

김성수 (인제대학교)

제1절 정치적 주요 의제로서 환경

예전에는 환경Environment이 자연환경을 의미하는 바로만 쓰였으나 오늘날에는 인간의 삶이 영위되는 공간 즉 생태환경Ecological Environment 전체를 의미한다. 환경이 정치적으로 중요한 이슈로 등장한 것은 미국, 유럽 등에서는 1970년대 후반부터였다. 이는 하나뿐인 지구를 보호하기 위한 유엔인간환경회의The United Nations Conference on the Human Environment가 1972년 6월 5일 스웨덴의 수도 스톡홀름에서 세계 113개국 대표가 참석한 가운데 개최된 것에 큰 영향을 받았다고 할 수 있다. 이 회의는 환경문제를 토의하기 위한 인류역사상 최초의 정치적 수준의 회의였다는 점에서 큰 의의가 있으며, 선진국뿐만 아니라 개발도상국의 정부 및 국민들의 환경에 대한 인식을 높이는 데도 크게 기여하였다.

이와 같은 세계적인 조류와 더불어 한국에서도 산업화의 어두운 동반자인 공해문제가 표면화되기 시작했고, 반공해 운동이 3공화국 말기 때부터 태동하기 시작하였다. 산업화가 절대명제였던 상황에서 반공해운동은 반독재 운동이 활성화되지 못하던 시절 반독재 민주화세력들이 그나마 비교적 수월하게 정치적 투쟁의 공간을 마련할 수 있던 분야라고 볼 수 있다. 이 장에서는 한국의 환경운동이 반공해운동에서 환경보호를 위한 시민운동으로 전환해나가는 바를 살펴보면서 환경이 한국정치에서 차지해온 정치적 의미를 알아보고자 한다. 그 다음으로는 기후변화, 황사 오염 등이 보여주듯이 환경의 위기가 매우 중요한 글로벌 이슈global issue로 기능을 하고 있기 때문에 환경보호를 위한 국제적 노력들을 소개하고자 한다. 국제환경협력의 성과와 한계를 점검하고, 다자간 환경협력의 특징을 간략히 살펴본다.

유엔인간환경선언

Declaration of the United Nations Conference on the Human Environment

유엔인간환경선언은 전세계 인류에게 인간환경의 보전과 향상에 대한 공동인식과 일반원칙을 천명하였으며, 7개조의 전문과 26개조의 원칙으로 구성되어 있다.

전문 제1조 : 자연환경과 인위적인 환경은 다같이 인간의 복지, 기본적 인권의 향유, 나아가서는 생존권 그 자체에 있어 필수성 강조
전문 제2조 : 환경보호의 절박성
전문 제3조 : 인간능력의 현명한 이용과 해로운 이용이 미치는 결과 및 도처의 환경오염
전문 제4조 : 빈곤이 환경에 미치는 영향, 개발의 필요성 및 선진의 개발도상국 지원문제
전문 제5조 : 인구문제
전문 제6조 : 지식의 현명한 이용 및 환경보호를 위한 의지

출처: 해양환경정보총람 2002, 11.

제2절 환경의 국내 정치 쟁점화

1. 한국의 환경운동

1962년부터 1979년까지 18년에 걸친 박정희대통령의 권위주의체제 權威主義體制는 정책 쟁점을 체제외부에서 생성되게 하기보다는 체제관료가 쟁점정의를 행하며, 외부에서 생성되더라도 그것을 체제가 재정의하고 조정할 수 있을 만큼 강력하였다. 이러한 정책상의 특징은 70년대의 환경정책環境政策의 실질적인 부재현상에서도 잘 드러나고 있다. 1980년에 한국정부는 환경청을 설립하고, 환경보전법 등 관련법규의 정비 및 시행규칙의 제정 및 실행에 착수하였으나, 1980년대의 한국의 환경오염수준은 변화나 개선의 징후를 보여주지 못하였다. 그리고 1970년대 무렵부터 시작된 환경관련 피해의 진정, 농성, 시위는 80년대에 들어서면서 더욱 빈번하게 발생하였고 과격한 모습을 보여왔다.

1990년의 안면도 핵폐기물 처리장 건립반대 시위사태는 밀실행정에 의존해온 과학기술정책과 환경정책에 상당한 불신을 초래하였고, 1991년의 페놀오염사건은 낙동강지역을 상수원으로 하는 모든 지역주민에게 물관리정책의 非효과성과 환경운동의 긴요함을 인식하게 했다. 또 1994년 낙동강물 악취사건으로 부산경남지역의 상수도 수질에 대한 주민들의 강한 불신을 초래하였고, 1995년부터는 낙동강상류지역인 위천 지역에 국가공단을 건설하고자하는 대구경북지역 산업계의 요구와 수질오염을 우려하는 부산경남지역주민 사이의 지역간 갈등은 경제회복과 환경보전의 가치가 첨예하게 대립하고 있음을 보여주었다. 한편, 지난 2000년의 동강 댐 건설반대운동과 새만금 간척지 개발사업 반대운동, 2003년부터 2006년까지 KTX 철로 공사를 중단시켰던 천성산 도롱뇽 보호 관련 단식투쟁과 행정 소송 등은 환경이 영향력있는 정치적 이슈로 자리잡고 있음을 보여주는 대표적 사례라고 할 수 있다.

2. 환경의식의 변천과 환경운동

환경의 중요성과 보전의 필요성을 인식하는 내면적 태도를 환경의식環境意識이라고 한다면, 환경의식의 외부적 표출外部的 表出을 환경운동이라고 볼 수 있는데, 소극적인 의미로는 공해피해에 대한 시위와 농성 등을 의미하며, 적극적인 의미로는 참여의 범위가 보다 확산적이고 지속성 있는 예방적 차원을 포함하는 환경보호운동을 의미한다. 환경운동은 환경의식을 환경정책에 구현하는 것을 강제할 뿐 아니라, 환경정책의 엄정한 집행을 담보하는 기능도 할 수 있는 것이다.

(1) 환경운동의 태동과 환경 의식의 성장

한국정부는 1962년에 제 1차 경제개발계획을 시행한 직후 '공해방지법'을 제정하였다. 70년대에 들어와 '공해방지법'은 시행규칙을 마련하여 개정되었으나 집행의 유예기간을 설정하여 실효를 거둘 수는 없었다. 1977년 '환경보전법'이 제정되었는데, 이는 환경기준의 설정, 환경영향평가제의 실시, 환경오염도의 측정, 사업자에 대한 오염방지비용부담제의 도입 등으로 공해방지적 성격에서 환경보전적인 성격으로 전환을 모색하였다.

박정희 행정부의 경제성장의 추구는 환경관련 정보의 공개와 유통을 억제하고 언론을 통제하였다. 또, 비록 환경에 대한 의식이 존재했더라도 그것을 명백한 이슈로 결집하고 정책의제화政策議題化시킬 수 있는 제도적인 통로가 거의 없었다(김정수 1980, 24~26).

제3공화국시대의 후반기는 이러한 상황에도 불구하고 환경운동의 발아發芽가 이뤄진 시기로 볼 수 있다. 다양한 형태의 환경운동을 범주화하는데는 몇 가지의 방법이 있는데 근대사회의 시민적 권리인 투표, 청원, 재판에 중점을 두는 시민운동과 담판, 농성 등이 주가 되는 주민운동으로 대별할 수 있다고 본다. 일본의 환경운동을 연구한 맥킨M. Mckean은 주민운동의 주요변수로써 운동가의 충원과정, 환경에 관한 견해, 운동의 구성양태 및 전술 등을 강조하였다(M.Mckean 1981, 124~126).

환경운동을 범주화하는 주요변수는 구성원들의 성분과 자질, 정부와의 관계, 운동활동의 양태 및 자금조달의 방법 등이라고 볼 수 있다. 따라서, 한국의 환경운동은 정부가 주도하는 캠페인성의 환경보전운동, 피해지역주민들에 의한 주민운동, 그리고 민간시민단체위주의 시민운동으로 분류될 수 있다. 그런데, 1970년대에는 세 종류의 환경운동이 상호교류 없이 발생한 시기라고 볼 수 있다.

1977년 정부의 지원으로 자연보호운동自然保護運動이 시작되었고, 정부는 78년 자연보호헌장을 선포하는 등의 상징적 노력을 보였다(김정수 1980, 22). 또한,1970년대 말엽은 공해시설의 입주로 농업과 어업의 생산기반을 상실한 주민들의 경제적 피해보상요구와 공해병에 따른 생존권의 요구가 주가 되는 주민운동이 태동한 시기였다. 1979년 6월 울산의 삼산평야 지역 주민들의 피해보상 요구와 남해화학주변의 농산물오염이 심화되어 집단농성 등이 벌어졌다(조중래 1983, 96~98). 한편, 시민운동으로서의 환경운동은 1979년 마산 시민들의 마산만 청정화운동이 그 시초이다(동아일보, 1979. 5.26).

1980년부터 업무에 들어간 환경청이 환경기술관리단의 설치, 배출부과금제도의 도입과 환경오염방지기금의 설치 등을 주요 내용으로 하는 환경보전법 개정을 하였다.[1] 1986년에는 환경영향평가대상을 민간인의 사업에까지 확대하고 환경기준의 관리를 강화하였고 제6공화국 초기 보건사회부의 외청外廳 조직이던 환경청이 환경처로 승격되었고, 환경정책기본법을 수립하였으며, 환경오염유발부담금제도를 도입하였고, 환경처보다 집행권한이 강화된 환경부로 승격되었다.

1980년대에 들어오면서 한국인들은 빈번하게 발생한 공해사건을 접하면서 생존환경을 보호해야할 필요성을 인식하게 되었으나, 경제성장의 당위성은 여전히 높은 위상을 차지하고 있었다. "한국인의 환경의식조사"라는 논문에서, 변동건 교수는 1985년의 시점에서 조사표본집단의 50%가 환경문제의 심각성을 인지하고 있음을 발견했다(변동건 1985). 77%의 응답자가 환경보전과 경제성장을 조화시켜야 할 필요성에 동의하였다. 그런데, 정부정책에 대한 불만족에도 불구하고 그 불만족이 중요한 정치적 쟁점으로 전환되지 않은 사실은 어떻게 설명되어야 할 것인가? 첫째, 정당들의 소극적 자세를 들 수 있다. 둘째, 국민들의 의식 속에 고착된 지속적인 성장욕구는 환경보전이라는 심정적 동의와는 달리 정부에 확실한 정책을 요구하는 등의 행동화를 주저하게 한 것으로 보인다. 셋째, 환경파괴의 피해가 일부 지역에만 한정되어 직접적으로 피해를 입지 않은 도시 시민들은 환경문제를 정치적 쟁점화 하는 활동에 참여하여 얻을 수 있는 편익에 대하여 크게 기대하지 않은 것으로 추정할 수 있다.

위에 언급한 환경의식의 성장과 지속적 성장욕구가 병존한 가운데, 제5공화국시대는 환경운동이 어느 정도 성장한 시기이다. 주민운동의

---

1) 환경청의 설립과정에 관해서는 김정수(1980) 참조.

경우, 운동의 투쟁성과 기간의 지속성에 있어 온산의 주민운동이 대표적 사례이다. 한국 최초의 환경운동이라 할 수 있는 1984년의 온산 주민운동은 몇가지 한계점을 보였는데, 첫째, 투쟁이 보상액수에 치중하여 적절한 금액에 대해 주민들 간에 내부적 갈등과 불협화음을 초래하여 운동의 효과성을 경감시켰다. 둘째, 주민들은 정보나 과학적인 데이타를 확보하지 못했다. 셋째, 지역의 성직자들과 재야 등이 지원하였고, 서울의 공해문제연구소 등 외부단체가 '울산 온산 공해이주대책 특별위원회'를 구성하여, 사회의 관심을 지속시키려 했으나 후속작업의 미흡과 또 도시의 지식인 그룹과 주민들 간의 실질적인 연계성의 부족으로 인하여 큰 효과를 거둘 수 없었다.

시민운동의 구체적 사례로서는 1983년의 목포시민운동을 들 수 있다. 82년 진로주정공장의 영산강중류 영산포 이전계획은 이미 심각하게 오염된 상수원을 오염시킬 위험성을 내포하여 목포시민들의 강력한 반대를 불러일으켰다(조홍섭, 정호경. 김지하 외 1985, 240~241). 우여곡절 끝에 10월에 진로측은 주정공장계획을 반월공단에 설치하는 결정을 내렸다. 목포시민의 환경운동은 최초의 전시민적 차원의 성공적이고 예방적인 운동이란 점에서 큰 의미를 갖는데, 이는 지역사회 지도자들이 도시의 유지 및 중상층upper middle class과 연대하여 운동의 주도적 역할을 맡음으로써, 정부측이나 진로측의 유화적 설득에 타협안妥協案을 내지 않고 투쟁을 지속할 수 있었다는 점이다. 그러나, 주정공장의 이전을 최종적으로 결정한 것은 사기업인 진로회사이지 환경청이 아님을 우리는 주시해야하는데, 시민운동이 제품의 이미지 훼손과 진로제품의 전국적인 불매운동으로 번져 가는 것을 우려하였기 때문이라 볼 수 있다. 이는 향후 환경운동과 소비자운동이 접목될 수 있다는 가능성을 열었다는 점에서 주목받을 가치가 있었다.

1980년대 후반 국민의 환경의식環境意識도 점차로 높아져왔다. 1987

년 환경청은 전국의 1800명을 대상으로 '환경보전에 관한 국민의식조사'를 실시했는데, 환경오염으로 인한 피해를 받고 있느냐는 설문에서 응답자의 69.1%가 피해를 받고 있다고 대답했으며, 경제성장과 환경보전의 관계에 대하여는 응답자의 88.7%가 경제성장과 환경보전이 조화를 이뤄야 한다고 하였다.(환경청 1987, 152). 환경보전활동 참여의사에 대해서는 적극 참여하겠다(40.9%)와 시간이 나면 참여하겠다(52.3%)를 합치면 93.2%가 참여의사를 가지고 있다. 지역사회에서 환경문제가 정치문제화될 수 있는가 알아보기 위해 환경문제를 공약으로 제시한 후보에게 투표하겠느냐는 물음에 모르겠다(43.7%), 투표한다(38.1%), 투표하지 않는다(18.1%)의 순으로 나타났다.

(2) 환경시위와 환경운동

1991년에 기초 및 광역 지방의회가 구성되었고, 1995년에는 2기 지방의회 및 첫 지방자치단체장 선거가 실시되어 본격적인 지방자치시대가 개막되었는데, 중앙정부의 계획과 결정에 따라 진행되던 국토개발과 공단의 입주 등에 상당한 변화를 초래하였고, 환경운동 역시 이에 상응하는 변화된 모습을 보여주었다.

국민들의 환경의식은 1990년대 중반에 접어들면서 더욱 심화되었다. 한덕웅의 '한국의 사회문제에 대한 국민의 자각'이라는 논문에 따르면 환경오염이 79.8%로 최대의 사회문제로 지적됐다. 더욱이 식수오염(60.7 6%, 4위), 산업폐기물. 공장폐수(60.68%, 5위), 대기오염(55.9%, 8위) 등 환경문제 50%이상이 조속히 해결돼야 할 사회문제로 지적한 항목 16개중 상위 4개를 차지, 가장 시급히 해결돼야 할 사회문제가 환경문제임이 확인됐다(문화일보 1994. 5.21).

그런데, 1990년대에는 상수원의 오염과 폐기물매립지 건립 등 광범위한 오염가능성으로 인하여 주민운동과 시민운동의 경계가 모호해지기 시작했다. 왜냐하면, 부산의 사상공단인근지역주민들의 경우처럼 도시내의 일부지역에서도 오염의 직접피해를 경험하거나 오염을 예방하는 차원에서 환경오염항의시위가 크게 늘어나고 있고 또 위천공단관련 대구·경북과 부산·경남 사이의 갈등사례처럼 광역자치단체 구성원 모두가 참여하는 환경운동도 활성화되고 있기 때문이다. 따라서 주민운동과 시민운동의 이분법적 분류보다는 지역적 환경시위와 환경운동으로 분류하는 것이 바람직하다.

즉 지역주민이 환경오염에 접하거나 직접적인 피해를 예방하기 위한 돌출적이고 일시적인 투쟁은 지역적 환경시위라고 분류하고, 환경오염의 발생여부에 관련 없이 전문성을 보유하고, 지식인과 상시적 구성원이 참여하여 환경의식의 구체화의 형태로서 지속적으로 활동하는 것을 환경운동으로 파악하는 것이다.

우선 지역적 환경시위부터 살펴보기로 한다. 1990년도 전반기에 전국에서 73차례에 걸쳐 약 2만 5천명의 주민들이 시위에 참가했는데, 이는 예전에 비해 크게 증가한 것이라 한다(조선일보 1990. 7. 31). 항의나 피해보상의 요구가 아닌 생존권의 확보의식은 90년 11월의 핵폐기물처리장건설에 반대한 주민전체가 참여한 안면도 사태에서 극명하게 나타났다.[2)]

지방의회의 구성 이후 특히 쓰레기장 후보지 선정에 대해 주민들의 집단반발이 빈발하였고, 이러한 현상 즉 공해유발 또는 주거환경 위해시설이 동네에 설치되는 것을 반대하는 집단행동을 의미하는 님비

---

2) 이러한 예방투쟁은 지난 89년 환경청에 접수된 30명이상의 집단민원 154건 가운데 27건(17.5%), 90년에는 9월말까지, 110건 가운데 23건(20.9%)을 차지하여 점점 증가하는 추세이다(조홍섭 1991, 173).

NIMBY현상의 확산은 이기적 환경의식이 극단적으로 또 집단적으로 표출된 것으로 파악할 수 있다. 그런데, 지나친 님비 현상은 결국에는 모두에게 필요한 사회적 시설의 설치비용을 적정가격보다 더 비싸게 하며, 이는 시민의 부담을 증가시키며 궁극에는 경제력이 희박한 지역의 오염을 가속화시킬 가능성을 배태하였다.

환경운동은 90년대에 들어와 상당히 활성화되었고 환경운동의 이념도 상당히 변모하였다. 즉 종래의 반공해운동反公害運動에서 새로운 환경운동으로 전환했는데 근본적으로 사회변혁의 유토피아는 사라지고 '지속가능한 개발Sustainable Development'이라는 이름 아래 현실주의전략이 새로운 환경운동을 지배하게 되었다. 이러한 현실주의 전략은 많은 대중들의 지지를 얻는데 성공하였고 전국 규모의 전문환경운동조직들이 생겨나고 또한 지역환경운동 조직들도 생겨났다(정수복 1995, 47). 그리고 기존의 전국적 규모의 사회단체들도 환경이라는 이슈를 조직의 중요한 과제로 삼았으며 언론매체들도 경쟁적으로 환경캠페인에 뛰어들었다.

시민운동으로서의 환경운동은 시민운동 단체의 특성에 따라 크게 네 부류로 나눌 수 있다.

첫째, 정부·기업의 무관심, 무책임을 직접 공격하는 현장투쟁을 통해 문제해결을 시도하는 환경운동연합, 배달환경연합 등의 전문환경운동이다. 이들은 80년대 후반 민주화운동과 연계하여 환경운동을 전개하여 환경문제를 대중적 과제로 발전시키는데 중요한 역할을 했고, 정부에 대하여 구체적인 정책적 대안까지 제시하여 환경정책 입안에 일조하고 있다(김영래 1994, 308~311). 대표적 단체로는 환경운동연합을 들 수 있는데 이는 80년대말의 공해추방연합이 발전적 변신을 한 것으로 볼 수 있다.

둘째, '어떻게, 무엇을 할 것인가'라는 정책적 대안에 무게를 두는 경제정의실천시민연합 스타일의 환경운동이다. 1989년 창립된 경실련은 주로 환경문제의 원인을 경제적 부정의, 즉 인간의 복지를 외면한 채 이윤만 추구하는 잘못된 경제구조에 있다고 본다. 경실련은 환경우수기업에 대한 표창, 환경보존콘서트 등을 개최하여 대중 속으로 파고드는 환경운동을 전개하였으며, 경실련 내의 정책연구위원회에 환경문제와 연관이 있는 다양한 여러 분과들이 생기게 됐다.

셋째, 생활 속의 실천운동으로 문제를 극복하자는 YMCA, YWCA, 여성단체, 소비자운동, 지역주민모임 스타일의 환경운동이다. 특정단체 또는 공익단체 내에서 환경문제에 대한 활동을 부수적으로 수행하고 있는데 이는 환경문제가 사회구성원의 보편적 관심사이고, 관심을 가진 일반인을 단체의 회원으로 유인하는데도 기여하는 바 크기 때문이다.

넷째로는 관변환경단체들에 의한 운동을 들 수 있는데, 정부와의 관계에서 종속적이며 단체의 임원들은 주로 정부의 권유나 사전 내락에 의해 임명되며 단체의 재정의 상당 부분 정부 보조나 알선에 의해 운영되고 있다(김영래 1994, 312).

환경의식의 정치쟁점화의 측면에서는 1989년 여름부터는 환경보호운동의 정당활동에 관한 논의가 구체적으로 부각되었는데, 그 동안 한국에서 녹색당의 출현이 어려웠던 이유 중에는 국민들의 정치, 정당, 정치인에 대한 국민적 인식이 긍정적이지 못한 점과 환경보호를 정치에 접목시키는 기술의 부족, 그리고 정당조직에 필요한 자금동원 등의 문제가 있다. 1989년 12월 창당발기대회를 마친 대한녹색당은 당초의 기대와는 달리 창당을 선포하지 못하였는데, 그 이유는 정계 진입을 노리며 거액의 성금을 낸 정치지망생들에게 창당성금을 돌려

주는 바람에 자금이 바닥났다는 것이다(조선일보 1990. 4.15).

3. New Millenium새천년의 환경운동

사이버 시대의 등장은 Web상의 시민운동과 참여를 활성화시키는데 기여했고, 특히 오염 문제의 고발에 있어서는 엄청난 영향력을 행사하였고 따라서 환경 이슈의 확산의 강도를 높이는데 상당한 기여를 했다. 이는 환경운동 참여의 강도를 치열하게 하는데 이바지했다. 그리고 환경정보시스템Environmental Information System의 구축 및 Internet 등을 통한 환경정보의 확산 및 교류는 특정 지역의 환경문제 혹은 특정의 환경 이슈를 전 국민에게 공유하도록 해주었다. 세계화 및 정보화의 흐름 속에 한국의 환경운동도 세계적 교류에 힘써야하는데 특히 비정부조직Nongovenmental Organization들간의 교류 및 협력을 제고하기 위한 노력이 강화되어야 하며 생물다양성협약 및 기후변화협약과 같은 국제적 노력에의 동참을 정부에 촉구해야한다. 특히 세계무역기구WTO의 출범 이후 환경을 지나치게 오염시키는 생산공정과 제품에 대하여 무역상의 제재를 가할 수 있는 그린라운드Green Round가 강조되고 있음을 상기시켜 정부 및 기업들이 환경오염방지지향형 생산기술을 적극 개발하도록 하고, 개인 생활에서도 친환경 재활용에 동참하는 등 친환경소비자 운동을 활성화하는 등 수많은 과제가 놓여있다.

제3절 국제환경협력

1. 국제환경협력의 필요성과 성과

환경경제학의 연구에 따르면, 한 사회 내에서 모든 참가자가 각자 개인적 이해득실을 따져 가장 효율적인 선택을 한 결과는 결국 전체적으로 가장 불리한 결과를 초래하고 마는 사회적 고민social dilemma에 빠지게 된다. 개개인의 합리적 선택이 「공동체의 자체파괴」로 귀결되는 악순환이 발생하는데, 이를 확장해본다면 세계 모든 국가들이 석탄, 석유 등 화석연료를 태움으로써 발생되는 「조그만 이산화탄소」들이 모여 지구온난화현상을 일으킨다.

이는 환경보호에 대한 의무가 원인을 제공한 일부 사람에게만 있는 것이 아니라 사회구성원 전체 즉 나아가서는 한 국가에 있다기보다는 결국 지구촌 구성국가 모두에게 있다는 것을 보여준다. 결국 지구의 선진국이든, 개발도상국이든, 후진국이든 결국 모든 국가가 지구환경보호를 위해 국제환경협력에 적극 동참하고 개별 국가 자신의 응분의 부담을 미래세대Future Generation를 위해 기꺼이 부담해야하는 것이다.

(1) 다자간 환경협력의 필요성

국경을 초월하여 이동하는 환경 오염물질에 의한 피해는 우리의 건강과 삶의 환경을 훼손해왔다. 한반도를 중심으로 하는 동북아시아 환경권역만 두고 보더라도 이대로 방치하기에는 너무도 심각한 상태에 이미 도달해있다.

동북아시아 환경권역에 대한 위기는 이러한 엄청난 재앙을 초래할지 모를 사안에 대한 예방적이고 규제적 조치를 담보해 주는 다자간 환경협력의 필요성이 절실함을 재삼 강조해 준다.

이에 대응하고자 1990년대 후반 정부는 다양한 대응을 시도하고 있다. 즉 통상산업부(지식경제부의 전신)는 무역과 환경의 연계에 대비하는 모습을 보이고 있다. 환경부는 국제환경외교의 무대에 다양한 참가와 경험축적, 세계 주요국가 즉 워싱턴, 토쿄, 파리, 제네바, 모스크바 등의 지역에 외무부에 요청하여 '환경주재관'을 파견하고, 또 세계화 조류에 맞추어 외국어 능력을 갖춘 국제업무 담당사무관을 특채하는 등 다양한 노력을 보여주고 있다. 정부뿐만 아니라, 환경운동단체들 역시 이러한 세계적 조류 속에서 그린 피스Green-Peace활동 연계 그리고 국제적 여론을 이용하여 환경 관련 운동에 힘을 얻어 정부에 압력을 행사해왔다.

역설적으로 들리지만, 선진국의 환경운동이 성공을 거두면 거둘수록, 후진국은 그 환경폐기물의 반입처가 되고 열악한 환경파괴적 생산공정에 의지하는 제조기지가 되고 만다. 선진국의 환경규제 및 환경보전은 경제적으로 취약한 후진국을 희생양으로 삼고 만다. 따라서 이러한 새로운 형태의 환경오염의 이전은 동일한 생물권역Biosphere을 공유하는 국가들 간의 협약에 따라 반드시 예방되고 규제되어야 하는데, 바로 이를 위해 환경외교와 다자간 환경협력의 이론과 실제에 대한 연구 및 대응이 실로 필요한 것이다.

지난 20세기 후반기부터, 특히 냉전의 종식이후 "환경"은 국제평화와 안보에 있어 아주 중요한 요인으로 부각되고 있다. 즉 인구의 지속적 증가(특히 후진국에서의 증가), 이에 따른 농업산출량 증대를 위한 토지 이용 변경, 수자원 이용 팽창 및 사용을 둘러싼 갈등, 그리고 불안정한 에너지 자원 등 이러한 환경적 요인들이 향후 21세기의 국제

평화 및 안보에 중요한 갈등요인으로 등장하고 있는 것이다.

1980년대까지만 하더라도 지구환경문제는 강대국들의 눈에는 국가이익과 국제정치에 별로 영향을 미치지 않는 쟁점이었다. 그러나, 선진국들 내부에서의 환경운동의 활성화와 오존층 파괴 등과 같은 확연한 환경 위협이 부각됨에 따라 지구 환경 문제는 새로운 중요한 쟁점으로 등장하기 시작했다.

환경에 대해 덜 중시했던 1980년대 미국의 공화당의 레이건R. Reagan, 부시G. Bush 행정부와는 달리, 민주당의 클린튼B. Clinton 행정부는 환경요소를 더욱 중시해왔으며, 특히 고어A. Gore 부통령은 오존층의 감소와 기후변화에 따른 생물 다양성의 감소를 세계안보에 아주 위험한 요인으로 간주한 바 있다. 물론 2000년대에 등장한 George Bush 행정부는 이라크 전쟁 수행 등 국제적 요인으로 환경에 대해 두드러질 만한 정책을 형성하지 않았다. 2009년 출범한 오바마B. Obama 행정부도 의료보험개혁과 아프카니스탄 사태 등으로 환경협력을 위한 외교적 노력에 크게 주안점을 두고 있지 않아 실망을 안겨주고 있다.

그런데, 경제가 침체된 개발도상국가들은 중·장기적 고려 없이 선진국가들의 공해산업의 유치와 유해성폐기물 반입처가 되기를 자청하며, 안타깝게도 1990년대 후반의 북한과 대만의 핵폐기물반입거래의 소동은 이에 대한 한국, 중국의 정부 및 그린피스Green Peace 등 각종 비정부조직NGO들의 엄중하고 격렬한 항의를 촉발한 바, 이는 환경적 요인이 국제 질서 및 인접국간의 선린적이고 평화적인 관계에 상당히 중요한 변수가 됨을 입증해준다. 따라서 국제적인 환경협력은 환경 자체만을 위해서뿐만 아니라 국제 평화에도 기여하는 바가 크다.

(2) 국제환경협력에 관한 이론

영O. Young과 스턴Stern 등은 1992년 세계환경변화Global Environmental Change: Understanding the Human Dimensions라는 글에서 인류는 향후에 지구환경체제가 어떻게 될 것인가에 대한 불확실성 속에 살고 있다고 말한다. 즉 자연 환경의 미래는 어떠할 것인가, 사회 및 경제 조직들의 미래는 어떠한가, 미래의 사회조직구성원들이 추구하는 가치는 어떠한 것들인가, 지구환경변화는 이러한 미래의 구성원들의 가치에 어떤 영향을 미칠 것인가, 그리고 현재 진행되는 세계적 변화에 대한 인류의 반응은 어떠할 것인가 등에 대해 불확실하다는 것이다.

그런데, 세계적 변화는 인류가 추구하는 가치에 영향을 미치며, 다양한 사람들은 다양한 가치를 상이하게 추구한다. 예컨대, 미국인들의 거대한 에너지 사용규모나 브라질의 벌목을 통한 국토정리 등은 지구온난화 및 생물 다양성의 파괴 위협을 초래하고 있다. 따라서 사람들은 다른 사람들 혹은 다른 정부의 선택에 영향력을 미칠 수 있기를 바라고 혹은 더 나아가 영향력을 미칠 수 있는 권리까지도 주장하게 되는 것이며, 이에 대해 다른 사람들과 정부들은 거절할 수 있기 때문에 여기에 바로 갈등의 발생요인이 있는 것이다.

1990년대에 들어와서는 세계환경의 문제가 국제안보와 세계경제에 이어 세계정치에 있어 제3의 주요영역으로 정착하였다해도 과언이 아니다(Porter and Brown 1996, 1). 호머-딕슨Homer-Dixon도 1990년에 환경변화는 폭력을 수반하는 갈등을 초래한다고 주장하였다. 지구의 변화가 진행되면 진행될수록 그것은 국제적 갈등까지 포함하는 갈등의 근원이 될 수 있다. 갈등은 첫째, 지구환경악화의 원인으로 지목된 행동에 대하여 누가 영향력을 미칠 권리가 있는가(주권의 문제), 누가 비용을 부담할 것인가(자금지원), 그리고 그 분쟁은 어떻게 해결될 수 있는가(분쟁해결)에 관련된다.

따라서 후에 행동하는 것보다는 현재 조치를 취하는 것이 더 실질적 효과를 거둘 수 있고, 서서히 변화에 적응하는 것이 수월하며, 미래의 재난에 대해 보험을 마련하는 것이 중요하며, 되돌릴 수 없는 실수를 미리 방지하는 것이 현명하다. 그리고 환경에 대해 실험을 시도하는 것은 위험부담이 상당하기 때문에 오늘날 구할 수 있는 최선의 방법으로 미리 갈등의 근원에 대해 대비하는 것이 바람직하다. 환경외교는 바로 이러한 준비와 대비의 중요한 과정인 것이다.

다자간 환경협력은 환경외교의 구체적인 한 형태이다. 환경외교는 일반적으로 보다 광의적이고 중·장기적인 환경목표의 실현을 위해 상당수의 국가들간의 협약을 토의하고 합의하는 것이라고 정의된다. 한편, 다자간 환경협력은 구체적으로 생물권역과 환경권역을 공유하는 몇몇 국가들이 공통의 환경을 보전하기 위하여 협력하는 것으로써 국가간 협력, 지방자치단체간 협력, 비정부기관NGO들 간의 협력을 포함한다고 할 수 있다.

지구환경보호를 위한 다자간 환경협력은 일반적인 희망적 인식에도 불구하고 성과에 대해서는 그리 긍정적인 평가를 받지는 못하고 있다. 그럼에도 불구하고, 여러 국가들은 1946년의 '고래잡이에 관한 국제협약International Convention for the Regulation of Whaling : 최초서명국은 9개국'을 필두로 환경보전을 위한 국제적인 노력을 계속해왔으며, 다자간 환경협력에 대한 학문적 연구 및 실제적 논의는 지난 40여년에 걸쳐 상당한 진전을 보여주고 있다. 남극조약, 습지협약RAMSAR, 1992년의 기후변화협약The Conven- tion on Climate Change, 생물 다양성협약, 1997년의 교토 의정서, 그린라운드Green Round, 런던협약, 2009년 코펜하겐 의정서에 이르기까지 다양한 협력이 시도되었다.

그럼에도 불구하고 세계적 규모의 환경위협이 여전히 존재하고 있고 또 급박한 대응이 필요한 문제들이 방치되고 있다는 점을 볼 때, 다자간 환경협력의 본질 및 특성과 효과성을 고찰하고 그 문제점을 극복하기 위한 방안을 모색할 필요가 있다. 다자간 환경협력에 있어서는 조약이나 협약의 체결뿐만 아니라 후속 의정서의 체결 및 조약의 비준과 그 이후의 집행과 감시Monitoring도 중요하므로 집행의 문제점 및 개선방안까지 살펴볼 필요가 있다.

또한 국내적으로는 환경 기준에 도달한 국가들도 '대기공해, 산성비, 어장오염, 하천오염, 대양오염, 산림오염' 등 국경을 초월한 환경문제에는 취약하기 때문에 이러한 지구촌적 환경문제를 해결하기 위해서는 "지구촌적 대응의 조정"이 필요하며, 이를 위해 다양한 노력이 추구되어 왔다.

(3) 세계환경회의

1972년 스웨덴 스톡홀름회의가 있은지 20년만에 1992년 6월 브라질 리우데자네로에서 환경과 개발에 관한 유엔회의UNCED, Earth Summit가 개최되었다. 178개국 대표가 참석하였으며 한국도 국무총리와 환경처 장관을 포함한 정부대표와 비정부대표단을 파견한 바 있다. 리우회의에서는 1972년 스톡홀름회의 이후의 지구환경문제에 대한 심각성을 논의하고 21세기를 향한 지구인의 행동강령인 리우선언이 채택되었다.

리우선언은 국제사회가 환경과 개발의 조화를 추구하는데 필요한 정치적이고 철학적인 기본지침이라 할 수 있으며, 20년전 스톡홀름에서 인간환경선언에 이어 지구환경보전을 위한 기본원칙을 정하였다는 데 그 의의가 크다. 환경적으로 건전하고 지속가능한 개발Sustainable Development을 지향하는 선언적 규범이다. 리우선언의 채택은 분명히 상징적으로 의미가 있는 선언이다. 그러나 국제 환경 조약에 대한 협상을 시도하였으나 안타깝게도 각국의 정상들은 UN총회가 그들에게 부여한 의제들 중 극히 작은 부분조차 해결할 수 없었다. 이는 다자간 환경협력이 실제적 성과를 거두기가 얼마나 어려운가를 예시해주는 대표적 사례이다. 다만, 의제21Agenda 21과 같은 구체적 행동 강령들이 마련되었고 각 국가와 지방자치단체들은 지역 의제 21Local Agenda 21을 구체화하는 등의 노력을 시도하였다.

(4) 2002년 지구 정상회의

2002년 8월에는 사상 최대의 국제회의라 불리는 지구 정상회의(World Summit for Sustainable Development: 지속가능한 발전을 위한 세계 정상회의)가 남아프리카 공화국 요하네스버그에서 열렸는데, 빈부격차 해소를 위한 행동계획과 실천시간표를 본격 논의하였다. 106개국 정부 대표들은 깨끗한 식수 공급, 보건위생 향상, 환경친화적 에너지 개발, 생물 다양성 보호, 식품 안전 등 분야별 회의에 참석, 협상을 벌였다.

참석자들은 후진국 지원 창구가 될 '글로벌 펀드Global Fund' 설립에 의견을 모았고 후진국 대표들은 후진국에 대한 선진국들의 원조금을 선진국 국민총생산GNP의 0.7%로 증액할 것과, 선진국들의 자국 농가에 대한 보조금폐지를 주장하였다. 세계은행도 선진국들이 매년 해외원조금의 6배에 달하는 3500억달러를 자국내 농가 보조금으로 지원함으로써 후진국의 빈곤 상태를 악화시키고 있다며 후진국의 입장을 지지하였다.

10년을 주기로 두 차례 열린 지구 정상회의의 진행과 경과 사항을 보면 전세계에 통용될 수 있는 환경을 위한 전세계적 규범은 도덕적 혹은 윤리적 선언 정도의 효과를 가질 수 있는 정도이며 그 실제적 효과는 향후 각 분야별로 거론되고 추진된 협약체계와 각 지역별로 환경권역을 공유하고 있는 국가들 사이의 실무적인 협력에서 얻어질 수 있음을 알 수 있다.

2. 다자간 환경협력 연구를 위한 방법론

다자간 환경협력에 관한 연구는 그야말로 환경학, 국제관계론, 국제법, 국제협상론, 환경경제학, 국제경제학 등의 주요접근법에 대한 다양하고도 깊은 이해를 필요로 한다. 즉 학제간學際間: Interdisciplinary 접근법을 채택하여 다양한 학문분야에서 단층적으로 발전되어있는 이론을 종합적으로 이해하여 다자간 환경협력의 복잡성과 다양성을 이해하는 노력이 추구되어야 한다.

특히 과학에 대한 새로운 인식도 중요하다. 다자간 환경협력의 어려움은 환경의 본질적 속성이 기술적이고 과학적인 내용이라는 점과, 환경관련 회의에 제출되는 자료들의 대부분이 일어날지도 모를 사건에 대해 얘기하면서 동시에 상당수가 불확실하다는 점, 즉 예측적 자료라는 점이다. 그럼에도 불구하고, 생태계에 초래되는 심각한 손상과 관련된 위험 때문에 국가들은 어떤 행동을 취해야만 하기 때문에 과학에 대한 이해가 필수불가결하다.

환경논자들의 과학적 위기 주장에 대해 그것의 실제적 검증 가능성을 제기하거나 지나치게 위기감을 조성하고 있다는 과학자 및 사회과학자들의 비판도 상당히 많은 점도 유념해야할 문제이다. 미국의 일부 과학자들과 프랑스의 기소르망 등은 환경논자들이 환경 위기를 지나치게 과장하여 꼭 있어야할 진보조차도 막으려 애쓴다고 주장한다.

특히 기 소르망Guy Sorman은 그의 저서인 '진보와 그의 적들'에서 "녹색綠色은 현행하는 하나의 신화이며, 그저께와 비슷해져 갈 내일에 대한 또다른 약속이다. 진보의 적은 녹색주의다"라고 주장하고 있다. 그는 "환경주의자들이 스스로 만든 교리에 함몰되어 인류미래에 극히 중요한 문제들에 대해 비이성적 정치술수와 중상모략을 가한다"고 일침을 가하며 인간복제, 유전자조작식품, 핵연료, 기후온난화설은 스스로를 인류의 구원자로 내세워 재앙의 두려움을 유포하는 지적知的 테러라고까지 규정하고 있다(기소르망 2003). 과학적 진실의 규명, 주장과 설득이 쉽지 않음을 밝혀주고 있는 대목이다.

둘째, 다자간 환경협력에 관한 이론 및 실제에 관한 연구는 다양한 자료의 사용과 사회과학 연구의 기본적 방법인 묘사적 연구description, 설명적 연구explanation, 그리고 예측적 연구prediction를 필요로 하며, 다자간 환경협력의 현황에 관한 종합적이고 분석적인 연구를 지향한다. 이를 바탕으로 환경위협에 대응하고 정책개선 및 보다 나은 미래를 위한 정책제안Policy Proposal도 시도하여야한다.

이를 위해 기존의 문헌과 자료들뿐만 아니라, 과거 및 현재에 추진된 환경외교에 관한 회의 등의 자료와 관련 진행상황 등이 필요하다. 따라서 UN 산하기관 간행물, 경제개발협력기구OECD 및 아태경제협력기구APEC 간행물, 한국을 포함한 각국정부 간행물, 각국의 비정부기구NGO 활동상황 및 간행물, 해외 및 국내 언론 및 방송 자료물, 그리고 웹Web 자료 등을 면밀히 분석할 필요가 있다.

셋째, 환경외교의 이론과 실제에 관한 연구와 더불어 환경 권역을 공유하는 소수 국가들 간의 다자간 환경협력의 이론과 실제에 관해

보다 구체적으로 연구할 필요가 있다. 아울러 다자간환경협력의 구체적인 사례, 예컨대 NAFTA(북미 자유무역협정)체결 때 준비되어 실행되고 있는 NAC EC(북미 환경협력위원회) 등을 연구하여 향후 APEC(아태경제협력기구)에 유사한 다자간 환경협력 기구를 창설할 수 있는 가능성을 모색해야 한다.

마지막으로, 환경에 대한 과학적 지식과 국가 관계에 관한 사회과학적 연구와 정책 형성 및 집행이라는 정책학적 연구가 함께 모색되어야 한다. 그야말로 학제간學際間 Interdisciplinary 접근이 필요하다. 즉 국제관계론, 국제기구론, 협상론, 국제경제론, 과학적 상대주의 및 인식론, 현대철학 등의 모든 지혜와 통찰력이 융합되어 국제환경협력의 실제적 성과를 높이고자하는 진지한 학문적 노력이 요구되는 것이다.

제14장 네트워크 정치:

이론, 사례, 쟁점과 민주주의

조희정 (국회입법조사처)

제1절 문제제기: 네트워크 사회의 이해

모순적이게도 네트워크 정치에 대한 이해는 혼란에서 시작한다. 도대체 인터넷이 정치와 관련이 있을까, 인터넷 · 소셜 네트워크social network와 같은 기술적 표현은 단지 기술을 잘 알고 있는 사람에게만 의미있는 말이 아닐까 하는 의문과 혼란이 그것이다. 이러한 의문에 대한 해답은 네트워크 정치에 대한 몇 가지 가설과 수많은 사례와 그 사이에서 생각해 볼 수 있는 분야별 쟁점에 의해 만들어질 수 있다. 즉, 이론·사례·쟁점을 알 필요가 있다는 것이다.

첫째, 많은 정치학의 이론에 비해 네트워크 정치에 대한 이론은 유감스럽게도 아직 없으며 몇 가지 가설이 존재할 뿐이다. 가장 대표적인 가설은 기술이 사회를 변화시킨다는 변화가설과 기술에 의해 사회가 변하는 것이 아니라 기존의 사회구조가 더 강화되며 기술은 수단에 머물 뿐이라는 정상화 가설이 그것이다. 이렇게 두 가지 가설이 가장 대표적인 이유는 1991년 월드와이드웹World Wide Web의 확산에 따른 대중화 이후 2011년 현재까지 고작 20여년이 지났을 뿐이기 때문이다. 사회과학의 현상이 충분한 경험적 사례에 의해 가설이 검증될 수 있는 시기로 평가하기에는 부족한 시간이다. 또 다른 이유는 네트워크 정치 연구에서는 독립변수를 구분해내기 매우 어렵다는 사실에 있다. 언뜻 보기에는 시민사회의 네트워크에 의해 촛불시위가 일어나고, 투표참여가 이루어지고, 혁명이 일어나는 것처럼 보이지만 어느 것 하나 분명한 원인이라고 분석해내기 어렵다. 수많은 이유가 복잡하게 영향을 미치고 그 가운데 ICT는 촉매역할을 할 수 있지만 단지 ICT 때문에 정치현상이 발생했다고 분석하기에는 무리가 있는 것이다. 따라서 앞으로 네트워크 정치학에서 주목해야 할 부분은 가설을 풍부하게 제시하고 그 가설을 엄밀하게 적용하여 분석하는 것이라고 할 수 있다.

둘째, 네트워크 정치학에서의 사례연구는 행위자의 행동을 중심으로 이루어진다. 정부가 시민사회에 제공하는 다양한 전자적인 서비스, 정당이 대표자로서의 역할을 충실히 하기 위해 실천하는 온라인 공간에서의 활동 그리고 시민사회가 다양하게 벌이고 있는 네트워크 공간에서의 행위가 모든 사례연구의 대상이다. 그동안 인터넷 정치, 사이버 정치, 온라인 정치라는 말로 혼재되어 표현되던 현상들은 행위자의 구분없이 몇 가지 사례만으로 네트워크 정치의 가치를 평가해왔다. 그리고 정부가 하는 역할은 행정학의 영역이고, 정당이 하는 역할은 정치학의 영역이며, 시민사회에서 나타나는 현상에 대한 분석은 사회학의 영역으로 평가되는 경향이 강하게 나타났다. 그러나 누가 어떤 갈등을 어떻게, 왜 설정하는가가 문제이고, 그러한 갈등을 조절하는 것이 정치의 핵심이라는 샤츠슈나이더(Schattschneider 2008)의 정의를 적용한다면 네트워크 정치학은 정부·정당·시민사회의 모든 네트워크 활동을 분석의 대상으로 삼아야 한다. 그들의 행위는 서로에게 영향을 미치고 의제를 생산해내며 정치를 형성하기 때문이다.

셋째, 네트워크 정치학에서의 쟁점은 정치학의 오래된 연구주제들을 다시 환기시킨다. 즉, 감시기술 발전에 의한 프라이버시에 대한 위협은 인간의 스스로의 정보에 대한 자기결정권, 기본권의 중요성을 다시 한 번 생각하게 한다. 네트워크 공간에서의 다양한 표현에 대한 제도를 통한 규제는 인간의 표현의 자유란 무엇인가라는 의문으로 연결된다. 또한 네트워크 공간에서 아무리 정보를 통해 이익을 얻고자 하여도 콘텐츠contents에 대한 소유나 통제는 매우 어렵다는 것을 깨닫는 순간 도대체 네트워크 공간에서의 소유권은 누구에게 있는가, 콘텐츠가 국경을 넘나드는 상황에서 조세는 누가 부과하고 국경있는 국가란 의미가 있을까 하는 의문이 생긴다. 이 모든 쟁점은 느닷없이 나타난 전혀 새로운 쟁점이 아니다. 오히려 네트워크라는 새로운 공간을 접하게 됨으로써 그 의미를 다시 한 번 생각해보아야 하는 정치학의 오랜 연구주제들이다.

이 장에서는 이와 같은 이론·사례·쟁점이라는 세 가지 기준을 중심으로 네트워크 정치학을 소개한다. 비록 역사가 오래되지 않고 복잡한 구조를 형성하고 있다 하여도 ICT Information Communication Technology로 인한 공간과 정체성의 변화, 나아가 정치 변화의 가능성을 보여주고 있다는 점에서 네트워크 정치학은 정치학의 하나의 하위분야로 자리매김될 수 있다는 것이 저자의 기본 입장이다. 그리고 그러한 연구 과정에서 '시민', '다양성' 등의 가치를 중심으로 한 새로운 민주주의의 가능성도 평가해볼 수 있다고 기대한다. 한 가지 덧붙일 것은 앞서 지적한 것처럼 인터넷 정치, 사이버 정치, 온라인 정치라는 용어 외에 '네트워크' 정치라는 용어를 선택한 것은 정보사회에서의 다양한 현상을 관통하는 속성은 네트워크로 상징되는 '연결'이라는 속성이기 때문이다. 또한 그것은 우리 사회에서 보편적으로 사용하고 있는 IT라는 용어

외에 굳이 ICT라는 용어를 선택한 이유이기도 하다. 단지 기술로서의 IT라는 용어보다는 의사소통communication이라는 의미를 포함한 ICT가 이 장에서 말하는 기술의 적확한 의미를 나타내기 때문이다.

제2절 네트워크 정치의 이론, 사례, 쟁점

1. 네트워크 정치에 대한 가설

(1) 변화가설

변화가설은 인터넷 등장 초기의 신기술에 대한 기대, 기존의 미래학 등에서 강조했던 사회변화의 전망, ICT 기업을 중심으로 한 시장에서의 시장창출 필요성 그리고 직접민주주의의 중요성을 강조하는 이론적 경향을 배경으로 등장하였다(Naisbitt 1982; Barber 1984; Rheingold 1993; Grossman 1995). 이러한 낙관론, 평등화론의 근거는 참여비용 절감으로 인한 용이한 집단형성 가능성, 정보유통 활성화를 통한 시민의 정치 감시(혹은 역감시) 활성화와 시민 정치교육의 가능성, 대안언론과 대안담론 생성의 다양화를 통한 정보와 지식 및 해석의 다양화 가능성, 공공토론과 협의민주주의의 형성 가능성이다. 특히 변화가설론자들은 낙관적 전자민주주의론을 주장하면서, 인터넷은 달Dahl이 말한 효과적 참여, 평등한 투표, 의제에 관한 이해, 의제 선정 권한, 참여의 개방성이라는 민주적 절차의 다섯 가지 기준을 충족시킬 수 있으며 정치적 불평등에 대한 해결을 할 수도 있다고 주장한다(Margolis · Moreno 2009). 또한 바버Benjamin Barber와 같이 민주적인 현안에 대한 시민 관여의 촉진에 있어 ICT의 중요성을 적극적으로 강조하는 방향으로 전개되기도 한다.

변화가설은 사회적으로 소외된 소수의 정치적 등장 가능성과 시민의 권리 강화를 강조한다는 점에서 수평성을 지향하며 직접민주주의에 가까운 가설이라고 평가할 수 있다. 또한 변화가 가능하기 위해서 이루어져야 하는 기술 환경의 조건 변화까지 논의할 수 있는 정치과정 변동의 파급력도 있는 가설이다. 그러나 이러한 긍정적인 효과가 여전히 가능성의 단계로 평가되는 것은 인터넷이라는 수단 외에 정치사회적 변수에 따라 각국에 따라 매우 상이한 결과가 나타나기 때문이다. 거시적으로는 정부의 정책과 제도, 미시적으로는 국민들의 정치문화적 경로는 네트워크만으로는 추동할 수 없는 복잡하고 다차원적인 요인으로 작동하고 있는 것이다.

(2) 정상화가설

정보사회의 초기부터 강력하게 제시되던 변화가설에 비해 정상화가설은 인터넷의 효과가 어느 정도 드러난 이후 시기부터 제기되었다(Corrado 1996; Williams 1997; Bimber 1998; Davis 1999; Norris 2000; Sunstein 2003; Margolis 2009). 특히, 기존 미디어의 인터넷 활용 확대, 온라인 액티비스트activist만의 제한된 참여, 인터넷의 보조적인 매개 기능 수준 등의 한계로 인해 인터넷의 효과는 새로운 변화를 만들어내기 보다는 기존에 있는 사회의 모든 현상을 더욱 강화할 뿐이라는 것이 정상화 가설의 대표 논지이다.

정상화 가설의 논거는 인터넷의 미미한 실제 효과, 소수의 정치정보 독점 지속, 끼리끼리like-minded people 현상의 심화(Sunstein 2003), 협의민주주의deliberative democracy 형성을 저해하는 약한 유대weak ties의 수준, 정보의 양과 민주주의 발전의 비례 관계에 대한 비판, 기존의 조직적 이해관계로 인한 제약성 등이다. 특히 정보의 양과 민주주의 발전의 비례 관계에 대한 부정은 인터넷이 시민의 정치권력 강화보다는 정당, 시민단체 등과 같은 정치적 매개집단의 강화에 기여하는 바가 더 크다고 주장한다.

정상화 가설은 온라인의 가능성을 좀 더 현실적인 관점에서 평가하고, 실제의 수많은 경험 사례 평가를 통해 변화 가설보다는 훨씬 비판적인 관점을 제시했지만 한편으로는 단지 인터넷이 아닌 네트워크가 가속화되면서 새로운 다양한 수평적 연결 확대나 그에 따른 민주주의의 형성 가능성을 경험 사례로 분석하지 못하고 위계성만을 강조하는 한계를 안고 있다. 즉 정상화 가설의 논거대로 언제나 그 정도의 수준으로 인터넷이 머물러 있는 것이 아니라 기술도 행위자로 모두 변화하고 있다는 사실을 과소평가하고 있는 것이다.

(3) 동원 이론의 한계와 역동원 모델에서의 선택적 적응

이 두 가지 접근방법은 현실적으로 매우 여러 가지 한계를 노정하고 있다. 첫째, 변화가설과 정상화 가설은 모두 공급된 시스템에서의 수동적 행위자를 상정한다는 점에서 효과적인 동원을 평가하고자 하는 동원론이다. 즉, 신기술이 사회를 발전시키든 발전시키지 않든 자생적으로 형성될 수 있는 현재의 소셜 미디어social media 활용에 대한 해석에는 한계가 있다.

둘째, 정상화 가설의 주장은 온라인의 정치적 영향력에 대한 과소평가에 기반하고 있으며, 변화 가설의 그것은 지나친 과대평가에 기반하고 있다. 네트워크 자원의 정치적 영향력을 논증하기에는 20여년의 시간이란 너무나 짧은 기간이기도 하거니와 자원의 동원이 즉각적으로 정치적 효과로 나타난다는 분석태도는 사회의 다양한 변수의 영향력을 쉽게 무시하는 속단에 머물 가능성이 높다. 또한 인터넷만이 아니라 모바일mobile, 컨버전스convergence로 변화하는 기술 환경의 진화가 야기하는 변화에 대해서는 아직 단정하기에 너무 이르다. 그러나 두 가설은 가치판단에만 천착한 나머지 환경변화를 신속하게 반영하는 부분에서는 매우 미흡하다고 볼 수 있다.

셋째, 두 이론의 가정은 강조점의 차이에 따라 합치될 수밖에 없다. 즉, 변화가설의 입장이 과정중심적이라면 정상화 가설은 결과중심적 경향이 강하다. 또한 변화가설의 중요행위자는 시장과 기업이라면 정상화 가설에서 중요한 행위자는 정부, 정당 등의 제도적 행위자들이다. 그러나 정치의 형성은 과정과 결과의 혼합으로 구성될 수밖에 없기 때문에 종국에 가서는 변화가설의 정치과정 중심 연구와 결과 중심의 정상화가설 연구의 결합이 필연적이므로 또 다른 제3의 가설의 제시가 필요하게 된다.

따라서 현재 네트워크 정치 이론 발전단계에서의 최선은 충분한 경험사례 연구를 기반으로 정부·정당·시민사회의 변화를 신중하게 평가하는 것이며, 한 번의 사례로 정치적 의미를 극대화하기 보다는 수많은 사례의 비교를 통해 정치적 의미를 강화해야 하고 무엇보다 결과론적인 관점보다는 정치과정에서 나타나는 변화의 징후가 정치적으로 부상하거나 소멸되는 지점을 정확하게 포착해야 하며 네트워크 공간의 중요한 행위자인 사용자 중심의 이론으로 변화해야 한다. 이미 역사 속에서 사회변화는 단번의 정치적 행위로 변화하는 것이 아니라 오랜 세월의 누적효과에 의해 달라질 수 있다는 것이 유일한 사실이기 때문이다.

따라서 이 장에서 제시하고자 하는 것은 역동원이론이다. 이는 동원이론의 공급자 중심의 시각을 탈피하고 사용자의 선택적 상황에 대한 재해석을 중심으로 구성된다.

2. 네트워크 정치의 대표적인 사례[1)]

(1) 정부: 전자정부에서 정부 2.0까지

e-government electronic government로 표현되는 전자정부 서비스는 은행에서 이루어지는 온라인 뱅킹online banking을 정치영역에서 벤치마킹한 것으로써, 'ICT를 활용하여 행정기관의 사무를 전자화함으로써 행정기관 상호간 또는 국민에 대한 행정업무를 효율적으로 수행하는 정부'를 의미한다(전자정부법 2001). 전자정부의 목적은 정부 내 백오피스back office에서의 행정효율성 향상과 프론트 오피스front office에서의 대민 서비스 활성화를 통해 작고 효율적인 반응성 높은 정부를 구축하여 국민의 삶의 질을 향상시키는 것이다. 전자정부는 기존의 단순한 행정정보화와 달리 사용자 중심의 서비스를 강조한다. 따라서 전자정부의 진화에 영향을 미치는 중요한 요인은 시민사회의 성숙도와 사회적 다원성이며 전자정부의 발전은 사회의 발전 정도와 함께

---

1) 이 장에서 제시하고 있는 사례 외에 분야별로 더욱 심도있는 사례연구에 대해서는 조희정(2010) 참조.

진행된다고 볼 수 있는데 전자정부는 단순한 기술적 정부의 구현이 아닌 사회·문화·정치의 반영물이기 때문이다(김성태 2007, 22).

세계 최초의 전자정부 비전vision은 1993년 미국 클린턴Clinton 대통령 시절에 제안되었다. 당시 미국의 경기 침체를 돌파할 수 있는 시장 창출의 효율적인 수단[2)]으로써 공공영역에의 ICT 적용을 주장한 것이 전자정부의 시초이다. 서비스라는 용어를 기업이 아닌 정부에서 사용한다는 것은 일면 대단히 낯설고 어색하게 보일 수도 있지만 기업과 시민을 고객으로 설정하고 국가정책을 제공하는 것을 서비스로 규정한 전자정부의 의도는 이전의 지배하는 정부에서 대단히 진일보한 자세라고 평가할 수 있다.

네트워크 정치 차원에서 의미 있는 전자정부 서비스로는 민원처리, 정책제안, 정보공개 등이 있다. G4CGovernment for Citizen서비스라고 분류되는 이 세 가지 서비스를 통해 국민들은 네트워크 공간에서 정부와 만난다. 과거에는 오랜 시간을 들여도 해결하지 못했던 일들을 온라인에서 쉽게 해결할 수 있으며 정부와 더 가까운 거리에서 만날 수 있다는 의미이다. 또한 최근의 스마트폰 사용 확대와 더불어 공공앱public application (혹은 정부앱, government application)도 많이 제공되고 있다.

특히 2008년부터 미국에서는 오바마 정부의 출범과 함께 공공영역에서 시민의 관여도가 놀라울 정도로 신장되고 있으며 미국과 함께 정부 서비스의 발전이 크게 이루어지고 있는 국가로는 영국, 핀란드, 스페인 등이 대표적이다. 미국의 시티즌 서비스[3)]와 데이터 거브[4)],

---

2) 클린턴 행정부는 전자정부 사업을 통해 1993년~1998년까지 연방예산을 1,370억 달러를 절약하였으며 연방공무원을 35만 명 감축하였다.

3) www.citizenservice.gov. 다양한 채널을 통한 공공 정보 제공 서비스.

4) www.data.gov. 연방정부 차원의 범정부기관 데이터 통합 저장소. 시민이 정부의 정보를 자유롭게 활용하여 상업적 혹은 다양한 정보의 부가가치를 창출할 수 있음. 정부는 정보의 가공방법 SDK, Service Development Kit을 공개하며 플랫폼으로서의 정부 역할 강화.

샌프란시스코시의 데이터 SF[5], 영국의 넘버 10[6], Show Us a Better Way[7], 스페인의 C3Cat[8], 그리스의 eDialogos[9], 네덜란드의 버추얼 시티[10], 덴마크의 Genvej[11], 디지털 라이저[12] 등이 그와 같은 G4C 서비스의 선도적인 예에 해당하는데, 이들 사례에서는 정부의 개방성, 플랫폼platform으로서의 정부의 역할 강화[13], 시민의 정책제안 확대라는 특징이 공통적으로 나타나고 있다. 물론 우리나라도 정책제안이나 민원처리에 있어서는 세계적인 수준의 전자정부 서비스를 시행하고 있지만, 참여의 질적 전환 즉 제도적 수준에서의 수렴이나 개방성 특히 ICT를 적극적으로 활용한 플랫폼으로서의 정부의 모습에는 아직 못 미치고 있다.

---

5) dataSF.org. 샌프란시스코시의 정부 데이터 제공 서비스. 시 정부의 데이터에 시민이 쉽게 접근할 수 있도록 공개.
6) www.number10.gov.uk. 트위터(ID : DowningStreet)를 활용하여 130만 명이 넘는 트위터 친구들에게 총리의 동정을 소개.
7) www.showusabetterway.co.uk. 공공정보 재활용을 통해 아이디어를 구하는 온라인 경진대회. 500건의 시민 아이디어 수렴.
8) www.gencat.cat. 카탈루냐 자치주의 사이트. 공공부문에 처음으로 웹 2.0의 철학과 기술을 적용한 사례. 시민 중심 서비스의 가장 최신 모델을 제시함. 소셜 네트워크 서비스와 e-커뮤니티를 통한 협동 강조.
9) www.edialogos.gr. 트리칼라시의 정책결정참여 서비스. 온라인 협의 및 투표과정 공개.
10) www.virtueelnl.nl. 3D 도시 가상 정보 서비스.
11) www.gentofte.dk. 시각적인 디지털 공공 서비스.
12) digitaliser.dk. 정부 데이터와 정부 서비스를 결합한 소셜 소프트웨어를 통해 새로운 협업 방식을 제공하고 소셜 네트워크를 형성하도록 함.
13) 그러나 여기에서의 플랫폼은 오프라인에서 이야기하는 정거장이라는 의미에만 머물러 있는 것이 아니다. 온라인에서의 플랫폼은 사용자들이 방문하는 곳임과 동시에 다른 곳으로 연결되는 하나의 창구이다. 또한 방문하는 관문 그 자체에서 많은 콘텐츠가 교류됨으로 인해 플랫폼 자체가 단순한 정거장에 머무르지 않고 콘텐츠가 되는 질적 의미를 부여받게 된다.

(2) 정당: 대의의 위기에서 네트워크 정당으로의 변화

문제는 정당이다. 정당의 대표성은 이미 수많은 정당형태의 변화가 성공하지 못한 것에서 나타난 바와 같이 현실 적응성이 매우 낮다. 정당이 인터넷을 활용하는 방식은 정보 확산, 선거운동, 자원 확보와 충원, 네트워크와 조직연계, 참여와 상호작용, 정당경쟁 등으로 나타난다(Gibson ed, 2000: 108~110). 산업사회에서 정당이 사용하던 TV나 라디오 등의 매스미디어에 의한 홍보와 물리적인 선전방식은 현재에도 지속되고 있지만 매스미디어 동원기술은 점차 다양화되고 있는 컨버전스 기술에 의해 대체되고 있는 상황이다. 2000년 후반부터 우리나라에서도 모바일 홍보나 인터넷 정당 등의 실험이 나타나기 시작했고, 수많은 당내 경선에는 전자투표방식이 보편화되고 있는데, 정당-시민간의 홍보나 정보제공의 수단으로써만이 아니라 정당 내에서의 결집 수단에 있어서도 이와 같은 컨버전스 기술의 확산이 가속화되고 있다.

전통적으로 제시되는 정당의 기본적인 역할을 중심으로 정보사회에서 제시되는 정당 역할 변화에 대한 쟁점은 다음의 〈표 14-1〉과 같다. 즉, 온라인 공간에서의 의제설정 능력과 다양한 의제의 제시가 부족하고, 이해집약능력도 시민사회에 비해 상대적으로 미약하며, 정치엘리트의 충원은 미시적으로 조직화되는 시민사회 영역에 빼앗기고 있는 상태이며, 정당이 시민을 교육하기 보다는 다양한 정치정보를 자발적으로 습득한 시민들 스스로 정치화되는 상황에 처해있다. 이와 같은 정당과 시민사회간의 역할의 중복과 능력의 불균형은 앞으로 미시영역에서의 시민사회가 활성화될 경우 더더욱 정당의 존재가치에 대한 논란을 자아낼 수 있는 부분이라고 평가할 수 있다.

〈표 14-1〉 정당의 역할과 정보사회에서의 쟁점

정당의 역할과 의무	네트워크 사회
의제 설정	의제 설정 공간의 확대를 통한 의제의 다양화
중개와 동원에 의한 이해집약	시민 네트워크를 통한 롱테일long tail 증가
선거를 통한 정치엘리트 충원	온라인 접점의 다양화를 통한 조직화
시민교육	시민들의 자발적인 정보공유와 토론을 통한 자발적인 자체 교육

출처 : 류석진, 조희정(2009), 69

네트워크 사회에서의 정당이 이와 같은 한계를 극복하기 위해 주력하는 분야는 단지 기술적인 차원에서만 머물러서는 안된다. 즉, 인간의 네트워크와 기술의 네트워크 혹은 무형의 자본과 유형의 자본을 동시에 활용하는 복합적인 전략이 요구된다. 의제설정, 이해집약중개·동원, 시민교육, 엘리트 충원이라는 정당 본연의 역할을 네트워크 사회에 적용할 경우에는 첫째, 물적 자원으로서 기술과 물질 자원의 활용이 한 축을 이루고(네트워크 인프라network-infrastructure), 둘째, 인적 자원으로서, 의제설정, 이해집약중개·동원, 시민교육 및 엘리트 충원이 한 축(네트워크십 network-ship)을 이룰 수 있다. 즉, 기존 정당의 네 가지 기능에 더하여 네트워크 사회에서는 기술 자원과 물질 자원의 효과적인 활용이 중요하며 네트워크 사회에서 정당의 역할을 재구성하면 네트워크 인프라와 네트워크십의 효율적인 전략수립 및 실천이 중요하다. 이미 서구의 미국, 영국, 스웨덴, 네덜란드, 독일, 뉴질랜드, 호주, 스위스, 스페인 등의 정당들은 이와 같은 다차원의 전략을 활용하여 끊임없이 정보를 제공하고 시민들을 동원하고 교육하는 전략을 적극적으로 구사하고 있음을 참고해야 하는 이유가 이것이다.

(3) 시민사회: 파편화된 시민의 네트워크 사회운동

시민사회에서의 ICT 활용은 일상적인 차원에서 대안 미디어를 통한 자유로운 의견 개진, 1인 미디어의 활성화, SNS를 통한 상시적인 공조14) 등으로 나타나며, 특수한 국면으로는 선거에서의 선거운동과 투표참여 등의 사례로 활성화되고 있다. 또한 최근에는 2009년의 이란 선거에서의 대규모 저항이나 2011년의 튀니지와 이집트에서 나타난 것 같은 혁명이라는 극단적인 변화의 국면에서도 적극적으로 발휘되고 있다. 이렇듯 시민사회에서의 네트워크 정치는 정부나 정부 영역에 비해 상대적으로 훨씬 자유롭다는 특징이 있다.

먼저 일상적인 차원에서 기존의 매스미디어를 대체하는 대안 미디어의 활동은 단지 기존 신문이나 방송을 대체하는 대안운동을 제시하는 것에 그치지 않는다. 대안미디어의 공간에서는 시민들의 집단지성 collective intelligence을 통해 기존 미디어에서 다루지 않는 일상적인 의제와 생활의 의제들이 널리 알려진다. '정보는 힘이자 권력'이라는 차원에서 볼 때 이와 같은 일상적인 정보의 공유를 통해 시민들이 똑똑해지고 공감대를 형성하기 쉬워진다는 것은 대단히 잠재적인 정치적 영향력을 내재하는 것이라고 평가할 수 있다.

다음으로 정치가 가시적으로 분명하게 나타나는 선거국면에서는 이미 SNS를 통한 선거운동을 넘어서 모바일 선거운동과 전자투표 등의 실천이 나타나고 있다. 〈그림 14-1〉에서 보이는 것처럼 초기의 홈페이지 활용 선거운동은 커뮤니티를 통한 선거운동으로 진화하였고 다

---

14) 상시적인 공조는 자연재해지역에 대한 지원, 수혈과 같은 비상사태에 대한 신속한 반응 등으로 나타난다.

시 블로그와 SNS를 활용한 선거운동으로 변화하고 있다. 뿐만 아니라 매시업mash up 기술을 활용하여 다양한 시민들의 정치적 의사표현 또한 활성화되고 있다.

〈그림 14-1〉 미국 e-politics의 진화과정과 주요 사례

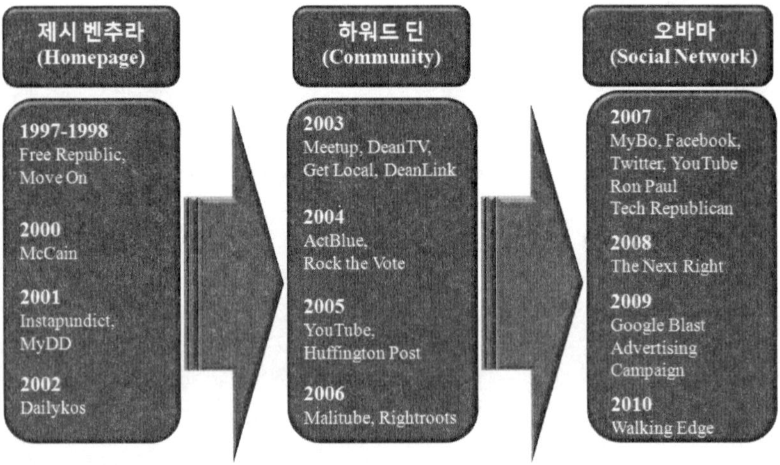

출처 : Devy(2010), 4. 6을 참조하여 재구성

마지막으로 혁명의 국면에서는 상황이 훨씬 급박하게 전개된다. 2009년 이란의 부정선거에 대한 시민들의 저항에서 글로벌 미디어들은 SNS를 통해 이란 시민들의 메시지를 확산시키고, 그들의 의견에 동조하였다. 앞서 강조한 바와 같이, 이미 프랑스 대선(2007년), 미국 대선(2008년)[15], 이란의 선거 후 저항(2009년), 영국 총선(2010년)[16], 튀니지와 이집트에서의 소셜 네트워크 혁명(2011년)[17]의 사례로 이어

15) 2008년 미국 대선에서의 네트워크 선거운동에 대해서는 조희정(2009) 참조
16) 영국 총선에서의 SNS 활용에 대해서는 조희정, 이원태(2010) 참조
17) 최근 튀니지와 이집트에서 SNS의 역할은 김유향, 조희정(2011) 참조

지는 소셜 미디어의 정치 확산경로는 단지 동원된 시민이 아니라 능동적으로 참여하는 정치가와 시민의 모습을 보여주고 있으며, 한편으로는 그러한 선택이 이루어지는 조건에 대한 분석의 중요성을 시사하고 있기도 하다.

3. 네트워크 정치의 쟁점

(1) 규제와 표현의 자유

네트워크 정치에서 중요한 것은 행위자의 실천만이 아니다. 그들의 다양한 활동을 통해 우리가 잊고 있었던 많은 가치가 재평가되기도 한다. 가장 대표적인 것은 정부의 규제와 표현의 자유에 대한 문제이다. 규제는 정부의 제도적인 관리 장치로서 비단 표현의 자유뿐만 아니라 많은 시장 규제 등으로도 나타나지만 네트워크 정치에서의 규제가 시민의 권리와 직접 맞닥뜨리는 대표적인 사건을 필명 미네르바의 구속을 통해 잘 알고 있다.[18] 이른바 경제논객으로 활동하던 미네르바는 세계 경제 위기의 시점에 전문가보다 정확한 경제위기 예견을 유려한 문체로 게시판에 올린 바 있다. 그러나 검찰과 정부는 그의 표현이 사회의 위기에 위협적이라고 평가하여 구속하였고 이에 대해 헌법재판소는 위헌 판결을 내려 그를 석방하였다.

네트워크 공간에서의 표현의 자유가 위협된 것은 비단 이 하나의 사건에 그치지 않는다. 게시판에서의 악플(악성댓글)과 2008년 촛불시위가 문제되면서 2008년 4월부터 하루 사용자 10만 명 이상의 인터

---

18) 미네르바 사건에 대해서는 권순영(2011) 참조

넷서비스사업자ISP, Internet Service Provider는 회원 가입 시에 주민등록번호 등을 기록하는 인터넷 제한적 본인확인제(혹은 인터넷 실명제, 본인확인제)를 의무적으로 적용하도록 되어 있다.[19] 그러나 이러한 제도가 게시판에서의 국내 업체가 아닌 해외 업체에 대한 규정력이 없으며[20], 제도 원래의 취지보다는 표현의 자유를 억압한다는 비판이 제기되면서 사회적인 의제로 쟁점화 되고 있다.

(2) 감시와 프라이버시

본래 네트워크 공간은 참여와 공유와 개방이 동시에 필요충분조건으로 충족되어야 하는 공간임에도 불구하고 사용자의 자유로운 의사표현과 정보의 공유를 막는 제도로서의 규제는 더욱 정교화 되고 있는 상황이다.

이집트의 인터넷 차단과 같은 극단적인 조치 외에도 상시적으로 네트워크 공간을 감시하는 사이버 만리장성을 실시하는 중국과 같은 국가도 있다. 권위주의 국가에서의 이러한 인터넷 규제와 감시에 대해서는 〈국경 없는 기자회Reporters Without Borders〉와 같은 국제단체가 계속 모니터링하고 있는데 2011년 현재 〈국경 없는 기자회〉가 선정하고 있는 '인터넷의 敵' 국가는 전 세계 200개국 가운데 13개국이다.

국가를 통한 총괄적인 네트워크 감시 외에 미시적인 생활영역에서의 감시는 CCTV로 더욱 확대되고 있다. 본래 범죄방지 등을 이유로 생활공간 곳곳에 설치되기 시작한 CCTV는 이제 집밖을 나서는 순간

---

19) 2010년 9월 현재 138개 정보통신서비스 제공자의 153개 사이트가 적용 대상이다. 이 외에 인터넷 실명제의 추진과정과 쟁점에 대해서는 김여라(2008) 참조

20) 많은 이용자들이 국내 서비스의 이러한 제한조치에 저항하여 해외 서비스로 이동하는 이른바 '사이버 망명' 사태가 초래되기도 하였다.

어느 곳에서나 나의 일거수 일투족을 감시하고 있는 장치로 작동하고 있다. 그 방식도 단순히 필름으로 기록되는 것뿐만 아니라 360도 회전 디지털 감시 장치 등 점점 고도로 하이테크화[21]되면서 사람들의 프라이버시를 위협하고 있다.

모순적이게도 민주주의 국가의 대명사로 알려져 있는 영국의 런던은 세계에서 가장 CCTV가 많이 설치되어 있는 도시로서, 1일 평균 시민들이 300회 이상 CCTV에 노출되고 있는 것으로 알려져 있으며, 미국의 경우에는 2001년 9·11 테러 이후 국가위협을 이유로 많은 CCTV 설치가 급속도로 확대되고 있는 상황이다. 뿐만 아니라 이메일 감시, 통화내용에 대한 도감청은 ICT가 자유로운 의사표현과 사회발전의 도구가 아니라 새로운 효율적인 감시의 도구도 될 수 있음을 보여주고 있다. 아울러 전자주민카드, 전자여권, 공공기관에서의 개인정보 수집 등의 문제는 정보인권이라는 차원에서 더욱 심각한 사회 의제로 대두되고 있다.

(3) 재산권과 정보 공유

흔히 '돈과 정보는 국경을 모른다'는 말이 있다. 모든 것이 디지털화되고 신속하게 유통되는 네트워크 공간에서는 그 말이 더욱 중요하다. 앞서 국내 ISP와 해외 ISP에 대한 비대칭 규제와 마찬가지로 일단 규제의 형평성 및 일국 차원에서의 규제가 어려워진 현재, 국가 간 정보거래에 있어서의 과세 문제는 매우 해결하기 어려운 사안으로 대두되고 있다. 아울러 빈번한 해킹이나 불법 다운로드에서 나타나는 것과 마찬가지로 눈에 보이지 않는 '정보'에 대한 소유권 개념은 점점 더 희

21) CCTV의 기능은 영상 400배 확대, 적외선 촬영, 음성녹음 기능 장착, 인터넷을 통한 수집, 원격제어 등이 가능한 수준으로까지 발전하였다.

박해지고 있는 것이 사실이다. 기존 매체의 인터넷에 대한 반격도 만만치 않다. 이미 구글Google과 미국 케이블협회의 소송에서와 같이 기존 방송에서의 콘텐츠를 유투브YouTube에 올리는 행위는 안정적인 시장의 수익구조를 위협하는 행위로 이슈화되기도 하였다.

또한 한편에서는 정보에 대한 소유권도 중요하지만 인터넷 본래의 정신을 이어받아 정보공유를 더욱 확대하는 것이 중요하다는 움직임도 나타나고 있다. 저작자의 조건에만 동의한다면 자유롭게 콘텐츠를 이용할 수 있는 CC Creative Commons운동과 같은 것은 강압적인 규제의 대안으로서 자율규제라는 새로운 틀을 제시하고 있으며, 구글이 주창하고 있는 세계도서관운동, 열린교육을 주장하며 세계 유수대학의 교육콘텐츠를 공유하는 교육 2.0운동 등도 소유권의 위기에 대한 새로운 대안으로 제시되고 있다.

제3절 결론: 네트워크 시대의 민주주의

전자민주주의의 비관론과 낙관론의 대당 구조는 대의민주주의에 대한 상이한 견해를 반영한다. 비관론이 전자민주주의의 수단적 측면을 폄하하고 대의 강화의 필요성을 고수하는 입장이라면 전자민주주의 낙관론은 대의민주주의를 대체하는 직접민주주의의 구현 가능성을 시사한다. 그러나 이러한 대당구조조차 네트워크사회에서는 새로운 민주주의로 대체될 가능성이 높다. 즉 네트워크 민주주의나 협력적 거버넌스governance의 민주주의를 통해 정치적 주체의 상생이 도모되는 융합적 민주주의가 낙관론의 시나리오라면, 제도의 붕괴와 자율성의 상실 그리고 시대 변화가 지체된 사회 균열의 극대화 속에 정부와 정당의 위기가 고조되는 것이 비관론의 시나리오일 수 있다.

새로운 민주주의의 첫 번째 특징은 시민권 이슈의 중요성이 확대되는 국면으로 전개될 수 있다. 이미 2008년 이후로 ICT 환경은 모바일이나 유비쿼터스ubiquitous를 활용한 공공영역의 변화 사례가 활발하게 늘어나고 있다. 선진국과 후진국에 관계없이 다수의 정부가 적극적인 시민참여형 민주주의를 구현한다는 점에서 새로운 민주주의의 모습은 정부가 마련한 형식적인 공공영역의 장에서 시민의 관여도를 높이고 시민권을 더욱 확대할 수 있는 이슈로 채워질 가능성이 높다. 즉 기존의 대의민주주의를 적극적으로 보완하며 시민권의 강화가 이루어지는 방향의 요구가 더욱 많이 나타날 것이다.

두 번째 특징은 다차원의 민주주의이다. 현재로서는 대의민주주의의 보완 가능성은 사실이기도 하고 규범이기도 하다. 즉, 마땅히 대의민주주의는 존속되어야 하며, 그렇게 되고 있는 것이다. 반면 직접민주주의를 통해서는 복잡다단한 현대사회의 의제를 책임질 수 있는 명확한 제도적 주체의 구현이 어렵고, 포퓰리즘populism으로 진행될 가능성도 있기 때문에 미시적 차원에서 활성화되는 직접민주주의의 유형과 거시적인 제도적 차원에서의 대의민주주의의 병존이 불가피한 상황인 것이다. 즉, 시민권의 변화는 미시적인 부분에서 더욱 활발하게 나타나겠지만 법제도 영역에서 이러한 변화를 수렴하지 못하고 고답적인 대의민주주의의 원칙만을 강조해서는 영원한 괴리가 균열로 형성될 뿐이며 결국 민주주의의 지체로 이어질 가능성이 매우 높다는 측면에서 생활 부분에서의 직접민주주의와 제도 부문에서의 대의민주주의의 연결에 대한 고려가 절실하다고 할 수 있다.

마지막으로 새로운 민주주의의 특징은 경계 없는 네트워크화라고 할 수 있다. 이제까지 소개한 시민·정부·정당의 모든 사례와 징후는 언제나 매우 단시간에 광범위한 속도로 증폭된다는 특징을 보였다. 이와 같은 현상의 기저에는 정보의 흐름을 가속화하는 연결성, 즉 네트워크 메커니즘이 가장 강력한 추동력으로 작동하고 있었다. 그리고 이와 같은 네트워크는 단지 양적인 규모의 확장만을 의미하는 것이 아니라 끊임없이 변화를 거듭하는 매우 동적인 유형으로 파악되어야 한다.

따라서, 향후에는 시민-정부 협력의 다양한 수단과 이슈를 개발하여 효과적인 민주적 장치가 마련되어야 하며, 아울러 서구의 민주주의의 이입이나 기계적인 유형화 발전론이 아닌 다양한 사례의 성공과 실패 조건에 대한 과학적인 분석을 통해 우리나라의 현실에 적합한 새로운 민주주의의 조건을 구성해나가야 할 것이다.

제15장 여성과 정치

황영주 (부산외국어대학교)

제1절 여성과 정치

이 책에서 '새로운 정치학의 지평'이라는 이름아래 여성과 정치를 독립적으로 다루는 것을 보고 일부 학생이나 독자들은 의아해할 수도 있을 것이다. 정치(학)에서 상정하는 행위자로서의 '인간'에 당연히 여성도 포함될 것인데 굳이 왜 '여성'과 정치를 독립적으로 다루어야 할까? '여성과 정치'는 '인간과 정치'와 무엇이 다른가? 여성은 정치(학)에서 다른 대우를 받아야 하는가? 실제로 이 장에서 다루는 내용은 이와 같은 질문제기와 깊은 관련이 있다. 사실상 왜 '여성과 정치'를 '새로운 정치학의 지평'으로 다루어야 하는가에 대한 질문의 답을 찾는 것이 이 장의 주요 목적이 될 것이다. 이에 따라서 이 장은 먼저 정치에서 여성에 대한 배제 내지는 차별에 대하여 다루고자 한다. 이어서 배제와 차별이 나타나는 원인에 대하여 살펴보고, 그것을 극복하려는 여성들의 여러 노력에 대하여 다루고자 한다. 또한 여성정치참여의 다양한 모습과 여성의 정치학에 대한 도전과 변형시도에 대해서도 살펴보고자 한다. 요컨대, 이 장은 여성과 정치가 왜 필요한지 살펴보는데 초점을 맞추고자 한다.

제2절 정치(학)에서 여성이 부각되는 이유

앞에서 제기했던 질문으로 다시 돌아가 보자. 왜 여성과 정치가 필요한가? 이는 현실 정치에서 여성의 정치 대표성의 부족under-representation으로부터 우선 대답을 구할 수 있다. 예를 들어 현 18대 국회에서 여성들이 차지하는 비율은 13.7%에 불과하다. 또한 지방의회에서 여성들이 차지하는 비율도 18.25%에 불과하다. 만약, 정치 영역에서 여성에 대한 배제나 차별이 존재하지 않는다면 여성의 대표성은 적어도 50% 가까이 되어야 할 것이다. 여성의 저대표성은 비단 국내에서만 보이는 현상이 아니다. 북유럽 지역의 일부 국가만 제외한다면, 이는 전세계적인 보편적 현상으로 여겨진다. 그렇다면 여성 저대표성의 원인은 무엇인가? 다시 말해서 여성과 정치에 대한 특별한 고려가 필요한 이유가 무엇일까? 잘 알려져 있다시피 정치는 결국 권력power과 관련되는 다양한 인간 활동을 의미한다. 하지만 여성의 입장에서 보면 권력과 관련되는 다양한 인간 활동은 여성을 배제한 남성의 활동에 다름 아니다. 실제로 정치라는 영역은 여성의 입장에서 보면 상당히 차별적이다(Ford 2011, 7).

첫째, 정치에 대한 전통적인 정의 또는 시각은 주로 공적영역the public sphere에 초점을 맞춘다. 반면 여성들은 주로 사적영역the private sphere에 속한 것으로 간주된다. 가정, 가족 등 사적영역에 속한 것은 정치적 영역이 아닌 것으로 여겨지고, 여성의 배제는 자연스러운 것처럼 보인다. 하지만 많은 여성들은 이와 같은 공사분리에 대하여 반기를 든다. "개인적인 것이 정치적the personal is political"이라는 주장을 통해서 가정, 가족 및 개인적 삶은 정치와 밀접한 관련이 있다고 주장한다. 예컨대, 강간, 가정폭력, 저출산 등은 얼핏 개인적인 문제로 보이지만, 실제로 중요한 정치적 의제라는 주장이다.

둘째, 정치에 대한 전통적인 정의 또는 시각은 정치엘리트의 행동과 태도 또는 현재의 지배적인 제도에만 주로 초점을 맞추는 경향이 짙다. 여성의 입장에서 이러한 경향은 사회를 구성하는 공동체의 다양한 모습, 특히 여성의 입장과 태도를 고려하지 않는 것이며, 따라서 전체 사회의 활동을 이해하는데 방해가 된다고 본다. 예를 들어 민주주의는 사회의 다양한 구성원의 이해와 요구를 반영하는 과정을 중요시해야 하는데, 기존의 정치는 여러 구성원들, 특히 여성의 이해와 요구에 귀를 기울이지 않았다고 할 것이다. 그 좋은 증거가 정치에서 여성의 저대표성이다.

셋째, 페미니즘의 입장에서 볼 때, 정치에 대한 전통적인 정의 또는 시각은 여성에 대한 억압의 원천인 가부장제의 기원과 작동에 대하여 제대로 설명을 하지 못하고 있다. 페미니즘 학자인 밀렛에 주장에 따라 정치는 "한 집단 또는 개인이 다른 집단 또는 개인에 의해서 통제되는 권력 구조화된 관계"(Millet 1969, 23 Heywood, 2002: 12에서 재인용)인데, 기존의 정치에 대한 정의와 시각으로는 가부장제를 제대로 설명하지 못한다는 것이다. 예를 들어 여성이 정치와 관계가 멀다는 일반적인 통념이 있고, 이것이 현실에서 반복되고 있다면, 이는 여성억압의 명백한 증거가 된다.

이상의 이론적인 측면이외에도 현실의 정치real politics에서 반복되는 여성차별과 배제에 대해서도 살펴볼 필요가 있다. 조성대 · 황영주에 따르면, 양성평등문화의 부재, 여성들의 개인적·조직적 역량 부재 및 여성진출을 돕는 법과 제도의 미비로 이를 설명하고 있다(조성대, 황영주 2005).

첫째, 양성평등문화의 부재가 정치에서 여성의 과소대표성의 원인으로 작동한다. 앞에서 언급한 바와 같이, 정치는 국가의 중대사를 결정하는 일이며, 이는 주로 남성의 일로 치부되어 왔다. 이런 분위기는 그동안 여성을 비하하거나 천대하는 분위기와 상호 작용하여 여성의 정치 참여 또는 여성의 정치에 대한 관심을 터부시한다. 최근에 이러한 경향이 많이 달라졌다고 하지만 사회 전반적인 영역에서 여전히 잔존하는 양성평등 인식의 결여는 정치에서 성적차별로 귀결될 가능성이 높을 수 밖에 없다.

둘째, 정치적 사회화의 차별화에서 귀결되는 경험부족이 여성의 정치 참여를 방해하고 있다. 정치사회화는 상당히 무성적으로 보이지만, 기존의 정치 담론을 무의식적으로 요구하기 때문에 정치사회화 자체가 "남성지배적인 질서를 강화시켜 궁극적으로 여성의 경제적 억압과 착취에 무관심하게 만드는 동시에 정치적 무관심을 지속시키는 결과를 초래"(전라북도 여성발전연구원 2003, 210)하기도 한다. 이러한 배경에서 여성의 사회적 경험 및 정치참여 활동의 부족은 결국 여성 정치자원 부족이라는 악순환으로 이어지게 된다.

셋째, 여성의 정치진출을 위한 적극적인 조치affirmative actions또한 상당히 부족하다. 말하자면 여성의 정치활동을 위한 법과 제도의 미비가 여성의 정치 참여를 증진시키기 못하고 있다. 정치 자체가 남성의 관심과 정체성을 반영한다는 남성의 전유물이라는 비판을 받고 있고, 이에 따라서 여성의 정치 참여를 가로막는 보이지 않는 장애요인들이 여성 정치참여를 방해한다면, 여성정치진출을 촉진시킬 수 있는 법과 제도가 필요할 것이다. 하지만 이와 같은 법과 제도의 도입이 지연되거나 방해를 받고 있는 것이 현실이다.

제3절 권력, 젠더 그리고 페미니즘

앞에서는 정치(학)가 어떤 성적 차별성을 갖는가에 대하여 간단하게 살펴보았다. 그러나 많은 페미니즘 정치학자들은 성적 차별성이 비단 정치(학)영역에서만 존재하는 것이 아니라, 사회 전반적으로 구조화되어 있다고 생각한다. 즉, 사회전체가 성차별적으로 젠더화gendered되어 있다는 것이다. 젠더gender는 흔히 사회적으로 구성된 성性을 뜻한다. 남녀간의 생물학적 성sex와는 구별되는 개념으로 사회적으로 구성되며, 학습된 개념으로 남성성masculinity과 여성성femininity을 구별할 때 사용된다. 생물학적 성이 유전적·해부학적 특성에 기인하여 결정된 것이라면, 사회적 구성물로서 젠더는 사회적으로 획득한 정체성이다. 다시 말해서 현대 사회의 남녀 구별은 특정의 사회적 맥락과 필요성에 맞는 사회화를 통해서 남성적인 것과 여성적인 것, 또한 남성의 정체성과 여성의 정체성을 기반으로 생성된 것이다.

그런데 최근 일부 학자들은 젠더가 성적 차별성의 문제뿐만 아니라 정치(학)의 기본 개념인 권력 내지는 권력 관계와 맞닿아 있다고 주장한다. 또한, 성적 차별성은 권력관계를 적나라하게 표현하는 다른 방법이라고 생각하기도 한다. 스코트Joan Scott라는 역사학자는 젠더가 "성별간의 차이에 기초하는 사회적 관계의 구성이자, 권력 관계를 결정하는 일차적 방법"(Scott 1986)이라고 주장한다. 스코트가 보기에 젠더는 인류의 역사나 권력관계를 해석하는데 상당히 중요한 역할을 한다. 즉, 젠더관계는 남녀의 불평등 관계를 통하여 인간사회의 권력관계를 명확하게 보여주는 도구가 된다. 다시 말해서, 새롭게 권력을 잡거나, 혹은 강화시키기 위해서 지배자들은 기존의 성적 차별성을 더욱 더 강조하게 된다. 예를 들어 유신체제 하에서 미니스커트 단속은 기존의 여성에 대한 부덕婦德을 강조하는 것이지만, 동시에 국민들로 하여금 국가 권력 행사에 보다 순응하도록 만드는 기제로 작동된 것이다.1)

코넬R. W Connell 또한 젠더와 권력관계에 대하여 주목하고 있다. 코넬은 젠더관계를 통하여 남성들이 장악하고 있는 사회적 권력이 젠더 불평등을 어떻게 창조하며 또 유지하는가에 초점을 맞춘다(Connell 1987; 기든스 2003, 136에서 재인용). 젠더 관계는 "여자들이 남자들에 비해서 열위의 지위에 머물게 된 '조직화된 인간사회의 관행이며 사회 관계'인 기초를 반증하는 것...."임을 보여준다(기든스 2003, 136). 특히 젠더 관계의 구성과 질서에서 패권적 남성성hegemonic masculinity에 초점을 맞춘다. 이는 이념화된 남성적 특질이 지배적인 권력을 행사함을 의미한다. 이때 패권적 남성성은 "최우선적으로 이성애와 결혼과 연계되지만, 또한 권위, 유급직, 근력과 육체적 거칠음과도 연계된다"(기든스 2003, 136).2)

요컨대, 남녀의 성적차별성은 그 성적차별성뿐만 아니라, 사회 전체의 권력관계의 행사 및 작동과 직접적으로 관련된다는 것이 페미니

---

1) 스코트는 이를 다음과 같이 표현하였다. "새롭게 등장한 지배자들은 지배, 권력, 중앙집권적 권위 및 지배력을 남성적인 것으로 정당화시키는 반면, 적, 외부자, 반란자 및 약한 것을 여성적인 것으로 만들면서 폄하시켰다. 아울러 이러한 기준들을 법률화하여 여성의 정치참여 금지, 임신중절의 비합법화, 여성 임금노동금지 및 여성의상에 대한 강제적인 규율 등을 통해서 여성의 본분을 지키도록 하였다"(Scott 1986, 1072).

2) 이를 달리 설명하면 다음과 같다. "지배적인 남성성은 대부분의 경우 남성의 실제 성격과 일치하지 않음에도 불구하고 가부장제적 권위를 유지시키며 가부장제적인 정치 사회적 질서를 정당화시킨다. 지배적인 남성성은 다양한 모습으로, 종속되어 있고 평가절하된 남성성들, 예를 들면 동성애에 대한 반대를 통하여 나타나기도 하지만, 주로 다양한 형태로 평가절하된 여성성femininity과의 관계를 통하여 유지된다. 사회적으로 구성된 젠더 차이는 남성이 점유한 우위를 묵인하는 남녀간의 사회적 제재 및 불평등한 관계에 기반을 둔다"(안 티커너 2001, 22~23).

즘 정치학자들의 판단이다. "젠더는 기존의 남녀관계에 대한 사회불평등을 구조화하고 지속시키는데 결정적 역할을 하였으며, 이는 비단 남녀관계의 불평등에만 국한되는 것이 아니라 권력관계에 대한 표현…."(황영주 2007, 249~250)으로 구체화된 것이다.

한편, 사회 전반의 젠더화된 성적 차별성을 극복하려는 페미니즘 진영에서의 다양한 노력들이 이루어지고 있다. 실상 페미니즘은 문제제기와 실천운동이라는 두가지 측면을 함께 하는 학문적 정향이다. 한편으로 페미니즘은 여성에 대한 차별, 예속 및 억압을 가하는 사회 전반에 대하여 지속적으로 다양한 방법으로 문제제기를 하면서, 지금까지 여성에 대한 대우가 잘못되었다는 인식을 갖도록 한다. 다른 한편으로 페미니즘은 여성에 대한 차별, 예속 및 억압 등을 종속시킬 수 있는 다양한 노력과 전략, 말하자면 여성을 위한 이론적 이념과 사회적 실천을 모색하고 있다.

페미니즘 이론들을 정치학 내지는 국제정치학연구와 관련시켜서 보면 크게, 자유주의 페미니즘, 입장주의 페미니즘, 비판적 페미니즘, 후기 구조주의 페미니즘, 후기 식민주의 페미니즘 등으로 정리할 수 있다(Steans 2006, 12~19). 우선 자유주의 페미니즘liberal feminism의 핵심은 정치에서 여성은 어디에 존재하는가로 귀결된다. 이 이론에서 볼 때 여성 차별적 관행이나 제도는 불합리하고 전근대적인 것이며, 따라서 여성에 대한 억압의 해소는 결국 법, 제도 및 관습 등의 개선을 통해서 가능하다고 본다.

입장주의 페미니즘standpoint feminism의 관점은 여성의 경험과 관점에 주로 초점을 맞추는 접근방법이다. 다시 말해서 여성의 경험을 중요시하고 그것을 중심에 두는 입장이다. 이 접근 방법은 정치 현실 또는 접근방법에서 '주변에서 중심으로from the margin to the center' 를 강조한다. 사회의 억압적인 구조 속에서 여성들은 여성들 만의 경험을 가지고 사회화되어 왔고, 이러한 여성의 특수하고 고유한 경험들이 부각되어 새로운 사회질서를 구축해야 된다는 입장이다.

비판 페미니즘critical feminism의 관점은 주로 마르크스 페미니즘과 비판이론에 그 기원을 둔다. 한편으로, 맑시즘의 주장과 유사하게, 사회적인 젠더 불평등은 자본주의와 가부장제의 합작품으로, 여성의 생산·재생산 노동력, 여성의 섹슈얼리티 통제를 통해서 여성에 대한 지배가 가능하다고 본다. 다른 한편으로, 비판이론의 주장과 유사하게, 페미니즘은 현존하는 가부장제의 이익에 반하여 해방emancipation을 위하여 작동되어야 한다고 강조한다.

후기 구조주의 페미니즘post-structuralist feminism은 후기 구조주의적 관점이 페미니즘과 결합된 입장이다. 이 입장에서 볼 때, 여성에 대한 차별은 (심지어 남성까지) 그 근거가 없는 사회적으로 구성된to be constructed 것이다. 이들은 이미 우리 인정하는 사회적 실체는 (근거가 있기보다는) 특정의 성과 인종, 문화, 관행에서 일반화된 것일 가능성이 높다고 지적하고 있다.

마지막으로 후기 식민주의 페미니즘post-colonial feminism은 여성의 다양한 목소리에 초점을 맞춘다. 말 그대로 '다양성 속의 다양성difference in differences'을 추구하는 입장이다. 이 입장에서 볼 때 지금까지의 페미니즘은 일부 백인 여성의 경험을 일반화시킨 것에 불과하며, 이는 다양한 여성들의 다양한 경험을 포함하지 못하는 오류를 범하고 있는 것이다.[3)]

---

3) 보다 자세한 내용의 페미니즘 이론에 대해서는 로즈마리 통 『21세기 페미니즘 사상』 (이소영, 정정호 역, 서울: HS MEDIA, 2010)을 참조하라.

제4절 여성의 정치 참여하기: 왜 참여해야 하는가?

앞에서 살펴보았듯이 사회 전반의 젠더화된 실체는 결국 여성의 정치 참여 부족, 내지는 저대표성으로 이어진다. 그렇다면 어떤 이유 때문에 여성의 정치 참여가 필요한가? 왜 페미니즘 정치학자들은 여성의 정치 참여를 강조하는가? 루벤드스키Joni Lovenduski는 이를 정의, 실용성 및 상이성이라는 입장에서 정리하고 있다(Lovenduski 2005, 22~24).

첫째, 여성의 정치 참여가 정의의 확보라는 주장justice arguments이 있다. 이 주장의 핵심은 남성이 정치 참여 내지는 대표성 확보에서 여성을 배제하고 독점하는 것은 불공평하다는 것이다. 민주주의에서 사회의 모든 구성원들이 공평하게 정치 내지는 정치과정에 참여해야 함에도 불구하고, 일부, 특히 남성만이 정치에 참여하는 것은 공정하지 못하다는 주장이다. 여성들은 여러 정치적 투쟁을 거치면서 남성과 동일한 시민권citizenship을 확보하였기 때문에 정치 참여는 당연시 되어야 한다. 즉, 여성들 또한 참여시민으로서의 권리를 의무와 함께 당연히 행사해야 하며, 그것이 민주주의의 기본적 원리라는 입장이다.

둘째, 여성의 정치가 사회전반에서 실용적 필요성이 있다는 주장pragmatic argument이 있다. 이 주장은 여성의 정치 참여가 지금의 남성 위주의 정치가 갖는 문제점을 해결해줄 수 있다고 본다. 여성의 정치 참여는 여성이 갖는 다른 정체성 때문에, 지금보다 더 많은 대화와 타협을 이룰 수도 있다는 것이다. 이 주장은 정치 및 정치과정에서 여성과 여성의 능력을 활용함에 따라서 정치현실이 개선되거나 활성화될 수 있다는 시각을 가지고 있다. 선거에서 더 많은 여성 후보를 내세우게 되면 더 많은 여성의 표를 획득할 수 있다는 선거의 실용적 측면에서도 이 주장이 고려되기도 한다.

셋째, 여성의 정치 참여가 상이성의 확보라는 주장difference arguments이 있다. 민주주의는 결국 상이한 정체성을 바탕으로 서로 다른 이익을 주장하면서 그로 인해 발생하는 갈등을 조절하고 자신 또는 그룹의 이익을 확보하는 과정이다. 따라서 여성들 또한 이 과정에서 남성들과는 다른 정체성과 입장에서 정치에 참여해야 한다. 정치 참여를 통해서 사회 각자 구성원의 이익과 이해를 주장하거나 확보가 가능하게 된다는 것이다. 즉, 어느 특정 그룹의 일방적 의사가 반영되는 것이 아니라 다양하고 상이한 의사와 입장이 반영되고 그것을 조정해 나가는 것이 민주주의의 핵심이라면, 당연히 여성이 이와 같은 과정에 참여해야만 한다.

제5절 여성의 정치 참여: 어떻게 참여해야 하는가?

그렇다면 여성들은 어떻게 정치에 참여할 수 있을까? 여성의 실제 정치 참여에 대한 논의는 상당히 논쟁적이다. 하지만 이와 같은 논쟁은 이론적으로 볼 때 크게 평등과 상이성equality vs difference의 대립으로 정리가능하다(Lovenduski 2005, 29~32). 평등을 강조하는 입장에서는 남성과 동일한 조건과 동일한 방법으로 여성의 정치 참여가 이루어져야 한다고 주장한다. 반면 상이성을 강조하는 입장에서는 여성들이 갖는 특별한 이익과 특징을 구현하는 차원에서 여성의 정치 참여가 이루어져야 한다고 주장한다. 말하자면 평등의 입장은 남성과의 동일성을 주장하는 것인 반면에, 상이성의 입장은 남성과의 차이를 주장하는 것이다.[4] 여성 정치 참여에 대한 이론적 논의의 타당성에도 불구하고, 이러한 주장들은 여성에 대한 이중적 부담을 부가하는 논리로 귀결될 수도 있다. "정치에 대한 참여에서 여성성을 강조하다 보면 차별의 근거가 되고, 반대로 여성성을 포기하고 남성화되려는 시도 자체는 애당초 불가능하다"(황영주 2009, 312). 이렇게 될 때 여성이 정치에 참여하기 위해서는 여성의 정체성을 유지하는 것도 문제이고, 남성의 정체성으로 전환되기도 어려운 이중의 부담을 안게 된다. 이점이 여성 정치 참여의 난관이라 할 것이다.

그럼에도 불구하고, 현실에서 여성의 정치 참여 확대는 반드시 이루어져야 할 과제이다. 그렇다면 어떻게 여성의 정치 참여를 확대할 것인가? 이는 양성평등을 고양시키고, 여성과 여성조직에 대한 지원 방안을 모색하며, 여성들의 진출을 돕는 적극적인 법과 제도도입을 통해서 가능할 것으로 보인다(조성대, 황영주 2005, 69~93).

첫째, 실천적인 양성평등정치교육이 필요하다. 말하자면, 여성정치 진출의 장기적 방안은 사회전반의 양성평등문화의 실질적인 정착과 밀접하게 관련된다. 이는 여성의 정치 참여가 활발한 북유럽 지역의 경우 양성평등문화가 정착되어 있는 것에서 확인된다. 여성에 대한

---

4) "첫 번째 입장(상이성)에서 본다면 여성의 정치적 대표성 확보를 위해서는 기존 공사영역의 파괴가 필요하다. 다시 말해서 여성의 정치참여는 (여성에게 정체성을 보여줄 수 있는) 제도적 변형institutional transformation으로 이어져야만 한다. 두 번째 입장(평등)에서 본다면 여성의 정치 참여는 충분한 숫자의 여성이 이미 존재하는 제도existing institutions에 입성함으로써 가능해진다"(Lovenduski 2005, 30).

차별적 의식이나 태도의 개선은 장기간의 양성평등정치교육을 통해서 가능할 것으로 보인다.

둘째, 정치에 참여하고자 하는 여성들에 대하여 각종 지원을 통해서 경쟁력을 강화시키는 것이 필요하다. 현재의 고비용정치구조에 비추어, 여성정치후보에 대하여 재정적 지원을 모색하거나, 또는 예비 여성정치인에 대하여 역량을 갖출 수 있도록 다양한 교육프로그램이 마련되어야 한다. 즉, 정치인의 자세 및 정치과정에서 필요한 지식과 자료를 제공해주는 노력이 필요하다.

셋째, 여성들의 정치진출을 돕는 적극적인 법과 제도의 시행에 계속 노력을 기울여야 한다. 최근 국회의 여성의원 비율이 현저히 높아진 것은 정당명부식 비례대표제에서 여성후보를 공천하도록 하는 여성할당제에 기인한 것이다. 즉, 여성들의 정치 진출 진작을 위한 가장 확실한 해결책은 법과 제도의 개선이라고 할 것이다. 특히 정당내부에서, 선거제도 등에서 여성의 정치 진출을 용이하게 만드는 위한 적극적인 조치가 필요하다.

제6절 여성의 정치(학) 참여하기

지금까지 우리는 여성의 정치 참여를 정치에서 여성이 부각되는 이유, 젠더라는 개념과 페미니즘의 갈래, 여성 정치 참여가 왜 필요하고 어떤 차원에서 이루어져야 하는지에 대하여 살펴보았다. 그렇다면 정치를 다루는 정치학에서는 여성의 참여와 페미니즘을 어떻게 수용하고 있는가?[5)]

여성과 정치를 다루는 한 교과서에서는 정치학에 대한 페미니즘의 접근방법의 특징을 '보완'과 '대안'으로 설명하고 있다. "....기존의 정치학이 설명하지 못하는, 혹은 그동안 설명을 시도하지 않았던 현상들을 조망해 본다는 점에서 기존의 정치학적 해석을 보완한다고 할 수 있으며, 기존의 정치학 설명방식과는 다른 설명방식을 시도한다는 점에서 대안적이라고 할 수 있다"(강경희 외 2005, 21~22). 한편 티커너J. Ann Tickner는 페미니즘의 정치학에 대한 접근방법을 다음과 같이 정리하고 있다. "페미니즘 접근방법의 독특함은, 정치학에서 전통적으로 이루어지고 있는 지식의 구성이 주로 남성중심적 기초에서 비롯된 것에 도전하는 방법론에서 출발한다"(Tickner 2005, 3). 또한 황영주의 경우에는 페미니즘의 이와 같은 도전을 저항성과 다양성이라는 차원에서 구별한다. "페미니즘 진영의 정치와 관련된 대표적인 구호중의 하나인 '개인적인 것이 정치적'이라는 주장은 이와 같은 저항성(정치적인 것에 대한 개념에의 도전)과 다양성(정치적인 것에 대한 개념규정의 다양한 가능성)과 함께 한다."(황영주 2008, 268).

페미니즘은 권력을 갖지 못한 자의 입장에서 기존 권력에 대한 저항을 시도한다. 가부장제가 여성의 이익이 남성의 이익에 예속되는 권력관계라고 한다면, 이와 같은 예속은 신체적인 성차에 사회적 의미를 부여하는 것에서 출발된다. 페미니즘은 기존의 남녀사이에 형성된 권력관계에 대하여 저항하거나 균열을 만드는데 집중한다. 따라서 페미니즘은 현존하는 권력을 다루는 기존의 정치학에 대하여 비판하거나 저항하게 된다. 또한 페미니즘은 남성과 다른 여성의 다양하고 상이한 경험들을 정치학에 포함시키려는 노력을 기울이고 있다. 페미

5) 제6절에서의 논의는 황영주의 "정치학에서 페미니즘 접근방법", 한국정치학회편, 『정치학이해의 길잡이: 정치이론과 방법론』 (서울: 법문사, 2008), 267~271에 크게 의존하고 있다.

니즘 입장에서 보기에 지금까지 정치학에서 다루는 인간은 주로 남성일 가능성이 높았다. 이에 따라서 페미니즘의 입장에서 "억압받는 대상으로서의 객체화된 여성the objectified women의 경험을 학문의 영역에 포함시킬 때, (정치학은) 현실을 객관적으로 추상화할 수 있는 충분한 기회를 가지게 된다"(황영주 2008, 268).

그렇다면, 실제로 정치학에서 페미니즘의 연구는 어떻게 이루어지고 있는가? 피터슨V. Spike Peterson이라는 학자는 국제정치학과 페미니즘의 만남을 세가지 차원에서 설명하고 있는데(Peterson 2004), 이는 비단 국제정치학뿐만 아니라 정치학 전반에 적용이 가능할 것으로 보인다. 첫째, 정치학에서 남성위주의 기준의 영향정도를 폭로(exposing the extent effects of masculinity bias)하는 경우이다. 예를 들어 정치의 기본적 개념이 권력(관계)의 지배와 피지배 개념이 남성과 여성의 사회적 관계에도 작동되고 있음을 보여주는 것 또는 무성적으로 추상화되는 정치행위자가 지금까지는 사실상 남성이었다는 점을 폭로하는 것이 바로 이 경우에 해당한다(박의경 1999). 둘째, 정치학에서 여성과 여성의 경험을 포함(adding women and their experiences to existing framework)시키는 경우이다. 예를 들면 정치적 태도 및 선거 참여 등에 있어 남성과 여성의 성차에 대하여 초점을 맞추는 경우이다(김민정 외 2003). 하지만 일부 학자들은 기존의 이론에 여성의 경험을 포함하는 것이 여성에 대한 제대로 된 이해에 방해가 된다는 입장을 가지고 있다. 셋째, 정치학 이론을 여성의 경험과 관점으로 재구성(reconstructing theory)시키는 경우이다. 예를 들면 권력을 지배와 피지배의 도구로 보기보다는 일종의 '가능성' 으로 본다든지, 또는 국제정치학에서 주요 개념 중의 하나인 '안보'를 상당히 광범위하게 새롭게 정의하는 등의 시도가 이에 속한다(황영주 2007).

전체적으로 이 장에서는 정치(학)에서의 여성 배제와 그 원인에 대하여 살펴보았다. 특히 정치에서 여성에 대한 차별에 대하여 여성들이 어떤 방식으로 도전하고 동시에 변형을 시도하는지에 대하여 살펴보는 것이 이 장의 주요 목적이었다. 본문에서 살펴보았듯이 어쩌면 여성과 정치는 (정치가 갖는 고유한 속성 때문에) 우리가 이미 알고 있는 것보다 훨씬 넓은 간격을 가지고 있는지 모른다. 하지만, 이 장에서는 이 같은 간격이 어떻게 메워지고 있는지를 주로 페미니즘 정치학자의 입장에서 살펴보았다. 여성과 정치 간격은 사실상 여성들이 가질 수 있는 힘갖추기empowerment를 통해서 극복될 수 있을 것으로 보인다.

제16장 게임 이론과 정치적 선택

김지희 (비교민주주의연구센터)

정치에 참여하는 개인과 집단의 행태는 여러 가지 모습으로 나타난다. 즉 투표와 같이 비교적 단순한 참여로부터 정책결정에 영향을 미치려는 이익집단과 정부의 협상, 의회를 장악하기 위한 정당들의 전략적 연합에 이르기까지 정치행태의 레퍼토리는 매우 다양하다. 그러나 이처럼 복잡다단한 정치행태들은 모두 '선택과 결정choice and decision'이라는 범주에 포함된다고 말할 수 있다. 즉 이러한 행태들은 가치의 권위적 배분과정에 있어서 보다 많은 몫을 획득하기 위한 여러 가지 대안代案, alternatives 가운데 하나를 선택하는 목적지향적 · 의도적 행태인 것이다.[1)]

그런데 목적지향적인 행태는 또 한편으로 개인이나 집단이 지닌 독특한 신념과 이념, 가치와 견해, 곧 정치적 성향性向, dispositions을 반영한다는 사실을 잊어서는 안 된다. 왜냐하면 정치적 선택과 결정은 어디까지나 정치적 성향의 틀 속에서 이루어지기 때문이다. 예를 들어 투표는 후보자를 '선택'하는 행위이고 그러한 선택은 어떤 후보자에게 표를 던졌을 때 얻을 수 있는 이득에 대한 계산의 결과이지만, 동시에 투표자가 지닌 정치적 성향의 소산이기도 하다. 이러한 맥락에서 정

1) 알먼드G. Almond와 젠코S. Genco는 이러한 선택과 결정이야말로 정치의 존재론적 본질ontological property이라 주장한다(김웅진 외 1997, 173) 참조.

치행태에 대한 연구는 정치적 선택이 이루어지는 경로와 그에 영향을 미치는 정치적 가치와 신념에 주목한다. 즉 정치행태 연구는 ① 정치적 선택은 어떤 과정을 거쳐 이루어지는가, ② 이러한 과정에 영향을 미치는 정치적 성향은 어떻게 형성되며 성향의 독특한 조합양상에 따라 어떻게 서로 다른 정치행태가 초래되는가라는 두 가지의 기본적인 연구문제를 갖고 있다. 여기에서는 일단 정치적 선택에 초점을 맞추어 다양한 선택의 경로를 논리적으로 규명하려는 게임 이론Game Theory을 간략히 살펴보기로 한다.

제1절 정치적 선택: 게임game의 논리

정치적 선택은 마치 포커poker와 같은 게임의 논리에 따라 이루어진다고 볼 수 있다. 즉 정치적 선택이나 포커 게임은 모두 주어진 상황 속에서 자신의 이익을 극대화하기 위한 전략을 선택하는 행위이다. 물론 정치현상은 대단히 복잡한 현상이지만, 최대한의 이익을 확보하기 위해 상대방의 전략을 예측하고, 그에 대응하기 위한 여러 가지 대안 가운데 하나를 고르는 사람들의 상호작용이라는 측면에서 볼 때 포커나 화투와 크게 다를 바 없다. 정치적 행위자와 포커 플레이어는 모두 상대방이 취할 수 있는 전략에 따라 자신에게 돌아올 수 있는 효용utility을 예측한 다음 적절한 대응방식을 택하게 마련인 것이다. 이러한 맥락에서 정치체계 속에서 표출되는 개인이나 집단의 행태, 더 나아가 국제관계 속에서 나타나는 국가의 행태를 설명하고 예측하기 위한 분석의 틀을 게임 이론이라 부른다.

정치학 연구에 있어서 게임 이론은 본래 긴박한 위기상황 속에서 어떤 국가가 왜 특정한 외교전략이나 군사전략을 채택하는지, 그리고 어떤 전략이 가장 타당하고도 효율적인지를 논리적으로 분석하기 위한 실용적 도구로서 만들어진 것이며, 1920년대에 보렐E. Borel, 1871~1956이나 노이만J. von Neumann, 1903~1957과 같은 수학자들이 제시한 게임의 수리적數理的 전개과정에 기반을 두고 있다. 물론 제한된 가정에 따라 일단의 정리定理, axioms를 논리적으로 도출하는 수학적 틀로서의 게임 이론을 정치현상에 적용한다 할 때, 정치적 행위자들이 지극히 복잡하고도 유동적인 상황 속에서 실제로 취할 수 있는 행위를 완벽하게 설명하고 예측할 수는 없다. 또 정치적 행위자들은 위에서 말한 것처럼 단순히 효용의 극대화utility maximization만을 지향하는 것은 아니며, 행위의 선택에 있어서 자신이 지닌 고유한 정치적 신념과 가치로부터의 영향을 받게 된다. 그러나 이러한 한계에도 불구하고 게임 이론은 정치현상의 특성인 갈등과 협상을 체계적인 게임 상황으로 바라보고 있다는 점, 그리고 당면한 정책사안의 해결을 위한 전략적 접근의 틀을 제공해 준다는 측면에서 정치학이나 정책학政策學, policy science 연구에 널리 적용되어 왔다. 예로서 게임 이론은 남북한의 군사적 · 외교적 대치상황을 타개하기 위한 국가전략의 수립이나 전쟁억지책의 도출을 비롯해서 선거전략의 수립에 이르기까지 매우 실용적인 분야에서 사용되고 있다.

제2절 게임 이론의 기본 전제와 가정

게임 이론을 적용하기 위해서는 몇 가지 전제와 가정에 대한 이해가 필요한 데, 그 가운데에서 가장 핵심적인 것은 인간이 '합리적rational'이라는 전제이다. 다운즈A. Downs에 따르면, 합리적 인간은 아래와 같은 특징을 갖는다(Downs 1957).

① 어떤 목적을 달성하기 위한 여러 가지 대안을 놓고 그 가운데 한 가지를 항상 선택 할 수 있다.
② 어떤 대안이 다른 대안보다 좋거나 나쁘다는 등 나름대로 선호순위preference order를 정할 수 있다.
③ 일단 정한 선호순위를 언제든지 바꿀 수 있다.
④ 이러한 순위에 따라 항상 최선의 대안을 선택할 수 있다.
⑤ 동일한 상황이 주어졌을 때에는 항상 같은 결정을 내린다.

이처럼 게임 이론은 게임에 참여하는 사람들이 항상 자신의 이익을 합리적으로 계측한다고 가정하기 때문에 무능력한 욕심쟁이나 기인畸人이 게임에 참여할 수 있는 가능성을 배제하고 있다. 물론 실제로 정치적 선택과 결정을 내리는 사람들은 완벽한 합리적 인간이 아니며, 따라서 게임 참여자들은 인간의 속성 가운데 한 가지인 합리성 혹은 합목적성만을 지닌 가상적 인간이라고 말할 수 있다. 이처럼 가상적 인간을 상정하는 이유는 정치적 선택의 과정을 설명하고 예측하기 위해서는 복잡한 과정을 논리적으로 단순화하여 가장 기본적인 흐름만을 도출해야 하기 때문이다. 즉 게임 이론가들은 정치적 선택이 아무리 복잡한 과정이라 해도 알고 보면 기본적인 틀을 벗어나지 않는다고 생각한다. 이러한 맥락에서 게임 이론은 다음과 같은 네 가지의 가정을 세운다.

① 게임은 최소한 두 사람 또는 두 사람 이상의 참여자players가 있어야

성립되며, 이들 사이에 부분적으로나마 이익의 대립이 있어야 한다.

② 게임 참여자들은 전략적 대안들을 갖고 있고, 그 중에서 한 가지를 선택할 수 있어야 한다.

③ 게임을 한다는 것은 각 참여자가 각기 한 가지의 전략을 동시에 선택하는 것이다. 단, 한 참여자가 시간적으로 먼저 전략을 선택했지만 상대방이 그 내용을 모를 때에는 선택이 동시에 이루어진 것으로 간주한다.

④ 게임 참여자들은 자신이 선택한 전략에 따라 그 결과가 가져오는 일정한 이득, 곧 보상payoff을 받게 된다.

제3절 게임의 유형

게임 이론은 이와 같은 전제와 가정에 따라 게임을 다음과 같은 몇 가지의 기본유형으로 나누고 있다.[2)]

1. 영합 게임과 비영합 게임

게임은 참여자가 얻게 되는 이득의 형태에 따라 영합零合 게임zero-sum game과 비영합非零合 게임non zero-sum game으로 구분된다. 즉 참여자 중 한

2) 여러 가지 게임의 유형에 관해서는 (Zagare 1984, 21~80; Riker and Ordes hook 1973, 116~153, 202~239) 참조.

사람이 얻는 이득의 양이 상대방이 입게 되는 손실의 양과 똑같은 게임, 다시 말해서 한 참여자의 이득을 P라 할 때 상대방의 이득이 −P, 즉 손실이 P가 되어 그 합이 0이 되는 게임 유형을 영합 게임 또는 제로섬 게임이라 부른다 [P+(−P)=0] . 예를 들어 두 명의 후보자가 출마한 국회의원 선거는 전형적인 제로섬 게임인데, 그 이유는 한 사람의 당선은 반드시 상대방의 낙선을 초래하기 때문이다(당선 + 낙선 = 0).

그러나 이처럼 승자와 패자가 분명히 나뉘어 이득의 합이 0이 되는 게임과는 달리, 참여자의 득실이 완전히 상쇄되지 않기 때문에 한 참여자의 이득이 상대방에게 같은 양의 손해를 입히지 않는 게임을 비영합 게임이라 한다. 비영합 게임에서는 참여자 사이에 갈등과 협력의 가능성이 동시에 존재하기 때문에 경우에 따라서는 참여자 모두에게 좋은 결과, 혹은 나쁜 결과가 돌아 갈 수 있다. 한국과 미국 사이의 FTA 협상, 명백한 승자가 없이 지루하게 계속되는 전쟁 등은 참여자들의 선택에 따라 함께 이득을 얻거나 손해를 입게 되는 비영합 게임의 사례이다.

2. 2인 게임과 N인 게임

게임은 참여자의 수에 따라 2인 게임two-person game, 그리고 3인 이상이 참여하는 N인 게임으로 나누어진다N-person game. N인 게임의 가장 두드러진 특징은 참여자들 사이의 연합과 결탁coalition의 가능성이 있다는 점이다. 즉 2인 게임에서는 두 참여자가 서로 적대적으로 게임에 임하지만, 참여자가 셋 이상이 될 때에는 참여자 중 일부가 편을 짜서 공동의 적에 대처하는 현상이 발생할 수 있다.

3. 협력 게임과 비협력 게임

게임은 또한 참여자들 간의 협의 가능성에 따라 협력 게임cooperative game과 비협력 게임non-cooperative game으로 구별될 수 있다. 즉 참여자들이 어떤 전략을 택할 것인가에 대해 미리 서로 협의할 수 있는 게임을 협력 게임, 반대로 사전 협의가 아예 불가능하거나 협의 없이 게임을 진행하는 게임을 비협력 게임이라고 부른다. 2인 영합 게임에서는 득실이 서로 상쇄되기 때문에 협력의 여지가 전혀 없지만, 비영합 게임은 득실의 정확한 상반성이 없기 때문에 협력 게임이 될 수 있다.

제4절 게임의 모형

이제 위에서 살펴 본 게임의 논리를 몇 가지 모형을 통해 보다 구체적으로 살펴보기로 한다.

1. 2인 영합 게임 모형

2인 제로섬 게임에서는 앞서 말한 바와 같이 두 참여자의 효용이 똑

같아 이득의 합이 항상 0이므로, 한 쪽이 일정한 효용을 얻게 되면 상대방은 반드시 그만큼의 손실을 입게 된다. 따라서 참여자들의 이해관계는 완전히 대립되고, 양자 사이에는 아무런 타협이 있을 수 없다. 이와 같은 게임의 모형은 해결점saddle point이 있는 경우와 해결점이 없는 경우 등 두 가지로 나누어질 수 있다.

(1) 해결점이 있는 모형

1) 비스마르크 해전

이 게임 매트릭스game matrix는 제2차 세계대전 당시인 1943년 2월 남태평양의 비스마르크 해역에서 일본군과 연합군(미국 및 호주 공군) 사이에 벌어진 비스마르크 해전Battle of the Bismarck Sea을 게임으로 재현한 것이다(Zagare 1984, 7). 당시 상황을 살펴보면, 일본군은 7,000명의 병력과 군비물자를 파푸아 뉴기니의 라바울Rabaul에서 라에Lae까지 수송하기 위해 비스마르크 해역을 반드시 통과해야 했는데, 북쪽 해역은 날씨가 흐렸고 반대로 남쪽 해역은 맑은 상태였다. 그리고 이를 저지하려는 연합군은 비행기의 부족으로 인해 북쪽 혹은 남쪽 어느 한쪽으로만 정찰이 가능한 상황이었다.

〈표 16-1〉의 매트릭스에 나와 있는 효용의 수치들을 살펴보면, 우선 연합군은 북쪽 정찰을 통해 얻을 수 있는 기대효용인 [3 + 2 = 5]가 남쪽을 정찰할 때의 기대효용인 [−1 + 4 = 3]보다 높기 때문에 북방을 정찰하는 것이 최선의 전략(a_1)이 된다. 또 일본군 역시 북쪽으로 항해하는 전략[−3 + 1 = −2]이 남쪽을 항해하는 전략[−2 +(−4) = −6]보다 손실을 최소화할 수 있기 때문에 북쪽을 선택(b_1)하는 것이 최선의 전략이다. 따라서 양측 모두 $a_1 \cdot b_1$으로 북쪽 해역을 선택하는

결과를 가져 왔고, 실제로 연합군이 일본군 수송함대를 격침시켜 해전에서 승리했다.

〈표 16-1〉 비스마르크 해전의 매트릭스

B(일본) / A(연합군)	b_1 북진	b_2 남진
a_1 북쪽 해역 정찰	−3(일본) [$a_1 \cdot b_1$] +3(연합군)	−2(일본) [$a_1 \cdot b_2$] +2(연합군)
a_2 남쪽 해역 정찰	+1(일본) [$a_2 \cdot b_1$] −1(연합군)	−4(일본) [$a_2 \cdot b_2$] +4(연합군)

2) 정부군과 반정부 게릴라의 전투: 미니맥스mini-max해결

정부군과 반정부 게릴라 사이의 전투를 게임으로 재현한(Dougherty and Pflalzgraff 1981, 508~511) 모형에서 정부군과 게릴라는 각기 두 가지 전략을 갖고 있다. 우선 정부군은 게릴라를 쫓아 정글로 추격하거나(a_1), 주요거점을 방어(a_2)하는 두 가지 전략 가운데 하나를 택할 수 있는데, a_1을 택했을 때 예상되는 최대손실은 −7이 된다. 즉 정부군이 a_1을 택했을 경우의 손실은 게릴라들이 택하는 전략에 따라 −5와 −7인데 그 중 최소치는 [min(−5, −7) = −7]이며, 같은 논리로 a_2를 택했을 때에는 [min(+8, +1) = +1]이 된다. 따라서 정부군이 주어진 두 개의 전략을 택한다고 할 때 최대손실은 −7 또는 +1이기 때문에 그 중에서 상대적으로 손실이 적은 +1을 보장해주는 전략, 곧 a_2를 택하는 것이 합리적일 것이다. 이처럼 정부군은 게릴라가 어떤 전략을 취할지라도 a_2(주요거점방어)를 택함으로써 효용의 최소치들 중 최대치인 [max (−7, +1) = +1]을 얻을 수 있다. 이러한 +1을 맥시민maxi-min값이라고 부른다.

〈표 16-2〉 게릴라 전투의 매트릭스

A 정부군 \ B 게릴라	b_1 전면전	b_2 국지전
a_1 정글로 추격	+5(게릴라) [a_1·b_1] −5(정부군)	+7(게릴라) [a_1·b_2] −7(정부군)
a_2 주요거점방어	−8(게릴라) [a_2·b_1] +8(정부군)	−1(게릴라) [a_2·b_2] +1(정부군)

이와 반대로 게릴라는 정부군의 이득을 최소화하는 전략을 택하게 마련이다. 즉 게릴라가 b_1(전면전)을 택했을 경우 정부군의 최대이득은 [max (−5, +8) = +8]이며, b_2(국지전)를 택했을 때에는 [max (−7, +1) = +1]의 최대이득을 얻게 된다. 따라서 게릴라가 정부군에게 돌아가는 이득을 가능한 한 줄이기 위해서는 정부군의 최대이득 +8, +1 중에서 최소치인 [min(+8, +1) = +1]을 보장하는 전략 b_2를 선택하는 것이 가장 현명한 방법이다. 즉 여기에서 +1은 바로 게릴라의 미니맥스mini-max 값이 된다. 결국 정부군의 맥시민 전략과 게릴라의 미니맥스 전략이 일치하게 되어 해결점인 a_2·b_2(주요거점방어와 국지전)라는 형태의 전투가 벌어지게 된다. 같은 논리로서 그 역도 가능하다. 즉 게릴라의 맥시민 값 [max (−8, −1) = −1]과 정부군의 미니맥스 값 [min (+7, −1) = −1]이 일치하는 점도 바로 a_2·b_2이다.

(2) 해결점이 없는 모형

〈표 16-3〉에서 볼 수 있는 게임 역시 참가자 A가 취할 수 있는 전략은 a_1, a_2 이고, 참가자 B가 취할 수 있는 전략은 b_1, b_2 이다. 앞서 살펴본 미니맥스 해결방식에 따르자면, 참가자 A는 두 가지 전략 중

a_1을 선택했을 때 참가자 B의 선택에 따라 +5와 −3의 손실을 입는다. 그 중 최소치는 [min (+5, −3)= −3], 이며, a_2의 경우에는 [min (−3, +1)= −3]이 된다. 참가자 A는 손실을 최소화하기 위하여 이들 효용의 최소치들 중 최대치를 보장해주는 전략을 선택한다.

〈표 16-3〉 해결점이 없는 모형의 매트릭스

참가자 B / 참가자 A	전략 b_1	전략 b_2
전략 a_1	−5 [$a_1 \cdot b_1$] +5	+3 [$a_1 \cdot b_2$] −3
전략 a_2	+3 [$a_2 \cdot b_1$] −3	−1 [$a_2 \cdot b_2$] +1

또한 참가자 B는 참가자 A의 이득의 최소화를 모색하고 있다. 이를 위하여 전략 b_1을 선택하였을 경우 참가자 A의 최대이득은 [max (+5, −3) = +5]이며, b_2를 선택하였을 경우에는 [max (−3, +1) = +1]의 최대이득을 얻게 된다. 따라서 참가자 B는 참가자 A의 이득을 줄이기 위하여 최대이득 중 최소가 보장되는 전략을 선택할 것이다([min (+5, +1)= +1]). 그러나 이 게임에서는 참가자 A의 맥시민 값(−3)과 참가자 B의 미니맥스 값(1)이 서로 다르다. 즉, 앞의 모형과는 달리 참가자 A와 B에게는 최적의 전략이 없다. 따라서 이 게임에서는 참가자 B가 선택할 수 있는 전략 중 보다 나은 전략인 b_2를 선택한다면 참가자 A는 전략 a_2를 선택하는 것이 유리할 것이고, 참가자 A가 전략 a_2를 선택한다면, 참가자 B는 전략 b_1을 선택하는 것이 유리 할 것이다. 또 참가자 B가 전략 b_1을 선택하면 A는 a_1을 선택하게 될 것이다. 이처럼 이 게임은 상대방의 전략에 따라 자신의 전략이 얼마든지 달

라질 수 있음을 알 수 있다.

2. 2인 비영합 게임 모형

비영합 모형은 앞서 말한 것처럼 참여자들의 이해가 완전히 상반되지 않는 게임으로서 모두가 이득을 보거나 손해를 보는 상황, 혹은 이득손실이 각기 다르게 나타나는 상황을 상정한다. 그리고 참여자들은 이득을 극대화하기 위해서는 서로 협조하지만, 이득을 분배함에 있어서는 갈등관계에 놓인다.

(1) 비겁자 게임chicken game

위의 비겁자 게임은 A, B 두 청년이 친구들이 보는 가운데 누가 영웅이고 누가 비겁자인지를 판가름하기 위해 벌이는 게임으로서, 좁은 1차선 도로에서 서로를 향해 자동차를 전속력으로 몰아 돌진하는 방식을 취한다. 여기에서 충돌을 피하기 위해 먼저 진로를 벗어나는 사람이 비겁자가 되어 패배하게 된다.

〈표 16-4〉 비겁자 게임의 매트릭스

B / A	b_1 피하는 경우	b_2 피하지 않는 경우
a_1 피하는 경우	0(B: 비겁자) [$a_1 \cdot b_1$] 0(B: 비겁자)	+10(B: 영웅) [$a_1 \cdot b_2$] −10(A: 비겁자)
a_2 피하지 않는 경우	−10(B: 비겁자) [$a_2 \cdot b_1$] +10(A: 영웅)	−100(죽음) [$a_2 \cdot b_2$] −100(죽음)

이 게임에서는 A, B 모두가 상대방의 전략에 상관없이 결정적으로 유리한 지배전략, 즉 충돌을 피하기 위해 핸들을 먼저 꺾는 전략을 갖고 있으며, 따라서 양쪽이 모두 겁쟁이(비겁자)가 되는 결과($a_1 \cdot b_1$)가 나올 가능성이 가장 높다.

(2) 죄수의 딜레마prisoner's dilemma 게임

두 명의 도둑이 부잣집을 턴 다음날 어떻게 되었는지 궁금해서 범행현장을 살펴보러 갔다가 수상히 여긴 경찰에게 체포되었다. 경찰은 이들을 경찰서로 연행한 후, 서로 입을 맞추지 못하도록 다른 감방에 수감하여 각각 취조를 시작했다. 그런데 이들이 받을 수 있는 벌을 보면, 두 사람 모두 자백을 하지 않을 경우 길에 침을 뱉었다는 경범죄로 기소되어 10일간 구금이라는 가벼운 처벌을 받게 된다. 그리고 양쪽 모두 자백한다면 비록 절도죄로 기소된다 하더라도 정상을 참작해 가장 무거운 처벌을 면하고 3년 징역형에 처해진다. 그러나 한 사람만 자백하고 다른 사람이 자백하지 않을 경우, 자백한 사람은 관대한 처벌(5년 징역)을 받지만, 자백하지 않은 도둑은 중형(10년 징역)을 받게 된다.

〈표 16-5〉 죄수의 딜레마 게임의 매트릭스

A \ B	b_1 침묵	b_2 고백
a_1 침묵	10일간 구금(B) [$a_1 \cdot b_1$] 10일간 구금 징역(A)	5년 징역(B) [$a_1 \cdot b_2$] 10년 징역(A)
a_2 고백	10년 징역(B) [$a_2 \cdot b_1$] 5년 징역(A)	3년 징역(B) [$a_2 \cdot b_2$] 3년 징역(A)

이와 같은 상황 하에서는 두 죄수 모두가 자신의 효용을 극대화하려 하기 때문에 침묵이 가장 합리적 대안이라는 것을 알 수 있다. 그러나 이러한 합리적 선택이 최선의 결과를 낳으리라는 보장이 없다는 점이 바로 죄수의 딜레마이며, 결과적으로 같이 입을 다물어 10일간 구금이라는 제일 가벼운 벌을 받을 수 있는 방법이 있음에도 불구하고 둘 다 자백하여 3년 징역형에 처해지게 된다.

〈표 16-6〉 군비경쟁의 매트릭스

B(북한) / A(남한)	b_1 군비지출 억제	b_2 군비지출 강화
a_1 군비억제	−10(북한) [$a_1 \cdot b_1$] −10(남한)	+50(북한) [$a_1 \cdot b_2$] −100(남한)
a_2 군비증강	−100(북한) [$a_2 \cdot b_1$] +50(남한)	−50(북한) [$a_2 \cdot b_2$] −50(남한)

죄수의 딜레마 게임이 시사하는 바는 게임 참여자들이 공동이득을 얻을 수 있는 최적의 대안이 있음에도 불구하고 모두에게 손실이 되는 대안을 선택할 수밖에 없는 상황이 존재한다는 점이다. 예로서 국제정치의 전개과정에 있어서는 관련 당사국들이 분쟁을 피하기 위해 어리석은 결정을 내리지 않으려고 아무리 합리적인 노력을 기울인다 해도 결국에는 분쟁에 휘말리게 되는 상황이 실제로 발생한다. 위의 〈표 16-6〉에서 볼 수 있는 매트릭스는 남북한 간의 군비경쟁이 양측 모두에게 손실을 가져옴에도 불구하고 왜 지속될 수밖에 없었는가를 보여준다.

| 참고문헌 |

가상준. 2010. "국회 원구성." 임성호 외 편, 『한국 국회와 정치과정』. 서울: 오름.

강경희. 2005. 『여성정치학입문』. 서울: 들녘.

강문구. 1996. "한국정치의 민주화: 평가와 과제; 한국사회의 민주화와 환경운동-위천공단 조성문제를 중심으로-" 『한국정치의 재성찰』. 한국정치학회.

강성남. 1997. "국제적 반부패논의: 최근 동향과 쟁점." 『국제문제분석』. 제32호. (인터넷: http://www.nanet.go.kr/nal/3/3-1-2/kuk-32.htm)

강원택. 2001. "한국정치에서 이원적 정통성의 갈등해소에 대한 논의: 준대통령제를 중심으로." 『국가전략』. 7-3: 29-50.

______. 2006. 『대통령제, 내각제와 이원정부제』. 서울: 인간사랑.

고성준. 1996. "국제무역에 있어 부패관행의 규제에 관한 연구." 『통상법률』. 서울: 법무부.

곽진영. 2004. "정당체계." 심지연 편, 『현대정당정치의 이해』. 서울: 백산서당.

국회입법조사처. 2009. 『국회 인사청문제도의 현황과 개선방안』. 현안보고서 제45호.

권순영. 2011. "미네르바 판결 이후의 인터넷 정책 방향." 『이슈와 논점』. 제175호.

권은경 외. 1998. 『OECD 뇌물방지협정의 주요내용 및 대응방안 연구』. 서울: 국토개발연구원.

기사연. 1987. 『7·8월 노동자 대중투쟁-기사연 리포트 3』. 서울: 민중사.

김내균. 1996. 『소크라테스 이전의 그리스 철학』. 서울: 교보문고.

김동춘 외. 2000. 『NGO란 무엇인가』. 서울: 아르케.

김민정. 2003. "한국여성유권자의 정책지향적 투표행태: 16대 대통령선거를 중심으로." 『한국정치학회보』 37(3).

김성수. 1996. "지방자치의 활성화를 통한 수질보전정책연구: 낙동강 수계오염과 위천공단 조성에 관한 갈등해결의 모색." 『한국환경과학회지』. Vol.5, No.3.

______. 2008. 『국제환경협력의 이론과 실제』. 진영기획.

김여라. 2008. 『인터넷 실명제의 쟁점』. 국회입법조사처 현안보고서.

김영래. 1996. "한국 이익집단의 발전과정." 김영래 편, 『이익집단정치와 이익갈등』. 서울: 한울.

김영태. 2009. "정당과 민주주의." 민주화운동기념사업회 연구소 편, 『민주주의 강의3 제도』. 서울: 오름.

김영호. 1997. "신현실주의의 비판적 고찰." 『국제정치논총』. 제37집 2호.

김용민. 2000. "정치에 있어서 정의와 우정: 플라톤과 크세노폰." 『한국정치학회보』.

34:3.

______. 2002. “공동체주의와 시민교육.” 이용필 편, 『세계화 과정에서의 공동체주의』. 서울: 신유.

______. 2004. 『루소의 정치철학』. 일산: 인간사랑.

______. 2007. “키케로의 정치철학: 『국가에 관하여』와 『법률에 관하여』를 중심으로.” 『한국정치연구』. 16:1

김용호. 2004. “2003년 헌정위기의 원인과 처방: 제3당 분점정부와 대통령-국회 간의 대립.” 진영재 편, 『한국권력구조의 이해』. 서울: 나남.

김웅진 · 김지희. 2000. 『비교사회연구방법론: 비교정치 · 비교행정 · 지역연구의 전략』. 서울: 한울아카데미.

____________. 2005. 『정치학연구방법론: 경험과학연구의 규준과 설계』. 서울: 명지사.

김웅진 · 이남영. 2001. 『정치학조사방법: 재미있는 퍼즐풀기』. 서울: 명지사.

김유향 · 조희정. 2011a. “튀니지의 자스민 혁명과 SNS의 역할.” 『이슈와 논점』. 제192호.

____________. 2011b. “이집트의 정치격변과 인터넷 차단의 정치 효과.” 『이슈와 논점』. 제193호.

김재영 외. 1996. 『환경정치와 환경정책』. 서울: 삼부사.

김재훈. 2004. “노동조합의 조직자원과 조직유형.” 『경제와 사회』. 제63호.

김정수. 1980. “환경청 발족과정의 정책과정연구.” 연세대학교 석사학위 논문.

김진철. 1982. “국제적 상호의존관계의 이론적 접근.” 『한국정치학회보』. 16집.

______. 1987. “상호의존론.” 『국제정치논총』. 제27집 2호.

김현우. 2009. 『미국연방의회론』. 서울: 한국학술정보.

김형철 · 홍재우. 2006. 『정당의 공직후보자 선출방식』. 서울: 진보정치연구소.

김홍규. 2002. 『사회과학통계분석 SPSS for Windows』. 서울: 나남.

노중기. 2003. “노사정위원회 5년, 평가와 전망.” 『동향과 전망』. 제56호.

Dahl, Robert. 1985. *A Preface to Economec Democracy*. New Haven: Yale University Press. 『경제민주주의』. 안승국 옮김. 서울 : 인간사랑

Rosemarie T. 저 · 이소영 외 역. 2010. 『21세기 페미니즘 사상』. 서울: HS MEDIA.

류석진 · 조희정. 2009. 『디지털 컨버전스 환경에서의 정치제도와 시민사회 변화 연구』. 서울: 정보통신정책연구원.

Lijphart, A. 저 · 최명 역. 1987. 『민주국가론』. 서울: 법문사.

Manin, B. 저 · 곽준혁 역. 2004. 『선거는 민주적인가: 현대 대의 민주주의의 원칙에 대한 비판적 고찰』. 서울: 후마니타스.

Mulhall, S., Swift, A. *Liberals and Communitarians*. Oxford: Blackwell. 김해성

· 조영달 옮김. 2001. 『자유주의와 공동체주의』. 서울: 한울.
박찬욱. 2004. "대통령제의 정상적 작동을 위한 개헌론." 진영재 편, 『한국권력구조의 이해』. 서울: 나남.
미네르바정치연구회. 2005. 『국제질서의 패러독스』. 서울: 인간사랑.
박경서. 1985. 『국제정치경제론』. 서울: 법문사.
박덕제. 1998. "'노사정위원회'의 문제점과 개선방향." 『노동경제논집』. 21(2). 202-210.
박동서. 1994. "공직자청문회제도의 도입." 『행정논총』. 제31권 1호.
박의경. 1999. "'자유'개념에 대한 여성주의적 고찰." 『한국정치학회보』. 33(3).
박재영. 1998. 『국제기구정치론』. 서울: 법문사.
______. 1999. 『국제정치 패러다임』. 서울: 법문사.
박찬표. 2004. "국회위원회제도의 이론적 탐색과 개선방안." 『헌법학연구』. 제10권 4호.
배긍찬. 2000. 『동아시아 지역협력 추진 전망』. 서울: 외교안보연구원.
______. 2001. 『동아시아 정체성 창출방안 연구』. 서울: 외교안보연구원.
______. 2003. 『동북아 경제중심국가 건설을 위한 외교적 과제』. 서울: 외교안보연구원.
변동건. 1985. "한국인의 환경의식조사." 『한국정치학회보』. 제19집.
Sartori, G. 1976. *Parties and Party systems. Cambridge University Press.* 어수영 역, 『현대정당론』. 동녘.
Sandel, M. *Justice*. 이창신역. 2010. 『정의란 무엇인가』 서울: 김영사.
Schattschneider, E. E. 1960. *The Semisovereign People: A Realist's View of Democracy in America*. Harcourt Brace College Publishers. 현재호 · 박수형 역. 2008. 『절반의 인민주권』. 서울: 후마니타스.
Sunstein, C. R. 2003. Why Societies Need Dissent. Harvard University Press. 박지우 · 송호창 역. 2009. 『왜 사회에는 이견이 필요한가?』. 서울: 후마니타스.
손영우. 2005. "이익집단의 정치제도화에 대한 연구: 프랑스의 경제사회위원회를 중심으로." 한양대학교 제3섹터연구소. 『시민사회와 NGO』. 3(2). 193- 238.
신명순. 2006. 『비교정치』. 서울: 박영사.
신유균. 1995. 『신교역질서와 한국의 선택』. 서울: 한국무역경제.
심지연. 2004. 『현대정당정치의 이해』. 서울: 백산서당.
Shirky, C. 2008. *Here Comes Everybody*. Brockman. 송연석 역. 2008. 『끌리고 쏠리고 들끓다』. 서울: 갤리온.
안순철. 1998. 『선거체제비교: 제도적 효과와 정치적 영향』. 서울: 법문사.
______. 2000. 『비교선거체제』. 서울: 법문사.

______. 2004. "내각제와 다정당체제: 제도적 조화의 모색." 진영재재 편, 『한국권력구조의 이해』. 서울: 나남.

______. 2007. "아시아에 있어서 사회적 자본과 민주주의." 『아시아연구』 10권 2호.

______. 2007. "아시아에 있어서 사회적 자본과 민주주의." 『아시아연구』 10권 2호.

안승국. 1997. "결사체민주주의와 정치공동체: 국가-시민사회관계의 대전환 모색." 『한국정치학회보』 31집 3호.

Anthony, G. 저 · 김미숙 외 역. 2003. 『현대사회학』. 서울: 을유문화사.

염홍철. 1987. "국제정치경제: 종속의 시각." 『국제정치논총』. 제27집 2호. 55-78.

오승용. 2004. "한국 분점정부의 입법과정 분석: 13대-16대 국회를 중심으로." 『한국정치학회보』 제38권 1호. 167-192.

Olson, D. M. 1965. Logic of Collective Actions, Harvard University Press. 윤여덕 역. 『집단행동의 논리』. 한국학술정보(주).

__________. 저 · 장성호 역. 2007. 『의회민주정치제도』. 서울: 창문각.

유재일. 2004. "정당의 기능." 심지연 편, 『현대정당정치의 이해』. 서울: 백산서당.

이덕재. 2009. "우리나라 사회합의주의의 형식과 실질간의 괴리." 『경제와 사회』. 통권 제83호.

이상환. 1995. "미국과 동북아 3국간의 무역분쟁: 패권안정이론과 잉여능력이론의 고찰." 『국제정치논총』. 제35집 1호. 27-62.

______. 1996a. "미국 국제무역위원회(USITC)의 연례보고서를 통해 본 미국과 동북아 3국간의 통상관계." 『한국정치학회보』. 제30집 1호. 297-319.

______. 1996b. "신국제정치경제질서의 도래와 세계민주공동체로의 전환." 『국제정치논총』. 제36집 1호. 33-56.

______. 2001a. "국제적 반부패논의와 반부패 국제비정부기구의 역할: 국제투명성기구의 활동을 중심으로." 『세계지역연구논총』. 제16집. 47-67.

______. 2001b. "부패지수의 국제정치경제: 국제투명성기구에 대한 경험적 분석을 중심으로." 『사회과학논집』. 제19집 1호. 25-49.

______. 2001c. "미국의 인권외교정책: 코소보와 동티모르의 사례 비교." 『국제정치연구』. 제3집 2호. 63-79.

이현우. 2010. "국회와 지도부." 임성호 외. 『한국 국회와 정치과정』. 서울: 오름. 155-179.

이현출. 1997. 『정당과 민주주의』. 서울: 오름.

임혁백, 1991, "민주화비교연구 서설." 『한국정치연구』. 서울대학교 한국정치 연구소. 3: 163-189.

장훈. 2004. "정당과 선거." 심지연 편, 『현대정당정치의 이해』. 서울: 백산서당.

전라북도 여성발전연구원. 2003. 『6.13지방선거와 여성정치세력화 실패연구』. 전라북도 여성발전연구원 연구보고서.

전재성. 1999. "E.H. 카아의 비판적 현실주의 국제정치이론." 『한국정치학회보』. 제33집 3호. 391-408.

______. 2000. "현실주의 국제 제도론을 위한 시론." 『한국정치학회보』. 제34집 2호. 341-358.

정상호. 2006. 『NGO를 넘어서: 이익정치의 이론화와 민주화를 위한 탐색』. 서울: 한울.

정연식 · 이상환. 2000. "미국의 인권외교정책: 중국과 한국의 사례 비교." 『21세기 국제관계연구의 쟁점과 과제』. 서울: 박영사.

정진민. 2004. "한국 대통령제의 문제점과 극복 방안." 진영재 편, 『한국권력구조의 이해』. 서울: 나남.

정호경 · 김지하. 1985. 『삶이냐 죽음이냐』. 서울: 형성사.

조경근. 1995. "그린라운드(Green Round)의 국제정치적 특성: '자유무역레짐'의 변화를 둘러싼 갈등과 협력의 구조." 『국제정치논총』. 제35집 2호. 39-58.

조성대 · 황영주. 2005. 『여성들의 지방의회 진출을 위한 법적·제도적 방안 모색: 후보자와 유권자들의 입장과 태도를 중심으로』. 국회여성가족위원회 정책용역과제최종보고서.

조정관. 2004. "대통령제 민주주의의 원형과 변형: '한국형' 대통령제의 특징과 제도운영의 문제." 진영재 편, 『한국권력구조의 이해』. 서울: 나남.

조진만. 2010. "국회의 구조." 임성호 외. 『한국 국회와 정치과정』. 서울: 오름. 101-129.

조희정. 2009. "네트워크 사회의 선거운동 전략에 관한 연구: 2008년 미국 대통령 선거를 중심으로." 『국가전략』. 제15권 2호. 89-121.

______. 2010. 『네트워크 사회의 정치와 민주주의: 정부, 정당, 시민사회의 변화와 전망』. 서강대학교 출판부.

조희정 · 강장묵. 2008. "네트워크 정치와 온라인 사회운동: 2008년 '미국산 쇠고기 수입반대 촛불집회' 사례를 중심으로." 『한국정치학회보』. 제42집 3호. 311-332.

조희정 · 이원태. 2010. "소셜 미디어의 선택적 적응과 정치발전: 2010년 영국 총선을 중심으로." 『한국정당학회보』. 제9권 제2호. 141-179.

진덕규. 1994. 『현대정치학』. 서울: 학문과 사상사.

최장집. 2002. 『민주화 이후의 민주주의』. 후마니타스.

______. 2004. "민주주의와 헌정주의: 미국과 한국." Dahl, R. 『미국 헌법과 민주주의』. 서울: 후마니타스.

최준영 · 조진만 · 가상준 · 손병권. 2008. "국무총리 인사청문회에서 나타난 행정부-국회

관계 분석." 『한국정치학회보』. 제42집 제2호. 151-169.
Kourvetaris, G. 저 · 박형신 역. 1998. 『정치사회학』. 서울: 일신사.
Tickner, A. J. 저 · 황영주 외 역. 2001. 『여성과 국제정치』. 부산: 부산외대 출판부.
Poggi, G. 저 · 박상섭 역. 1995. 『근대국가의 발전』. 서울: 민음사.
한국공해문제연구소. 1986. 『한국의 공해지도』. 서울: 일월서각.
한국기독교사회문제연구원. 1987. 『우리 애들만은 살려주이소』. 서울: 민중사.
Hirshberg, E. and F. Rosen 외 저. 강혜정 · 김종돈 옮김. 2008. 『신자유주의 이후의 라틴아메리카』. 서울: 모티브 북
Heywood, A. 저 · 조현수 역. 2006. 『정치학: 현대정치의 이론과 실천』. 서울: 성균관대학교출판부.
황영주. 2007. "만나기, 뛰어넘기, 새로만들기: 페미니즘 국제정치학에서 안보와 그 과제." 『국제정치논총』. 47(1).
______. 2008. "정치학에서 페미니즘 접근 방법." 한국정치학회 편, 『정치학이해의 길잡이』. 서울: 법문사.
______. 2009. "그 많은 여성은 어디에 있는가?." 21세기 정치연구회 편, 『정치학으로의 산책』. 서울: 한울.
홍기준. 1997. "OSCE와 ARF 사례연구를 통해서 본 동북아 지역안보협력의 방향." 『국방논집』. 제40호. 171-207.
홍재우. 2007. "호주의 정당체계와 선거제도: 또 하나의 웨스트민스터 모델?" 『지구촌의 선거와 정당』. 서울: 한국외국어대학교 출판부
______. 2006. "변화하는 승자독식의 민주주의: 영국의 선거제도." 김웅진 외. 『라운더바우트를 도는 산적과 말도둑』. 서울: 르네상스.
______. 2010. "권력공유의 실험과 위험: 벨기에 복합연방제의 패러독스" 『정당학회보』 9권 2호. 243-278

Agnew, J. and S. Corbridge. 1995. *Mastering Space.* London: Routledge.
Agnus, C., G. Gerald, and W. Miller. 1965. *The Voter Decides.* Evanston : Row Paterson.
Aguilar, E. and A. Pacek. 2000. "Macroeconmic Conditions, Voter Turnout and the Working-Class/Economically Disadvanted Party Vote in Developing Countries." *Comparative Political Studies.* 33(8).
Alavi, H. 1972. 'The State in Post-Colonial Societies'. *New Left Review.* No.74.
Almond, G. 1956. "Comparative Political System," *Journal of Politics.*
Almond, G. and P. Bingham. 1978. *Comparative Politics: System Process,*

and Policy. Boston, Mass.: Little, Brown & Co.

Almond, G. and J. Coleman. 1960. eds. *The Politics of the Developing Areas.* Princeton : University of Princeton Press.

Almond, G. and S, Verba. 1963. *The Civic Culture.* Boston : Little, Brown.

______________________. 1980. eds. *The Civic Culture Revisited.* Boston : Little, Brown.

Almond, G., G. Powell, and R. Mundt. 1996. *Comparative Politics Today, A Theoretical Framework.* New York: Harper Collins.

Amin, S. 1974. *Accumulating a World Scale: a critique of the theory of underdevelopment.* New York: Monthly Review Press.

_______. 1976. *Unequal development: an essay on the social formations of peripheral capitalism.* (tran.)Pearce, B. Hassocks: Harvester.

_______. 1977. *Imperialism and Unequal Development.* New York: Monthly Review Press.

Amorim, N. O. 2002. "Presidential Cabinets, Electoral Cycles, and Coalition Discipline in Brazil." In *Legislative Politics in Latin America.* ed. Morgenstern, S. and Benito N. Cambridge: University of Cambridge Press.

Anderson, C. J. and Christine A. G. 1997. "Political Institutions and Satisfaction with Democracy: A Cross National Analysis of Consensus and Majoritarian systems." *American Political Science Review.* 91(1).

Anderson, L. 2001. "The Implications of Institutional Design for Macroeconomic Performance". *Comparative Political Studies.* 34(4).

Armingeon, K. 2002. "The Effects of Negotiation Democracy: A Comparative Analysis" *European Journal of Political Research.* 41(1).

Arrighi, H. and Wallerstein. I. 1989. *Antisystemінc Movements.* London: Verso

Arrow, K. 1951. *Social Choice and Individual Values.* New York: Wiley & Sons.

Axelrod, R. 1985. *The Evolution of Cooperation.* New York: Basic Books, Inc.

Babbie, E. 2004. *The Practice of Social Research.* Belmont, CA: Thomson/ Wadsworth.

Baccaro, L. 2003. "What is Alive and What is Dead in the Theory of Corporatism." *British Journal of Industrial Relations.* 41(4).

Baccaro, L. and Sang-Hoon Lim. 2007. "Social Pacts as Coalitions of the

Weak and Moderate: Ireland, Italy and South Korea in Comparative Perspective." *European Journal of Industrial Relations*. 13(1).

Baldwin, D. ed. 1993. *Neo-realism and Neo-liberalism: The Contemporary Debate*. New York: University of Columbia Press.

Baldwin, R. 1985. *The Political Economy of U.S. Import Policy*. Cambridge, Mass.: MIT Press.

Balibar, E. 1994. *Masses, Classes, Ideas: Studies on Politics and Philosophy before and after Marx*. (tran.)Swenson, J. London: Routledge.

Baloyra, E. A. ed. 1987. *Comparing New Democracies: transition and consolidation in Mediterranean Europe and the Southern Co*. Boulder: Westview Press.

Barber, B. 1984. *Strong Democracy: Participatory Politics for a New Age*. Berkeley, CA: University of California Press.

Barry, B. 1970. *Sociologists, Econmists, and Democracy*. London: Collier-Macmillan

Beer, S. 1962. "The Analysis of Political Systems." in Beer, S. and Ulam, A. eds. *Patterns of Government: The Major Political Systems of Europe*. New York: Random House.

Beetham, D. 1999. *Democracy and Human Rights*. Cambridge: Polity Press.

Begehot, W. 1867/1963. *The English Constitution*. London: Campman and Hall.

Benhabib, S. ed. 1996. *Democracy and Difference*. Princeton: University of Princeton Press.

Bentley, A. F. 1908[1995]. *The process of government: A study of social pressures*. New Brunswick: University of Chicago Press.

Bille, L. 2001. "Democratization a Democratic Procedure: Myth or Reality?" *Party Politics*.

Blondel, J. 1968. "Party Systems and Patterns of Government in Western Democracies" *Canadian Journal of Political Science*.

________. 1973. *Comparative Legislatures*. New Jersey: Prentice-Hall.

________. 1984. "Dual Leadership in the Contemporary World: A Step Towards Regime Stability?" In *Comparative Government and Politics:* Essays in Honor of S. E. Finer, ed. by Kavanagh, D. and Peel, G. Boulder, CO: Westview Press.

Broad, D. 1991. "Global Economic Restructuring and the (Re) Casualisation of Labour in Canada" *Review of International Political Economy.* 14(4).

Butler, D., H. Penniman, and A. Ranney. 1981. *Democracy at the Poll.* Washington and London: American Enterprise Institute for Public Policy Research.

Cain, B., J. Ferejohn, and M. Fiorina. 1987. *The Personal Vote: Constituency Service and Electoral Independence.* Cambridge, MA: University of Harvard Press.

Caldwell, L. 1990. *International Environmental Policy: Emergence and Dimensions.* 3rd. ed. University of Duke Press.

Campbell, A. and P. Converse, W. Miller, D. Stokes,. 1960. *American Voters.* New York : John Wiley.

Cardoso, F. and E. Faletto. 1978. *Dependency and Development in Latin America.* CA: University of California Press.

Cawson, A. 1986. *Corporatism and Political Theory.* Oxford: Basil Blackwell.

Chalmers, D. A. 1985. "Corporatism and Comparative politics." Wiarda, H. ed. *New directions in Comparative Politics.* Colorado: Westview Press.

Cheibub, J. A. 2002. "Minority Governments, Deadlock Situations, and the Survival of Presidential Democracies." *Comparative Political Studies.*

Cheibub, J. A. and Fernando, L. 2002. "Democratic Institutions and Regime Survival: Parliamentary and Presidential Democracies Reconsidered." *Annual Review of Political Science.* 5.

Cheibub, J. A., A. Przeworski, and S. M. Saiegh. 2004. "Government Coalitions and Legislative Success under Presidentialism and Parliamentarism." *British Journal of Political Science.* 34(4).

Chirot, D. 1977. *Social Change in the Twentieth Century.* Fort Worth, TX: Harcourt Brace Company.

Cline, W. 1982. *A New Approach to World Trade Policy?* Washington D.C.: Institute for International Economics.

________. ed. 1983. *Trade Policy in the 1980s.* Washington DC: Institute for International Economics.

Colomer, J. M. and G. L. Negretto. 2005. "Can Presidentialism Work Like Parliamentarism?" *Government and Opposition.* 40(1).

Commons, J. R. 1950. *Economics of Collective Action.* New York: Macmillan.

Conybeare, J. 1984. "Public Goods, Prisoners' Dilemmas and the International Political Economy." *International Studies Quarterly.* 28(1).

Cowhey, P. F. and M. D. McCubbins. 1995. *Structure and Policy in Japan and the United States.* Cambridge: University of Cambridge Press.

Cox, G. W. and Mathew D. McCubbins. 1993. *Legislative Leviathan: Party Government in the House.* Berkeley: University of California Press.

______________________. 2001. "The Institutional Determinants of Economic Policy Outcomes." In *Presidents, Parliaments, and Policy.* ed. Haggard, S. and Mathew M. McCubbins. Cambridge: University of Cambridge Press.

Cox, G. W. and Morgenstern, S. 2001. "Latin America's Reactive Assemblies and Proactive Presidents." *Comparative Politics.* 33(2)

Cox, R. 1981. 'Social Forces, States and World Orders'. *Millennium: Journal of International Studies.*

______. 1987. *Production, Power and World order: Social Forces in the Making of History.* New York: University of Columbia Press.

______. 1992. 'Global Perestroika' in Miliband, R. and Panitch, L. ed. *Socialist Register.* London: The Merlin Press.

______. 1994. 'Global structuring: Making sense of the changing international political economy' in Stubbs, R. and Underhill, Geoffrey R. D. ed. *Political Economy and the changing global order.* London: Macmillan.

Crepaz, M. 1996. "Consensus versus Majoritarian Democracy: Political Institutions and their Impact on Macroeconomic Performance and Industrial Disputes." *Comparative Political Studies.* 29(1).

Cumings, B. 1989. 'The Abortive Abertura: South Korea in the Light of Latin American Experience.' *New Left Review.* I/173, January-February

Cutright, P. 1963. National Political Development: Measurement and Analysis. *American Sociological Review.* 28(2).

Daalder, H. and P. Mair, eds. 1985. *Western European Party Systems.* London: Sage Publications Inc.

Dahl, R. 1971. *Polyarchy: Participation and Opposition.* New Haven: Yale University.

______.1982. *Dilemmas of Pluralist Democracy.* New Haven: Yale University

Press.

_______. 1984. *Modern Political Analysis. 4th ed.* Englewood Cliffs: Prentice-Hall.

_______. 1989. *Democracy and Its Critics.* London: University of Yale Press.

_______. 1998. *On Democracy.* New Haven: Yale University

Dalton, R. 1988. *Citizen Politics in Western Democracies.* Chatham: Chatham House.

Dalton, R. J. and M. P. Wattenberg. 2000. *Parties without Partisans.* Oxford and New York: University of Oxford Press.

Davy, S. 2010. "How Technology Changed American Politics in the Internet Age." *Media Shift.*

Denquin, J. M. 1985[1991]. Science politique 3rd d. Paris: PUF.

Destler, I. M. 1986. *American Trade Politics: System Under Stress.* Washington D.C.: Institute for International Economics.

Destler, I. M. and J. Odell. 1987. *Anti-Protection: Changing Forces in United States Trade Politics.* Washington D.C.: Institute for International Economics.

Deutsch, K. 1961. "Social Mobilization and Political Development." *American Political Science Review.* 55(3).

_________. 1980. *Politics and Government. 3rd ed.* Boston: Houghton.

Deutsch, K. and D. Singer. 1964. "Multipolar Power Systems and International Stability." *World Politics.* 16(3).

Diamond, L. and Byung-Kook Kim. eds. 1999. *Consolidating democracy in South Korea.* Boulder, Co.: Lynne Rienner

Diamond, L. and M.F. Plattner. 1993. *The Global Resurgence of Democracy.* Baltimore: University of Johns Hopkins Press.

Dougherty, J. and R. Pfaltzgraff Jr. 1981. *Contending Theories of International Relations.* New York: Harper & Row, Publishers.

Downs, A. 1957. *An Economic Theory of Democracy.* New York: Harper & Row.

Duncan, G. ed. 1983. *Democratic Theory and Practice.* Cambridge: University of Cambridge Press.

Dunn, J. ed. 1992. *Democracy: the Unfinished Journey. 508BC to AD1933.* New York: University of Oxford Press.

_______. 2005. *Democracy: a history.* New York: Atlantic Monthly Press.

Duverger, M. 1954. *Political parties: Their Organization and Activity in the Modern State.* London: Methuen & Co. LTD.
Duverger, M. 1967. *Political Party.* London: Methuen & Co. Ltd.
__________. 1980. "On the Political-System Model: Semi-Presidential Government." *European Journal of Political Research.* 8(2).
__________. 1986. "Duverger's Law: Forty Years Later" in B. Grofman and A. Lijphart,. eds. *Electoral Laws and Their Political Consequences.* New York: Agathon Press.

Easton, D. 1971. *The Political System, An Inquiry into the State of Political Science.* Chicago: University of Chicago Press.
Eaton, K. 2000. "Parliamentarism versus Presidentialism in the Policy Area." *Comparative Politics.* 32(3).
Elgie, R. 2004. "Semi-Presidentialism: Concepts, Consequences and Contesting Explanations." *Political Studies Review.* 2(3).
__________. 2005. "From Linz to Tsebelis: Three Waves of Presidential/Parliamentary Studies?" *Democratization.* 12(1).
Epstein, L. 1967. *Political Parties in Western Democracies.* New York: Praeger.
Ethier, D. 1990. *Democratic Transition and Consolidation in Southern Europe, Latin America and Southeast Asia.* Basingstoke: Macmillan.
Evans, P. 1979. *Dependent Development.* NJ: University of Princeton Press.
________. 1997. "The Eclipse of the State? Reflections on Stateness in an Era of Globalization." *World Politics.* 50(1).
Evans, P. and D. Rueschemeyer, T. Skocpol. eds. 1985. *Bringing the State Back In : Strategies of Analysis of Current Research.* Cambridge, UK: University of Cambridge Press.

Fajertag, G. and P. Philippe. eds. 1997. *Social pacts in Europe.* Institut syndical europ en.
Feno, Jr. R. F. 1978. *Home Style: House Members in Their Districts.* Boston and Toronto: Little Brown.
Fiorina, M. 1981. *Retrospective Voting in American National Elections.* New Haven: Yale University Press.

Ford, L. E. 2011. *Women and Politics. third edition.* MA: Wadsworth.

Foucault, M. 1977. *Discipline and Punish: The Birth of the Prison.* (tran.) Sheridan, A. New York: Vintage.

Frank, A. G. 1969. Latin America: Underdevelopment or Revolution. *Essay on the Development of Underdevelopment and the Immediate Enemy.* New York: Monthly Review Press.

__________. 1971. *Sociology of development and underdevelopment of sociology.* London: Pluto Press.

Frayssint, J. 1996. *Le conseil conomique et social.* Paris: La documentation fran aise.

Frye, T. 1997. "A Politics of Institutional Choice: Post-communist Presidencies." *Comparative Political Studies.* 30(5).

Fukuyama, F. 1992. *The End of History and the Last Man.* New York: Free Press.

Gareth, P. and J. W. Brown. 1996. *Global Environmental Politics.* Westview Press.

Gareth, P. and W. Brown. and P. Chasek. 2010. *Global Environmental Politics.* Westview Press.

Geithner, P. 1999. "What Governments Can Do to Encourage Civic Participation." Paper presented at the International Conference on *"Democracy, Market Economy and Development."* 1999. 2. 26-27, Seoul, Republic of Korea.

Gibson, R. and P. Nixon. eds. 2003. *Political Parties and the Internet: Net gain?.* New York: Routledge.

Gill, S. 1995a. 'Theorising the Interregnum: The Double Movement and Global Politics in the 1990s' in Hettne, B. (ed.). *International Political Economy: Understanding Global Disorder.* London: Zed Books.

______. 1995b. 'Globalization, Market civilization, and Disciplinary Neo-liberalism'. *Millennium: Journal of International Studies.* 24(3).

Gills, B., J. Rocamora, and R. Wilson. 1993. *Low Intensity Democracy: Political Power in The New World Order.* London: Pluto press.

Gilpin, R. 1975. *U.S. Power and the Multinational Corporation: The Political Economy of Foreign Direct Investment.* New York: Basic Books, Inc.

_________. 1987. *The Political Economy of International Relations.* NJ:

University of Princeton Press.

Golden, D. and James M. Poterba. 1980. "The Price of Popularity: The Political Business Cycle Reexamined." *American Journal of Political Science.* 24(4).

Grieco, J. 1988. "Anarchy and the Limits of Cooperation: A Realist Critique of the Newest Liberal Institutionalism." *International Organization.* 42(3).

Grofman, B. and A. Reyolnds. 2001. "Electoral systems and the Art of Constitutional Engineering: An Inventory of the Main Findings." in R. Mudambi, P. Navarra, and G. Sobbrio eds. *Rules and Reason: Perspective on Constitutional Political Economy.* New York: University of Cambridge Press.

Grugel, J. 2002. *Democratization: a critical introduction.* Hampshire: Palgrave.

Gunther, R., P. Diamandouros, and H. Puhle. 1995. *The Politics of Democratic Consolidation: southern Europe in comparative perspective.* London: the Johns Hopkins Press.

Guthrie, W. K. C. 1981. *A History of Greek Philosophy 6 vols.* Cambridge: University of Cambridge Press Friedl nder, P. 1973. Plato. (tran. Meyerhoff, H). Princeton, NJ: University of Princeton Press.

Haas, K. and M. Levy eds. 1995. *Institutions for the Earth.* MIT Press.

Habermas, J. 1981[1984]. Theorie des kommunikativen Handelns. english trans. McCarthy, T. *The Theory of Communicative Action.* Boston: Beacon Press.

Held, D. 1989. *The Structural Transformation of the Public Sphere: An Inquiry into a Category of Bourgeois Society.* Cambridge: MIT Press.

Haggard, S., and B. Simmons. 1987. "Theories of International Regimes." *International Organization.* 41(3).

Hamilton, A., J. Madison, and J. Jay. 1787-8/1982. *The Federalist Papers.* New York: Bantam Books.

Hanson, R. L. 1995(1989). Democracy. in Terence Ball, James Farr & Russell L. Hanson. *Political Innovation and Conceptual Change.* London: University of Cambridge Press.

Harrop, M. and W. Miller 1987. *Elections and voters: A Comparative*

Introduction. New York: New Amsterdam Books.
Harvey, D. 1990. *The Condition of Postmodernity: An Enquiry into the Origin of Cultural Change.* Oxford: Blackwell.
Hayward, J. 1996. "Groupes d'int r t, pluralisme et d mocratie." *Pouvoirs: les groupes d'int r t.* n° 79.
Hegel, G. W. 1952. *Hegel's Philosophy of Right.* trans. T.M. Knox. Oxford: Oxford University Press
Held, D. 1992. *Prospects for Democracy: North, South, East, West.* Cambridge: Polity Press.
_______. 1996. *Models of Democracy.* Cambridge: Polity Press.
Heywood, A. 2002. *Politics.* Hampshire: Palgrave.
Hirschman, A. 1980. *National Power and the Structure of Foreign Trade.* University of California Press.
Hirst, P. 1997. *From statism to pluralism: democracy, civil society and global politics.* London: UCL Press
Hirst, P. and Bader, V. 2001. *Associative democracy: the real third way.* London: Frank Cass.
Hirst, P. and Thompson, G. 1996. '*Globalization in Question: The International Economy and the Possibilities of Governance.*' Cambridge: Polity Press
Hobbes, T. 1968. *Leviathan.* C.B. Macpherson. ed. London: Pelican. Rous.
_________. 1972. *Leviathan.* Hamondsworth: Penguin Books.
Hochstetler, K. and M. E. Edwards. "Failed Presidencies: Identifying and Explaining a South American Anomaly." *Journal of Politics in Latin America.* 1(2).
Hoogvelt, A. 1997. *Globalization and the postcolonial world.* London: Macmillan.
Horowitz, D. 1990. "Comparing Democratic Systems." *Journal of Democracy.* 1(4).
Huntington, S. P. 1968. *Political Order in Changing Societies.* New Haven: University of Yale Press.
_______________. 1991. *The Third Wave: Democratization in the Late Twentieth Century.* orman: University of Oklahoma Press.
_______________. 1993. "Clash of Civilization?" *Foreign Affairs.* 72(3).
_______________. 1996. *Clash of Civilization and the remaking of World Order.* New York: Simon & Schuster.

Hurrel, A. and N. Woods. 1995. 'Globalization and Inequality'. *Millennium: Journal of International Studies.* 24(3).

ILO. 1998, *The Social impact of the Asian financial crisis.* ILO.

Im, Hyugbaeg. 1989. *Politics of Transition: Democratic Transition from Authoritarian Rule in South Korea.* Ph. D. Thesis. Chicago: University of Chicago Press.

Inglehart, R. 1990. *Culture Shift in Advanced Industrial Society.* Princeton: University of Princeton Press.

Isaak, R. 1995. *Managing World Economic Change.* NJ: Prentice-Hall, Inc.

Jervis, R. 1982. "Security Regimes." *International Organization.* 36(2).

Jones, M. P. 1995. *Electoral Laws and the Survival of Presidential Democracies.* Notre Dame, IN: University of Notre Dame Press.

Jones, R. and B. Jones. 1995. *Globalization and Interdependence in the International Political Economy: Rhetoric and Reality.* London: Pinter Publishers

Kaplan, A. 1998. *The Conduct of Inquiry.* New Brunswick, NJ: Transaction Publishers.

Katz, R. and P. Mair. 1995. "Changing Models of Party Organization and Democracy: The Emergence of the Cartel Party." *Party Politics.* 1(1).

Keat, R. and Urry, J. 1982. *Social Theory as Science.* London: Routledge.

Kennedy, P. 1987. *The Rise and Fall of Great Powers.* New York: Random House.

Keohane, R. 1984. *After Hegemony: Cooperation and Discord in the World Political Economy.* Princeton: University of Princeton Press.

__________. 1989. *International Institution and State Power: Essays in International Relation Theory.* Westview Press.

Keohane, R. and J. Nye. 1977. *Power and Interdependence: World Politics in Transition.* Boston: Little Brown and Company.

Key, V. O. 1958. *Politics, Parties, and Pressure Groups.* New York: Thomas

Y. Crowell Company.

_________. 1964. *Politics, Parties, and Pressure Groups.* New York: Crowell.

Kim, Sung-soo. 1989. Ph. D. Dissertation. *The Policy and Politics of Environmental Protection in the Republic of Korea.* Austin: Texas The University of Texas at Austin.

Kindleberger, C. 1973. *The World in Depression, 1929-1937.* Berkeley: University of California Press.

Kirchheimer, O. 1966. "The Transformation of the Western European Party System." in J. LaPalombara and M. Weiner, eds. *Political Parties and Political Development.* Princeton and New Jersey: University of Princeton Press.

Kitschelt, H. P. 1986. "Political Opportunity Structures and Political Protest: Anti-Nuclear Movements in Four Democracies." *British Journal of Political Science.* 16(1).

Krasner, S. 1976. "State Power and the Structure of International Trade." *World Politics.* 28(3).

Krugman, P. ed. 1986. *Strategic Trade Policy and the New International Economics.* MA: The MIT Press.

__________. 1998. "Who's Afraid of the Euro?" http://www.pathfinder.com/fortune (April).

Kuhn, T. 1970. *The Structure of Scientific Revolutions.* Chicago: University of Chicago Press.

Laakso, M. and R. Taagepera. 1979. "'Effective' Number of Parties: A Measure with Applications to West Europe." *Comparative Political Studies.* 12(1).

Laclau, E. 1977. *Politics and Ideology in Marxist Theory: Capitalism, Fascism Populism.* London: NLB.

Langton, K. 1969. *Political Socialization.* New York : University of Oxford Press.

LaPalombara, J. 1964. *Interest Groups in Italian Politics.* Princeton, N.J.: University of Princeton Press.

LaPalombara, J. and M. Weiner. 1966. "The Origin and Development of Parties." in J. LaPalombara and M. Weiner,. eds. *Political Parties and Political Development.* Princeton and New Jersey: University of Princeton Press.

Lasswell, H. 1936. *Politics: Who Gets What, When, and How.* New York: McGraw-Hill.

Latham, E. 1952. *The Group Basis of Politics.* Ithaca. N.Y.: University of Cornell Press.

Lawrence, S. 1994. *Environmental Diplomacy.* University of Oxford Press.

Lefebvre, H. 1971. *Everyday life in the modern world.* (tran.)Rabinovitch, S.. Harmondsworth: Oenguin.

Lefort, C. 1988. *Democracy and Political Theory.* (tran.)Macey, D. London: Polity Press.

Leftwich, A. 1996. *Democracy and development : theory and practice.* Cambridge: Polity Press.

Lehmbruch, G. 1977. "Liberal corporatism and party government." *Comparative Political Studies.* 10(1).

Lerner, D. 1964. *The Passing of Traditional Society.* New York: Free Press.

Lewis-Beck, M, et. al., eds. 2004. *The Sage Encyclopedia of Social Science Research Methods.* Thousand Oaks, CA: Sage.

Lindblom, C. 1977. *Politics and Markets: The World's Political Economic System.* New York: Basic Books.

Lijphart, A. 1984. *Democracies.* New Haven: University of Yale Press.

__________. 1994. *Electoral Systems and Party Systems: A Study of Twenty-Seven Democracies, 1945-1990.* Oxford: University of Oxford Press.

Lijphart, A. 1999. *Patterns of Democracy: Government forms and Performances in Thirty-Six Countries.* New Haven, CT: University of Yale Press.

Linz, J. J. 1990a. "Perils of Presidentialism." *Journal of Democracy.* 1(1).

__________. 1990b. "The Virtues of Parliamentarism." *Journal of Democracy.* 1(4).

Lipset, S. M. 1963. *Political Man: The Social Bases of Politics.* New York: Anchor Books.

Lipset, S. M. and S. Rokkan. 1967. "Cleavage Structures, Party Systems and Voter Alignments: An Introduction." in S. Lipset and S. Rokkan, eds. *Party System and Voter Alignments: Cross-National Perspective.* New York: Macmillan.

Locke, J. 1960. *Two Treaties of Government.* Peter Laslett. ed. Cambridge: Cambridge University Press.

Lovenduski, J. 2005. *Feminizing politics.* ambridge: Polity.

Lukes, S. 1974. *Power: a radical view.* London: Macmillan

McAdam, D. 1998. "Micromobilization Context and Recruitment to Activism." in B. Klandermans, B. H. Kriesi, and Tarrow. eds. *International Social Movement Research.* Vol. 1. Greenwitch, Connecticut: Jai Press.

McCarthy, J. and Z. Mayer. 1977. "Resource Mobilization and Social Movements : A Partiel Theory." *The American Journal of Sociology.*

Mckean, M. 1981. *Environmental Protest and Citizen Politics in Japan.* University of California Press.

Mckenzie, R. T. 1955. "Pressure Groups in British Government." *British Journal of Sociology.* June.

Macpherson, C. B. 1960. *The Real World of Democracy.* Oxford: University of Oxford Press.

________________. 1977. *The life and times of liberal democracy.* Oxford: University of Oxford Press.

Madison, J. 1787. "The Same Subject Continued (The Union as a Sageguard Against Domestic Faction and Insurrection) From the New York Packet." Alexander Hamilton, John Jay, and James Madison. 1787. *The Federalist Papers.* University of Virginia Library.

Mahler, G. S. 2008. *Comparative Politics: An Institutional and Cross-National Approach.* New Jersey: Prentice-Hall.

Mainwaring, S. 1992. Transition to Democracy and Democratic Consolidation: Theoretical and Comparative Issues. Mainwaring, S. et al. eds. Issues in *Democratic Consolidation: The New South American Democracies in Comparative Perspective.* University of Notre Dame Press.

_____________. 1993. "Presidentialism, Multipartism, and Democracy: the Difficult Combination." *Comparative Political Studies.* 26(2).

Mainwaring, S. and M. S. Shugart. 1997. "Juan Linz, Presidentialism, and Democracy: A Critical Appraisal." *Comparative Politics.* 29(4).

Mair, P. 1997. *Party System Change.* Oxford: Clarendon Press.

Mann, P. 1991. *L'Action collective, Mobilization et organization des minorit s actives.* Paris: Armand Colin.

Mannian A. M. and S. Bowlby. eds. 1992. *Environmental Issues in the 1990s.*

Wiley.

Marx, K. 1975. "Critique of Hegel's Philosophy of Right: Introduction." In *Karl Marx: Early Writings*. Rodney Livingston and Gregor Benton. Trans. New York: Vintage Books.

_______. 1978. "Economic and Philosophic Manuscripts of 1884" in R. Tucker, ed. *Marx-Engels Reader*. New York: W. W. Norton.

Mauro, P. 1995. "Corruption and Growth." *Quarterly Journal of Economics*. 110(3).

_______. 1997. "The Effects of Corruption on Growth, Investment, and Government Expenditure: A Cross-Country Analysis." *Corruption and the Global Economy*. Washington D.C.: Institute for International Economics.

_______. 1998. "Corruption and the Composition of Government Expenditure." *Journal of Public Economics*. 69(2).

Mayhew, D. R. 1974. *Congress: The Electoral Connection*. New Haven: University of Yale Press.

Metcalf, L. K. 2000. "Measuring Presidential Power." *Comparative Political Studies*. 33(5).

Michels, R. 1962. *Political Party: A Sociological Study of the Oligarchical Tendencies of Modern Democracy*. New York: The Free Press.

Milner, H. 1987. "Resisting the Protectionist Temptation: Industry and the Making of Trade Policy in France and the United States During the 1970s." *International Organization*. 41(4).

Moon, D. 1975. "The Logic of Political Inquiry, A Synthesis of Opposed Perspectives." in F. Greenstein and N. Polsby, eds. *Political Science: Scope and Theory, Handbook of Political Science*. Vol. 1. Reading, Mass.: Addison-Wesley.

Moore, B. 1964. *Social Origins of Dictatorship and Democracy: lord and peasant in the making of the modern world*. Boston : Beacon Press.

Morgenthau, H. 1967. *Politics among Nations: The Struggle for Power and Peace 4th ed*. New York: Knopf.

Morse, E. 1976. "Interdependence on World Affairs." in Rosenau, J. ed. *World Politics*. New York: The Free Press.

Negretto, G. L. 2006. "Minority Presidents and Democratic Performance in Latin America." *Latin American Politics and Society.* 48(3).

Nordhaus, W. 1975. "The Political Business Cycle." *Review of Economic Studies.* 42(2).

Norris, P. 2001. *Divital Divide: Civic Engagement, Information Poverty, and the Internet Worldwide.* Cambridge: University of Cambridge Press.

________. 2004. *Electoral Engineering: Voting Rules and Political Behavior.* Cambridge: University of Cambridge Press.

O'Donnell, G. 1973. *Modernization and Bureaucratic-Authoritaria nism: Studies in South American Politics.* Berkeley: University of California, Berkeley.

O'Donell, G. and P.C. Schmitter. 1986. *Transitions from Authoritarian Rule: Tentative Conclusions about Uncertain Democracies.* London: University of Johns Hopkins Press.

Oberschall, A. 1973. *Social Conflicts and Social Movements.* New Jersey: Prentice Hall.

Organski, A. F. K. 1981. *The War Ledger.* Chicago: University of Chicago Press.

Paige, J. M. 1971. "Political orientation and riot participation." *American Sociological Review.* 36(5).

Paik, W. 1989. *The United States Trade Relations with the Pacific Basin Newly Industrializing Countries(A dissertation).*

Panebianco, A. 1988. *Political Parties: Organization and Power.* Cambridge and New York: University of Cambridge Press.

Parekh, B. 1993. "The Cultural Particularity of Liberal Democracy." in Held, D. ed. *Prospects for Democracy.* Stanford, CA: University of Stanford Press.

Pateman, C. 1970. *Participation and Democratic Theory.* Cambridge: University of Cambridge Press.

Pedersen, M. N. 1985. "Changing Patterns of Electoral Volitility in European Party Systems, 1948-1977." in H. Daalder and P. Mair(eds), *Western*

European Party Systems. London: Sage Publications Inc.

Peterson, V. S. 2004. "Feminist Theories Within, Invisible to, and Beyond IR" *Brown Journal of World Affairs.* 10(2).

Plato. 1968. *The Republic of Plato.* A Bloom, trans. New York. Basic Books.

Pollins, B. 1989. "Conflict, Cooperation, and Commerce: The Effect of International Political Interactions on Bilateral Trade Flows." *American Journal of Political Science.*

Portes, A. 1976. "On the Sociology of National Development: Theories and Issues." *American Journal of Sociology.* 82(1).

Potter, D. 1993. Democratization in Asia. ed. Held, D. *Prospects for Democracy: North, South, East, West.* Cambridge: Polity Press.

Potter, D. and et al. 1997. *Democratization.* Cambridge: Polity Press.

Poulantzas, N.. 1987. *State, Power, Socialism.* London: New Left Books.

Powell, G. 1982. *Contemporary Democracies.* Cambridge: University of Harvard Press.

Powell, R. 1991. "Absolute and Relative Gains in International Relations Theory." *American Political Science Review.* 85(4).

Przeworski, A. 1986. "Some problems in the study of the transition to democracy" G. O'Donnell, P. Schmitter and L. Whitehead. eds. *Transition from Authoritarian Rule: Comparative Perspectives.* 47-63. Baltimore, University of Johns Hopkins Press.

____________. 1991. *Democracy and Markets.* Cambridge: University of Cambridge Press.

Przeworski, A. and F. Limongi. 1997. 'Modernization: theories and facts' *World Politics.* 49(2).

Przeworski, A. and J. Sprague. 1988. *Paper Stones: A History of Electoral Socialism.* Chicago: University of Chicago Press.

Przeworski, A. and M. E. Alvarez, J. A. Cheibub, and F. Limongi. 2000. *Democracy and Development: Political Institutions and Well-Being in the World, 1950-1990.* Cambridge: University of Cambridge Press.

Pye, L. 1968. "Political Culture." in D. Sills ed. *International Encyclopedia of the Social Science.* Vol. 12. New York : Free Press.

Rabat, G. and R. Hazan. 2001. "Candidate Selection Methods" *Party Politics.*

7(3).

Rae, D. 1967. *The Political Consequences of Electoral Laws.* New Haven: Conn: University of Yale Press.

Ranney, A. 1981. "Candidate Selection" in D. Butler, H. Penniman, and A. Ranney. *Democracy at the Poll.* Washington and London: American Enterprise Institute for Public Policy Research.

Rawls, J. 1971. *A Theory of Justice.* Cambridge, Mass.: University of Harvard Press.

Regini, M. 2003. "Tripartite concertation and varieties of capitalism." *European Journal of Industrial Relation.* 9(3).

Riggs, F. W. 1997. "Presidentialism versus Parliamentarism: Implications for Representativeness and Legitimacy." *International Political Science Review.* 9(4).

Riker, W. 1982. *Liberalism Against Populism: A Confrontation Between the Theory of Democracy and the Theory of Social Choice.* Prospect Heights: Waveland Press.

________. 1985. "Justice as Fairness: Political not Metaphisical." *Philosophy and Public Affairs.* 14(3).

________. 1986. "Duverger's Law Revisted" in B. Grofman and A. Lijphart eds., *Electoral Laws and Their Political Consequences.* New York: Agathon Press.

Riker, W. and P. Ordeshook. 1968. "A Theory of the Calculs of Voting." *American Political Science Review.* 62(1).

________________________. 1973. *An Introduction to Positive Political Theory.* Englewood Cliffs, NJ: Prentice-Hall.

Rose, R. and D. W. Urwin. 1970. "Persistence and Change in Western Party Systems since 1945." *Political Studies.* 18(3).

Rosenstone, S. 1982. "Economic Adversity and Voter Turnout." *American Journal of Political Science.* 26(1).

Rostow, W. W. 1960. *The stages of economic growth, a non-Communist manifesto.* Cambridge: University of Cambridge Press.

Rousseau, J. J. 1950. *Social Contract and Discourses.* G.D.H. Cole trans. New York: Dutton.

Rueschmeyer, D., E. H. Stephens and J.D. Stephens. 1992. *Capitalist Development and Democracy.* Chicago: University of Chicago Press.

Rustow, D. 1970. Transition to Democracy: Towards a Dynamic Model. *Comparative Politics.* 2(3).

Saint-Exup ry, A. 1946. *Le Petit Prince.* Paris: Galimmard.

Salamon, L. and Associates. 1999. *Global Civil Society: Dimensions of the Nonprofit Sector.* The Johns Hopkins Comparative Nonprofit Sector Project.

Samuels, D. 2007. "Separation of Powers." In *The Oxford Handbook of Comparative Politics.* ed by Carles Boix, and Susan C. Stokes. Oxford: University of Oxford Press.

Samuels, D. and M. S. Shugart. 2003. "Presidentialism, Elections and Representation." *Journal of Theoretical Politics.* 15(1).

Sartori, G. 1976. *Parties and Party Systems: A Framework for Analysis.* Cambridge: University of Cambridge Press.

________. 1986. "The Influence of Electoral Systems: Faulty Laws of Faulty Method?" in B. Grofman and A. Lijphart eds., *Electoral Laws and Their Political Consequences.* New York: Agathon Press.

________. 1987. *The theory of democracy revisited.* Chatham: Chatham House Publishers.

________. 1994. *Comparative Constitutional Engineering: An Inquiry into Structures, Incentives, and Outcomes.* Basingstoke: Macmillan.

Schattschneider, E. E. 1942. *Party Government.* New York: Farrar and Rinehart, Inc.

Schmitter, P. 1974. "Still the century of corporatism?" *Review of Politics.* 36(1).

__________. 1982. "Reflections on where the theory of corporatism has gone and where the praxis of neo-corporatism may be going." G. Lehmbruch and P. Schmitter. *Patterns of Corporatist Policy-making.* Sage. 259-290.

__________. 1995. Transitology: The Science or the Art of Democratisation?. in Tulchin, J. and Romero, B. (eds.). *The Consolidation of Democracy in Latin America.* Boulder, CO: Lynne Rienner.

Scholte, J. A.. 1996. 'Beyond the Buzzword: Towards a Critical Theory of Globalization' in Kofman, Eleonore., And Youngs, Gillian. (ed.).

Globalization: Theory and Practice. London: Pinter.

Schumpeter, J. 1975. *Capitalism, Socialism and Democracy*. New York: Harper & Row.

Scott, J. W. 1986. "Gender: a Useful Category of Historical Analysis." *American Historical Review*. 91(5).

Selcher, W. A. ed. 1986. *Political Liberalization in Brazil: dynamics, dilemmas and future prospects*. Boulder: Westview Press.

Shaw, M. 1997. 'The state of globalization: towards a theory of state transformation'. *Review of International Political Economy*. 4(3).

Shepsle, A. K. and B. R. Weingast. 1994. "Positive Theories of Congressional Institutions." *Legislative Studies Quarterly*. 19(2).

Shugart, M. S. 1999. "Presidentialism, Parliamentarism, and the Provision of Collective Goods in Less-Developed Countries." *Constitutional Political Economy*.

Shugart, M. S. and J. M. Carey. 1992. *Presidents and Assemblies: Constitutional Design and Electoral Dynamics*. Cambridge: University of Cambridge Press.

Shugart, M. S. and S. Haggard. 2001. "Institution and Public Policy in Presidential System." In *Presidents, Parliaments, and Policy*. ed. by Haggard, S. and Mathew M. McCubbins. Cambridge: University of Cambridge Press.

Siaroff, A. 2003. "Comparative Presidencies: The Inadequacy of the Presidential, Semi-presidential, and Parliamentary Distinction." *European Journal of Political Research*. 42(3).

Singer, D. 1989. "The Level of Analysis Problem in International Relations." in John Ikenberry. *American Foreign Policy: Theoretical Essays*. 67-80.

Skocpol, T. 1979. *States and Social Revolutions: a comparative analysis of France, Russia and China*. Cambridge: University of Cambridge Press.

Snidal, D. 1985. "The Limits of hegemonic Stability Theory." *International Organization*. 39(4).

________. 1991. "Relative Gains and the Pattern of International Cooperation." *American Political Science Review*. 85(3).

Snyder, G. H. 1984. "The Security Dilemma in Alliance Politics." *World Politics*. 36(4).

Spero, J. 1985. *The Politics of International Economic Relations*. New York:

St. Martin's Press.

Spiro, H. 1962. "Comparative Politics: A Comprehensive Approach." *American Political Science Review.* 56(3).

Steans, J. 2006. *Gender and International Relations. second edition.* Cambridge: Polity.

Stepan, A. and C Skach. 1993. "Constitutional Frameworks and Democratic Consolidation: Parliamentarism versus Presidentialism." *World Politics.* 46(1).

Strauss, L. 1983. "Jerusalem and Athens" in T. Pangle, ed. *Studies in Platonic Political Philosophy.* Chicago: University of Chicago Press.

Strøm, K. 1990. *Minority Government and Majority Rule.* Cambridge: Cambridge University Press.

________. 2000. "Parties at the Core of Government." in R. J. Dalton and M. P. Wattenberg, *Parties without Partisans.* Oxford and New York: University of Oxford Press.

Taagepera, R. and M. Shugart. 1989. *Seats and Votes: The Effects and Determinants of Electoral Systems.* New Haven: University of Yale Press.

Tabb, W. K. 1997. 'Globalization is An Issue, The power of Capital is The Issue'. *Monthly Review. June.*

Tarrow, S. 1994 and 1998(second edition). *Power in Movement.* Cambridge: University of Cambridge Press.

Tavits, M. 2004. "The Size of Government in Majoritarian and Consensus Democracies." *Comparative Political Studies.* 37(3).

Therborn, G. 1977. 'The Rule of Capital and the Rise of Democracy'. *New Left Review.* 103.

Thomas, C. S. 1993. "Understanding and Comparing Interest Groups in Western Democraties." *Comparative Politics I.* New York: Routledge.

Tickners, J. A. 2005. "Gendering a Discipline: Some Feminist Methodological Contributions to International Relations" *Signs.* 30(4).

Tooze, R. 1992. 'Conceptualizing the Global Economy' in McGrew, Anthony G. and Lewis, Paul G. ed. *Global Politics.* Cambridge: Polity Press.

Traxler, F. 1995. "From Demand-side to Supply-side Corporatism? Austria's

Labor Relations and Public Policy./' Colin Crouch and Franz Traxler. eds. *Organized Industrial Relations in Europe: What Future?.* Aldershot: Avebury.

Truman, D. B. 1958. *The Government Process.* New York: Alfred A. Knopf.

UNDP. 2004. *Democracy in Latin America: Towards a Citizens' Democracy.* New York: UNDP.

UNEP · UNCCD. 2003. *Global Alarm: Dust and Sandstorms from World's Drylands.*

Valenzuela, S. and A. Valenzuela. 1978. "Modernization and Dependency: Alternative Perspectives on the Study of Latin American Underdevelopment." *Comparative Politics.* 10(4).

Verba, S. and N. Nie 1972. Political Participation in America: Political Democracy and social Equality. New York: Harper and Row.; Wolfinger, R. and S. Resenstone. 1980. *Who Votes?.* New Haven: University of Yale Press.

Walleri, D. 1978. "The Political Economy Literature of North–South Relations." *International Studies Quarterly.* 22(4).

Wallerstein, I. M. 1974. *The Modern World–System.* San Diego: Academic Press.

_______________. 1979. *The Capitalist World–Economy.* Cambridge: University of Cambridge Press.

Walt, S. 1988. "Testing Theories of Alliance Formation." *International Organization.* 42(2).

Waltz, K. 1967. "International Structure, National Force, and the Balance of World Power." *Journal of International Affairs.* Vol. 21(2).

________. 1979. *Theory of International Politics.* New York: Random House.

__________. 1993. "The Emerging Structure of International Politics." *International Security.* 18(2).

Wapner, P. 1995. "Politics Beyond State." *World Politics.* 47(3).

Ware, A. 1996. *Political Parties and Party Systems.* New York: University of Oxford Press.

Werksman, J. ed. 1996. *Greening International Institutions.* Earthscan Pub.

Wilson, J. 1983. *Social Theory.* Englewood Cliffs, NJ: Prentice-Hall.

Williams, R. 1988. *Keywords: A Vocabulary of Culture and Society.* London: Fontana Press.

Wolf, M. 2001. 'Will the Nation-State Survive Globalization?' *Foreign Affairs. January/February. 2001.*

Wood, E. M. 1997. 'Modernity, postmodernity or capitalism.' *Review of International Political Economy.* 4(3).

Zagare, F. 1984. *Game Theory, Concepts and Applications.* Beverly Hills, CA: Sage.

Zevin. R.. 1992. 'Our World financial Market is More Open? If so, Why and with What effect?' in Banuri, T. and Schor, J. B. ed. *Financial Openness and National Autonomy; Opportunity and Constraints.* New York: University of Oxford Press.

Žižek, S.. 1991. *Looking Awry: An Introduction to Jacques Lacan through Popular Culture.* Cambridge: MIT Press.

국제투명성기구 (인터넷: http://www.transparency.de).

반부패국민연대 (인터넷: http://ti.or.kr/index.html).

Inter-Parliamentary Union PARLINE database: http://www.ipu.org/english/home.htm (검색일: 2011/01/27).

| 찾아보기 |

| 저자약력 |

인간과 정치: 현대정치학의 시각과 영역
Human Beings in Politics: Perspectives of the Contemporary Political Science

● **김웅진**

한국외국어대학교 정치외교학과 교수
미국 University of Cincinnati 정치학 박사
- [과학패권과 과학민주주의] (서강대학교출판부, 2009)
- [정치학연구방법론: 경험과학연구의 규준과 설계] (명지사, 2005) 외 다수

● **김성수**

인제대학교 정치외교학과 교수
미국 University of Texas at Austin 정치학 박사
- [국제환경협력의 실제와 이론] (2008, 진영기획)
- [동북아시아 다자간 환경협력에 관한 연구] (2006) 외 다수

● **김용민**

한국외국어대학교 정치외교학과 교수
미국 University of Chicago 정치학 박사
- [루소의 정치철학] (인간사랑, 2004)
- "키케로의 정치철학" 『한국정치연구』 (2007) 외 다수

● **김지희**

비교민주주의연구센터 선임연구위원
한국외국어대학교 정치학 박사

- [대통령과 내각] (한국학술정보, 2007)
- “교차제도비교를 통한 정부안정성 결정인자의 경험적 탐색: 의회분절도, 대정부항거시위 및 신뢰의 등가성 평가” 『EU연구』 (2009) 외 다수

● **김형철**

비교민주주의연구센터 선임연구위원

한국외국어대학교 정치학 박사

- “경제적 세계화, 국내정치 요인과 사회경제적 수행력: 20개 민주주의 국가에 대한 경험적 비교분석” 〈세계지역연구논총〉 (2008)
- “민주주의 수준에 대한 사회경제적·정치제도 요인의 효과: 8개 신생민주주의 체제에 대한 경험적 비교연구.” 〈한국정치학회보〉 (2007) 외 다수

● **박경미**

서강대학교 현대정치연구소 전임연구원

이화여자대학교 정치학 박사

- “Party Mergers and Splits in New Democracies: the Case of South Korea(1987–2007)” *Government and Opposition* 2010
- “제1공화국의 정당 교체: 자유당과 민주당 형성” 『한국정당학회보』 2010 외 다수

● **손영우**

국립목포대학교 연구전임교수

프랑스 Universit Paris VIII 정치학 박사

- [복수노조 및 전임자 실태와 정책과제], (한국노동연구원, 2011, 공저)
- [한국 민주화 50년의 재평가: 기원, 과정, 그리고 과제], (선인, 2010, 공저) 외 다수

● **안승국**

비교민주주의연구센터 책임연구위원
한국외국어대학교 정치학 박사
- "대만의 민주화과정 분석: 정치행위자의 전략과 선택을 중심으로" [한국정치학회보] (2001)
- "국회의원 선거제도의 변화와 정치적 효과: 선거구제와 비례대표제를 중심으로" [한국정치외교사논총] (2010) 외 다수

● **이상환**

한국외국어대학교 정치외교학과 교수
미국 Michigan State University 정치학 박사
- [국제질서의 패러독스] (공저/인간사랑, 2005).
- "국제사회에서의 반부패 현상에 관한 경험적 연구: 세계화, 민주화, 반부패 간 상관관계분석을 중심으로" 「한국정치외교사논총」 (2010) 외 다수

● **이승원**

성공회대학교 민주주의연구소 연구교수
영국 University of Essex 이데올로기와 담론분석 박사
- "민주주의와 헤게모니: 현대 민주주의 특징에 관한 이론적 재구성" 『비교민주주의 연구』 (2008)
- "소외된 쉼의 회복을 위한 소비주체의 재구성: 집단적 정체성에서 복합적 정체성으로의 인식론적 전환" 『경제와 사회』 (2010) 외 다수

● **조성대**

한신대학교 국제관계학부 교수
미국 University of Missouri 정치학 박사
- "2008년 미국 대통령선거 후보결정 요인에 관한 연구: 정당일체감,

정책 쟁점, 후보자 자질을 중심으로." 『21세기정치학회보』 (2010)
- "양극화 시대 미국정치의 이념적 재편성과 대중의 정당일체감: 1972~2004년 대통령선거를 중심으로." 『한국정치학회보』 (2007) 외 다수

● 조희정

국회입법조사처 입법조사관
서강대학교 정치학 박사
- [네트워크 사회의 정치와 민주주의 : 정부·정당·시민사회의 전망] (서강대학교 출판부, 2010)
- *Politics, Democracy and E-Government : Participation and Service Delivery* (Information Science Reference : New York, 2010) 외 다수

● 홍재우

인제대학교 정치외교학과 교수
미국 University of Missouri 정치학 박사
- "새로운 주권자들과 참정권의 확장: 이주시민 참정권의 이해와 제도 설계" 『한국정치연구』 (2010)
- "권력공유의 실험과 위험: 벨기에 복합연방제의 패러독스" 『정당학회보』 (2010) 외 다수

● 황영주

부산외국어대학교 외교학과 교수
영국 University of Hull 정치학 박사
- "강건한 "국가," "페미니즘"의 약화: 젠더 주류화 정책으로서의 성별영향평가" 『21세기정치학회보』 (2009)
- 정치학이해의 길잡이: 정치이론과 방법론(공저) (법문사, 2008) 외 다수

인간과 정치-현대정치학의 시각과 영역

초판 1쇄 인쇄 2011년 8월 27일
초판 1쇄 발행 2011년 8월 31일

지은이 김웅진 김성수 김용민 김지희 김형철 박경미 손영우
안승국 이상환 이승원 조성대 조희정 홍재우 황영주

펴낸곳 명지사
펴낸이 최병문
주소 100-855 서울시 중구 장충동 2가 190-5 폴리빌딩
전화 02-2271-3117
팩스 02-2264-9029
이메일 mmzisa@yahoo.co.kr
등록 1978년 6월 8일 제5-28호

Printed in Seoul Korea.
ISBN 978-89-7125-184-3 93340

가격 30,000원